KB050725

하늘의 신발

18세기 조선 문명전환의 미시사

설 지 인 지음

박영사

우리 모두를 위해 이 책을 바칩니다

서 문

1.

최근까지도 필자는 모국 밖에서 여러 나라 사람들과 함께 일하며 매일의 일상 공간 안에서 나와 다른 세계와 만나며 지냈다. 그렇게 만나 고민하고, 부딪히고, 배우고, 내려놓고, 깨닫고, 성장하며 살았다. 이 과정이 결코 늘 쉽지만은 않다. 그러나 서로 다른 두 세계가 만나는 지점이 오래전부터 필자에게는 각별했다. 그런 지점에 어김없이 고된 노동과 갈등이 놓여 있으나, 또한 거기서 변화와 혁신이 시작되기 때문이다. 유럽인들이 신대륙과 만나며 폭발적으로 접한 새로운 지식들 – 때로는 그들의 가치관을 부수고 뒤흔들어 놓기까지 한 그 '앎' – 이 결국 유럽인들로 하여금 근대로 넘어가게 하는 자양분이 되어준 것처럼 말이다.

이처럼 나와 다른 이질적인 세계와 만난다는 것은 보통 일이 아니다. 그런데 이런 일이 우리 역사 안에도 있었다. 조선은 중국만을 바라본 채 세계로부터 완전히 고립되어 있던 오지였다. 그 어느 외부인도 국경 안으로 들어올 수 없었고, 그 어느 조선인도 밖으로 나가거나 교류할 수 없었다. 이를 어길 시 사형에 처해졌다.

도서 연안 지역은 외국 배들이 지나가더라도 아예 상륙할 생각조차 하지 못하도록 일부러 황폐하게 해 놓았고, 일부 섬에서는 주민들이 외부와 접촉하게 될 것을 우려하여 모두 철수시키도록 했다. 굳게 문을 걸어 잠그고 있던 조선은 서양인들에게는 없는 나라였다. 마젤란이 세계일주를 하고 콜럼버스가 아메리카 대륙을 발견하던 시기, 유럽인들의 지도에 중국과 일본은 있었으나 조선은 없었다.

슬프구나 우리나라 사람들, 비유하니 주머니 속에 사는 것과 같네.
성현(聖賢)은 만리 밖에 있으니, 누가 이 몽매함을 열어 줄 것인가.

　　　　　　　　- 다산 정약용, <전서> I-1, 述志二首(壬寅年, 1782년)

그런데 18세기 후반, 서양인들과 직접 접촉하는 조선인들이 나타났다. 이들이 새롭고 이질적인 세계와 만나면서 철창마냥 무겁게 닫혀있던 조선 사회 안에 균열이 일어났다. 유학의 지적(知的) 토대에 공고히 뿌리내려 체제를 유지하고 있던 조선 왕조에게 이들은 역적(逆賊)이었다. 이 사학죄인(邪學罪人)들은 세계를 완전히 새로이 정의했고, 조선을 소중화(小中華)가 아닌 서방 국가들과 형제지간의 동격인 나라로 이해했으며, 조선이 새로운 문명권 안으로 진입하기를 원했다. 정체되고 폐쇄된 조선 땅 위에서 미래를 찾을 수 없었던 사람들은 서양 사상이 물꼬를 틀어준 새로운 질서 안에서 빛의 속도로 미래를 보고 꿈꾸었다.

이 책은 18세기 후반부터 19세기 중반까지 외부에서 들어온 사상을 통해 새 시대를 바라고 구현했던 6인의 여정을 담고 있다. 이들 모두가 사학의 괴수로 몰려 문중의 손에 죽거나 대역죄인으로 참수된 인물들이다. 광암 이벽(曠菴 李檗, 1754~1785), 만천 이승훈(蔓川 李承薰, 1756~1801), 강완숙(姜完淑, 1761~1801), 비원 황사영(斐園 黃嗣永, 1775~1801), 이순이(李順伊, 1782~1802)·유중철(柳重哲, 1779~1801) 부부, 김재복(金再福, 1821~1846). 이들은 서양에서 온 이질적인 세계관을 마치 이미 오래전부터 우리 안에 있던 사상인 것 마냥 자연스럽게, 그리고 뛰어난 지행일치(知行一致)의 역량으로 담아냈다.

19세기 조선이 걸어온 굴곡의 역사 앞에서 1801년 신유사옥은 상당히 의미심장하고 상징적인 사건으로 보인다. 19세기로 넘어와 맞이하던 첫해. 서방 세계가 폭력적으로 팽창하며 밀려오기 직전 마치 조선이라는 배가 기울 것을 알리는 징후처럼 느껴지기 때문이다. 이 인물들이 부딪히고 갈등했던 19세기 조선은 서양 기술과 지식을 적극 수용하고자 했던 18세기 조선의 사상적 태도와 학문을 철저히 배척하고 제거해나갔다. 그러나 예(禮)를 추구하는 단원적인 사상만으로는 외부에서 밀려오는 큰 충격을 이겨낼 수도, 대전환을 절실히 요구하는 뼈아픈 현실 문제들을 대면해 나갈 수도 없었다. 결국 19세기 후반에 이르러서야 다시 한 세기 전의 의식을 회복해야 함을 깨달았으나, 그 한 세기 동안, 그리고 지금에 이르기까지, 우리는 참으로 혹독한 값을 치르고 있다.

신유사옥은 단순히 천주교에 대한 종교 탄압으로 해석할 사건이 아니라, 조선이 서양 지식과 문화와 과학기술을 주체적인 힘으로 수용·융합하고, 서방 세계와 비폭력적인 방식으로 만나며, 사회가 안으로부터 진보할 수 있는 작은 가능성이 한반도의 시간 안에서 무참히 짓밟힌 사건으로 보인다. 그리고 책에서 소개하는 인물들은 마치 우리가 나아갔어야 할 방향성을 안으로부터 밝히고 있는 매우 가느다란 섬광처럼 보인다. 그래서 들여다보면 볼수록 이들의 꺾이지 않는 희망과 처참한 노력이 특별하다.

필자는 서방이 중심이 되어 만들어 놓은 불완전한 국제 정책·금융·기술 시스템과 이와 판이하게 다른 가치체계와 역사를 지닌 개도국들 사이에서 일해왔다. 서방 세계에서 만들어 놓은 게임의 규칙에 대해서도 완전히 납득하기 어려운 때가 있거니와, 또 한편으로는 개도국의 말문 막혀버리는 내부 상황에 직면할 때도 있다. 그런 필자에게 이 인물들은 더욱 각별하다. 18세기 조선에서 외부 지식과 기술과 가치체계를 흡수하여 구현해내던 사학죄인(邪學罪人)들의 힘과 주체성의 깊이는 21세기 오늘날 그 많은 개도국의 사례에서도 찾아보기 어렵다. 이 인물들을 살려내야겠다는 생각이 들었고, 그렇게 해서 이들의 흔적을 찾아다니는 작업이 시작되었다.

지금도 우리나라는 동양 문화권의 전통과 서양의 가치관이 합류하고 용솟음치는 지점에서 살고 있다. 이질적인 두 국제정치세력이 부딪히는 곳이기도 하다. 동아시아는 지리적 위치 때문에, 특히나 한국은 더욱, 서로 다른 문화적·정치적 전통에 또 다른 일관성을 부여하고 새로운 질서를 세워 평화로 이끌어 가야 하는 어려운 과제를 안고 있다. 200년 전 조선이 삼켜버린 책 속 인물들의 숨결이 더욱 각별하고, 빠르게 뛰는 그들의 맥박이 멀지 않게 느껴지는 이유이다. 사실 200년이라는 세월은 그리 긴 시간이 아니기도 하다.

2.

혹독한 대가를 치르며 꽃 피우다 처형된 사학죄인들의 수괴 대다수가 이삼십 대 젊은 성년들이었다. 이들의 눈에 조선은 '세상을 속이는 데만 오로지 힘을 쏟는 이들로 가득 차' 있었고, 이런 곳에서는 그들의 꿈을 키우고 이룰 수 없었다. 그리고 이후 조선이 걸어온 길은 이 젊은이들의 답답함에 결코 적지 않은 무게감이 실려 있었음을 보여준다.

모방하기에만 급급하니 오묘한 것을 가려낼 겨를이 없구나.
뭇 바보들이 한 멍텅구리를 받들며 시끄럽게 숭배들 하네.

– 다산 정약용, <전서> I-1, 述志二首(壬寅年, 1782년)

본향이었던 중국마저 내려놓은 주자학을 조선은 더욱 세게 움켜쥐었다. 더 나아가 주자학이 아니면 모두 배척했다. 경직된 사고로 빛을 잃어가는 시대, 구조적 모순이 겹겹이 쌓여 갈수록 제 기능을 하지 못하는 나라 안에서 이 젊은이들은 "사해(四海)와 구주(九州)의 안목을 지니고" "천하의 책을 읽어" 조선을 새로이 하고 싶어 했다. 그리하여 조선 사람들의 삶도 온전히 하고 싶어 했다.

이들은 조선 안에서도 이미 남다른 지적(知的) 토양 위에서 자란 인재들이었다. 주자학을 존중하면서도 그 이외 학문들을 포용하는 윗대 남인(南人)들의 지적(知的)인 힘과 문화를 물려받으며 세상을 보는 눈을 길렀기 때문이다. 이들 서울·경기 지역 북인계 남인(南人)들은 임진왜란과 병자호란 이후 제대로 작동하지 않는 나라의 모습을 아파하며 국가 전체를 획기적으로 재구성하려는 고민을 치열하게 전개했다. 이들의 고민이 18세기 초 성호 이익(星湖 李瀷)에 이르러 상당한 수준의 학문으로 집대성되고, 책 속의 젊은이들은 그 지적 자양분을 공급받으며 변혁을 위한 상상력을 키우던 인재들이었다.

이들이 서양에서 단서를 찾아낸 것은 내세의 복락을 위한 좁은 계단이 아니라, 조선 땅위에 천국을 만들 수 있는 열쇠였다. 조선을 개혁하여 새로운 국가를 만들고자 하는 이들의 열망과 고민은 남인(南人) 학문의 최대 화두이자, 획기적인 국가개혁론을 단지 담론으로만 끝내지 않으려던 남인들의 오랜 열망과도 닿아 있다. 만 스물아홉 젊은 성년 이승훈이 북경에서 서양인들과의 만남 이후 조선에서 세우고자 한 것은 새로운 종교에 국한된 것이 아닌, 새로운 질서, 새로운 시대였다.

신을 어떻게 보느냐의 문제는 곧 인간을 어떻게 볼 것인가 하는 문제이다. 이 젊은이들이 이루고자 했던 혁신의 깊이는 국가와 사회에 대한 개조는 물론이거니와 새로운 인간학을 요구했다. 신분차별의 벽에 막힌 중인과 평민들에게 조선은 아무런 가망 없는 곳이었다. 노비와 천인들은 말할 것도 없다. 여성은 존재하지만 조선 땅 위에서는 존재하지 않는 절반의 인구였다. 남인을 기용하려는 정조의 노력에도 세상은 여전히 노론의 것이었으니 재능 있는 남인 젊은이들이 겪는 좌절감이란 이루 말할 수 없었다. 이러한 조선 안에서 모든 인간이 존엄하고 평등하다는 가르침은 대혁명이었다.

'서로 사랑하여라' ─ 이 지극히 단순한 계명은 조선의 폐쇄적인 정치·경제·사회와 정면충돌했다. 충돌하면서도 걷잡을 수 없이 퍼져나갔다. 이 새로운 길은 물론 나이에 상관없이 누구나 찾고 누구나 투신할 수 있다. 그러나 젊은이들이 누구보다 '먼저' 찾아내고, '먼저' 헌신한다. 그리고 이들의 시도는 실패를 모른다. 희망의 행위는 체념이나 단념을 모르기 때문이다. 블로흐의 말처럼 희망은 두려움과 같이 수동적이지 않으며, 어떤 무(無)에 갇혀 있는 법이 없다.

하늘에 닿고도 남을 이 젊은이들의 희망과 꿈, 지하의 심연도 그 끝을 모를 이들의 좌절과 고통이 수년간 필자를 놓아주지 않았다. 자신이 뿌리내릴 땅을 찾아 헤매는 모든 이들의 눈앞에 이 젊은이들은 '진실로 지극한 이치의 땅'을 펼쳐 보여줄 것이라 생각한다.

3.

이 젊은 혁신가들에 관한 기록을 도서관에서 우연히 펼쳐본 것이 2014년이었다. 이제 막 해를 넘기고 아직 추울 무렵의 서울. 이들 모두가 첫 만남에서 필자의 심장에 세차게 화살을 꽂았다. 혁신의 당위를 목도한 영혼들이 불면의 눈으로 밤을 지새우는 긴긴 겨울 같은 시간 속에서 이 젊은이들은 온기(溫氣) 가득하다. 참된 길(眞道)을 찾아 나서는 이들의 진지함과 진실됨. 굴복하지 않고 선택과 행동으로 새 길을 개척해내는 강인함. 잔인하게 흐르는 시간 속에서도 어김없이 유지되는 이들의 항구성. 모든 것이 우리에게 이렇게 말을 걸어오는 것 같았다.

'당신은 어떻게 살 것인가?'

이 인물들마다 세상과 부딪혀 갈등하는 지점들이 서로 다르다. 그래서 이들 각자가 자신만의 방식으로 말을 걸어온다. 우리도 어김없이 매 인물들 안에서 우리 자신을 발견하고 마주하게 될 것이라 기억하며 이들의 흔적을 찾아다니고 철저히 검증하며 글을 정리해나갔다.

이벽의 인품과 덕(德)은 조선 안으로부터의 변혁이 어떠한 문화적 수준에서 시작되었는지를 웅변하듯 보여준다. 그는 다산 정약용이 '신선계의 학이 인간계에 내려왔다' 표현할 만큼 경애한 스승이자 벗이었다. 8척 장신에 비범한 정신적 재능을 지닌 그는 유머감각까지 겸비한 개방적인 사람이었고, 자신을 핍박하는 이들까지도 동정하는 마음으로 품던 따뜻한 사상가였다. 존재하는 모든 것의 본질에 대해 질문하던 그는 서학(西學)에서 그 답을 발견하고 조선 천주교의 문을 여는 인물이 된다. 갑작스러운 의문사 이후 시간이 지나서도 이벽을 잊지 못하는 다산과 벗들은 지극한 이치란 반드시 덕(德)과 함께 드러남을 보았을 것이다.

이승훈은 당대 조선의 글과는 수준이 다른 문장을 구사하던 젊은 재사(才士)였다. 그는 창의적이었고, 사람을 끌어들이는 매력을 지니고 있었으며, 그 자신도 인간관계를 중시해 늘 사람들에 둘러싸여 있었다. 남인의 영수 번암 채제공(樊巖 蔡濟恭, 1720~1799), 성호 이익의 종손이자 공조판서를 역임한 금대 이가환(錦帶 李家煥, 1742~1801)과 친·인척지간 집안의 장남이었으나 이승훈은 벼슬보다 학문에 뜻을 품고 있었다. 그리고 스물아홉 되던 해 비루한 조선을 떠나 북경에 머무는 동안 삶의 대전환을 경험한다. 모든 것을 내려놓고 서학을 흡수한 그는 '대도(大道)'의 큰 꿈을 안고 조선으로 돌아왔다. 그러나 정조와 남인들의 꿈이 그를 기다리고 있었다. 1mm라도 발을 헛딛는 순간 피바람이 몰아치는 자리에 서서 승훈은 자신과 지인들의 목숨의 무게를 마지막 순간까지 그의 방식으로 감당했고, 인간 목숨이 내려갈 수 있는 바닥 중의 바닥까지 내려가 이를 짊어졌다. 모든 것을 침묵으로 받아들이면서.

강완숙은 조선 역사 속 최초의 여성 사회운동가라 할 수 있다. 천주교는 내외법에 묶여 있던 여성들이 자아를 찾고 밖으로 나가 활동하게 만드는 기폭제 역할을 했다. 이 중심에 강완숙이 서 있었다. 그녀는 1790년대 중엽 이후 서울에서 전개된 천주교 확산의 구심점이었다. 조선에 밀입국한 중국인 주문모 신부는 강완숙을 전적으로 신임하고 그녀에게 '회장' 직책을 맡겼다. 이런 그녀는 주위를 사학으로 오염시킨 대역죄인이었을 뿐만 아니라, 남성 근본의 국가 질서에 암적인 존재였다. 시대가 해결하지 못한 문제와 매일 결투하며 살아간 그녀는 마지막으로 이런 말을 남겼다. "형벌을 받아 죽더라도 조금도 후회는 없습니다."

황사영은 자신이 하고 있던 싸움이 문명과 문명 간의 갈등임을 이해하던 조선의 천재였다. 16세에 진사에 급제하면서 명성을 떨치고 정조가 그를 눈에 담아두게 되는 신화 같은 이야기의 주인공이다. 그는 겸손했다. 때문에 주위 모든 이들의 마음을 샀다. 자신의 양반 신분에 개의치 않고 중인, 평민, 천인들을 더 많이 만났고, 그렇게 민중의 삶 가까이에 두 발을 딛고 서 있던 인물이었다. 또한 하늘 위로도 높이 솟아 있던 그의 눈은 동시대인들의 시선을 뛰어

넘는 강하고 열린 국제 감각으로 북경을 넘어선 새로운 세계질서를 인식하고 이와 직접 소통하고자 했다. 그런 사영에게 순조(純祖)대 조선은 동아시아의 난세 속에 모래성처럼 허물어질 나라였다. 조선이 문화·경제대국이 되는 데 서학이 근본적인 사상이 될 것임을 확신한 그는 나라의 구조개혁을 향한 열망으로 스스로 시대의 경계인(marginal person)의 위치에 선 미래 청년이다.

이순이·유중철 부부는 자신들의 자유의지로 동정 생활을 택하여 참수되기 전까지 함께 지켰다. 세상을 위해 자신을 온전히 비움으로써 세상을 바꾸려는 인간의 모습이다. 두 사람은 집안이 처참하게 몰락하고 혈육들의 역경과 죽음을 지켜보면서 아무 저항도 할 수 없는 나날을 보냈다. 그러나 이들은 원망하거나, 분노하거나, 신세를 한탄하지 않았다. 증오심 없이 세상을 바라보며 오히려 진심으로 감사해 했고, 더 나아가 그러한 세상을 향하여 크게 베풀고자 했다. 대부호 집안의 두 사람은 재산의 상당 부분을 가난한 이들을 위해 내놓고자 했는데, 조선 역사상 부자가 흉년이 들었을 때 구제 곡식을 내놓은 일은 있어도 아예 재산의 큰 덩어리를 미리 떼어 베푼다는 사고방식은 일찍이 볼 수 없던 것이었다. 남성과 여성의 지위 측면에서도 동정 부부는 조선 사회에서 혁명적으로 평등한 관계였다. 두 인격체가 대등하게 마주서서 서로를 매우 강력하게 도와 용덕(勇德) — 어떠한 위험을 무릅쓰고라도 선한 일을 해내는 덕 — 을 세상에 드러내는 인간이 조선 땅에 등장한 것이다.

김재복은 조선 안과 밖의 인간들이 일구어낸 엄청난 역사가 맞닿아 탄생했다. 그 자신도 마치 자신 이전과 이후의 역사를 이미 본 사람처럼 움직이며, 조선 사람들을 위해 자신이 죽을 자리를 향하여 전속력으로 미친 듯이 달려가는 인물이다. 서양인들 사이에서 동아시아를 누비며 '방법론'의 지식을 습득하며 성장한 재복은 지도 제작자였다. 역사적으로 새로운 지도는 시대적인 압박 속에서 뚜렷한 목적을 지닌 지식의 집적으로 나오곤 했다. 19세기 중반, 굳게 닫힌 모국의 문밖에서 재복은 조선과 모든 나라가 '인류 대가족'이 되어 자유로이 교류하는 시대를 꿈꿨다. 그날을 위해 만주 지역에서 인간이 갈 수 없는 길도 개척해냈고, 나침반 하나만을 들고 조선과 중국 강남 지방 사이 서해 해로도 개척해냈다. 자유를 향한 청년의 폭발적인 여정은 마치 지금 한반도가 처해 있는 상황을 타개하는 길에 대해서도 말을 걸어오는 듯하다. 인류 보편적 가치를 향해 밖으로 더 크게 열려 세계 표준을 설정하고 이끄는 한반도의 모습에 대해. 이를 이루는 과정은 탁상공론이 아닌 매우 구체적인 가치창조 활동에 의한 것이어야 한다.

책에서는 이벽과 이승훈을 '새로운 질서의 문을 열다'로, 강완숙과 황사영을 '사회와 국가를 변혁하다'로, 이순이·유중철 부부와 김재복을 '새로운 인간이 탄생하다'로 소개한다. 그러나 이는 독자들을 위한 단순화일 뿐 사실 필자의 자의적인 구분이다. 이 인물들 모두가 새 질서 안에서 국가와 사회의 변혁을 꿈꾸던, 조선 역사상 그 이전에는 없던 새로운 인간들이었다.

4.

과거 기록을 읽고 다룬다는 것은 쉬운 일이 아니다. 단장취의(斷

章取義). 한시(漢詩)를 해석할 때 문장을 임의로 혹은 자의로 끊어 본래 시가 담고 있는 뜻이 아닌 읽는 사람의 뜻을 취한다는 말이다. 과거 기록을 현시대의 안경으로 읽어 내거나, 기록과 해석을 사료비판 과정 없이 문자 그대로 수용하고 재생산하거나, 이후 생겨난 이념의 틀로 단죄하는 작업에는 뼈아픈 성찰이 필요해 보인다. 글의 의미를 이해하려면 글을 남긴 사람을 알아야 한다. 그 사람의 마음 안으로 들어가 마음의 움직임을 느끼고 그 마음이 내는 소리를 읽어낼 수 있어야 한다.

이승훈의 좌절과 죽음은 사려 깊게 살려낼 필요가 있다. 그가 직접 남긴 글은 물론 가족들의 기록들도 대부분 삭제된 상태에서 그의 삶과 죽음을 복원해내야 하는 상황이다. 기존의 많은 연구자들이 이후 조선에 들어온 프랑스 선교사들의 기록을 그대로 수용하여 이승훈을 이분법적으로 재단해 왔으나, 이렇게 해서는 이승훈을 절대 이해할 수 없다. 그의 삶을 담아내려면 그가 말한 '대도(大道)'가 무엇인지를 밝혀야 하고, 그의 눈으로 서학을 만나 그의 마음으로 서학을 품을 수 있어야 한다. 17~18세기 프랑스에 풍미했던 얀세니즘(Jansenism)*의 원리주의로부터 선교사들의 사고가 얼마나 자유로웠을지 모르는 상황에서, 승훈의 시선은 그 모든 경직된 사고들의 충돌보다 더 높은 곳에 놓여있었을지 모른다.

황사영의 삶과 죽음의 결은 더욱 조심스럽고 면밀하게 다가가야 한다. 그가 남긴 13,384자 서한에 '사대(事大)'라는 칼을 씌워 일변도

---

* 종교개혁 이전 시작된 가톨릭교회 내부에서의 쇄신이 그 출발점이었다. 추종자들 중 경건하고 신심 깊은 이들도 있었으나 생활과 전례에서 지나치게 엄격한 윤리성과 극단적인 원리주의를 요구했다. 1653년 이단으로 판정되었으나 18세기와 그 이후까지 유럽 가톨릭교회에 면면히 영향을 미친다.

로 매도하는 오류와 외침으로는 조선의 구조적 문제를 풀고자 했던 사영과 젊은이들을 이해할 수도, 그 안에 담겨있는 미래를 읽어낼 수도 없다. 의금부에서 가장 혹독한 형문을 받으며 앉아 있던 이 청년의 마지막 모습과 말을 복구하려면, 대역죄인 사영에 대한 관변기록에 대해서도 그 정치적인 목적을 간파해 내는 읽기 작업이 이루어져야 한다. 능지처사(陵遲處死)된 후 200여 년의 시간이 흐르는 동안 사영은 우리 근현대사에 얽힌 수많은 경직된 시선들로부터 계속 공격받아 왔다. 그러나 지금 한반도를 억누르고 있는 문제들이 해결될 무렵이면 이 청년에 대해서도 많은 이들이 새로운 시각으로 보게 되리라 생각한다. 그런 날이 올 것이고, 속히 오기를 희망하며, 그래서 사영은 지금도 우리에게 '미래 청년'으로 남아 있다.

5.

당신의 평범한 공간에 대하여

역사나 문화의 급격한 변형과 단절을 서술할 때 우리 가시권에 가장 먼저 들어오는 것은 외부에서 오는 충격과 영향일 때가 많다. 그러나 사실 안과 밖은 배타적인 두 공간을 이루는 것이 아니다. 이론과 사상의 균열이 결국 그 중심에서 시작되는 것처럼 말이다. 어두운 곳은 등잔 밑이고, 시대의 위기와 불안도 밖에서 온다기보다 그 중심에서 온다. 그래서 멀리 보는 것 못지않게 가까이 보는 것이 중요하다. 미시 단위의 변형이 가능한 첨단기술의 시대에는 더욱 거시적 안목만큼이나 미시적 안목이 함께 필요한 시대이다. 200년 전 조선을 바라보며 시대 서술을 일축하고 인물들에게 렌즈를 맞추는 이유이다.

미시성이란 모든 범주가 새로이 탄생하기 위해 돌아가야 하는 원점의 특성이다. 이 원점에서는 기존의 형식과 범주와 범례와 분류법이 새로운 생성을 위해 자리를 내어놓아야 한다. 초불확실성의 시간 안에 미래에 대한 불안과 위험, 기대와 희망, 이 모두가 그 원점에서, 우리 일상의 미시사 안에서 우리를 기다리고 있다.

이 조선 젊은이들을 준비시켜준 것은 대륙과 대양을 넘나드는 대탐험이나 대격변이 아니었다. 이들의 평범하고 일상적인 공간 안에 있던, 약 2세기 전부터 북경 연행단의 손에 들려와 글을 안다는 이들의 서재에 한 권 즈음은 꽂혀 있던 서학서가 전부였다. 성스러움이란 우리 일상 안에 살아있다고 한 어느 화가의 말처럼 말이다.

이 화가는 우리의 일상이, 살아 있는 모든 것이, 활활 타오르는 생명력으로 가득 차 있다는 것을 늘 두 눈으로 본 것 같다. 자신에게 보이는 것과 아는 모든 것이 행동으로 표현되어야만 했던 이 화가는 '이 선밖에 없다고, 이렇게 밖에는 그려질 수 없다고' 선들을 택하여 확고한 붓 터치로 우리 일상 속 빛의 순간들을 그림으로 펼쳐 놓았다.

고흐의 소재는 항상 평범한 것들이나 그의 그림은 늘 그 평범함 안에 있는 비범한 진리를 표현하고 있다. 도저히 다시 일어서지 못할 상황에서도 매번 기적 같은 에너지로 일어나, 타협이나 꾸밈없이 자신의 일을 해낸 이 평범한 사내는 매번 그곳에 도달하기 위해 자신을 깎아내는 희생의 노동을 치러냈다. 그의 희생으로, 평범하기에 아무도 별반 가치를 느끼지 않는 일상의 기적이 화폭에 담기었고, 이를 보기 위해 오늘도 많은 이들이 고흐의 그림을 찾아 전세계에서 암스테르담으로 향하고 있다. 마치 순례길에 오르듯이 말이다.

글이 닿을 수 없는 곳에 있는 이 조선 혁신가들을 어떻게 소개할 수 있을지 고민하다 화가의 눈과 그림 속 상징들의 힘을 빌려 그림보다 더 깊은 세계를 비추어보기로 했다. 또한 조선사 안에 숨어 있는 이 인물들이 일상에서 내린 선택과 투신의 보편성을 동양 밖으로 끌어내고 싶기도 하다. 그래서 서양 화가의 붓터치를 가미해 보기로 한다. 미술사가 존 그루리는 고흐를 두고 '화가의 갑옷을 입고 있는 하늘의 비밀스러운 종'이라 했다. 현세적이고 세속적인 세상에 대한 사랑을 지니고, 그 신비를 눈에 드러내 보이기 위해 겸손과 극기로 무장한 채 신학자들보다도 훨씬 더 훌륭한 길을 걸어가야 하는 하늘의 비밀스러운 종.

조선 사학죄인들이 그러했다. '슬퍼하는 것처럼 보이지만 실은 늘 기뻐하는' 것처럼 고통의 심연에서도 이들은 행복해 보인다. 자신의 선택을 행동으로 옮기며 암흑 속에도 실은 기뻐하고 있는 조선 젊은이들을 소개하며, 진실의 편에 선 한 사내가 꿈속을 거닐듯 그려 놓은 그림들로 각 장의 말문을 열어 본다.

"나는 언제나 너를 단순한 코로의 그림 파는 화상 이상으로 생각할 거야 … 그림을 거래하는 사람들 사이에 긴장이 팽배해 있는 이 순간에 말이다 … 내가 아는 한, 너는 인간을 거래하는 자들 중 하나가 아니야. 네가 선 자리를 고수하며 진정한 인간성을 지키면서 행동하는 건 아마도 네 선택의 문제겠지."

– 고흐가 테오에게 남긴 마지막 편지 중

초불확실성의 시간은 앞으로도 계속해서 우리에게 다가올 것이다. 사람들 사이에 긴장이 팽배해 있는 이 순간 책에서 소개하는 젊은이들은 자신들의 삶 전체로 우리의 미시사에 강한 메시지를 던지고 있다. 단순한 코로의 그림 파는 화상이나 인간을 거래하는 자가 아닌, 영혼으로 창조하며 노동하는 자로서의 삶에 관하여, 진정한 인간성을 지키는 선택과 행동으로 매일의 변혁을 준비하고 이루는 삶에 관하여 말이다. 지금 이 순간. 일상 속 당신이 서 있는 그 자리에서.

2020년 5월

목 차

새로운 질서의
문을 열다

01

고난받는 종의 노래:

광암(曠菴) 이벽(李檗)의 사명

Still Life with Bible, 1885, Van Gogh Museum

꺼진 초. 펼쳐져 있는 성경책. 모서리가 다 해진 작은 소설책. 모두 우리 주변에서 흔히 볼 수 있는 물건들이다. 암스테르담에 있는 이 그림은 고흐가 아버지의 죽음 이후 5개월째 되던 여름 완성한 작품이다. 화가는 이 일상적인 물건들로 우리에게 무슨 말을 하고 싶었던 것일까?

하늘의 신발 – 18세기 조선 문명전환의 미시사

이 그림을 그릴 당시 고흐의 삶은 실패로 뒤범벅되어 있었다. 영국의 한 교회에서도 쫓겨나고, 아버지와 심한 다툼으로 네덜란드 부모님 목사관에서도 쫓겨난 그는 벨기에 탄광촌에서 헌신적으로 봉사했으나 냉대와 조소에 부딪혔고, 황망히 떠나온 헤이그에서 가정을 꾸리려는 절실한 노력도 좌절된다. 드렌테 주를 떠돌다 무일푼이 되자 자존심마저 버려야 하는 처지가 되어 반목과 갈등 상대인 부모님 곁으로 돌아온 지 1년 후, 아버지가 세상을 떠나자 고흐는 이 그림으로 그의 죽음을 기렸다.

화폭 대부분을 차지하는 아버지의 성경책은 전통과 규율에 갇힌 억압적이고 닫힌 사고를 표현한다. 고흐가 "나를 답답하게 짓눌러서 숨이 막힐 것만 같다"고 하소연하던, 삶의 본래 모습을 잃은 폐쇄적인 세계를 상징한다. "우리의 삶이 그토록 큰 신비임에 비해 예의범절의 세계는 지나치게 편협한 것이 분명해."(편지 164) 그런데 고흐는 여기서 그치지 않고, 성경책 앞에 누군가 표지 끝이 닳을 정도로 읽은 에밀 졸라의 소설 〈삶의 기쁨 (La Joie de Vivre)〉을 놓아두었다.

소설 표지에 "Paris"라 적혀있다. 아버지가 세상을 떠나던 해 파리에서 출간된 작품인 것이다. 당대 발간된 소설에서도 진리를 찾아내려는 아들의 열린 사고가 드러난다. 꿈쩍도 하지 않을 듯한 성경책과 달리 소설책은 왜소하다. 극명한 대조 구도이다. 성경은 화폭에서 가장 큰 면적을 차지하지만, 색채 면에서는 밝은 시트론 노란색의 소설책이 보는 이들의 시선을 앗아간다.

더 나아가 고흐는 수수께끼 같은 사실 하나를 그림에 숨겨 놓았다. 성경 오른편 위쪽에 적힌 'ISAIE'와 그 아래 숫자 'LIII'. 이사야 예언서 53장 '고난받는 종의 노래'가 펼쳐져 있고 그 앞에 졸라의 소설이 놓여 있는 것이다.

> 그는 사람들에게 멸시를 당하고 퇴박을 맞았다.
> 그는 고통을 겪고 병고를 아는 사람.
> 사람들이 얼굴을 가리고 피해갈 만큼
> 멸시만 당하였으므로 우리도 덩달아 그를 업신여겼다.
> 그런데 실상 그는 우리가 앓을 병을 앓아주었으며,
> 우리가 받을 고통을 겪어주었구나.
> 우리는 그가 천벌을 받은 줄로만 알았고
> 하느님께 매를 맞아 학대받는 줄로만 여겼다.
> 그를 찌른 것은 우리의 반역죄요,
> 그를 으스러뜨린 것은 우리의 악행이었다.
> 그 몸에 채찍을 맞음으로 우리를 성하게 해주었고
> 그 몸에 상처를 입음으로 우리의 병을 고쳐주었구나. (53.3-5)

졸라의 소설 속 고아 폴린은 고통을 기꺼이 감내하고 자신을 희생하여 다른 이들을 살리는 인물이다. 비참한 중산층 집에서 자라는 그녀는 가족에게 이용당하고 자신의 유산도 그들에게 모두 빼앗긴다. 그 집안 아들 라자르에게도 이용당하고 배신당한다. 그럼에도 그녀는 라자르 아내의 목숨을 구하고 아기를 거두어 키운다. 고흐에게 폴린이라는 존재는 이사야서 고난받는 종의 현시대적 모습으로, 죄로 물든 인간과 사회를 사랑으로 견뎌내는 '상처받은 치유자'였던 것이다.

고흐는 본래의 고난 받는 종의 모습과 마찬가지로 "사회 전체를 혁명처럼 변화시킬 수 있는 똑같이 위대하고 선하며 근본적이고 강

하늘의 신발 – 18세기 조선 문명전환의 미시사

력한" 새로운 행위를 통해, 진실되고 선하고 아름다운 지점으로 전진하고자 했다. 이런 뜨거운 열망 안에서 그는 '그림으로 개종'한다. 고흐는 광부들처럼 이름 없고 알려지지 않은 사람들을 그려서 세상에 보여주리라 생각했다.

> "그토록 깊은 고통 속에서도 나는 에너지가 다시 솟아나는 걸 느꼈다. 그리고 나 자신에게 말했다. 무슨 일이 있어도 … 연필을 잡을 것이다."(편지 136)

그림은 마지막 순간까지 고흐의 전부였고, 자신이 몇 주씩이나 그림을 그릴 수 없는 상태가 되자 이제 그는 모든 것을 내려놓는다. 자신의 삶까지도. 그에게는 자연스러운 일이었을 것이다.

진인(眞人)은 명리를 숭상하여서 청담으로 그 시대 어지럽혔지.
덕조(德操)는 천지사방(六合) 논의했으니 어찌 실제에서 벗어났으리.
필부로 시운(時運)에 관심을 두고 파옥(破屋)에서 경제에 뜻을 두었지.
가슴 속에 기형(璣衡)을 크게 품으니 사해에 그대 홀로 조예 깊었네.
사물의 본성을 깨우쳐 주고 형상의 비례를 밝히었다네.
몽매함이 진실로 열리지 않아 이름난 말 그 누가 알아들으랴.
하늘바람 앵무새에 불어오더니 번드쳐 새장 나갈 계획 세웠지.
오두막집 남은 꿈을 접어두고서 푸른 산에 그 지혜를 파묻었구려.
세월은 잠시도 쉬지 않으니 만물은 떠나가지 않음이 없네.
긴 휘파람 기러기 전송하면서 천지간에 남몰래 눈물 흘리오.[1]

박제가가 눈물을 흘리며 한 죽음을 추도하고 있다. 새롭고 더 아름다운 사상으로 과거의 닫힌 세계로부터 지극한 진실을 드러내려 하던 또 다른 고난받는 종에 대한 이야기이다. 어떻게 마지막 숨을 내려놓은 것인지 지금도 알 수 없는 그를 가까운 이들은 '덕조(德操)'라 불렀다.

성현의 글과 정신세계에 심취한 청년 벽(檗)

증이벽(贈李檗 이벽에게 주다)[2]

음양은 변하지 않아도(二儀雖不改)

칠요가 번갈아 진퇴하니(七曜迭舒卷)

아름다운 나무 봄꽃을 피우지만(嘉木敷春榮)

무성한 꽃도 쉽게 변한다네(華滋亦易變)

곤궁하여 괴로움을 당하면(倥傯被驅迫)

약간의 동정도 하소연 못하지만(不能訴餘戀)

온갖 사물 공정해 편파 없으니(庶物無偏頗)

부귀영달 그 어찌 부러워하리(貴達安所羨)

현인 호걸이 서로 의기투합하여(賢豪氣相投)

친근하고 도탑게 정을 나누는데(親篤欣情眄)

일찍이 미덕을 애써 닦으니(令德勉早修)

강개한 빛 항상 얼굴에 드러나네(慷慨常見面)

1777년 15세이던 정약용이 당시 23세이던 광암(曠菴) 이벽(李檗)에게 지어 보낸 시이다. 대자연과 인간 운명의 변화에서 운을 떼는 의미심장한 시구이다. 마지막 네 구에는 광암과 뜻을 함께 하는 정약용의 마음과 이벽의 강개한 풍모가 담겨 있다. 그는 광암을 '선학', '신선'이라 칭하며 '선학이 인간 세상에 내려와 풍신을 우러러 뵈임(仙鶴下人間 軒然見風神)'[3]에 비길 만큼 광암의 고매한 인격과 삶을 경애하고 존경했다. 이벽의 사후(死後) 수십년이 흘러도 그를 잊지 못하는 다산은 귀양 중 53세의 나이가 되어 〈중용강의보(中庸講義補)〉를 집필하면서 군데군데 '이것은 광암의 사상, 광암의 말'이라 명기하며 눈시울을 적신다.[4] 이토록 다산을 감화시킨 그는 누구인가?

1754년 포천 화현리. 이벽은 대대로 벼슬을 지낸 무반 가문의 3남 3녀 중 둘째 아들로 태어났다. 본관은 경주. 그의 집안은 선조 때 유명한 학자였던 이종형의 후손으로 본래 학문으로 이름나 있는 집안이었다. 이종형은 이벽의 6대 조부로, 임진왜란 때 선조를 호종하였고, 5대 조부 이경상도 병자호란 당시 소현세자의 비서관을 역임한 인물이다. 그러다 이벽의 조부가 무과에 합격하고 호남 병마절도사에 오르면서 무반 집안으로 이름이 나게 되고, 부친 이부만은 정작 자신은 합격하지 못했으나 자식들에게 무과를 권유하였다.

이벽의 형 이격은 무과에 급제하여 별군직 벼슬을 지냈다. 동생 이석 역시 무과에 급제하여 벼슬길에 올랐다. 훗날 이부만은 두 아들 덕분에 동지에 증직되고 손자 덕분에 이조판서에 추증된다. 그러나 이벽은 아버지의 뜻을 거슬러 형제들 가운데서 유일하게 등과하지 않은 채 학문에 더 뜻을 두고 성현의 글과 정신세계에 심취해 있었다.

이부만은 어린 이벽에게 활쏘기와 말타기를 가르치고자 했으나 이벽이 이를 완강하게 거부했다는 기록이 있다. 부친의 뜻을 어기면서 이벽은 부정(父情)을 잃었고, 이부만은 그의 아들에게 고집스러움을 뜻하는 '벽(癖)'이라는 별명을 붙여 주었다.[5] 정약용이 헌사한 시에서 '어려서부터 학문과 덕을 힘써 닦으시니(幼德勉早修)'의 '조(早)'란 당시 10세 전후를 가리키는 개념인데, 일찍부터 남다른 학문 탐구와 수양으로 덕(德)을 지조(志操) 있게 지키는 그의 모습이 지인들 사이에서도 눈에 띄었던 듯하다. 족보에는 이벽의 자(字)가 덕조(德祖)로 나와 있으나, 다산과 그의 벗들은 물론 한때 스승이었으나 이후 그를 배척하는 순암 안정복 등은 그를 덕조(德操)라 불렀다.

분명 그는 주위의 이목을 끄는 재원이었을 것이다. 이벽은 어린 시절 성호 이익(星湖 李瀷, 1681~1763년)의 조카 정산 이병휴나 성호의 다른 제자들, 특히 권철신에게서 수학하였다. 1846년 프랑스인 다블뤼 신부가 조선에 들어와 수집한 자료에는 성호 이익이 어린 이벽을 눈여겨보며 '커서 반드시 큰 그릇이 되리라' 했다는 기록이 있다. 조선 사람들보다 우리말을 더 잘했고 철저히 검증하여 기록을 남긴 다블뤼 신부는 이렇게 전한다.

"그는 키가 8척*이요, 한 손으로 백 근을 들 수 있었다. 그의 당당한 풍채도 모든 이의 주목을 끌었으나, 무엇보다도 그는 마음의 자질과 정신적 재능이 빛났으며, 그의 언변은 기세 좋게 흐르는 강물 같았다. 그는 모든 문제를 연구하고 파고들었으며, 그 나라의 경서

---

* 1979년 이벽의 묘를 이장하며 유해 측정 시 머리끝에서 발끝까지가 178cm였으므로 그의 생전 키는 이보다 더 컸으리라 짐작된다.

를 배울 때에도 어려서부터 문장 속에 숨은 신비스러운 뜻을 탐구하려는 습성이 있었다."[6]

이벽의 활동 무대는 주로 서울과 인근 경기도 광주(廣州)였다. 조선시대 광주는 지리적으로 새로운 학문이 빠르게 전파될 수 있는 곳이었다. 수도 한성에서 45리 정도 되는 거리로, 도성에서 광주 읍치인 남한산성까지는 아침 일찍 출발하면 점심 즈음 도착할 수 있었다. 또한, 당시 주요 교통수단이었던 한강수로에 접해 있었고 전국에 이르는 8대 간선로 중 3개 대로가 거쳐 가는 곳이었기에 인근 고을들과 문화 · 경제적 교류에도 유리하였다.

이러한 지리환경적 조건으로 광주 지방은 사행을 통해 중국에서 서울로 유입되는 청과 유럽 문물이 신속하게 전달되는 지역이었고, 서울에서 관직 생활과 은퇴를 정기적으로 반복하던 전 · 현직 관리들의 주요 거주지이자 서울에서 벼슬을 하고자 하는 예비 관료들의 거주지로 자리매김하고 있었다.[7] 이로 인해 18세기 후반 광주에는 정통 성리학 사상과 서학이 동시에 크게 유행하고 있었다. 성호 이익, 순암 안정복, 광암 이벽뿐만 아니라 정약전, 김원성, 권상학, 이총억 등 이벽과 함께 수학한 여러 선비들도 대체로 광주 및 그 인근인 양근 고을 출신들이다.

성호 이익은 일생동안 광주와 안산의 경계 부근 비입지(飛入地)*인 첨성리에서 경세치용(經世致用)의 학문에 몰두하였다. 그는 주자에서 퇴계 이황으로 이어지는 정통 성리학을 계승하면서도 한편으

---

* 특정 행정구역에 속하면서도 본토와 떨어져 다른 행정구역에 둘러싸여 격리된 지역 혹은 마을.

로는 주자의 경전해석에서 탈피하여 이황의 이기심성론과도 다른
경향을 보이는 등 개방적이고 진보적인 성향을 동시에 지니고 있었
다. 때문에 그의 생존 당시부터 서로 다른 성향을 견지하는 계열 –
주자와 이황의 학설을 이으려는 안정복, 윤동규 등의 학자들과 개
방적이고 혁신적 성향을 띠는 이병휴, 권철신 등의 학자들 – 로 갈
라져 있었다.

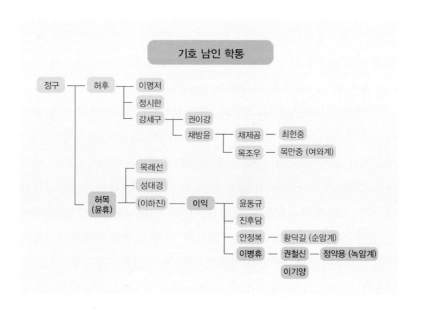

이벽은 그의 가문과 교우 관계로 남인 시파, 그중에서도 녹암
계 학자들과 교류하였다. 안동 권씨를 아내로 맞이하였으나 사별한
후 해주 정씨를 두 번째 부인으로 맞이하였다. 그의 누이가 정약현
과 혼인하면서 나주 정씨 집안과도 인척 관계를 맺는데, 이벽은 물
론 정약전, 정약종, 정약용 형제들도 녹암계 인사들과 가까이 지내

며 권철신의 학문을 추앙하였다. 훗날 정약용은 녹암 권철신의 죽음으로 학문의 맥이 단절되어 성호학파의 아름다운 학풍을 이어갈 수 없게 되었다 탄식하기도 한다.[8]

녹암 권철신은 1774년 김원중, 1776년 이기양의 아들 이총억을 비롯하여 수하에 10여 명을 제자로 두고 있었다. 1776년 홍낙민도 그의 문하에 들어가 1780년 사마시에, 1789년 문과에 급제하는데, 그 무렵 권철신은 세자시강원(世子侍講院)에 추천될 정도로 그의 학문을 인정받고 있었다. 정조의 장자 문효세자(文孝世子)의 동궁관(東宮官)에 추대되었으나 세자가 5세로 죽으면서 성사되지 않은 것이다. 이처럼 1776년을 전후하여 녹암계(鹿菴系)가 형성되고 있었고, 이벽도 이때 권철신의 문하에 들어갔다. 그리고 이 시기는 권철신과 그의 문도들이 서학서를 접하고 관심을 기울이게 되는 시점과도 일치한다.

권철신, 이벽, 이기양 등이 모두 한때 안정복에게 사사하기도 하였으나, 이들은 그보다 성호 이익에서 정산 이병휴로 이어지는 학문을 추종하며 자득지학(自得之學)을 중시하였다. 이벽은 21세 때인 1774년 충청도 덕산으로 이병휴를 방문하기도 했고, 이병휴가 사망하자 제문을 지어 그를 추모하기도 하였다. 이병휴는 안정복과는 대조적인 입장에서 주자 성리학을 비판하고 양명학을 수긍한 인물이었다. 이에 녹암계의 학문은 시세(時勢)에 얽매이지 않고 실천적 경전해석을 중시하는 등 탈주자학적(脫朱子學的) 성향을 띠었다.

이는 당시로서는 보기 드문 학문 성향이었다. 때문에 권철신은 여러 차례 윤동규나 안정복으로부터 질책을 받았다. 그러나 스승 이병휴만은 그를 끝까지 옹호해 주었다. 권철신은 주자의 이론보다는 공·맹의 선진유학(先秦儒學)을 중시하였다. 또한 그는 윤휴를 흠모하였다. 실천 윤리적인 윤휴의 효제설(孝弟說)과 이병휴의 '명덕(明德)=효제자설(孝弟慈說)'을 받아들여 제자들에게 전해주었고, 자신도 실제로 집안에서 효제(孝弟) 실천에 극진했다. 또한 그는 〈중용〉해석에 있어 경천(敬天)·외천(畏天) 사상과 천숭배(天崇拜)의 종교성 회복에도 노력하였다. 이 학풍은 단연 이벽을 포함한 녹암계 후학들에게도 영향을 주었다.[9]

광주 고을에서 한때 서로 스승과 제자 사이였던 안정복과 이벽은 이후 이벽이 주요 거처를 서울로 옮겨 활동하고 안정복이 〈천학고〉와 〈천학문답〉 등의 집필로 척사론(斥邪論)을 전개하면서부터는 대척점에 서게 된다.

조선 선비들, 개혁의 길을 찾아 나서다

이벽과 녹암계 지식인들을 상대로 척사론을 펼치던 안정복은 그보다 이전인 1765년경 성호학파 안에서 양명설이 논의되기 시작했을 때에도 우려를 표하며 이를 철저히 배격하였다. 그러나 권철신은 성호학파 가운데서도 이기양, 한정운 등과 함께 경전해석에 필요한 경우라면 당시 학계에서 이단으로 간주되던 양명학도 일부 수용하려는 입장을 견지했다. 안정복은 권철신이 양명학에 깊이 빠져있다 판단하고 이에 대해 우려를 표했다. 그는 권철신이 왕양명의 치양지설(致良知說)을 당연하다고 하자 1766년 그에게 서한을 보내 주자학 견지에서 양명학의 치양지설과 지행합일설(知行合一說)이 그

룻된 것임을 확인해 주기도 했다.[10]

2년 후인 1768년에도 안정복은 제자 권철신과 〈대학〉을 해석하는 서한을 주고받으며 권철신이 쓴 내용에 양명학에 기울어 있어 보이는 부분을 조목조목 지적했다. 그에 답하며 권철신은 노골적으로 그렇지 않다 불평하였으나,[11] 이미 1766년 무렵부터 그가 양명설을 일부 받아들이고 있었던 것은 분명해 보인다. "그러나 알고 행하지 않으면 천박한 학문이 되고, 행하되 알지 못하면 제멋대로 행동할 우려가 있다"며 〈대학〉 제6문목에서 지행합일을 중시한 점 등 그가 스승 이병휴와 문답한 경전해석의 여러 부분에서도 이를 알 수 있다. 권철신은 양명설에 관하여 이기양의 영향을 받았는데, 이기양은 '주자가 만년에 이르러 자신의 학설에 잘못이 있음을 깨닫고 새로운 학설을 세우고자 하였으나 미처 정론을 세우지 못하였다'는 왕양명의 주자만년정론(朱子晚年定論)을 따라 양명설을 받아들이면서 정주(程朱)의 학설을 비판한 인물이었다.[12]

안정복이 권철신과 이기양을 배척하는 글을 돌리자 이병휴는 안정복에게 서한을 보내 '이는 퇴도(退陶)가 남명(南冥)에게 불만을 품고 기세도명(欺世盜名, 세상 사람을 속이고 헛된 명예를 탐냄)하는 것으로 배척한 것과 같다'며 권철신을 옹호하였다. 그럼에도 안정복이 권철신의 심성론에 대한 비판을 그치지 않자 이병휴는 다시 안정복에게 서한을 보내 그 심성론이 나오게 된 학문적 배경을 설명하고 권철신이 오히려 지나친 것을 바로잡은 것이라며 적극 비호하기도 하였다. 이벽의 스승과 지우들(이병휴, 권철신, 이기양 등)에게는 성호 이익의 자주적인 입장을 일보 진전시키는 성향이 있었고, 이들이 했던 심학(心學)의 심화는 당대 학문 풍조에서는 가히 혁신적인 것이었다. 서학(西學)을 접할 때에도 이들은 훨씬 더 과감하게 수용한다.

성호 이익을 비롯하여 성호학파 2세대들인 신후담, 윤동규, 안정복, 이병휴, 홍유한 등은 물론 그 다음 세대인 권철신, 이기양, 이가환, 이벽, 이승훈, 정약전, 정약용 등의 인물들 모두 일찍부터 서학서를 접해 오고 있었다. 성호 이익은 죽기 전인 1771년까지도 서양 과학과 기술에 관심을 지니고 있었고, 동시에 천주교 교리에 대해서도 일부만은 수용하고자 했다. 그는 문하 제자들이 객관적인 관점으로 서학에 관심을 가지도록 권하였는데, 1724년 1월 신후담이 안산으로 스승인 그를 찾아갔을 때 마테오 리치에 대해 질문하자 이익이 서학의 여러 면에 대해 자세히 설명해 주었다 한다. 그럼에도 신후담이 서학을 불교의 아류와 같은 것으로 보자, 이익은 그에게 서학에 대해 세 차례나 더 설명을 해주었다는 기록이 있다.

당시 이미 일부 서학서는 상당히 널리 퍼져 있었고, 관련 서적들을 구하는 데에도 큰 어려움이 없었던 것으로 보인다. 안정복이 척사론을 펼치며 〈천학고〉에서 '선조 말년부터 서학서가 조선에 들어와 학자들마다 이를 보지 않은 사람이 없었으며 서실의 구색으로 서학서를 갖추어 두었다'[13]고 했고, 정약용도 '서학서를 구해 읽는 것이 일종의 풍조였고, 자신도 어렸을 때부터 이를 곁눈질해 보았다'[14]고 했으니 말이다.

이벽의 경우 집안에 훨씬 더 이른 시기에 서학을 접한 인물이 있었을 가능성이 크다. 1673년 그의 직계 5대 조부 이경상 공이 병자호란 때 청나라에 잡혀간 소현세자의 비서관 자격으로 북경에 함께 있을 당시 남당(南堂)에 있던 독일인 아담 샬 신부와 소현세자 사이에 상당한 교류가 있었다. 현재 진위여부를 판단할 수 없으나 이씨 문중에서는 이경상 공이 당시 받아온 서학서들이 집안에 전해져 내려왔다는 설이 있다.

이벽은 개방적인 사람이었고, 진리 탐구를 진심으로 즐기는 사람이었다. "무엇인가 크고 고양된 것을 품고 있었으나 농담을 좋아했고", "관습이나 예의에 별로 고심하지 않는 그는 전문적인 학자들을 구별 짓는 위엄 있는 태도를 지니지 않았다."[15] 늘 "책들을 배우는 것만으로는 만족하지 않고 자기 학문 습득을 도와줄 만한 모든 학자들과 교제하였다"[16]고 하니 서학을 탐구할 때도 열린 자세로 다른 학자들과 활발히 토론하며 탐구하였을 것이다.

그가 정확히 언제부터 서학 중에서도 천주교를 접하고 탐구했는지는 정확히 알 수 없다. 그러나 성호학파, 더 정확히 녹암계의 서학 탐구를 천주교 신앙으로 바꾸어 준 것이 이벽임은 분명하다. 무술년 1778(정조2)년 11월 26일 황윤석(黃胤錫)이 이덕무(李德懋)에게서 들은 내용을 전하는 기록은 이미 당시 이벽이 서학과 관련하여 상당한 명성을 지닌 인물이 되어 있었음을 보여준다. 황윤석은 홍대용(洪大容)과 함께 수학한 인물로, 박지원(朴趾源), 박제가(朴齊家), 이덕무(李德懋) 등의 북학파와 두루 교류하며 서학에도 깊은 관심을 지니고 있었다.

이덕무가 말하기를 "요사이 서울 안에 서학과 수리를 전문으로 공부하는 자로 서명응과 그의 아들 서호수가 있는데, 또 이벽이 있으니, 바로 무인 이격의 동생입니다. 그는 과거 공부를 그만두고 벼슬길에 나가지 않았으며 사람됨이 고결한데, 지금 저동에 살고 있습니다."라고 하였다.[17]

이러한 명성만큼이나 이단 학문에 빠져 있는 이벽을 비방하는 목소리도 높았다. 이벽의 행적을 살펴보면 그에게 '앎'이란 단순한 지식의 습득이 아니라 단연 삶에서의 실행을 포함하는 개념이었음이 드러난다. 그의 서학(西學) 및 천학(天學) 연구도 자연스럽게 실행과 실천을 동반했을 것이다. 이승훈이 훗날 북경 선교사에게 보낸 서한에서 이벽에 대해 다음과 같이 설명하는데, 이벽은 다른 녹암계 인물들이 천학(天學)에 몰입하기 전부터 이미 이를 학문이자 종교 차원으로 이해·실천하고 있었다.

"저는 어떤 학자(이벽)를 만났는데, 그 사람은 이미 우리 종교(천주교)에 관한 책을 발견하고 그것을 여러 해 동안 열심히 연구해 왔습니다. 그의 연구는 무익하지 않았으니, 천주교의 가장 이해하기 어려운 점까지 알고 있었습니다. 그러나 그의 신앙과 열정은 그가 알고 있는 지식보다도 더욱 대단하였습니다."[18]

녹암계 인물들이 한창 서학에 관심을 기울이던 시기 이들은 경기도 천진암에서 강학을 개최한다. 천진암은 이 강학이 열리기 이전에도 이미 이벽이 독서처를 두고 연구와 수도(修道) 생활에 매진하고 있었던 곳으로 보인다. 그를 따르던 정씨 형제들도 이곳을 자주 찾아 이벽과 함께 학문을 토론하곤 했는데, 이들에게는 천진암이 사상적 모태와도 같은 특별한 곳이었을 것이다. 훗날 정약용이 조정에서 동부승지로 재직하던 1797년 정약전, 정약종과 함께 천진암을 다시 찾아 동료들과 함께 했던 때를 회상하며 이벽을 그리워한다.

천진암에 오니 이벽의 독서처가 아직 저기 그저 있네(李檗讀書猶有處)
원공의 발자취는 아득하여 다시 찾아보기 어렵네(苑公棲跡杳難尋)
풍류문채는 모름지기 신령한 경지에 이르러야 하니(風流文采須靈境)
그 시절 생각하며 한나절내 술을 마시며 읊어본다(半日行杯半日吟)¹⁹

녹암계의 강학은 천진암에서뿐만 아니라 다른 여러 곳에서도 열렸을 것이고, 천진암에서도 이미 여러 번 개최되었을 것이다. 그러나 정약용의 기록에 남아 있는 1779년 겨울 주어사 강학²⁰은 시기상 이들의 관심이 양명학에서 서학으로 급격히 변모되던 시기에 열렸고,²¹ 이 강학 소식을 들은 이벽의 움직임 또한 특별하기에 주목해 볼 만하다. 이벽은 '때'가 되었다는 듯이 한걸음에 강학 장소를 찾아간다. 마치 1779년 강학이 열리기 이전부터 이들 간에 연구와 토론이 무르익어 이제 특별한 시간이 되었음을 느끼고 자리에서 일어서는 모습이다.

이벽은 권철신이 학문을 좋아하고 열심한 학자들(정약전, 김원성, 권상학, 이총억 등)을 동행하여 학문 탐구에 전념하기 위해 한 절을 찾는다는 소식을 듣는다. 그는 이 뛰어난 학자들의 강의를 듣고 토론할 수 있다는 기쁨에 즉시 그들을 찾아가기 위해 길을 나선다. 기록에 의하면 당시 눈이 사방을 덮고 있었는데 100리* 넘는 길을 날이 저물고 자정이 될 때까지 걸어간 것이다. 그렇게 해서 강학 장소에 도착했으나, 자신이 길을 잘못 들어 산**의 다른 쪽으로 갔어야 했

---

*   강학 장소인 주어사(여주) 혹은 천진암(광주)까지 '100리가 넘는 길'이라고 한 사실이
     맞다면 당시 이벽은 고향 경기도 광주에서 이미 서울 수표교(水標橋) 인근으로 이주
     해 있었던 것 같다.
**   천진암과 주어사가 위치한 경기도 여주·광주 접경의 양자산(揚子山)과 앵자봉(鶯子

다는 사실을 알았을 때도 그는 낙담하지 않는다. 호랑이가 출몰하는 눈 덮인 산을 어둠을 뚫고 가야 할 상황이다. 이벽은 절간에 있던 중들을 모두 깨워 자신을 동행하게 하고는 길을 계속 간다. 그토록 갈망하던 장소*에 도착한 그는 다른 학자들과 열흘 넘게 하늘과 땅, 인성과 윤리, 철학과 수학에 대해 연구하였다.[22]

정약용 자신은 참석하지 않았음에도 불구하고 형 정약전의 전문을 참고하여 이 주어사 강학에 대해 두 차례나 기록[23]하였다. 그만큼 녹암계의 학문활동에서 이 강학이 중요한 위치를 차지하기 때문일 것이다. 정약용은 "이벽이 밤에 도착하여 촛불을 밝히고 경전에 대한 토론을 밤새 하였다. 그 후 7년이 지나 비방이 일어났으니**이는 이른바 성대한 자리는 다시 하기 어렵다는 것이다(녹암 권철신 묘지명)"고 기록한다.

다산이 주어사 강학을 중시한 사실은 어떤 형태로든 강학의 성격이 그 이전과 달랐기 때문이었을 것이다. 정약용은 권철신의 묘지명을 쓰면서 스승의 천주교 관계를 철저히 부정해 놓았는데, 그럼에도 천주교의 괴수로 불리던 이벽의 이름을 넣어 주어사 강학을 기술한 점은 특이하다. 강학에서 이들은 높은 수준의 경학(經學)과 선진유학(先秦儒學) 탐구를 했을 것이고 이것이 자연스럽게 양명학과 서학(西學) 사상에 대한 더 깊은 차원의 토론과 이해로 이어졌을 가능성이 높다. 서학 사상에 빠져 있던 이벽이 한달음에 달려가 밤새워 어떤 내용들을 주제로 내고 토론을 이끌었겠는가?

_____

峰)일 것으로 보인다.
* 　주어사 혹은 천진암이었을 것으로 보인다.
** 　이후 7년째인 1785년 명례방 사건, 즉 을사추조적발사건(乙巳秋曹摘發事件)을 말한다.

정약용이 스승의 천주교 관계를 철저히 부정한 것처럼 권철신도 신유(1801)년 옥에서 사망하기 전 심문 중에 자신은 이미 신해(1791)년에 모든 천주교 서적을 불태웠다며 천주교 관계를 강하게 부인하였다. 그러나 그의 아우 권일신을 비롯한 일가친척과 제자들 대부분이 천주교에 깊이 연관된다. 그는 서교(西敎) 차원에서는 아니나 서학(西學) 혹은 천학(天學) 사상에 있어서는 지적(知的) 궤도상 멀지 않은 곳에 있는 인물이었다.

수표교(水標橋) 시절 – 새로운 것들은 더 아름다워야 하다

1781년 무렵 이벽은 서울 수표교 인근으로 거처를 옮겨 서학 탐구에 더욱 매진한다. 1778년경 이미 경기도 광주가 아닌 서울 저동(紵洞)에 머물고 있었다는 북학파 인사들의 기록이 있으니, 이들의 기록이 맞다면 그 근방에 있다가 서교(西敎)에 매진하기에 더 적합한 곳으로 거처를 다시 옮긴 것으로 보인다. 현재 청계천 북쪽 도로가 준천사 터 표지석 옆으로 이벽의 집터 표지석이 세워져 있으나, 이 위치는 표지석을 세워놓는 것이 가능하기 때문에 정해진 것일 뿐, 18세기 후반 제작된 도성대지도와 문헌자료 비교에 따르면 이벽의 거처는 당시 사람이 살기에 유리하고 독서하기에도 적합한 수표교 길 서남쪽 끝자락에 있었을 가능성이 높다.[24]

수표교 시절 이벽은 사상 연구의 수준을 넘어 적극적으로 서교(西敎)를 전파하기 시작하였다. "이벽이 먼저 서교(西敎)를 전파하기 시작하자 따르는 사람이 많았는데…"[25] 정약용은 기록한다. 서울의 많은 젊은 선비들과 학자들이 이벽 수하에 들어왔고, 그 즈음 이르러서 이벽은 이제 신분을 넘어 학식과 덕망이 뛰어난 중인들 – 역관 김범우, 의원 최창현, 역관 최인길, 의원 김종교 등 – 과도 두루 사귀며 활동했다.

이 시기 이벽은 서학 및 서교에 대한 생각을 좀처럼 내려놓을 수 없었던 모양이다. 1783년 초여름 그가 정약전·약용 형제와 천학에 대해 담화를 나눈 기록이 있다. 정약현의 처, 즉 이벽의 누이 (1750~1780) 기제에 참석하고 서울로 돌아오는 선상 위에서도 이들의 철학 탐구는 그칠 줄을 모른다. 다산은 이때의 감흥을 〈여유당전서〉에 이렇게 기록하였다.

"갑진년 4월 보름 맏형수(이벽의 누이)의 기제를 지내고 우리 형제와 이덕조(李德操)가 같은 배를 타고 [한강을] 내려왔다. 배 안에서 [이벽으로부터] 천지조화(天地造化)의 시초(始初)와 형신(形神)·생사(生死)의 이치를 듣고 정신이 멍하고 놀라워 마치 끝없이 펼쳐진 은하수를 보는 것 같았다. 한양에 와서 또 이벽을 찾아가 〈천주실의(天主實義)〉*와 〈칠극(七克)〉** 등 여러 권의 책을 보고 비로소 기쁘게 마음이 기

---

* 이탈리아 예수회 선교사 마테오 리치가 1593~1596년에 편술한 교리서. 그리스도교 문화와 스콜라 철학에 전문적인 교양을 갖춘 서양 학자 서사(西士)와 유·불·도 3교를 터득한 동사(東士)의 대담·토론 형식으로 저술되어 있다. 서양 사상과 동양 사상이 만나는 '서학서'인 동시에 스콜라 철학과 유교 철학이 만나는 '철학서'이기도 하다. 중국 사대부 지식인들 사이에 크게 주목받아 명사들이 천주교에 입교하는 데 영향을 미쳤으며, 한자 문화권 다른 나라로 급속히 전파되었다. 조선에서는 일찍이 이수광(李晬光, 1563~1628)이 천주실의를 읽고 〈천주실의발문〉을 지었다.

** 스페인 선교사 판토하가 지은 수양서. 죄악의 근원이 되는 인간의 7가지 마음(교만, 질투, 탐욕, 분노, 식탐, 음란, 나태)을 극복하는 7가지 방법을 설명한다. 명나라 사행을 통해 전래 되어 〈천주실의〉와 함께 조선 학자들이 가장 먼저 관심을 가지고 읽

하늘의 신발 – 18세기 조선 문명전환의 미시사

울어 그리로 향하였다."[26]

　이벽은 다산을 '너무 놀랍고 의아하기도 하여 정신이 멍해지게 (惝怳驚疑)' 만들었다. 은하수를 보는 것 같았다(猶河漢而無極)는 다산의 표현은 장자(莊子)의 「소요유(逍遙遊)」편에서 '하한무극(河漢無極)'을 따온 것으로, 한없이 펼쳐지기만 하고 돌아올 줄 모르는 허무맹랑하고 믿기 어려운 것을 뜻하는 표현이다.[27] 천주교 이론을 처음 들은 정약용의 반응은 '이게 대체 무슨 말인가?' 였다. 정약현은 맏형이라 고향집을 지켰을 것이고, 정약종은 1786년 4월이 되어서야 처음으로 정약전에게서 천주교에 관한 이야기를 듣게 되므로, 이때 함께 배를 타고 있던 이는 정약전·약용이 확실하다. 정약전은 이벽과 주어사 강학에도 함께 참석하였으니 천학(天學)에 대한 이야기를 이미 나누는 사이였을 것이다. 정약용에게는 이번에 처음이었던 것이다.

　그해 겨울. 이벽은 각별한 벗 이승훈이 아버지를 따라 북경에 간다는 소식을 듣고 그를 한걸음에 찾아간다. 이승훈의 부친 이동욱이 북경 조정에 가는 서장관(書狀官)*으로 임명되어 아들을 사행길에 포함해 놓은 것이다. 이벽은 "평소 학문과 궁리를 좋아하는 이승훈을 상당히 의지하였다."[28] 이벽은 그의 벗에게 북경 천주당에 가서 서양인 학자들에게 교리를 배우고 서학서들과 여러 서양 기물들을 받아올 것을 부탁한다. 달레의 기록에는 이벽이 이승훈을 설

<hr />

　은 서학서로, 이익이나 안정복도 논평을 남겼다.
* 조선시대 서장관은 정사(正使), 부사(副使)와 함께 사행의 중요한 구성원으로 정4~6품 중 차출되어 파견되는 임시 관직이었다. 서장관의 주요 임무는 외교문서를 관장하는 것이었고, 외교 실무에서 큰 역할을 하였다.

득하는 말이 상당히 길게 수록되어 있다. 그만큼 신신당부를 했을 것이다. 이벽은 이승훈의 북경행이 '하늘이 조선에 내려주는 기회'라 확신하고 '삶과 죽음의 큰 문제와 영원의 큰 문제가 자네 손에 있음'을 이승훈에게 신신당부했다.

젊은 조선 선비 이승훈은 북경에 도착하여 이벽의 당부대로 천주당을 찾아가 서양 선교사에게 가르침을 청한다. '베드로'라는 이름으로 세례를 받은 그는 이듬해 1784년 3월 서학서 수십 종과 십자고상, 성화, 묵주, 그밖에 여러 물품을 받아 조선으로 돌아와 이들을 이벽에게 넘겨주었다. 귀중한 선물을 받은 이벽은 매우 기뻐하며 자신의 거처에서 열심히 교리서를 숙독하고 묵상했다. "모든 문제를 연구하여 파고들었으며, 그 나라의 경서를 배울 때에도 어려서부터 문장 속에 숨은 신비스러운 뜻을 탐구하려는 습성이 있었다"는 이벽이니 수표교 거처 깊숙한 방 안에서 새로 얻은 서학서들을 펼치고 철저히 탐구했을 것이다. 그리고 이 대목에 대해 황사영도, 다블뤼도 분명한 기록을 남겼다. 이벽의 인생에서 중요한 대목이기 때문일 것이다.

강렬한 노란색, 펼쳐진 책, 손때 묻고 부풀어져 있는 책, 다 헤진 표지. 누군가가 열심히 읽은 책들의 모습이다. 고흐는 빌헬미나에게 보낸 편지에서 이렇게 말한다. "오래된 것들이 매우 아름답다고 생각하기에, 나는 새로운 것들은 그보다 훨씬 더 아름다워야 한다고 믿는다." (Piles of French Novels, 1887, Van Gogh Museum)

"승훈이 집으로 돌아와 이벽 등과 함께 마음을 차분하게 하며 그 책을 읽어보고 비로소 진리를 터득하였습니다."[29]

"이벽은 천주교 서적을 이승훈으로부터 받아 외딴집을 세내어 들어앉아 얼마동안 독서와 묵상에 전념하였다."[30]

이승훈의 연행 이전까지 조선 지식인들은 〈천주실의(天主實義)〉나 〈칠극(七克)〉과 같은 소수의 서적밖에 접하지 못했다. 이벽도 이승훈이 전래한 서적들을 읽은 연후에야 천주교 교리의 세부 내용들까지 이해할 수 있었을 것이다.

"이제 그(이벽)는 종교 진리의 더 많은 증거와, 중국과 조선의 여러 가지 미신에 대한 더 철저한 반박과, 칠성사(七聖事)의 해설과 교리문답과 복음성사의 주해와, 그날그날의 성인 행적과 기도서 등을 갖게 되었다. 그것을 가지고 그는 종교라는 것이 무엇인지를 전체적으로 또 세부적으로 대강 알 수 있었다."[31]

조선 지식인들의 사상적 깊이와 열정과 변화 과정에 대해 알 길이 없는 달레는 이벽이 이 종교에 대해 "대강" 알 수 있었다 기록하고 있으나, 이승훈은 선교사에게 보내는 편지에서 이벽이 "천주교의 가장 이해하기 어려운 점까지 알고 있었습니다. 그러나 그의 신앙과 열정은 그가 알고 있는 지식보다도 더욱 대단하였다"[32]고 소개한다.

1784년 수표교 시절은 이벽이 이전과는 다른 수준의 이해를 바탕으로 더욱 강한 확신으로 새로운 사상을 논하게 되는 시기이다.

이벽 수하에 더 많은 젊은 선비들이 모여들었고, 또한 동시에 그에 대한 공격과 반발의 목소리도 더욱 거세어져 갔다. 소식을 들은 성호 이익의 종손 이가환(李家煥)이 '그 기이한 글과 괴벽한 저술이 어떻게 정도(正道)일 수 있는가'라며 이벽을 꾸짖기 위해 수표교 집에서 지인들과 호사가들의 참관 하에 사흘 동안 경연을 벌이기도 했다.[33] 이 토론 후 이가환은 도리어 천주교를 인정하게 되는데, 이벽이 12세 연상인 당대 이름난 학자를 상대로도 공개석상에서 지적인 영향력을 발휘할 수 있었음을 보여준다. 이가환과 이벽은 다산이 시대의 천재로 간주하던 두 인물이다.

성호학파 소장 학자들을 대표하던 복암 이기양(李基讓)도 천주교가 계속 확산된다는 소식을 듣고 이를 저지하고자 수표교 집으로 이벽을 찾아갔다. 이기양은 이벽보다 10세 연상인 학자이자 정치가로, 두 사람은 성리(性理), 존재론, 윤리에 대해 논하였는데 이기양이 아무 말도 더 하지 못하고 나왔다는 기록이 있다.[34] 수표교에서 이벽은 천주교에 더욱 몰입하고 한층 더 담대한 행보를 이어갔다. 정약용도 자신과 천주교의 관계를 부정하는 대목에서 구체적으로 '수표교 시절'을 언급한다.

"이벽이 수표교(水標橋)에서 처음으로 서교를 선교하고 있을 때 공이 이 소식을 듣고 … 수표교로 가서 이벽을 꾸짖었으나 이벽이 능란한 말솜씨로 서교를 설명하며 자신의 주장을 철벽처럼 고수하므로 공은 말로 다툴 수 없음을 알고 드디어 발을 끊고 가지 않았습니다"[35]

선교사로부터 직접 교리를 배운 이승훈과 달리 이벽은 혼자서 궁리하고 이해해야 했으므로 연구 시간이 더 필요했을 것이다. 그

하늘의 신발 – 18세기 조선 문명전환의 미시사

는 1784년 9월 즈음 양근에 있던 스승 권철신을 방문하여 열흘 동안 머무른 뒤 수표교 집으로 돌아왔다. 정약용은 이 열흘에 대해 언급하면서도 당시 권철신이 천주교를 수용하지 않은 것처럼 설명하고, 이벽의 영향을 받은 이로 권철신 대신 그의 아우 권일신을 내세웠다.

"이벽이 먼저 서교(西敎)를 전파하기 시작하자 따르는 사람이 많았는데, 그는 감호(鑑湖: 권철신)는 선비들의 추앙을 받고 있으므로 감호가 따른다면 이에 이끌려 따르지 않는 경우가 없을 것이다 하고 말을 타고 감호로 갔다. 그는 열흘이 지나 돌아왔는데, 이에 공(권철신)의 아우 일신이 열심히 이벽을 따르자 공이 우제의(虞祭義) 1편을 지어 제사 지내는 예법을 밝혀 놓았다."[36]

그러나 다른 기록을 보면 그 무렵 권철신이 분명히 천주교를 받아들이고 있었음을 알 수 있다.[37] 열흘 동안 권철신과 이벽은 이승훈이 가지고 온 서적들을 바탕으로, 그리고 그간 이벽이 연구한 내용들을 바탕으로 강학 못지않은 심도 있는 토론을 하였을 것이다. 안정복은 제자인 이벽이 자신에게는 문안을 하러 오지 않고 권철신만 방문한 사실을 빌미삼아 권철신에게 서한을 보내 질책하고 압박하기도 하였다.

"지금 들으니 덕조(德操: 이벽)가 여러 권의 책을 가지고 그곳[권철신의 집]으로 갔다는데, 이번엔 이곳[안정복의 집]을 지나가면서도 보러 오지 않았으니 그 까닭을 모르겠소. 어찌 학문의 길이 같지 않다 하여 서로 꾀하지도 않을 것인가. 천주가 사람을 선으로 인도한다는 뜻은 필시 이와 같지는 않을 것이오."[38]

안정복은 이미 1782~1783년 무렵부터 남인의 총명하고 재변 있는 선비들이 사학에 빠져 있음을 알고 이를 경계하고자 천주교 교리를 비판하는 〈천학문답(天學問答)〉을 지었다. 그러면서도 실제로는 내심을 숨기고 동향을 파악하고 있다가 1784년에 이르러서야 권철신과 이기양에게 질책하는 서한을 보내 우려를 표한 것이었다. 그는 권철신에게 다시 서한을 보내 이렇게 말했다.

"요즈음에 廷操(이가환), 天全(정약전), 子述(이승훈), 德操(이벽) 등이 서로 긴밀히 언약하고 신학(新學: 천주교)의 학설을 익힌다는 말이 파다하게 나돌고 있네. 또 지난번 들으니 文義(당시 이기양이 문의 현령이었다)에서 온 서한 중에 그 집안의 두 소년(이기양의 두 아들)이 모두 이 공부를 한다고 칭찬하여 마지않았다고 하는데, 이 어찌 크게 놀랄 일이 아니겠는가. 이들은 모두 공의 절친한 친구와 문도들이니 공이 금하고 막을 길이 있었을 터인데 어찌 이같이 날뛰는 데 이르게 하였으며, 금하고 막지 않을 뿐만 아니라 밀어주고 부추긴다 하니 어찌된 일인가?"[39]

권철신은 훗날 추국에서 천주교를 접하게 된 경위를 설명하기를, 어느 날 아우 권일신이 인천에서 천주교 서적을 얻어 왔고, 그 안에 있는 '흠숭(欽崇), 주재설(主宰說), 생혼(生魂)·각혼(覺魂)·영혼(靈

魂)의 삼혼설(三魂說)[*], 화기수토(火氣水土)의 사원설(四元說)^{**}은 진실로 지극한 이치가 있어서 속일 수가 없으니, 이 책을 자세히 읽은 후에 나 공격해야지 여러 사람들이 대충 비판하는 것을 따라서는 안 된 다'40 하여 천주교 서적들을 보기 시작했다고 답한다. 즉 그가 천주교를 궁구하기 시작한 지점이 천주교의 핵심 교리인 천주 존재의 이치와 당시 서양철학과 서양 자연철학의 요체이던 삼혼설과 사원설에 있었다는 것이다.

권철신은 이미 경전의 이기적(理氣的) 해석을 지양하고 주자학보다 선진유학(先秦儒學)의 천숭배(天崇拜) 사상에 깊은 관심을 지녔었고, 때문에 마테오 리치의 〈천주실의〉와 같이 보유론^{***}적 시각에서 저술된 서학서와 주요 교리를 자연스럽게 수용하고 있었다.41 실제로 천주교 이론은 주어사 강학 이후 녹암계 안에서 계속 논의되었고, 이러한 권철신의 수용적인 태도는 상징적이다. 그의 문도들 모두 이러한 변화를 함께 거쳤을 것이다. 이벽이 시작한 지적·사상적 파급력을 잘 보여준다.

권철신은 평소 존중하던 홍유한(洪儒漢)의 추도문을 지으면서도 그가 절식(絕食), 절색(絕色), 율기(律己), 함인(含忍), 시인(施人)의 여섯 가지 행위에서 남보다 뛰어났다는 점을 들고 있는데, 이는 판토하의 〈칠극〉에 담긴 칠덕(七德)의 내용과 매우 유사하다. 천주교를 수

---

* 삼혼설(三魂說)은 아리스토텔레스의 자연철학으로, 생혼(生魂)은 식물의 혼, 각혼(覺魂)은 동물의 혼, 영혼(靈魂)은 사람의 혼을 지칭한다.

** 마테오 리치의 사원설(四元設)로 물질을 구성하는 4대 원소를 말한다. 정약용도 만물의 근원을 전통적 동양의 오행(水火木金土)이 아닌 사행(天地水火)이라 말한다.

*** 그리스도교 사상이 유교 사상과 유사하다는 전제에서 유교를 이해하고 이를 토대로 그리스도교를 포교하려 한 논리.

용하거나 전파하는 데 힘쓴 인물들 대부분 녹암 권철신의 문하에서 나왔고, 이 문제는 훗날 남인 내에서 공서계(攻西系)와 친서계(親西系)가 대립하며 천주교가 정치적 문제로까지 비화되고 박해로 이어지는 배경이 된다.

1782년 안정복은 권철신에게 서한을 보내 앞으로는 예(禮)나 경전에 대해 논하지 말자고 했으나, 1784년에 이르러서 본인 스스로 참지 못하고 다시 권철신에게 서한을 보내 먼저 이야기를 꺼낸다. 상황이 천주교에 대해 지적하지 않을 수 없는 지경에 이른 것이나. "근래 받은 그대의 서한이 전에 것과 크게 다르다"며 그는 권철신이 불교의 아류와 같은 천주교를 가까이 하고 있음을 크게 탓하였다. 안정복이 권철신의 태도를 특히 심하게 질책한 부분은 그가 종래 궁구해 오던 학문을 버리고 오직 수양하면서 마음을 닦는 일에만 힘쓰겠다고 한 아래 대목 때문이었다.

"그동안 文義에 얽매어 실제로 얻은 바가 없어 큰 죄를 지은 탓에 '조석으로 허물을 막기에도 겨를이 없다'고 스스로 생각하고 있었으니, 어찌 감히 이렇다 저렇다 하겠습니까? 이에 지금까지 어지럽게 기록해 놓은 것들을 모두 없애 버리고, 죽기 전까지 오직 침묵 속에서 스스로 수양하여 큰 죄악에 빠지지 않는 것이 아마도 궁극의 방법을 궁구하는 것이 아닐까 합니다."[42]

안정복은 권철신의 태도를 두고 '죽기 전까지 침묵 속에서 스스로 수양하여 큰 죄악에 빠지지 않는 것이 궁극의 방법을 궁구하는 것이라 하였으니 이것이 조석으로 아미타불을 염하며 전의 허물을 참회하고 부처 앞에 애걸하여 천당의 삶을 얻고 지옥에 떨어지지 않기를 구하는 뜻과 다를 것인가'[43] 라며 심하게 질책한 것이다.

이승훈도 1790년 선교사에게 보내는 서한에서 1784년 수표교 시절이 분기점이 되었음을 설명하고 있다.

"1784년부터 우리 설교를 듣는 사람들의 수가 점점 증가하여 천주를 흠숭하는 이들이 사방 천 리에서 천 명에 이르고 있습니다. 박해가 네다섯 곳에서 일어나 많은 교우들이 잡혀 투옥되고 매를 맞고, 위협을 받고 … 10여 명은 피로써 그들의 신앙을 증거하기까지 하였습니다."[44]

1784년 겨울. 이벽은 이승훈과 협의하여 수표교 인근에 있던 자신의 집으로 정약전, 정약용, 권일신을 불러 모은 뒤 이승훈의 견문을 바탕으로 세례식을 가졌다. 이승훈이 조선으로 돌아온 직후에도 가능했을 일이나 이들이 천주교에 대한 이해를 갖추려는 시간을 스스로 지니고 준비했음을 알 수 있다.

각자가 택한 세례명은 이들이 역사 속에서 자신의 역할이 무엇인지를 의식하고 행동했음을 보여준다. 이승훈 베드로에 이어 이벽은 '세례자 요한', 권일신은 '프란치스코 하비에르', 정약용은 '사도 요한'. 정약전은 이 세례식에 참여하였지만 본인은 세례를 받지 않고 그 다음에 이루어지는 세례식에서 '안드레아'라는 이름을 가지게 된다. 이벽의 권유에 따라 권철신도 '암브로시오'로 세례를 받는다.

그리고 새해가 오기 전 이존창(루도비코 곤자가)과 홍낙민(루카), 역관 김범우(토마스), 최창현(요한), 김원중(토마스) 등이 세례를 받는다. 권일신이 교리를 가르쳤던 충청도의 이존창과 전라도의 유항검(아우구스티노) 등은 양근 권철신의 집에서 세례받은 것으로 보인다. 이미 이 무렵 세례식 및 취회(聚會: 정기적인 집회) 장소는 명례방(明禮坊), 즉 역관 김범우의 집으로 이전되었다. 이벽이 교리를 가르쳤던 최인길(마티아)과 김종교(프란치스코) 등부터는 명례방에서 세례를 받았다. 현재 중구 을지로 2가에 있는 외환은행 앞 장악원 터 부근이다.

이벽이 독서에 매진하기 위해 마련한 수표교 집은 계속 늘어나는 인원을 수용하기 어려웠을 것이다. 역대로 역관 버슬을 한 부유한 중인 집안 출신이자, 자신도 22세 때 한학역과에 합격하여 주부 벼슬을 한 김범우(金範禹)는 1784년 말 자신의 집을 집회 장소로 제공하였고, 세례를 받은 후 윤지충, 최필공, 김종교, 홍익만, 변득중, 허속 등에게 천주교 서적을 전해주고 교리를 전했다. 그리고 김이우, 김현우에게도 교리를 가르쳐 입교시켰다.

이벽이 이끄는 천주교 공동체는 명례방에서 정기적으로 모였고, 양근, 마재, 내포, 호남 등지의 지도층 인사들도 자주 출입하면서 각 공동체가 성장할 수 있도록 의견을 교환하였다. 천주교는 폭발적으로 확산하여 나갔다. 이승훈에 따르면 1784년경부터 1년 동안 신자 수가 1천여 명에 달하였고 교세의 범위도 두루 천 리에 이르렀다.

"비방이 일어났으니 성대한 자리는 다시 하기 어렵다는 것이다"

이들의 활동은 얼마 가지 못해 곧바로 제재된다. 다음 해인 을사년(1785) 봄 형조의 아전들에게 모임이 발각되어 천주교인들의 종교 활동이 백일하에 드러난 것이다. 다산이 말한 '7년이 지나 비방이 일어났다'는 을사추조적발 사건, 일명 명례방사건(明禮坊事件)이다. 주동자들은 형조에 체포된다. 아전들이 목격한 장면을 〈벽위편〉*은 이렇게 전한다.

"이벽은 이승훈과 정약전, 정약용 및 권일신 부자 등과 함께 장례원(掌隷院) 앞에 있는 중인 김범우의 집에서 설법을 하고 있었다. 이벽은 푸른 두건을 머리에 덮어 어깨까지 드리우고 아랫목에 앉아 있었다. 이승훈과 정약전, 정약종**, 정약용 삼형제 및 권일신 부자가 모두 제자라 일컬으며, 책을 옆에 끼고 모시고 앉았다. 이벽이 설법하고 가르쳐 주는 것이 우리 유가에서 스승과 제자 간의 예법보다 더욱 엄했다. 날을 약속하여 모이는데, 몇 달 남짓 만에 양반과 중인 가운데 모이는 자가 수십명에 이르렀다."[45]

〈벽위편〉은 〈사학징의(邪學懲義)〉***와 비교하여도 편찬자의 척사(斥邪) 의도가 더욱 강하게 가미되어 있는 기록이다. 이기경의 묘사는 4세대가 지난 후 이만채의 붓끝에서 더욱 우스꽝스러운 장면으

---

* 18세기 말에서 19세기 중엽까지 천주교를 배척하는 반서학(反西學) 이론과 문헌, 상소 등의 방대한 자료를 모아 편찬한 대표적인 척사론서이다. '벽위'란 '벽사위정(闢邪衛正)'의 준말로 사학과 이단을 물리치고 정학을 고수하며 드높인다는 뜻이다. 현존하는 벽위편은 이기경 편찬 본과 그의 고손 이만채의 편찬 본 두 가지가 있다. 이기경은 기호 남인 학자로 이승훈, 정약용 등과 가까웠으나 1787년 정미반회사건 이후 척사에 앞장서 대표적인 공서계(攻西系) 인물이 된다.

** 정약종은 당시 집회에 참여하지 않았다. 그는 1786년에서야 정약전으로부터 천주교 교리를 배워 신자가 된다.

*** "사학(邪學)을 경계하고 정학(正學)을 권장한다"는 뜻으로, 1801년 천주교 탄압의 법적 근거가 어디에 있는지를 밝히고 당시 전국에서 체포되었던 천주교 죄인들에 관한 관변기록 정보를 수록하고 있다. 저자는 알 수 없으나 박해에 직접 가담하였거나 형조와 관련 있는 인물이었을 것으로 추측된다.

로 연출된다.

　　"추조의 금리가 그 모임이 술먹고 노름하는 것인가 의심하여 들어
가 본즉, 모두가 얼굴에 분을 바르고 푸른 수건을 썼으며 거동이 해
괴하고 이상스러워서, 드디어 체포하고 예수의 화상(畵像)과 서적들
및 몇 가지 물건을 추조에 바쳤다. 추조의 판서 김화진은 그들이 양
반의 자제로서 잘못 들어간 것을 애석하게 여겨 타일러 내보내고 다
만 김범우만 가두었다."[46]

　　1931년 이만채는 〈벽위편〉을 편찬·간행하면서 이기경의 기록
에서 정조대 천주교 사건의 분량을 3배 이상 줄였다.* 명례방 사
건 분량을 마찬가지로 줄이면서 애초에 없던 "술판 모임인 줄 알고
들어갔다", "얼굴에 분칠을 한 채 해괴하고 이상한 거동을 하고 있
었다"는 내용을 추가하였다. 다분히 친서계 남인들을 폄훼하려는
의도로 볼 수 있다. 이벽, 이승훈, 정씨 형제, 권일신 등은 당대 조
선 지식인층을 대변할 수 있는 인물들로, 이들의 행동이라 보기 어
려운 대목들이다.
　　추조판서(秋曹判書) 김화진(金華鎭)은 사대부 자제들을 훈방 조치하
였으나, 명례방 집주인 중인 김범우는 태형을 내린 후 하옥시켰다.
권일신 부자, 이윤하, 이총억, 정섭 등 다섯 양반가 자제들은 형조
에 들어가 김범우를 석방하고 압수해 간 천주교 문물을 돌려 달라
하였다. 중인 최인길은 자신도 천주학도이고 김범우의 벗이니 같이

＊　200자 원고지 매수 이기경의 〈벽위편〉은 총 757매, 이만채 본은 618매이다. 이기경
　　의 기록 전체가 정조대 천주교 사건에 관한 것인 반면, 이만채 본은 천주교의 동양
　　전래 134매, 정조대 237매, 순조에서 철종대 247매를 할애하고 있다.

　　　　　　　하늘의 신발 – 18세기 조선 문명전환의 미시사

하옥해주기를 자원하여 10일간 함께 투옥되었다 훈방된다.[47] 더해지는 태형과 강요에도 김범우가 끝까지 배교하지 않자 형조는 그에게 경상도 밀양 단장*으로 유배형을 내렸다. 2년 후인 1787년, 김범우는 형벌의 여독으로 37세에 죽음에 이른다.[48]

이벽을 포함한 양반가 자제들은 분명 훈방되었으나 사실상 다른 형태의 처벌이 기다리고 있었다. 안정복을 중심으로 형성되어 있던 기존의 척사론이 명례방 사건으로 인해 이제 완전히 공론화된 것이다. 이때 가장 예민하게 반발한 사람들은 성균관생들이었다. 전통적인 유교 가치 체계를 신조로 삼고 있던 유생들에게 이런 사학(邪學) 활동의 실체는 충격적이었고, 더욱이 그 중심인물들이 평소 이름나 있는 남인 명문가 선비들이었다는 사실은 유생들에게 충격 그 자체였다.

3월에는 태학(太學) 진사 이용서가 사학을 엄중히 배척하라 성토하며 통문을 돌리기 시작했다. 공분을 참지 못한 다른 유생들도 통문을 돌려 왕법에 따른 처분을 요청했다. "요사이 듣자 하니 서양 서적을 가지고 온 놈들 5, 6명이 도적놈들 같이 모여서 결당(結黨)을 하여 도장(道場)을 설치하고 설법을 강론하다가 그 도장의 주인이 갇히어…" 이들은 '사류사학도(士類邪學徒, 양반가 자제 천주교인)들이 형조에 자진 출두하여 도장주인(道場主人, 김범우)과 같이 처분되기를 원하고 나서면서 부모나 오랜 친구의 권면도 듣지 않는다'고 통분해하며 "이 무리를 엄하게 다스려 그 씨를 삼제하여야 한다"[49] 주장했다.

이승훈의 부친 이동욱과 정씨 형제의 부친 정재원은 자식들이 천주교와 손을 끊도록 했고, 이들을 직접 데리고 문중(門中)을 두루

_____

* 혹은 기록의 해석에 따라 충청도 단양.

다니며 철없는 자제들이 스스로 뉘우치고 깨달았음을 공개적으로 밝혔다. 4월에 이르러서는 유하원이 상소*를 올려 이 문제가 조정에서 논의되기에 이르고, 정조는 첫 서학서 유입 금지령을 내린다. 그리고 이 모든 난리는 그 중심에 있던 사학의 괴수 이벽을 죽음으로 몰아갔다. 다산은 구슬프게 읊는다.

> "몇 사람이 함사(含沙射影, 소인(小人)이 음흉한 수단으로 남을 해치는 것을 비유하는 말)하매 모든 사람들이 짖어대어 끝내 괴수라는 죄목으로 죽음을 당하였으니 어찌 슬프지 않으랴."[50]

이벽을 향한 비방은 그의 사후(死後)에도 지속된 이벽의 형제들에 대한 상소문에서도 짐작해볼 수 있다.

> "이벽은 사특한 무리의 가장 큰 괴수이니, 그의 형 이격이 아직 벼슬에 있다는 것이 말이 되는가? 매우 서글프고 안타까운 일이니, 그 형제들은 즉시 벌을 주어 내쫓아야 한다."[51]

이미 오래전부터 문중과 학자들로부터 견제와 핍박을 받아온 이벽이었고, 다산은 이벽이 이들에 대해 '동정심으로 맞비평조차 하지 않았다'고 기록하고 있다. 그런데 을사추조적발사건 직후 그에게 분명 다른 차원의 박해가 가해졌음이 분명하다. 이벽은 집안에 감금된 채 문중의 심한 통제를 받는다. 우리에게 전해지는 그의 마지막

---

* '천주교는 천(天)만 있는 줄 알고 임금과 어버이가 있음을 모르며, 천당과 지옥이 있다는 설(設)로서 백성을 속이고 세상을 의혹케 함이 큰 물이나 짐승의 해보다도 더하다' 하여 서양 서적을 금지할 것을 주장하였다.

모습은 달레가 남긴 불완전한 기록의 내용이 전부이다. 이벽의 아버지 이부만, 이벽을 지치도록 설득하는 한 배교자, 천주교를 배척하는 친척들과 친구들이 이벽을 둘러싸고 그가 죽음에 이를 때까지 심한 정신적 고통을 가한다는 내용이다.

이부만은 아들이 배교하지 않으면 자신이 죽을 것이라며 목에 줄을 감고 자살 소동을 벌였고, 이를 저지하기 위해 이벽이 '두 가지 뜻을 가진 말을 써서 신앙을 감추었다'고 한다. 이후 들어온 프랑스 선교사들은 이를 두고 이벽을 배교자로 기록하였다. 또한 건강을 회복한 이벽이 벼슬할 욕망을 지니고 있었으나, 1786년 페스트*에 걸려 사망했다고 기록한다.[52]

그러나 경주이씨(慶州李氏) 족보 〈계유보(癸酉譜)〉에는 이벽의 사망 연도가 1785년으로 나와 있다. 정약용이 이벽의 죽음을 애도하며 지은 만사(輓詞) 역시 1785년 여름과 가을 사이 저술되었는데, 그렇다면 분명 을사추조적발사건 직후 이벽이 사망한 것이다. 그의 죽음이 이 사건과 무관하지 않다는 것을 알 수 있다. 이벽의 마지막 순간과 관련하여 달레가 남긴 기록을 참고할 때에는 주의가 필요해 보인다. 다블뤼 주교가 후대에 수집한 자료를 전달받은 달레가 정리한 기록인데, 이벽의 경우 외부와 차단된 채 조선시대 가장에 의해 집에 감금된 상태였다. 이때 밖으로 전달되는 정보들은 그를 감금하고 통제하던 이들이 내보냈을 것이다. 이벽이 배교하였다는 것과 벼슬길에 관심을 두고 있다는 내용이 과연 진실일까?

달레의 기록처럼 이벽이 배교했다면 같은 사건에 연류된 다른 양반가 자제들처럼 문중들의 참관하에 서학서를 불태우거나 척사문을

___

* 달레는 페스트로 기록하고 있으나 당시 조선에 페스트가 돌았다는 기록은 없다.

지어 관헌에 제출하여 배교 사실을 공식적으로 알렸을 것이다. 사학의 수괴로 지목된 이벽이니 더욱 그러한 대외적 공표가 필요하였을 것이다. 그러나 그 어디에서도 이러한 흔적을 찾아볼 수가 없다. 그가 배교했다면 집밖으로 외출할 수 있어야 함에도 그는 죽음에 이를 때까지 외부와 접촉이 완전히 차단된 상태로 남아 있었다.

이벽 사후 16년이 경과한 1801년(순조1) 3월 11일 정언 이의채가 올린 상소에서 "이벽이라는 자는 사당(邪黨) 가운데서도 가장 거괴(巨魁)가 되는 자로서 여러 역적들의 초사(招辭)에 남김없이 낭자하게 드러났는데, 먼저 귀신의 질벌(誅罰)이 가해진 까닭에 비록 이가환과 같은 율(律)에서 벗어났으나…"라고 이벽을 언급한다. 그가 귀신의 벌을 받아 사망했기 때문에 국가의 형벌에서 벗어났다는 것이다. 이벽은 사후에도 반서교파(反西敎派) 유학자들의 상소문들에서 지속적으로 '사당(邪黨) 중 거괴(渠魁)' 혹은 '사괴(邪魁)'로 지칭된다. 사후에도 배교자가 아니라 주도자로 간주되고 있는 것이다.[53] 다산은 이렇게 만사(輓詞)를 지어 존경하고 연모하던 이벽을 떠나보냈다.

> 신선계의 학이 인간계에 내려왔으니(仙鶴下人間)
> 우뚝한 그 인품이 드러났네(軒然見風神)
> 날개깃 새하얗기 눈과 같아서(羽翮皎如雪)
> 닭이며 따오기는 시샘을 했네(鷄鶩生嫌嗔)
> 울음소리 하늘 높이 진동했지만(鳴聲動九霄)
> 신음소리 해맑아서 풍진세상 벗어났네(嘹亮出風塵)
> 가을 타고 홀연히 날아가 버리니(乘秋忽飛去)
> 슬픔은 괴로운 이들을 무너뜨리네(怊悵空勞人)

하늘의 신발 – 18세기 조선 문명전환의 미시사

1814년 이벽이 죽은 지 30여 년이 지났을 무렵 다산은 강진 귀양소에서 〈중용강의보성(中庸講義補成)〉을 집필하며 이벽에 관한 기억을 되살린다.[54]

"건륭 계묘년(1783) 봄, 내가 경의시를 거쳐 태학에 올라갔는데, 이듬해(1784) 여름 내 나이 23세 성상께서 <중용>에 관한 질문 70조목을 내려 태학생들로 하여금 조목별로 대답을 하도록 하였다. 그때 지금은 죽고 없는 벗 광암 이벽은 수표교에서 독서를 하고 있었다. (그의 나이 31세였다) 찾아가서 대답할 내용을 묻자 광암이 기뻐하였다. 즐겁게 토의해 가며 우리는 모든 문제를 조목조목 따져 가며 하나의 답안을 작성했다 ⋯ 며칠 후 상감께서는 답안의 결과를 아시고 도승지 김상집과 승지 홍인호를 불러 정약용이 누구이며 그 당시 다른 학자들과 비겨 경전에 대한 그의 학식이 어떠한지 하문하셨다. 상감께서는 모든 태학생들의 답안이 보잘것없는 데 반해 유독 정약용의 것은 뛰어났다고 하시며 다른 박식한 사람이 따로 있어서 그를 도와준 것이 틀림없다고 말씀하셨다. 이 답안에서 성상 폐하의 마음에 든 것은 동양 유학자들의 이발기발설(理發氣發說)에 관한 나의 <중용> 해석이었다."

그때 정조가 추측하던 '다른 박식한 사람'이 광암이었다며 이제 53세가 된 다산은 눈물을 적신다.

"광암이 죽은 지 이미 30년이 지났으니 이제는 질문할 곳이 없구나! 광암이 아직 살았더라면 그의 진덕박학(進德博學)이 어찌 내게 비할까 보냐! ⋯ 하나는 살고 하나는 죽었으니 아무리 슬퍼한들 어디가 찾으리오. 지금 나는 이 책을 부둥켜안고 울음을 금치 못하노라.”

살아 있을 당시에도 북학파 사이에서 크게 명성을 떨치던 이벽
은 사후(死後)에도 이들 사이에서 계속 회자되고 있다. 황윤석이 나
동선에게 당시 도성 사람들 중 총명하고 특별히 뛰어난 선비가 있
냐고 묻자 나동선은 이미 8년 전 사망한 이벽을 거론한다.

“내가 나 군에게 묻기를, ‘지금 세상의 도성 사람들 중에 또한 총명
하고 특별히 뛰어난 선비가 있는가?’라고 하니, 나군이 대답하기를,
‘이벽이란 자가 있는데 월천군 이정암의 후손이고 … 어려운 글 열 줄
을 한꺼번에 보면서 비호같이 읽어 내려가고, 동시에 눈 하나로는 위
를 보고 다른 하나로는 아래를 볼 수 있고, 하나로는 왼쪽을 보고 다
른 하나로는 오른쪽을 볼 수 있습니다. 체력이 누구보다도 뛰어나 한
번 뛰어 올라 공중에서 3회전할 수 있으며, 두 질을 뛰어 오를 수 있
습니다. 평소 서양의 <천주실의>를 몹시 좋아하여 한때 그 무리의 으
뜸이 되었는데, 나이 30에 요절하였습니다. 근년에 임금이 서양의 학
문에 대해 율(律)·역(曆)·수(數) 세 종류 이외에 천주실의의 학문을 하
는 자들로부터 형조에서 그 책들을 거둬들여 불태우고 경향에 엄히
금하도록 명하였습니다. 이군(李君)이 당시 세자익위사의 별천(別薦)에
들자 상소하여 천주의 설을 스스로 아뢰었습니다.’[55]라고 하였다.”

이벽이 생전에 세작익위사의 별천(別薦)에 들어 천주의 설을 아
뢰었다는 대목은 사실과 맞지 않지만, 그의 전설적인 면모를 드러
내기 위한 표현으로 이해할 수 있을 듯하다. 이처럼 이벽은 신비롭
게 전설화되어 여전히 회자되고 있었다.

성호 이익은 서학과 천주교 교리 일부가 포함된 방대한 분량의 〈성호사설〉을 남겼는데, 안정복은 분량을 3007 조목에서 1396 조목으로 줄여 〈성호사설유선(星湖僿說類選)〉을 썼다. 성호 이익의 성리학자로서의 면목을 확고히 하고 천주교 등의 이단 잡설을 철저히 삭제하여 성호를 거쳐 자신에게로 전해져오는 조선 성리학 계통을 확고히 하려는 의도였다. 안정복의 뜻대로 이후 성호학파의 학맥은 '이황 → 정구 → 허목 → 이익 → 안정복 → 황덕길 → 허전'의 한 방향으로 공고히 흘러간다. 기호 남인은 공서계(攻西系)와 친서계(親西系)로 분열된 후 1791년 제사 문제로 노론 벽파의 남인 공격이 시작되자 남인 공서계와 노론 벽파가 세력 연결을 꾀하며 친서계를 심하게 탄압하게 된다. 이것이 온 세상에 분출되어 1801년 신유박해가 시작된다.

프랑스 선교사들의 기록을 근거로 천주교회에서는 오랜 세월 이벽을 배교자로 이해해왔다. 달레는 이벽의 배교를 기록하며 이 부분을 자신의 책에서 잘라내 버리고 싶다고까지 말하였다. 그러나 누가 이 죽음의 진실을 알 수 있을까? 이벽이 사망한지 약 200년 지난 1979년 6월 21일. 그의 묘를 이장할 당시 유해 연구팀에서 음독 사망의 흔적을 조심스럽게 이야기했으나 연구팀의 증거에는 설득력이 없어 보인다. 그러나 이벽을 그대로 두었다가는 경주이씨 문중이 멸문지화를 입을 형국에 그의 집안은 어떤 결단을 내렸을까? 무슨 일이 일어났든 이벽은 분명 죽음에 이를 정도의 힘겨운 정신적 고통에 휩싸였을 것이다.

여동생 빌헬미나에게 자신이 "아름답다" 생각하는 "새로운 것들"에 대해 편지를 썼던 그 해, 고흐는 테이블 위에 잔뜩 쌓여 있는 프랑스 소설책들을 장미꽃 송이와 함께 화폭에 담았다. 3년 후, 생레미에 있을 때 고흐는 동생 테오에게 화폭에 담고 싶은 그림 한편을 털어놓는다. "여전히 나는 저녁에 노랑색과 분홍색으로 칠한 서점과 검정색으로 칠한 행인들을 그리고 싶다 … 올리브덤불과 밀밭 사이에 어울리는 주제가 있듯이, 책과 출판물의 수확 시기도 내 상상 속에서는 풍부한 빛의 근원으로 보이기 때문이다. 나는 이 그림을 '어둠 속의 빛'처럼 그리고 싶은 큰 열망을 지니고 있다."(편지 615) 고흐는 말씀이 육화되어 이 세상에 있었다는 요한복음서 구절을 사용하여 근대 서적들을 "어둠 속의 빛"이라 일컬었다. 그는 이 그림을 그리지는 못했다. (*The Parisian Novels*, 1887, Private collection)

"앞에 옛 것이 있으면 뒤에는 새로운 것이 있는 것이다. 대저 새로운 것이 있을수록 옛 것을 밝힐 수가 있으니, 즉 새로운 것은 옛 것을 밝히는 것이다. 옛 도의 지극함을 더욱 밝히려면 옛 도가 후에 이르려는 세상에서 부족하니 스스로 새로운 것이 당연히 따라야 한다."[56]

〈진도자증(眞道自證)〉의 한 구절이다. 참된 진리는 스스로 증명된다는 뜻으로, 1784년 이승훈이 북경에서 가지고 온 서학서들 중 한 권이다. 이기경이 이승훈을 찾아가 자신이 〈천주실의〉를 보아도 혹할 만한 내용이 없는데 그토록 열렬한 까닭을 묻자 이승훈이 밤중에 수진본으로 만든 〈진도자증〉을 꺼내 보여주었다는 진술이 정조실록에 남아 있다. 수진본은 '소매 속 보배로운 책'이라는 뜻으로, 반드시 보아야 할 책을 휴대용으로 만든 것이다. 그만큼 소중하게 생각한 것이다. 이승훈은 절친인 이기경이 사실 사학을 배척하고 정학을 세우려는 의도로 서학서에 관심을 두고 있다는 사실을 전혀 눈치채지 못하고 있었다. 새로운 공부, 새로운 사상에 완전히 빠져 있던 남인 재사(才士)의 모습이 실록 행간 곳곳에서 보인다.

"하물며 근세에 이르러서는 고착되고 옛날로부터 머니, 대도(大道)의 온전함을 구하고자 하지만 가능하겠는가? 그러한즉 반드시 계승하여 마땅한 바를 새롭게 하여 일으켜 집대성함이 옳은 것이다. 그리하면 절로 빛나고 아름다움이 갖추어진다."[57]

고난받는 종 이벽의 두 눈에는 밝은 시트론 노란색 서학서에 담겨있는 대도(大道)의 아름다움이 육중한 아버지 책속 옛 진리의 지극함을 더욱 밝혀 시선을 압도하고 있었을 것이다. 어둠이 짙어질수록 "사회 전체를 혁명처럼 변화시킬 수 있는 똑같이 위대하고 선하며 근본적이고 강력한" 빛이 더 광활한 속도로 시간을 건너 고난받는 종을 찾아왔으리라.

가슴 속에 기형(璣衡)을 크게 품으니 사해에 그대 홀로 조예 깊었네.
사물의 본성을 깨우쳐 주고 형상의 비례를 밝히었다네.
몽매함이 진실로 열리지 않아 이름난 말 그 누가 알아들으랴.[58]

– 박제가

이벽의 묘, 경기도 광주시 천진암 (2014년 4월 ⓒ 설지인)

하늘의 신발 – 18세기 조선 문명전환의 미시사

02

내가 하늘을 보는 눈, 하늘이 나를 보는 눈:

만천(蔓川) 이승훈(李承薰)의 시(詩)

Self−portrait with a Bandaged Ear, 1889, The Courtauld Gallery

오른쪽 귀를 붕대로 감은 채 평온하게 서 있는 고흐 뒤로 일본 판화 한 점과 꿈처럼 날아갈 듯이 밝은 하늘색 창문이 보인다. 고흐 는 일본 예술 안에 있는 선불교적인 정신에 매료되어 있었다. 그가 프로방스로 간 것도 프랑스에서 일본과 비슷한 분위기를 찾아 일본 예술처럼 자연을 바라보는 법을 시도하고 싶어서였다. 고흐가 생각

하늘의 신발 – 18세기 조선 문명전환의 미시사

하던 일본 예술이란 이런 것이었다.

"일본 예술을 연구해보면 '그 안에 아주 현명하고 철학적이고 똑똑한 사람, 무언가 중요한 일을 하며 살아가는 사람이 있을까'하는 생각이 든다. 지구에서 달까지의 거리를 연구하는 일처럼? 아니. 비스마르크의 정책을 연구하는 일처럼? 아니다. 그 예술가는 단지 풀잎 하나를 세심하게 관찰하고 있다. 그렇지만 이 풀잎 하나가 그를 모든 식물과 계절들로 이끌지."(편지 542)

불교에서는 만물의 공통된 무상성을 통해 우주를 본연의 모습대로 바라보고 깨달음에 도달할 것을 가르친다. 이는 고흐에게 새로운 것이 아니었다. 자신의 예술성에 대한 하나의 비유이자, 어릴 때부터 자신이 느껴온 자연에 대한 확신이었다. 씨 뿌리는 사람이며, 수확이며, 무화과나무의 비유들, 이 모든 것이 그에게는 창조신학이자 신비였다.

화가와 시인의 눈은 우리 일상 속 평범한 사물과 피조물 안에서 이루어지고 있는 창조주의 활동을 본다. "예술은 인간의 손으로 만들어지지만 이 두 손만으로는 창조될 수 없는 것. 우리 영혼의 더 깊은 근원에서 솟아오르는 것일세."(라파르에게 보낸 편지 43) 고흐는 예술작품이 인간을 자신이 지닌 한계 너머로 끌어 올린다는 사실을 잘 알고 있었다. 독일 신비주의자 마이스터 에크하르트의 말처럼 "내가 하느님을 보는 바로 그 눈이 하느님께서 나를 보시는 눈"이 되는 것이다.

"나는 가끔 놀랄 만큼 정신이 맑아짐을 느끼는데, 요즈음에는 자연이 너무나 아름다울 때 그러하다. 이럴 때 나는 더 이상 나 자신을 의식하지 못하게 되고, 그림은 꿈처럼 나에게 다가온다."(편지 543)

고흐는 그림을 창문과 연결 지었다. 창문은 우리로 하여금 가로막힌 벽 너머 바깥 세계를 볼 수 있게 해 주며, 또한 바깥에서 비추이는 빛을 인간 마음속 어두운 구석까지 들여보내 준다. 다른 방식으로는 다다를 수 없는 실재를 그림이 인간 앞에 펼쳐주는 것이다. 그리고 인간으로 하여금 새로이 펼쳐진 실재에 상응할 수 있도록 자신의 영혼을 열게 해준다.

화가는 그림을 그리는 순간 자신의 영혼을 다른 이들의 눈앞에 열어놓는다. 동시에 하늘은 그림을 통해 화가의 내적 삶에 빛을 비춘다. 어떤 장면을 보고서는 그 자리에 숨죽인 채로 서 있는 화가의 모습을 상상해보자. 마치 불타는 떨기나무를 보고 꼼짝못하고 서 있는 모세와 같지 않은가. 그림을 통해 우리는 화가가 보았던 계시의 순간에 동참하도록 초대받는다.

고흐를 두고 우리의 영적 안내자라 일컫는다면 많은 이들이 이의를 제기할 것이다. 그는 자기 귀를 잘랐고, 발작 증상들을 보였으며, 늘 고통의 암연 속에 놓여 있었고, 간질로 요양원에서 시간을 보낸 문제 많은 사람이었다. 불행, 실패, 고뇌, 가난, 정신병. 고흐를 따라다니는 말들이다. 그런데 상처 입은 귀를 붕대로 감고 자신의 영혼의 창문이던 일본 판화 앞에서 '다 괜찮다'는 듯이 서 있는 깊은 눈동자의 한 사내. 사실 우리 모두가 이런 모습이지 않은가?

이 화가는 평생 실패가 되풀이될 것을 알면서도 안락함을 포기하고 오직 불타는 떨기나무가 이끄는 뜨거움에 지배되어 그림을 그렸다. 고흐는 고뇌 안에 어김없이 삶의 거룩함이 있음을 알았던 것 같다.

'사학(邪學)의 원흉'으로 파문됨과 동시에 그 사학(邪學)을 함께 하던 이들로부터는 '비겁한 배교자', '변절자'로 배척된 한 필부(匹夫)가 있다. 서로 그토록 각별했던 다산도 마지막 갈림길에 이르러서는 그를 '원수'라 비난했다. 조선 사회 안에 일어나는 대파동의 씨앗이 된 이 필부(匹夫)를 어떻게 이해하는 것이 맞을까.

극심한 고뇌 중에 자신만의 시(詩)를 품은 채, 고흐의 깊은 눈동자만큼이나 깊은 침묵으로 '다 괜찮다'는 듯이 우리를 바라보고 있는 그는, 저마다 첫마음의 상처를 부둥켜안고 걸어가는 우리 곁에서 함께 길을 걸어가 줄 수 있는 벗이 되어주지 않을까.

이승훈(李承薰). 본관은 평창(平昌)으로 자는 자술(子述), 호는 만천(蔓川)이라 하였다. 1756년(영조 32년) 9월 서울 남대문 밖 반석방(盤石坊) 중림동에서 서울의 대문장가 이동욱(李東郁, 1739~1794)의 2남 1녀 중 장남으로 태어나 염초교(焰硝橋, 현 중림동 서부역 앞) 부근에서 성장하였다. 호를 만천이라 한 이유는 본인이 살던 곳 부근에 무악재에서 발원한 만초천(蔓草川)이 흐르고 있었기 때문인 듯하다.

그의 집안은 5대 조인 이창환(李昌煥) 때부터 기호 남인 학파에 속하였다. 이들은 대대로 제물포에 거주하다 조부 이광직(李光溭)과 부친 이동욱(李東郁, 1739~1895) 때부터 한양으로 이거하여 중앙 정계에 진출하고 남인 시파 가문들과 더욱 깊은 관계를 맺게 된다. 이승훈 집안은 남인의 영수이자 영의정(領議政)을 역임한 채제공(蔡濟恭) 가문과도 친·인척 관계였다. 그리고 이승훈의 모친 여주(驪州) 이씨(李氏)는 성호 이익의 조카 이용휴(李用休, 1708~1782)의 딸이자 공조판서(工曹判書)를 역임한 성호 이익의 종손 이가환(李家煥,

1742~1801)의 친누이로, 누대로 서울에 살면서 정릉(貞陵) 남인으로 이름을 떨치고 있던 집안의 여식이었다. 가풍을 계승하여 이승훈도 일찍이 성호의 학문을 이어가며 외숙 이가환과 녹암 권철신에게 사사하였다.

이승훈은 20세 되던 1775년 양근 나주(羅州) 정씨(丁氏) 가문 정약현의 이복 여동생이자 정약전·약종·약용 형제의 하나뿐인 누이와 혼인하여 슬하에 세 아들 댁규(宅逵), 국규(國逵), 신규(身逵)와 딸하나를 두었다. 혼사는 이동욱과 정씨 형제의 부친 정재원(丁載遠, 1730~1792) 사이의 친분으로 이루어졌다. 두 사람 모두 채제공의 측근으로, 이들은 채제공이 홍국영과 화응한 역적이라는 오명을 쓰고 정치 일선에서 물러나 있던 1780년대에도 변함없이 그를 지지했다. 실각 중에도 실의하지 않는 채제공은 문학 활동을 통해 남인을 계속 결속하고 있었다.

이승훈은 처남들과 가까웠고, 특히 6살 아래 정약용과는 유년 시절부터 돈독했다. 1778년 다산이 화순에 머물 당시 남긴 시로 '憶李兄(이형을 그리워하며)'이 있는데, 두 사람이 서울에 있을 때 가을이 되면 함께 연못 가득한 연꽃을 감상했는데 이제 자신이 화순에 있으니 이형(李兄)은 누구와 연꽃을 감상하고 있을지 그리워하는 내용이다.

> 연못의 가을 물 밤이 되니 서늘해지고,
> 서북방의 높은 하늘엔 구름이 날아가네.
> 물 위의 연꽃 천만 송이,
> 누구와 감상하며 좋은 시절 보내시는지.[59]

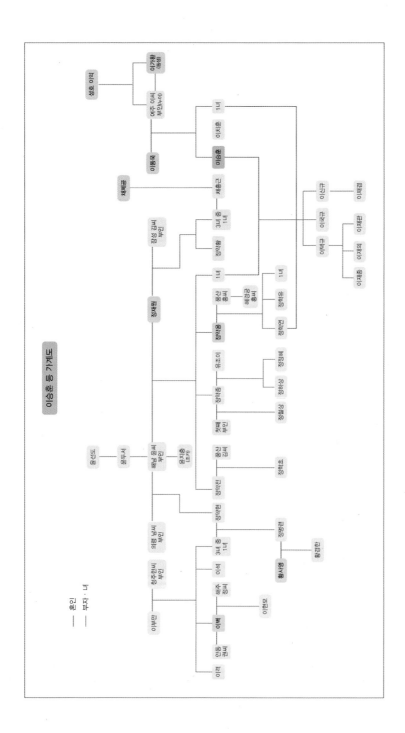

이승훈 등 가계도

다산이 화순에 머물던 시기 누군가를 그리워하며 지은 시는 이게 유일하다. 그만큼 이승훈은 지기(知己)들 사이에서 상대방의 마음을 끄는 매력을 지닌 인물이었던 것 같다. 성균관 시절 벼슬에 뜻을 두기보다 학문에 전념하고 있는 그의 모습이 광암의 눈에도 들어와 이벽이 "평소 학문과 궁리를 좋아하는 이승훈을 상당히 의지하였다"[60]는 기록이 있다. 이승훈의 자세나 품격은 다른 선비들의 마음도 끌었던 모양이다. 황사영은 〈백서〉에서 "당시 이름난 선비들 중에서 그(이승훈)를 따르는 자가 많아" 이승훈을 추대하여 영수를 삼았다고 전한다. 이승훈은 다산이 학문의 길로 접어드는 길목에도 서 있었는데, 정약용이 15세 되던 해 이가환과 이승훈을 따라 성호 이익의 글을 접하고 학문에 정진할 뜻을 세웠다고 스스로 설명하고 있다.

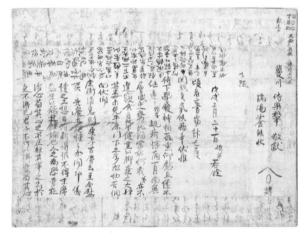

1778년 당시 21살이던 정약전이 23세 이승훈에게 보낸 간찰(정약전의 간찰은 국내에서도 세 통만이 확인되고 있다). 유가 경전 중 하나인 의례를 거론하며 선비로서 학문하는 자세에 대한 내용과 중국 송나라 때 신유학의 학문 지침서로 쓰인 〈근사록〉 구입 관련 문의를 담고 있다. 젊은 시절 학문에 열중하던 정약전과 이승훈의 모습이 생생하게 담겨 있다. (수원화성박물관 소장)

이승훈은 1780(정조4)년 24세 젊은 나이에 사마시에 합격하여 진사로 성균관에 들어갔다. 그해 장남 택규가 태어났다. 그가 남긴 저작은 모두 처분되어 전해지지 않지만, 이승훈이 일찍부터 세간의 주목을 받으며 이미 20대에 선비들 사이에서 이름이 나 있었음이 여러 기록의 편린에서 드러난다.[61] 이헌경의 저작 중에도 승훈의 시를 칭찬하는 대목이 남아 있다.[62] 훗날 그는 〈천학문답〉을 저술하는 시기에 이르러 척사공론 조성에 앞장서면서 이승훈과 관계가 멀어진다.

그는 늘 사람들에 둘러싸여 있었다. 단단한 남인 집안의 장남인 승훈은 서학을 수용하는 이들과 배척하는 이들 모두를 인척이나 벗으로 지니고 있었다. 가장 가까이에 남인 친서계 인사들과 채제공의 조아(爪牙)라 불리던 최헌중*이 있었고, 서얼 출신 홍익만(洪翼萬)**은 승훈과 동당(同黨) 혹은 혈당(血黨)이라 불리고 있었다. 동시에 그는 1788년 척사소를 올린 이경명(李景溟), 1791년 척사소를 올린 대사간(大司諫) 권이강(權以綱), 1801년 소(疏)를 돌려 이가환, 이승훈, 정약용에 대한 극형을 주장한 권엄(權𤩴)과는 인척관계였다. 척사의 선봉에 서는 이기경(李基慶)은 그의 오랜 지우(知友)였다.

또한 그의 가까운 벗으로 순암 안정복의 제자이자 당대 정학인

---

* 최헌중은 신유교난 초기 과정에 우승지(右承旨)로 재직하고 있었다. 전교가 내려진 지 며칠 되지 않은 1월 19일, 정약종은 집에 있던 천주교 서책과 성물, 주문모 신부의 서한 등을 책롱(책장)에 넣어 하인으로 하여금 다른 곳으로 옮기도록 했는데 도중에 포졸에게 발각되는 일이 발생한다. 이른바 '책롱사건'이다. 이때 최헌중은 이익운(李益運), 정약종(丁若鍾) 등과 일의 처리 방안을 상의하기도 했다.
** 1785년경 천주교를 접하고 김범우를 찾아가 서적을 빌려 읽은 후 이승훈에게 세례를 받고, 1796년 주문모 신부에게서 성사를 받았다. 1801년 음력 12월 26일 서소문 밖 형장에서 참수된다.

(正學人)으로 이름나 있던 심유(沈浟, 1748~1803)도 있었다. 심유와는 이후 딸의 혼사로도 이어진다. 당시 심유는 정통 유학을 따르는 일군의 신진 사류를 이끌고 있었다. 1779년 이승훈과 정약용이 서교(西郊, 서울 서대문 밖)에 나아가 향사례(鄕射禮)를 행할 때 심유가 빈(賓)으로 참석하였다. 이 자리에 "모인 사람 백여 명이 모두, '삼대(三代)의 의문(儀文)이 찬란하게 다시 밝혀졌다' 하였으며, 소문을 듣고 찾아오는 사람 또한 많았다"[63]고 다산은 기록한다.

향사례는 효제충신(孝悌忠信)하고 예(禮)에 밝은 자를 주빈으로 삼아 재배례를 행하고 활쏘기와 술자리를 베푸는 연중행사로, 예양읍손(禮讓揖遜)의 풍조를 이루기 위한 전통적인 유교 의식이다. 이승훈은 반듯하고 촉망받는 젊은 유교 선비였다.

수학을 좋아하는 조선 선비, 서양인 궁정 수학자를 만나다

이승훈은 수학을 좋아했다. 그는 수학과 천문에 특별한 관심을 지니고 있었는데, 그중에서도 수학에 특별한 열정을 지니고 있었다. 그에게 학문적으로 가장 크고 직접적인 영향을 준 이는 외숙 이가환이었을 것이다. 이가환과 이승훈의 학문을 함께 거론하는 다산의 기록에서도 이를 유추해볼 수 있다.

"이때(1776년) 이가환 공이 문학으로 한세상에 명성을 떨쳤고, 자부(姊夫) 이승훈이 또한 몸을 단속하고 뜻을 가다듬어 학문에 힘쓰고 있었는데, 모두 성호 이익 선생의 학문을 조술(祖述)하였다."[64]

이가환은 국왕 정조가 '진학사(眞學士)'라 칭하며 "맹단(盟壇)에 올라 우이(牛耳)를 잡고 대일통(大一統)의 대권(大權)을 어둡고 어지러운 이 세상에 다시 밝히는 것을 나는 그의 임무로 여긴다"[65] 공언할 정도로 높이 평가한 인물이다. 성호 이익의 종손이자 30년간 남인계 문단을 주도했던 대문장가 이용휴의 아들이던 이가환 자신 역시 당대 뛰어난 문장가로 이름을 떨치고 있었다. 또한 그는 천문·기하학에 정통했다. 황사영은 일찍이 이가환이 "자신이 죽고 나면 이 나라에서 기하학은 그 근본이 끊어질 것"을 탄식하였음을 기록하고 있다. 이가환은 〈천문책(天文策)〉에서 정조와 문답하며 조선의 천문학 진흥을 위한 여러 방안('正曆象論' 역산을 바로잡음, '修儀器論' 의기를 제작함, '良人材論' 인재를 양성함)을 제시하기도 한 인물이다.[66]

1783(정조7)년 10월 24일. 28세이던 이승훈에게 동지사행(冬至使行) 서장관(書狀官)으로 임명된 아버지를 따라 북경에 다녀올 기회가 찾아왔다. 당시 연행 제도에서 정사(正使), 부사(副使), 서장관(書狀官) 등은 자제나 친인척을 자제군관(子弟軍官)이라는 비공식 수행원으로 데리고 갈 수 있었다.

홍대용도 1765년 숙부 홍억(洪檍)의 자제군관 자격으로 북경을 방문하여 여행기 3부작 〈담헌연기〉, 〈을병연행록〉, 〈항전척독〉을 남겼다. 이 여행기들과 연행록들은 조선 신진학자들에게 상당한 충격을 주었다. 박지원도 1780년 삼종형 정사(正使) 박명원의 자제군관으로 중국 땅을 밟은 뒤 〈열하일기〉를 남겼다. 자제군관은 공적 업무를 부여받은 직책이 아니므로 직무 수행에서 자유로웠고, 때문에 북경 문물을 좀 더 자유롭게 관찰하며 사람들과도 폭넓게 교류할 수 있었다. 승훈에게도 이런 기회가 찾아온 것이다. 연행길에 오르던 승훈은 이미 서양 학문에 지대한 관심을 가지고 있는 상태였다. 그의 마음이 크게 부풀어 올랐을 것이다.

조선 후기 연행사절은 연행길에 오르기 전 주변인들로부터 연행에 부치는 시(詩)나 서(序)를 받는 것이 관례였다. 승훈은 번암(樊巖) 채제공(蔡濟恭)을 찾아가 부연서(赴燕序)를 받아온다.[67] 남인의 영수 채제공은 정조의 최측근이었으며, 사도세자를 가르친 스승이자 세자 폐위의 비망기가 내려지자 자신의 죽음을 무릅쓰고 이를 막아 철회시키려 했던 인물로, 사도세자의 죽음 후 이를 후회하던 영조가 정조에게 "나에게는 순신(純臣)이요 너에게는 충신(忠臣)"이라 한 인물이었다. 그리고 그는 이가환, 이승훈, 정약용 등의 정치적 후견자였다. 이승훈이 연행에 오를 당시 채제공은 노론 벽파의 참소를 당하여 서울 근교에서 은거 생활 중이었다.

— 채제공 사후(死後) 1799년 2월 19일 정조가 그에게 '문숙(文肅)' 시호를 내리는 교지. 민첩하고 학문을 좋아하며(文) 과단성 있는(肅) 채제공을 기리는 뜻이다.
(수원화성박물관 소장)

체제공은 학문에 뜻을 세우고 있던 승훈에게 북경에서 견문만 넓힐 것이 아니라 천하 통일의 학문을 품을 것을 크게 격려하였다.

> "자술(子述, 이승훈의 자(字))은 성현의 글을 읽고 소년 시기에 학문에 뜻을 두어 일을 삼으니, 다만 일상의 예의만 넓히고자 하는 것이 아니라 장차 중국의 대의를 보며 그 심흉을 '널리 포섭하여 공평하게 하고 (恢蕩)' 그 견문을 키우고 넓혀서 학자와 만나 말할 때 성학(聖學)의 대일통(大一統, 천하를 통일함)의 물음을 시험해 볼 것이다."[68]

인조에서부터 효종, 현종, 숙종, 경종, 영조, 정조에 이르기까지 조선 국왕들은 공식적으로는 명을 위한 망궐례를 지속하면서도 청나라에 끊임없이 역관을 파견했다. 병자호란 이후 조선에 반청의식이 고조되어 청으로부터 들어오는 문화에 상당한 반발감이 있었음에도 불구하고 서양 천문역법에 관해서만은 소수 지식인들이 그 우수성을 인정하고 있었다. 그리하여 관상감 관원들은 방문이 쉽지 않던 천주당을 찾아가 서양인들과 접촉을 본격화하고 역법에 대해 문의하는 일을 공식 외교 일정에 넣어 정식화하기에 이른다. 17세기에는 특명을 받은 역관들만이 흠천감과 천주당에서 서양인들과 접촉할 수 있었던 반면, 18세기에 와서는 정사에서부터 말단 군관에 이르기까지 그 범위가 확대된다.[69]

특히 정조대에 들어서는 청나라를 통한 서양 과학 수용의 범위가 역법을 벗어나 확대되고 본격화된다. 정조는 즉위하자마자 도승지 서호수(徐浩修)를 시켜 당시 10분의 1밖에 간인되지 않았던 〈사고전서(四庫全書)〉의 저본 〈고금도서집성(古今圖書集成)〉* 전질 5,022권을 구입해 오도록 하였다. 조선 지식인들의 학문 태도를 변화시키려는 정조의 강한 의지를 엿볼 수 있다.

이후 천주교 서적의 국내 유입을 금할 때에도 정조는 서기(西器) 관련 서적만은 계속 수입하였다. 1791년 진산사건 즈음 정조는 천주교 문제가 정치적으로 이용되지 못하도록 홍문관에 소장되어 있던 서양서를 모두 불태웠으나, 친문역상시인 〈치역연기(治曆緣起)〉가 소각 대상에서 제외되었던 것은 상징적이다.[70]

이승훈이 북경에 갈 채비를 하던 해보다 7년 후인 1800년, 다산은 연행길에 오르는 진하부사(進賀副使) 이기양에게 부연서를 지어 주며 강력한 주문을 한다. 지금까지 연경에서 이용후생지물(利用厚生之物)을 얻어 돌아온 이가 한 사람도 없음을 한탄하며 오로지 이에 힘쓸 것을 당부[71]하던 그는, 비싼 값을 치르더라도 선진 기술과 기기를 시급히 도입해야 함을 힘주어 말했다.

승훈은 이러한 사회 분위기 속에서 연행을 준비했다. 그는 북경에서 가능한 한 많은 서양 서적을 구하고자 했고, 경비를 마련하기 위해 이기경(李基慶)에게도 도움을 청했다. 이기경은 이렇게 진술한다.

"계묘년 겨울 이승훈이 북경에 갈 때 臣도 한번 전송을 하러 갔는데 이승훈이 말하기를 '내가 서양책을 사오고 싶었는데 재력이 부족하니 혹 서로 도울 방도가 없겠는가' 하기에, 臣이 말하기를 '내가 무

---

* 청 4대 황제 강희제의 칙령으로 완성된 10,000권 규모의 백과전서식 유서. 현존하는 중국 최대 유서이다.

슨 재력이 있겠는가' 하고는 돌아오면서 생각하기를 '북경에 가서 책을 산다면 좋은 책도 많은데 하필 서양 책일까' 하였습니다."[72]

서학에 관심 없던 이기경과도 경비 문제를 이야기했다면 학문 성향이 비슷한 지인들과 이를 상의했음은 말할 것도 없을 것이다. '북경 천주당 서양 전교자에게 신경(信經) 한부를 달라고 하며 세례 받기를 청하고, 귀국 때 서책(書冊)과 기물들을 가지고 올 것'을 신신 당부한[73] 이벽은 물론이다. 황사영에 따르면 당시 "이벽은 성교회의 서적을 비밀리에 읽고 있었는데, 이승훈은 이를 몰랐다."[74] 연행길에 오를 때만 해도 승훈은 서양 과학과 기하학에 빠져 있었지, 천학(天學) 연구나 모임에는 직접적으로 참여하지 않고 있었다.

서울을 떠난 동지사 일행은 1784년 1월 13일(음력 1783년 12월 21일) 북경에 도착하여 서관(西館)*에 주접(住接)했다. 북경 풍경**은 이제 서른이 되어 가는 조선 선비에게 놀라움을 주었을 것이고 서양 학문에 대한 더욱 강한 확신을 심어주었을 것이다. 그리고 가난한 조선의 모습을 극명하게 인식하는 계기가 되었을 것이고, 외교 실무를 관장하는 아버지를 통해 청과 조선 간의 외교 현장을 어깨 넘어 보는 기회도 되었을 것이다. 이미 이승훈보다 18년 전 홍대영이 북경 땅을 밟으며 청나라 발전상에 충격을 받았다. 조선의 예악(禮

---

* 북경을 왕래하던 조선 사신들은 주로 남관(南館)을 사용하였으나 1728년 청·러시아간 캬흐타(Kiakhta) 조약 이후 남관이 러시아 전용관사로 일방 점거되자, 청조는 조선 사신들을 위해 옥하의 서쪽에 남소관(南小館)을 지어 제공했다. 남소관이 보수 중일 때 조선 사신들은 임시로 궁성 서남쪽에 있는 서관(西館)을 사용했다. 연암 박지원이 열하에 갔다 북경으로 돌아와 묵은 곳도 이 서관이었다.

** 1800년경 북경 인구는 약 100만, 런던이 70만, 파리가 약 50만 명 정도로 추산된다. 당시 북경은 유럽 도시들보다도 컸다.

樂) 문물을 소중화로 일컫으나 청나라의 한 고을을 당해내지 못한다
는 사실을 인정하지 않을 수 없었던 것이다.

"연경[북경]의 번성함은 전일에 익히 들었고, <가재연행록>을 보
아도 거의 짐작할 듯했지만, 진실로 귀에 들음이 눈으로 봄만 같지
못한지라. 이 지경에 이를 줄은 어찌 생각하였겠는가."[75]

이승훈과 비슷한 시기 북경 땅을 밟은 박지원도 곡정(鵠汀)으로
부터 "서양기술이 중국으로 들어온 후로 중국의 천문기계는 아주
멍텅구리가 되어버렸다"는 말을 듣고는 천주당을 방문하여 서양인
들과 만나고 돌아왔다.[76] 이처럼 조선 연행사(燕行使)들이 서학서와
서양 기물을 접하는 핵심지였던 북경 천주당을 과연 이승훈도 방문
한다. 1784년 1월. 그의 부친은 물론 사신들과 함께였다.

동지사 정기 사절단은 북경에 도착하여 대략 40일 정도 체류하
였다. 이들은 외교문서 전달, 하마연(下馬燕), 공물헌납(貢物獻納) 등의
공식행사를 마치고 나서 북경 유람에 나서는 길에 천주당을 방문하
였을 것이다. 이승훈은 당시를 이렇게 회상한다.

"계묘(癸卯)년 아버지를 따라 북경에 갔을 때 사신들을 따라 서양
인이 사는 집에 가니, 인사가 끝나자 서양인이 <천주실의> 여러 질
을 각 사람 앞에 내놓으면서 마치 차나 음식을 접대하듯 하였는데 …
이어 역상(曆象) 이야기가 나오자 서양인이 또 <기하원본(幾何原本)>
과 <수리정온(數理精蘊)> 등의 책과 시원경(視遠鏡), 지평표(地平表) 등
의 물건을 선물로 주었습니다."[77]

하늘의 신발 – 18세기 조선 문명전환의 미시사

조선 사신들이 방문하던 천주당은 1601년 황제의 신임을 얻은 예수회 선교사 마테오 리치(Matteo Ricci)*가 허락을 받아 1605년 북경 내성 선무문(宣武門) 안쪽에 남천주당(南堂, 남당)을 세우며 시작되었다. 이후 서양 선교사들이 차례로 황제의 허락을 얻어 1653년 내성 동쪽 동천주당(東堂, 동당), 1703년 서쪽 서안문 밖 북천주당(北堂, 북당), 1725년 서직문 밖 서천주당(西堂, 서당) 등 모두 네 곳의 천주당을 지었고, 황제가 부여한 관직을 맡은 선교사들은 이곳에 기거하며 천문역법, 음악, 미술 등에 종사하고 있었다.

이승훈을 포함한 조선 사절단은 북당을 찾아갔다. 북당은 당시 4개 성당 중 수학자를 포함한 학자 선교사들이 가장 많은 곳이었다. 초기에는 마테오 리치의 전통을 이어받은 남당이 학문의 중심지였으나, 프랑스 정부에서 프랑스 예수회원이 거처하는 북당에 의도적으로 학자 선교사들을 많이 파견하여, 이들 동지사행이 방문할 무렵에는 학문의 중심이 북당으로 옮겨 가 있었다. 이승훈도 사천주당 가운데 "서양의 수학 서적을 가장 쉽게 구할 수 있는 곳이 바로 북당임을 확신하고"[78] 이곳을 찾았고, 선교사들을 처음 만났을 때에도 승훈은 가장 먼저 서양 수학에 관해 알고자 했다.

"물론 나는 성교(聖敎)에 입교할 의향이 있었습니다. 그러나 그 의향에는 수학에 관한 지식을 얻으려는 욕망도 섞여 있었습니다."[79]

---

* 1583년 조경(肇慶)에 자리 잡은 그는 1594년 말 유교의 위상을 이해하고는 유자 복장을 하고 자신을 서유(西儒) 혹은 서사(西士)라 칭하였다. 원시 유학 내용 가운데 천주교 교리와 일치되는 점을 발견하고 〈천주실의〉를 저술, 서양 기물 등으로 황제의 관심을 사면서 남당에 상주하게 된다.

이 조선 선비의 수학에 대한 열정은 북경에서 그를 목도한 많은 이들의 눈에 띄었다. 북당에 있던 중국인 라자리스트* 수사도 "李 라는 사람은 유럽 사람들의 수학과 천문학 지식의 이야기를 듣고, 그것을 좀 배우고 또 그 책을 구해보고 싶은 호기심에서"[80] 자신들을 찾아왔다고 기록한다. 구베아 북경 주교도 이후 서한에서 "이승훈이 수학을 좋아하여 그것을 배우고 또 그 책을 구하기 위해 서양 선교사들의 집을 찾아 왔다"고 알리고 있다.

이승훈은 북경에 체류하는 동안 사행 일행 중 유일하게 서양인들과 교류를 이어갔다. 그는 궁정 수학자이자 통역관으로 활약하고 있던 그라몽(Jean-Joseph de Grammont, 梁棟材, 양동재) 예수회 신부를 지속적으로 만났다. 그라몽 신부의 권유를 받으며 서서히 수학보다 천주교 교리에 더 열중하게 되었고, 마침내 세례를 받기에 이른다. 당시 북당에 남아 이승훈과 그라몽 신부의 교류를 지켜보았던 방타봉 (Jean-Mathiu de Ventavon) 예수회 신부**는 1784년 11월 25일 서한에서 1년 전 정황을 이렇게 설명한다.

"조선 사신들이 작년 말에 왔는데, 그들과 수행원들이 우리 성당을 찾아 왔습니다. 우리는 그들에게 종교 서적을 주었습니다. 이 양반 중 한 분의 아들은 나이가 27세인데 박학하여 그 서적들을 열심히 읽어 진리를 발견하였고 … 그라몽 신부가 베드로라는 본명으로 그

---

* Lazaristae. 예수회의 해산으로 북당의 예수회원들도 해산하지 않을 수 없게 되자 그들의 선교 사업을 계승하기 위해 1785년부터 라자리스트들이 북당을 맡게 되었다.

** 방타봉(J.M. de Ventavon, 왕흥(汪洪), 1733~1787): 프랑스 출신 예수회 선교사. 화가. 1766년 중국에 도착했으며, 1773년 예수회가 해산된 이후에도 북당에 남아 있었다.

에게 세례를 주었습니다."[81]

조선을 떠나올 때까지만 해도 천주교에는 큰 관심이 없었던 이 조선 선비에게 세례는 대전환적인 사건이었다.

그라몽 신부가 조선 사람들과 조우한 것은 이때가 처음이 아니었다. 그는 조선에서 수학자와 같은 서양 학자를 얻고 싶어 한다며 "나도 북경에서 조선 사절들과 자주 회담하였는데, 그들은 항상 서양인을 얻고 싶은 간절한 소원을 말하였고, (조선으로) 떠나기 전에는 일부러 나를 방문하고 그들의 소원을 성취시켜 주기를 청하였다"[82]고 기록한다.

그 많은 조선인들 중에서도 이승훈은 그라몽 신부와 선교사들의 마음을 특별히 끌었다. 필담으로 소통하는 와중에 드러난 이승훈의 지성과 수준 높은 문장에 선교사들은 상당한 매력을 느꼈을 것이다.

"그의 글은 고요하여 비파로 영혼을 울리는 듯하고 깨끗하고 투명하니 은나라의 주돈(珠敦)이 아니면 주나라의 옥찬(玉瓚)이 아닌가 하노라. 높고 예스럽고 크게 기이하니, 우임금의 우뚝 솟은 구루(峋嶁)가 아니라면 선문(宣門)내 석고(石鼓)가 아닌가 하노라. 노을과 구름 밖에 높이 선 그 표지를 자랑스럽게 드러내 보이니 이것이 바로 은하수가 구름 사이로 흐르는 모양이 아닌가? 누각과 관아에 아름답게 수를 놓아 곱게 장식하니 이것이야말로 금곡의 정원에 모여 핀 꽃송이들 아닌가? 바다거북의 광채 나는 장식이 산호처럼 빛나니 변화가여(厲) 임금에게 바친 아름다운 옥과도 같구나."[83]

이후 척사의 선봉에 서는 간옹 이헌경이 이승훈의 시를 거듭 읽어본 후 남긴 평가이다. 처음에는 자신이 지도하는 방향으로 바꾸고자 했으나, 이헌경의 눈에 '이승훈의 성품이 좋아하는 것'은 굳이 통솔하거나 좌지우지할 수 있는 것이 아니며, 그의 글이 '비록 굶주림과 추위를 막아주지는 못하겠지만', 즉 벼슬길이나 실생활에 소용이 되지는 않겠지만, 그의 고유하고 차원이 다른 문장을 인정한 것이다. 그는 이승훈에게 이렇게 격려했는데, 마치 이승훈의 문장이 조선을 넘어 서역에서 인정받을 것임을 내다본 것만 같다.

"그대가 성취한 바를 가지고 더욱 넓히고 크게 만들라. 그리하여 서역(西域)을 오가는 고호(賈胡, 행상하는 만주인·오랑캐)로 하여금 날로 그 진귀한 보물에 눈독 들이다 그 끝나는 경지도 모르도록 하라."

당시 동지사 사절단의 일정을 감안한다면 이승훈이 수학을 배우며 교리를 학습할 수 있었던 기간은 불과 1개월 전후였다. 교리를 습득하기에는 짧은 기간이다. 그는 다른 모든 것을 내려놓고 여기에 집중하였을 것이다. 방타봉 신부는 이렇게 보고한다. "그에게 세례를 주기 전에 많은 문제를 물어보았는데, 그는 모두 잘 대답하였습니다." 황사영에 따르면 이승훈의 세례는 여러 선교사들이 반대하는 가운데 그라몽 신부의 자청으로 이루어졌다.

"이승훈이 그(이벽)의 말대로 천주당에 가서 세례를 청하자 여러 신부들은 영세하기에 필요한 도리를 모른다고 이를 허락하지 않았습니다. 그러나 오직 한 사람 양 신부만이 세례를 주고 또한 교회 책도 많이 주었습니다."[84]

그만큼 단기간에 습득한 교리 공부로 아무런 천주교의 토대가 없는 사막 같은 땅으로 돌아갈 젊은이에게 세례를 주는 것은 모험이다. 수학에 대한 순수한 열정으로 이승훈과 그라몽 신부가 특별히 가까워졌던 것으로 보이고, 그라몽 신부에게는 이승훈의 진실된 마음과 학습 능력에 대한 확신이 있었을 것이다. 그는 예수회 해산령이 중국에 선포된 후에도 북당에 남아 있다가 이승훈과 조우한 것이었다.[*] 조선 선비의 포부와 진실됨은 우려하는 시선을 희망하는 시선으로 바꿔놓았다. 마르키니 신부는 이렇게 기록한다.

"때로는 학자들조차 그리스도교에 대한 한문 서책들을 이해하지 못하는 경우가 있기 때문에 몇몇 선교사들은 이 예비신자에게 세례를 베푸는 것은 너무 서두르는 것이라며 찬성하지 않았습니다. 그러나 이 예비신자는 자기 나라 사람들에게 천주교를 전하고 싶다는 뜻을 밝히고 약속까지 하였기 때문에 반대하던 선교사들도 거기에 큰 희망을 갖게 되었습니다."[85]

방타봉 신부에 따르면 이승훈은 "사신으로 온 부친의 승낙과 동의를 얻고 영세를 하였다."[86] 이동욱은 조선에서 그토록 얻고 싶어 하는 서양인 – 지식과 기술을 전수하는 서양인 – 과 장남이 직접 교류하고 친분을 쌓는 것을 충분히 수락하였을 것이다. 이승훈은 그라몽 신부에게 매년 연락하리라 약속하고 조선으로 돌아간다. 두 사람은 깊은 석별의 정을 나누었을 것이다. 이제 이승훈은 서양 지

---

[*] 예수회는 교황 클레멘스 14세에 의해 1773년 해산되어 약 41년간 해산된 상태에 놓이게 된다. 그라몽 신부는 1785년 북경을 떠나 광동으로 갔다가 1790년 다시 북경으로 돌아와 1812년 병으로 북당에서 사망한다.

식인들과 영원히 연결되어 조선으로 돌아간다.

정사 황인점(黃仁點)과 부사 유의양(柳義養)은 1784년 3월 24일 귀환하여 왕을 알현하였고, 서장관 이동욱은 3월 29일 귀환하여 왕을 알현하였다.[87] 이승훈도 부친과 함께 서울에 도착하였을 것이다. 선교사들이 준 많은 책들과 성물들을 가지고.

지적 세련미와 더 큰 열정으로 위기를 헤쳐 나가다

북경에 가기 전 승훈에게는 구체적인 연행 목적이 있었다. 가능한 한 많은 서양 서적을 입수하는 것. 이를 위해 여러모로 준비도 했다. 그런데 귀국하는 길에 그가 전래한 서적 중 수학이나 서양과학 서적은 상대적으로 적었다. 귀국 후 본래 관심사였던 수학이나 천문에 대한 연구 활동도 크게 두드러지지 않는다. 더 급하고 중요한 일이 생긴 것이다.

"귀국하자 나에게는 가지고 온 책에서 나의 종교를 연구하고 또 그것을 나의 친척과 친지들에게 전하는 것보다 더 급한 일이 없었습니다."[88]

영세 준비 기간이 짧았던 만큼 그라몽 신부는 이승훈에게 필요한 각 종류의 책을 안겨주었을 것이다. 이후 이승훈과 관련 인물들의 문초 기록을 통해 그가 북경에서 반입한 서적을 일부 파악해 볼 수 있다. 이승훈은 이벽과 함께 〈진도자증(眞道自證)〉, 〈성세추요(盛世芻蕘)〉, 〈천학초함(天學初函)〉, 〈교요서론(敎要序論)〉, 〈성교절요(聖敎切

要)〉를 통해 천주교 교리와 세례에 대해, 〈이십오언(二十五言)〉과 〈성경직해(聖經直解)〉를 통해 성경 내용에 대해, 〈천주성교일과(天主聖教日課)〉와 〈수진일과(袖珍日課)〉를 통해 매일의 기도 생활에 대해, 〈성년광익(聖年廣益)〉을 통해 천주교 성인들의 삶을 이해하였을 것이다.[89] 두 사람은 천주교에 대한 더 깊은 연구에 침잠한 다음 포교 활동에 나선다.

귀국한 이승훈에게 이벽은 특별한 존재였다. 북당 선교사들에게 그간의 일을 전하는 서한에서도 승훈은 가장 먼저 '이미 여러 해 전부터 천주교의 가장 이해하기 어려운 점까지 이해하고 실천해오던' 이벽과의 만남에 대해 길게 설명한다. "그는 나를 가르치고 격려"했으며, 두 사람은 "서로 도와" 약 1천명으로 구성된 천주교 공동체를 조직한다. 이듬해(1785) 봄 을사추조적발사건(乙巳秋曹摘發事件)이 일어날 때까지 이승훈 이외의 다른 이가 영세를 주었다는 기록은 보이지 않는다.[90] 그의 손으로 하루 평균 3명에게 세례를 주었다는 말이다. 그 와중에 천주교를 배척하는 이들의 경고는 일촉즉발의 수준에 이른다.

"그들 젊은이들 중에 성명(聲名)이 있는 자 여럿을 추조(秋曹)에 적어 올려 그 세력을 드러내려 한다. 빨리 성토(聲討)하지 않으면 크게 번질 것이다."[91]

을사년 이들에 대한 강한 제재가 이루어지고 집안을 위협하는 통문이 돌 때, 정(丁)씨 집안에서는 정재원이 자식들에게 서학을 금지하여 정약전이 그만두었다는 기록이 있을 뿐이다. 반면 이동욱은 훨씬 강하게 대처했다. 자신도 아들의 북경 세례에 연루되어 있을 뿐더러 본인과 아들이 함께 귀국하던 길에 문제의 서적들이 조선으로 반입되었다. 이승훈은 4년 후 서한에서 당시 상황에 대해 "저의 가족은 그 박해로 인하여 다른 어떤 가족들보다도 더 큰 고통을 받아야 했습니다"라고 간략히 담담하게 언급할 뿐이나, 그의 가족에게 쏟아진 비방과 위협의 정도는 집안 존폐의 위기를 넘나드는 수준이었다.

이동욱은 평창 이씨 집안사람들을 모아 놓고 천주교 서적을 불태우며 분서(焚書)의 칠언율시(七言律詩) 두 편을 지었다. 핏기없는 얼굴로 마비된 듯 서 있는 이승훈에게 동생 치훈이 울며 붓을 쥐어주었다. 승훈도 벽이시(闢異詩)를 짓고 형조판서 김화진(金華鎭)에게 벽이문(闢異文)을 지어 보내야 했다.[92] 승훈의 마음이 시에 담겼다.

天彝地紀限西東(천지의 법도가 서국과 동국으로 나누이니)
暮壑虹橋晻靄中(해지는 골짜기에 걸려 있는 무지개다리는 노을 속에 가리워지고)
一炷心香書共火(한 줄기 타는 마음의 향기는 책과 함께 불타 버렸으니)
瞻潮州廟祭文公(멀리 조주(潮州)의 사당을 바라보며 문공에게 제사하노라)

그의 시는 세련된 힘을 지니고 있다. 서학을 배척한다고 공표하는 시이나 전혀 다른 뜻으로도 해석할 수 있다. 결국 원수지간이 되지만 어린 시절부터 가까이 알고 지내던 이기경은 이 시가 사실 서양 선교사를 간절히 사모하여 못 잊어하는 글이라 주장했다.

승훈의 벽이문(闢異文)은 원본이 전해지지 않는다. 다만 이후 1791년 의금부 공술 중에 그가 기억을 더듬으며 구술한 내용에 따르면 천주교의 당옥설(堂獄設, 천당 · 지옥설)과 위천주설(僞天主設, 가짜 천주설)을 비판하는 내용이었다.

"천하의 학문은 정사(正邪)를 가릴 것 없이 이해(利害)관계가 있은 뒤에야 사람들이 마음을 기울여 따르게 마련이다. 만약 서학(西學)에 천당(天堂)·지옥(地獄)의 설이 없었다면, 사람들이 어찌 패관잡설(稗官雜說)보다도 못하게 여겼겠는가."[93]

먼저, 당시 천주교를 공격하던 이들의 핵심 주장인 '천당·지옥설'에 관한 부분이다. 이기경은 승훈의 벽이문을 두고 '그가 진실로 천학(天學)을 위해 깃발을 세웠다는 것'이 드러나는 것이라 지적하며, "오히려 천당·지옥설이 믿을 만한 것을 밝힌 것이고, 그가 배척한 것은 천당·지옥설이 불교와 같다고 하는 말을 배척한 것"이라고 주장했다.[94]

당시 공서파들은 덕을 그 자체로 실천하는 유학의 가르침과 달리 천학(天學)은 천당이라는 개인적이고 사사로운 이해(利害)를 위한 것으로 불교의 아류와 같은 저급한 학문이라 주장하고 있었다. 그런데 이러한 '당옥설(堂獄設)'은 공서파의 글에 주로 등장하는 개념으로, 정작 당시 천주교 지도층이 남긴 글이나 이들이 보던 서학서에는 거의 등장하지 않는다.

천주교 지도층이 사용한 개념은 '천국(天國)'에 더 가깝다. 이는 천당과는 다른 개념이다. '천당'이 권선징악, 즉 선한 일에 대한 상으로서 들어가는 곳이라면, '천국'이란 자신과 세상의 존재론적 현존을 만들어준 근원에 의해 통치되는 세계로, 천당보다 훨씬 더 본원적이고 큰 개념이다.

공서파들의 격분과 달리, 혹은 현시대에도 존재하는 기독교에 대한 유사한 이해와 달리, 승훈은 천주교를 천당으로 가기 위한 입장표로 이해하지 않았다. 이는 사실 오랜 기간 천주교 전통 안에서 유지되어 오던 가르침이다.

> "보십시오. 자기 안으로 들어감이 없이, 즉 자아 인식이 없이, 우리
> 의 비참과 아울러 주님께 받은 바를 생각하여 자비를 열심히 기도함
> 이 없이 천국만 가겠다고 생각하는 것은 미친 짓입니다." (아빌라의
> 데레사 〈영혼의 성〉, 1577년 作)

공자는 〈논어〉에서 "천명(天命)을 알지 못하면 군자가 될 수 없
다(不知命 無以爲君子也)"고 하였다. 유학 질서에서 태어난 승훈과 당
시 천주교 지도층 역시 성인군자(聖人君子)를 지향점으로 성장해오
던 인물들이었다. 그런데 이들이 천주교와 만나면서 이 천명(天命)
이 이제 구체성을 띤 천주(天主)의 의지로 다가왔다. "하느님의 뜻
은 바로 여러분이 거룩한 사람이 되는 것입니다"(1테살 4,3). 이 성
화(聖化)와 완덕(完德)의 소명이 승훈과 그의 벗들에게는 새로운 천
명(天命)이었다.

당시 이들이 읽던 〈성경직해(聖經直解)〉에서도 믿는 이들이 내세
에서 복락을 누리는 것은 오로지 죄인을 위한 예수의 십자가 죽음
으로 말미암은 속량의 결과임을 가르친다. 예수는 믿는 이들이 이
세상에서 고난을 받으면 그들에게 영원한 복을 주겠노라 친히 약속
하는데, 이는 내세의 복락을 위한 공을 세우라는 뜻이 아니라 다만
이를 통해 예수의 수난 신비에 참여하는 기쁨을 느끼는 것이라 분
명히 한다.[95]

위천주설(僞天主設)에 관한 승훈의 공술 역시 일면 천주교를 배척
하는 글로 보이나, 또 다른 시각에서 보면 '가짜 천주설'의 오류를
드러내겠다는 뜻으로도 읽힌다.

"서학에 가짜 천주(天主)가 횡행한다는 말이 있으니, 요사스럽고 허망하기가 이와 같은 것이 없다. 이미 하늘이라 말하면서 가짜가 있다는 것은 무슨 말인가. 내가 반드시 그 학설로 그 학설을 깨겠다."[96]

'이미 하늘이라 말하면서 가짜가 있을 수 없다'는 선언으로도 이해할 수 있는 이 글은, 이후 홍낙안도 "그 소위 벽이문이라고 하는 것은 더욱 통탄스럽고 깜짝 놀랄 글로서, 도리어 천주교를 은근히 두둔하고 찬양하는 글이다. 그가 믿는 천주를 위해 깃발을 높이 세우기 위한 것으로 보이지 결코 그것을 깨트리고 공격하는 것으로 볼 수 없다"며 공분을 감추지 못해 한다.

승훈이 지은 글 안에 숨어 있는 그의 마음은 무엇일까. 당대 조선 지성계의 사고를 넘어서던 승훈의 지적(知的)인 힘과 매력이 마치 그에게 칼과 방패가 되어주는 형국이다.

이승훈이 귀국한 이듬해인 을사년에는 이미 그가 전래한 서학서 필사본들이 널리 유포되어 있었다. 책을 다시 구해보는 건 어려운 일이 아니었을 것이다. 하지만 아버지와 가족들이 겪는 수모와 그의 눈앞에서 잿더미가 되어버린 서학서와 성물들은 승훈의 마음을 참담하게 했을 것이다. 이동욱의 금지령은 엄중했고, 승훈은 천주교 공동체 안에서 자신의 권한을 다른 두 사람에게 위임하며 표면적으로 거리를 두는 태도[97]를 취했다.

"나는 예수 그리스도 안의 나의 형제들을 떠나야 했습니다. 하지만 영세를 중단시키지 않기 위해 다른 두 사람[이벽, 김범우]으로 하여금 그것을 대신하게 하였습니다."[98]

을사년 사건 직후 이승훈의 행보에 대해 서양 선교사들은 비판적이었다. "그렇게도 부끄럽게 물러서는 것을 보았고, 또 발포를 보지도 않고 그 포격을 피하려 하였던 이승훈…"[99] 그러나 승훈이 보인 행보는 당시 상황에 대한 그의 적극적인 대응책으로 이해하는 것이 맞을지 모른다. 더 나아가 이후에도 대외석상에서 공표·활용할 수 있는 정치적 방어 장치를 만들어 놓기도 했다. 그의 지력(智力)으로 충분히 해낼 수 있는 일이다.

이후 추국 과정에서도 승훈은 "을사년 이후 한결같이 바르게 사학을 물리쳤습니다"[100]고 답을 한다. 그러나 정약용, 최창현의 진술처럼 그는 계속 '서양의 호인 伯多(베드로)를 칭하고' 다녔고, 더 조심스럽게 숨어 밀실에서 활동하는 천주교 조직 안에서 1786년 3월 정약종에게 세례를 주는 등 자신의 역할을 지속했다.[101] 이승훈이 북경에 전하는 을사추조적발사건의 전말에 따르면 이 사건은 김범우의 유배만으로 끝나지 않았다.

"또한 서너댓 곳에서 박해가 일어났고, 많은 교우들이 잡혀 투옥되고 몽둥이로 매를 맞고 위협을 받고 온갖 감언이설로 유혹을 받는 등, 한 마디로 그들을 배교시키기 위해 온갖 방법이 동원되었습니다. 백절불굴의 용기를 보인 사람들의 수가 아주 많았으며 10여 명은 피로써 그들의 신앙을 증거 하였습니다."[102]

조만간 들려오는 또 한 사람의 죽음은 승훈에게 큰 충격이었다. 이벽의 죽음. 자신이 시작한 일의 무게를 무섭게 일깨워준 사건이기도 했다. 그러나 여기서 멈출 수 없었다. 이벽의 부재와 동료들의 수난 앞에 승훈은 더 큰 열정으로 일어나 권일신과 함께 조직을 가

다듬는다. 영세줄 권한을 넘겨주었던 이벽과 김범우가 모두 사망한 터. 그는 더 많은 지도층에게 이 권한을 위임하고 자신도 더욱 헌신적으로 일했다.

1786년 봄 그를 중심으로 천주교 지도층은 가성직자단(假聖職者團)을 구성한다. 가장 먼저 이승훈이, 그 다음으로 권일신, 홍낙민, 정약전 등이 신부로 임명되고, 내포 지방의 이존창, 호남 지방의 유항검도 신부가 된다. 최창현은 총회장으로 활동한다. 당시 이승훈이 30세, 권일신 44세, 홍낙민 35세, 정약전 28세, 이존창 27세, 유항검 30세, 최창현 27세. 이들은 상당한 어려움 중에도 천주교 조직을 지속적으로 유지·확장시켜 간다. 마르키니 신부[*]에 의하면 서울과 지방에 12명의 남자와 12명의 여자 회장들도 있었다.[103]

가성직제는 약 1년간 유지되다 1787년 유항검이 연구를 거듭한 끝에 오류를 지적하면서 폐지된다. 그는 이승훈에게 서한을 보내 '사제의 인호(印號)를 받지 않은 사람들이 사제로 임명되었다'며, 이는 독성죄(瀆聖罪)에 해당할 수 있음을 의문시했다. 교회법에 대한 불완전한 이해로 본인들이 ─ 특히 이승훈이 ─ 오류를 저질렀음을 알게 된 것이다. 지난 3년간 여러 시련을 겪으며 겨우 안착하고 있던 천주교 조직 전체가 뒤흔들리는 순간이다.

이 제도를 주도한 승훈은 지도자로서 성숙한 조치를 내린다. 자신의 실수를 즉시 모두에게 알리고 이를 시정한 것이다. "성사가 집행되고 있는 곳에서 모두 성사 집행을 중지하도록 한 다음, 모든 천주교 신자들에게 제가 독성죄를 지었다는 사실을 알려주었습니다."

─────────

[*] 이탈리아 세례자 요한 수도회 사제. 1785년 초 중국 광동에 도착한 뒤 교황청 포교성성 대표부 델라 토레(F.G. della Torre) 주교의 보좌로 활동하다가 후임자로 대표가 되었다. 1786년 포교성성 대표부를 마카오로 이전하였다.

그는 유항검의 편지를 북경 선교사들에게도 동봉해 보낸다.

자신들이 성무를 행하는 것이 불가능함을 깨닫게 된 승훈과 지도층은 새로운 계획을 세우지 않으면 안 되었다. 조선에 성직자가 와야만 했다. 이때부터 성직자영입은 조선 천주교 공동체의 최대 과제가 된다.

그리고 그해(1787. 정미년) 반촌(泮村)[*]에서 일어난 사건으로 이승훈과 이기경 사이에는 돌이킬 수 없는 상처의 골이 남게 된다. 이기경은 성토한다.

> "을사년(1785) 봄의 금령 이후 이승훈이 분명히 책을 태워버리기는 하였으나, 정미년(1787) 10월 무렵부터는 이승훈의 무리들이 다시 천학(天學)을 숭상한다는 말이 귀에 시끄러울 정도였습니다."[104]

정미년(1787) 어느 겨울날 이승훈, 정약용, 강이원(姜履元) 등이 반촌에 사는 중인 김석태(金石太)의 집에서 천주교 서적을 읽고 토론하고 있었다. 소식을 들은 이기경은 "이승훈이야 병이 깊으니 족히 책망할 것이 없고, 강이원은 교분이 깊지 않으니 반드시 말할 것도 없지만, 오직 정약용만은 질책하여 구제할 만하다"는 절박한 마음으로 김석태의 집을 찾아갔다.

아무런 예고 없이 들이닥친 이기경의 모습에 당황한 기색이 역력한 세 사람은 주섬주섬 책상 위 서적들과 물건들을 치웠다. 정약용은 자신들은 과거 시험 준비를 하고 있었다 설명했으나, 그게 아님이 너무나 자명한 상황이었다. 이기경은 이들이 사학에 이토록

빠져 있는 것이 안타까워 눈물까지 비치며 다그쳤으나 세 사람이 끝내 사실을 인정하지 않자 화를 내고 자리를 떠났다. 이때부터의 대목들은 이기경과 그의 집안에 한(恨)이 되는 사건들의 시작이기에 〈벽위편〉 '초토신(草土臣) 이기경상소'에서도 자세히 기록하고 있다.

며칠 뒤 감제* 과거장에서도 이기경은 토지신(土地神)에 지내는 제사 제목에 이승훈이 백지를 내고 나오는 것을 목격한다. 늘 자신과 시험 등수를 앞다투던 정약용마저 백지 답안을 제출했음을 확인한 이기경은 그날 밤 이승훈을 찾아가 타일렀다 한다. 승훈의 마음에 미동조차 없자 정약용이라도 타이르기 위해 두 차례 그의 집을 찾아갔으나, 약용은 일부러 피하며 만나주지 않았다.[105]

이기경은 이 모든 사실을 홍낙안에게 폭로했다. 그리고 홍낙안이 이 일을 공론화하여 "말들이 일시에 시끄럽게 전파"[106]되기에 이른다. 정약용은 이기경에게 '서로 마음을 알아주는 것이 중요하다'는 질책의 서한을 보낸다. 이 사건 직후 1788년, 매월 정월에 특별히 치르던 인일제(人日製) 과거시험 친책문(親策文)에서 서학(西學)을 사학(邪學)으로 극렬히 배척하는 홍낙안의 글이 3위로 합격하면서 천주교에 대한 공개 비난은 더욱 거세졌다. 이기경은 이때까지만 해도 유학에 대한 자신의 신념에서 오랜 벗인 이승훈과 정약용을 사학(邪學)에서 구제해야만 한다는 간곡한 입장이었다.

그러나 3년 후 진산사건을 기점으로 그는 돌이킬 수 없이 변한다. 이기경과 홍낙안의 배후에는 남인 벽파(僻派)** 목만중(睦萬中)이

* 임금이 해마다 제주도에서 진상하는 귤을 성균관 및 사학(四學) 유생들에게 내리고 실시하던 과거.

** 사도세자의 죽음을 둘러싸고 벽파(僻派)와 시파(時派)가 대립하였다. 벽파는 영조가 사도세자를 죽인 것을 정당하다 보았고, 시파는 사도세자의 죽음을 동정하였다. 영조가

서 있었다. 세 사람이 규합한 남인 공서파(攻西派) 세력은 진산사건을 계기로 노론 벽파와 공조하여 남인 시파를 모두 제거하고자 한다.

이처럼 외부 상황은 파국으로 치닫고 있었으나 이승훈과 천주교 지도층은 지칠 줄 몰랐다. 이들은 2년간의 준비 끝에 1789년 음력 10월 역관 윤유일(尹有一, 1760 ~ 1795)을 밀사로 북경에 파견한다. "박해가 일어나 연락하고 싶어도 어려움이 있었을 뿐만 아니라", "저희가 가난하여 연락할 수 있는 방법을 마련할 수 없었고", "천주교 신자들은 사방팔방으로 뿔뿔이 흩어져 살게 되어" 밀사 파견을 준비하는 데 2년의 시간이 필요했다. 이미 1785년 이승훈은 해마다 소식을 전하겠다는 약속을 지키기 위해 밀사를 통해 북경으로 서한을 보냈으나 그가 돌아오는 길에 모든 것을 압수당한 바 있었다.

윤유일은 북경을 오가는 상인으로 가장하여 "나 혼자만이 아니라 성교(聖敎)의 본분을 지키고 있는 1천 명가량의 나의 동국인들"을 대표하여 쓴 이승훈의 서한을 목화솜 속에 숨겨 동지사행 일원으로 길을 떠났다. 이승훈의 서한에는 조선에서 성사가 지속되게 도와달라는 간곡한 부탁이 담겨있었다. 1790년 1월 30일 윤유일이 북당에 도착했을 때 승훈에게 영세를 준 그라몽 신부는 떠나고 없었다. 윤유일은 새로이 북당 책임자로 부임한 라자리스트의 로오(N.J. Raux) 신부*에게 서한을 전달했다. 목숨을 무릅쓰고 온 윤유일의 갑작스러운 방문에 로오 신부는 크게 놀라 즉시 구베아 주교에게 소식을

말년에 후계자가 없어 사도세자의 아들을 왕세손(정조)으로 봉하고 시파를 등용하기 시작하자 목만중은 벼슬할 생각을 버리고 유람하며 시작(詩作)에 몰두하였다.

* 로오(Nicolas-Joseph Raux) 신부는 예수회 해산 이후 북당 사목을 담당하게 되는 라자리스트 소속 선교사였다. 1785년 4월 29일 북당 선교단의 책임자로 부임하여 1801년 북당에서 사망하였다.

알렸다.

윤유일은 이승훈이 처한 상황에 대해 설명했다. 당시 북당에 남아 있던 판지(Joseph Panzi) 예수회 수사는 윤유일이 직접 필담으로 전한 승훈의 소식을 파리 본부에 전했다. "그(이승훈)의 아버지는 그가 준 많은 영세를 불만스럽게 여기고 그를 감옥과 같은 곳에 가두었고, 현재까지 그를 계속 가두고 있다는 것입니다."[107] 판지 수사는 2월 9일 윤유일이 로오 신부에게 '바오로'로 세례를 받을 때 대부를 서 준 인물이다.

구베아 주교는 이승훈이 귀국한 다음 해 부임하였기 때문에 그의 세례를 직접 목격하지는 못하였다. 그러나 당시 북경 교회에서 이승훈의 세례는 너무나 기이한 사실로 받아들여지고 있었기 때문에 부임하자마자 자세한 내용을 전해 들은 상태였다. 주교는 윤유일을 무척 만나고 싶어 했다. 로오 신부의 서한[108]에 따르면 조선의 두 번째 세례자의 자태는 북경 선교사들에게 큰 감명을 주었다.

"그는 교리를 아주 잘 알고 있고, 또 한문 지식에 능통하며 천신같이 열심합니다."

"그가 아주 열심히 성사를 받는 것을 보고 중국인들과 서양인들은 모두 눈물을 금치 못했습니다."

구베아 주교는 예상치 못한 윤유일의 방문이 "북경 교회에 큰 기쁨과 경탄을 가져다 주었다"고 소식을 전했다. 이때부터 주교는 조선 사정을 자신의 마음에 깊이 담고 특별한 애정의 눈으로 동반하게 된다.

윤유일은 로오 신부의 답장과 구베아 주교의 사목 서한을 받아 1790년 4월 조선에 무사히 귀국한다. 이승훈이 서한에서 '극도로 조심해 줄 것을' 여러 번 간청한 대로 선교사들은 자신들의 서한을 윤유일의 옷 속에 꿰매 넣어 그가 무사히 돌아갈 수 있도록 최선을 다했다. 조선으로 돌아가는 29세 젊은이의 모습을 로오 신부는 이렇게 전한다.

"그는 아주 기뻐하며 돌아갔습니다."[109]

선교사들의 답장을 받아본 조선 천주교인들은 크게 감명받았다. "글자 하나하나가 모두 애정과 열정으로 가득 차 있었습니다. 그 편지들을 백번 가까이 읽고 또 읽으면서도 저(이승훈)는 끝없이 쏟아지는 눈물을 가눌 수가 없었습니다." 드디어 북경 교회와 다시 접촉하는 데 성공한 이들은 이제 다음번 밀사를 통해서 더 구체적인 희망 사항을 청한다. "저희를 직접 가르쳐주고, 좀 더 확실하게 도와줄 수 있는 사제 한 분을 모셔야겠습니다." 아울러 이들은 조상 제사 문제와 신주 문제에 대해 질의하였다. 그리고 이승훈의 처지에 대해서도 설명했다.

"윤 바오로가 설명드리겠지만 … 저의 집안이 아직 박해의 손아귀에서 벗어나지 못하고 있고, 저 또한 아직도 자유롭지 못한 처지이나, 그래도 저는 힘닿는 대로 열심히 하느님을 섬기려고 노력하고 있습니다. 이는 제가 하지 않으면 안 되는 당연한 의무입니다. 하지만 이 천주교 신자들을 돌보는 일을 책임지는 것은 현재 제가 처해 있는 상황으로는 불가능한 일입니다. 그래서 감히 청하오니, 부디

이 의무에서 저를 벗어나게 해 주시기를 바랍니다."[110]

1790년, 승훈은 이제 온전히 안으로 대도(大道)를 닦기로 결정을 내린다. 이제 35세였고, 두 아들의 아버지가 되어 있었다. 이승훈의 이름으로 되어 있으나 천주교 지도층이 다함께 쓴 서한이므로 그들 사이에서도 승훈의 위태로운 처지에 대한 이해가 있었음을 알 수 있다. 황사영은 지금까지 이승훈의 행보에 대하여 이렇게 기록한다. "그는 아버지의 엄한 반대와 악한 벗들의 많은 비방을 받으면서도 끝까지 참아 견디며 성교회를 봉행하였습니다."[111]

이보다 2년 전인 1788년. 채제공은 8년간의 은거 생활에 마침표를 찍고 정조의 친필로 우의정에 특채된다. 권대운 이후 100년 만에 남인에서 재상이 배출된 것이다. 채제공은 황극(皇極)을 세울 것, 당론을 없앨 것, 의리를 밝힐 것, 탐관오리를 징벌할 것, 백성의 어려움을 근심할 것, 권력 기강을 바로잡을 것 등 6조를 진언하며 조정으로 돌아왔다. 남인이라는 이유로 '백년 동안 벼슬길에서 밀려나 수레바퀴나 깎고 염주 알이나 꿰면서 떠돌거나 시골에 묻혀 지내'[112] 정조가 안타깝게 생각했던 이들은 채제공의 복귀로 세력을 확장하고 있었다. 채당의 주축이던 이동욱은 장남 승훈과 차남 치훈에게 진중한 지도편달을 하였을 것이다. 특히 장남에게는 더욱 힘주어 그가 해야 할 일을 일렀을 것이다. 정약용도 이승훈에게 세상으로 나갈 것을 권했다. 승훈이 서 있던 지점의 판세가 급격히 변화하고 있었다.

승훈은 그간 성숙한 리더십을 보여주었다. 이벽과 "서로 도와" 조선 사회의 가치 기준에서 가히 혁명적인 조직을 시작·확장하였고, 자신의 아젠다를 다른 이들에게 강요한 것이 아니라 "1천 명이 영세받기를 간절히 원하게 되어" 이들의 요청에 응하기 위해 헌신하고 섬겼으며, 유항검이 치명적인 오류를 지적하였을 때 즉시 이를 시인하고 구성원 전체에게 알렸다.

많은 이들의 힘든 노력 끝에 파견한 첫 번째 밀사가 체포되어 책과 선교사의 회답이 모두 압수되었을 때에도, "다행히 그에게 사형이 선고되지는 않았습니다"라며 그의 안전을 가장 중시하였고, 윤유일에게서 북당의 답신을 받고 큰 감명을 느끼는 와중에도 "무엇보다 우리를 더욱 기쁘게 한 것은 윤유일이 무사히 돌아온 것입니다"며 결국 자신들에게 가장 중요한 것이 인간이자 구성원에 대한 사랑임을 보여주었다.

그는 두 서한에서 영적 여정에 대해서도 표현하고 있다. '우리의 신세는 캄캄한 어두움 속에 헤매면서, 멀리 빛을 보고도 거기 도달할 수 없는 여행자'와 같고 '이 비유도 약한 것이며 우리의 소원과 희망의 상태를 제대로 담지 못한다'고 이승훈은 설명한다. 자신이 속한 공동체가 처한 영적 상태를 느끼고 표현할 만큼 그의 눈도 깊어져 있었다.

서한[113] 곳곳에는 그가 짊어지고 있던 많은 이들의 생사(生死)의 무게가 느껴진다.

"만에 하나 제가 신부님들과 연락한 것이 탄로라도 되는 날에는 저희 천주교 신자들은 그야말로 모두 끝장나게 될 것입니다."

"어쩌다 저의 밀사가 편지를 지녔다는 사실을 알게 되는 날에는 저희 새로운 그리스도교 신자들은 엄청난 박해에 직면하게…"

"그[윤유일]에게 늘 방심하지 않도록 주의를 주십시오."

1790년 9월 윤유일과 다른 밀사 한명이 이승훈 명의의 조선 천주교회 서한을 들고 두 번째로 북경에 도착한다. 그 다음 달 이승훈은 음서*로 의금부도사에 임명된다. 그리고 1791년 2월 13일에 서부도사(西部都事)직에, 6월 24일 평택현감(平澤縣監) 자리에 오른다. 승훈이 교회에서 직책을 내려놓고 모든 활동을 중단한 것에 대해 북경 선교사들은 우호적이지 않았다. 구베아 주교는 이승훈을 "허약하고 또 교리를 조금밖에 배우지 못한 신입교우"로 표현하기 시작한다.

달레는 이승훈이 윤유일의 2차 연행 후 구베아 주교의 조상 제사금지령을 받는 즉시 교회와 관계를 끊고 벼슬에 대한 욕심으로 공직을 얻었다고 잘못 기록하고 있다.[114] 이승훈이 관직에 오른 것은 제사 금지령이 조선에 전해지기 이전이다. 선교사들의 기록에 따라 승훈은 최근까지도 '배교자'로 단죄되어 왔다. 그러나 고뇌 끝에 내린 승훈의 어려운 결정 뒤에 그의 마음은 어떠하였고, 그에게 있어 공직과 세상 속에서의 일이란 무슨 의미였을까.

승훈이 아껴보던 천주교 교리서 〈진도자증(眞道自證)〉의 전체 요지에 이런 부분이 있다.

"우주 안에는 진리(眞)가 있고 도(道)가 있다. 진리는 본성(性)으로 말미암아 나오며, 도는 일(事)로 인해 나타난다. 인간은 性이 있어 진리를 다할 수 있으며, 일(事)이 있어 도(道)와 이어질 수 있는 것이다."

---

* 과거를 거치지 않고 조상의 혜택으로 얻는 관직. 음직(蔭職), 백골남행(白骨南行)이라고도 한다.

"그 행(行)을 알지 못하면 그 일(事)을 모르는 것이고, 그 일(事)을 모르면 그 도(道)를 알지 못하는 것이다. 대저 일(事)이란 행(行)을 따라 일어나고, 도(道)는 일(事)로 인하여 일어나는 것이니…"

승훈이 좇던 성호 이익의 학풍은 당시 실정에 깊은 관심을 가지고 현실을 해결할 수 있는 실천 방법을 갖춰야 진정한 학문이라 보았다. 문장이나 이론을 중시하고 예론에 치우치던 당대 풍조와 사뭇 달랐다. 승훈이 직접 두 눈으로 북경에서 본 서양 문물들, 그리고 중화를 넘어선 세계를 간접적으로 접하고 온 승훈에게 조선에서 공직에 오른다는 것은 벼슬욕을 충족시키기 위함이 아니라 자신이 이어가던 학문의 연장이자 현실 혁신의 행(行)이 될 수 있으며, 이 선택 또한 천주교 교리의 가르침에 대한 승훈만의 행(行), 곧 승훈이 완성하고자 하는 도(道)를 이루는 일(事)을 일으키는 행(行)이 될 수 있다.

황사영은 백서에서 "신해년(1791) 이승훈에게서 사서를 얻어 본 후 입교 했습니다"라고 기록한다. 이승훈의 선택에 대해 당대에도 유언비어와 비난이 난무하였다. 그런 비난을 황사영도 익히 들어 알고 있었을 것이다. 그러나 사영은 아랑곳하지 않고 승훈을 통해 입교했음을 분명히 기록한다. 이승훈이 공식적으로 교회 조직을 떠난 후에도 홀로 안으로 그가 대도(大道)를 간직하고 있었음을 볼 수 있는 부분이다. 그를 향한 온갖 유언비어 속에서 이제는 자신과 하늘만이 서로 이해할 수 있는 길을 향해 승훈은 발걸음을 옮겼다.

한편 북경으로 간 두 밀사는 두 번째로 구베아 주교를 만난다. 어느 날 다시 바람처럼 국경을 건너 찾아온 조선 천주교인들을 맞이하며 주교는 기쁨에 넘쳤다. 그는 당시 주교좌성당이던 남당에서 윤유일과 함께 온 우씨 성의 밀사에게 직접 영세를 주었다. 우 요

　　　　　　　하늘의 신발 – 18세기 조선 문명전환의 미시사

한. 조선에 사제를 파견해 달라는 요청에 주교는 여러 사람의 의견을 들은 뒤 이를 약속하기에 이른다. 이들은 이듬해 3월 만주 책문에서 사제를 만나 조선으로 함께 밀입국하기로 했다. 서로를 알아보기 위해 '만신(萬信)'이라는 표시를 지니기로 했다.

구베아 주교는 바티칸에 있는 안토넬리(Antonelli) 포교성성 장관에게 공식 서한을 두 통 보냈다. 주교 자신도 놀라움에 가득 차 조선교회 상황은 기적적이며 "완전히 천주님이 하신 일"이라는 것이다. 사제 파견은 "인간적인 견지에서 볼 때 불가능한 일"이나 "천주님께서 기묘히 시작하신 일을 기묘히 완성하실 것"이니 그 실현을 확신한다고 하였다. 그는 안토넬리 장관에게 이 사실을 교황에게도 보고해 주기를 부탁하였다. 모든 계획을 확정한 윤유일과 우 요한은 조선으로 발걸음을 옮겼다. 두 사람의 모습을 구베아 주교는 이렇게 보고했다.

"희망에 부푼 두 신입 교우들을 그들 나라로 돌려보냈습니다."[115]

지기(知己)가 그를 제거하려 하다, 정치 공작의 소용돌이에 휘말리다

그렇게 조선 땅으로 돌아온 두 밀사의 희망 가득 찬 내면과 달리 조선에서 천주교의 입지는 폭풍 앞에 스러질 듯 실낱같이 겨우 켜져 있는 촛불 같았다. 정조 재위 10년에 발생한 일련의 사건들을 처리하는 과정에서 그간 정국을 이끌던 시파가 주도권을 일부 상실하였다. 김종수 중심의 노론 벽파 역시 문제가 된 인물들과 연결된 정황으로 인해 주도권을 잡을 형편이 아닌 상황이 되었다. 시·벽

갈등이 더욱 심화되는 와중에 정조는 채제공을 중심으로 한 청남계열을 새롭게 주목하였다.

정조의 강력한 비호로 채제공이 상신(相臣)이 되면서 남인들이 등용되기 시작하는 것은 다른 정파들에게는 '환국(換局)'으로 보일 만큼 충격적인 일이었다. 이들은 채제공 주위 인물들을 여러 명분으로 꾸준히 공격하여 그가 주도하는 정국을 견제했다. 노론 벽파계는 채제공이 자파를 부식시키기 위해 권평(權坪), 최현중(崔顯重) 등 '자격 미달인' 사람들을 등용한다며 격렬한 비난을 쏟아내었다. 지속적인 공격과 음해로 1790년 채제공은 정조에게 사직을 청하기도 하였다.[116] 채제공의 조카 오대익과 5촌 조카 윤영희의 비리 혐의에 대한 정조의 처분 이후에도 노론 시파계는 두 사람을 포함하여 일부 채제공 인물들에 대해 끊임없이 사형을 요구하였다.[117]

채제공 5촌 조카 윤영희 사건은 그가 지나치게 강경한 충역론(忠逆論, 충의와 반역 논변)을 성토하던 신기현*의 아들을 조홀강에 통과시켰다는 것이 큰 사건으로 비화된 것이었다. 실재 사건이 발생한 지 2년여가 지난 시점에 이르러 노론 측에서 윤영희의 비리에 대한 논죄를 주장하고 나섰다. 이는 정조의 임오의리(王午義理)* 천명에 채제공 계열 남인들이 적극 호응하는 것을 막기 위한 정치 행위였다. 사실 논죄를 한다면 윤영희뿐 아니라 시관 직임을 맡았던 이들을

---

* 신기현은 정언으로 있던 1789(정조13)년 정조가 은언군 문제로 정순왕후와 갈등을 보일 때 정순왕후의 뜻에 따랐던 이들을 중죄로 처단할 것을 상소한 인물이었다. 조정을 흔드는 대소동 끝에 그는 배후에 있던 이재간과 유배에 처해진다. 이재간은 임오년의 역적을 성토하지 않는다며 공공연히 불만을 토로할 정도로 강한 준소 충역론을 내세웠는데, 이는 단계적으로 임오의리를 천명하고자 하던 정조의 의중에 어긋나는 행위였다. 신기현 사건은 정조로 하여금 임오의리 수립에 보다 신중한 접근을 취하도록 했다.

함께 해야 했으나, 윤영희만을 지목하며 채제공을 함께 공격하는 분위기는 다음 해(1791년)까지도 사그러들지 않는다.[118] 진산사건은 이 시점에 발생한다. 정조도 간파하였듯이 진산사건은 단순히 척사의 차원에서 시작된 것이 아니라 고도의 정치적 목적 하에 전개된 사건이었다.

——— 우의정 시기에 남겨진 채제공 초상 초본. 남인 영수로서 지난한 정치인의 삶이 그의 얼굴에서도 느껴지는 듯하다. 오른편으로는 '영의정 문숙공'이라 적혀있으나 노론의 칼끝이 늘 자신을 겨누고 있던 거의 백년만의 남인 재상이었다. 남인과 노론은 싸움에서 밀리는 순간 영원히 조정에 발을 들여놓을 수 없는 처지였다. 이 그림은 채제공도 자신이 너무 피곤해 보인다는 이유로 좋아하지 않았다 전해진다. (수원화성박물관 소장)

＊ **임오의리(壬午義理)**는 1762년(영조38) 발생한 임오화변, 즉 사도세자 사건 직후 영조가 확립한 임오의리와 정조가 평생에 걸쳐 수정하려 한 정조의 임오의리가 있다. 어느 임오의리를 따를 것인가는 정조와 순조대에 걸쳐 충신과 역적의 기준인 동시에 정국 주도 세력 개편에도 기준이 되었다. 영조는 세자가 질병으로 인해 법도를 잃어 변란의 기미가 급박했기에 세자가 반역 죄인이 되기 전 부득이 사사로운 인정을 끊고 종사를 위해 결단한 것이라 설명하였다. "의리는 의리이고 애통은 애통이니, 사적 애통으로 공적 의리를 가릴 수 없다"는 것이 영조의 임오의리이며(〈영조실록〉 38년 8월 26일), 벽파(僻派)가 이를 정치적으로 지지하였다. 영조의 임오의리를 준수하겠다고 공언하고서야 즉위할 수 있었던 정조는 이를 단계적으로 수정하고자 하였다. 사도세자가 미덕을 지녔고 대리청정 때 공적을 세웠으나 부자간의 성격·견해 차이, 그리고 역적들의 이간책으로 인해 병으로 사망하였으니 왕으로 추숭될 자격을 두루 갖추었다는 것이다 (〈정조실록〉 13년 10월 7일). 그의 의리를 지지한 쪽을 시파(時派)라 하였다.

정조는 사도세자의 정치적 신원과 추후 그 이상의 조처를 위해 구체적인 행보를 실현해 나갔고 채제공이 이를 이끌었다. 1792년 영남 유생 10,057명의 만인소(萬人疏)가 올라왔다. 영조의 임오의리로 사도세자에 대한 잘못된 인식이 있었으니 이를 신원해야 한다는 내용이었다. 사도세자의 신원을 복귀하고 그 이상의 조처도 가능하다는 것을 공식적으로 제기한 것이다. 1차 만인소에 정조가 깊이 공감하자 고무된 영남 유생들은 다시 10,368명이 연명한 2차 소를 올려 사도세자를 죽음으로 몰고 간 역적을 다스려 세상의 의를 밝힐 것을 청했다.

이에 채제공은 영조가 임오화변을 후회하였다는 본뜻의 증거로서 30여년간 정조와 채제공 자신만이 알고 있던 '금등(金藤, 비밀문서를 쇠

줄로 묶어 봉한 상자)'을 공개하였다. 사도세자 죽음 직후 영조는 세손 (정조)과 목숨을 걸고 세자의 죽음을 막으려 했던 채제공만을 불러 노론이 세자를 죽인 장본인이며 세자도 자신도 잘못이 없음을 글로 남겨 사도세자의 신위가 모셔진 수은묘(垂恩墓)에 은밀히 보관하게 했다. 이 금등(金縢)을 공개한 정조는 자신의 임오의리의 정당성을 공고히 구축하였고, 스스로 천만년 만에 한번 있는 일이라 강조한 을묘년 원행과 화성진연을 채제공 총괄 하에 준비·시행했다. 정조는 1804년이 되면 세자에게 선위하고 혜경궁과 화성에서 여생을 보낼 것이며, 후사왕이 즉위한 후 사도세자의 추왕이 이루어질 것임을 알렸다.

그러나 정조의 갑작스러운 승하로 그의 뜻은 이루어지지 못했고, 순조대 세도정치가 시작되면서 의리는 애초에 노론이 관여하여 세웠던 영조의 임오의리가 계승된다.

윤유일과 오(吳)요한이 1790년 11월 구베아 주교에게서 받아온 답문서에는 제사와 조상 신주를 모시는 것에 대하여 명확히 부정적인 답변이 담겨 있었다. 구베아 주교는 상당한 신심을 지닌 주교였고, 북경에 있는 동안 청의 고종(高宗) 건륭제(乾隆帝)에게 특별한 대우를 받아 흠천감(欽天監) 감정(監正)과 국자관(國子館) 산학관장(算學館長)까지 겸임한 인물이었다. 그러나 포르투갈 보호권 문제로 프랑스를 위시한 다른 유럽국가 선교사들과 충돌하고, 중국 의례에 관하여 교황청의 금지령을 지나치게 엄격하게 적용하여 1805년 중국에서 박해가 일어나는 등 재임기간 동안 그림자도 없지 않았던 인물이다. 조선 사회에서 제사 금지령은, 달레의 표현을 빌자면 "조선인 모든 계층의 눈동자를 찌른" 일이었다. 1791년 조선 신자들은 일대 충격과 혼란에 휩싸인다.

이 와중에도 사제 영입을 위한 준비는 계획대로 추진된다. 구베아 주교는 레메디오스(J. Remedios) 신부를 조선 선교사로 임명하고 약속한 시기에 국경에 도달할 수 있도록 1791년 2월 그를 북경에서 떠나게 하였다. 레메디오스 신부는 20일 후 국경에 도착해 윤유일과 조선 신자들을 기다렸으나, 이들은 서로 엇갈린 채 결국 만나지 못하고 각각 북경과 서울로 힘겨운 발걸음을 옮겼다. 첫 번째 선교사 파견은 이렇게 실패로 돌아갔고, 조선에서는 진산사건을 기점으로 신해박해가 시작된다. 천주교인들은 한동안 그 무엇도 할 수 없는 상태에 빠지게 된다.

진산사건은 1791년 음력 10월 사헌부(司憲府)에서 윤지충, 권상연 등이 천주학에 빠져 인륜을 손상시키고 의리를 그르치는 일을 저지르고 있으니 엄중처단할 것을 계언(啓言)하면서 시작된다. 당시 채제공은 독상으로 있었고, '혼자서만 수고하고 있는 정승'의 인사에 대해 사헌부에서 강한 불만을 노골적으로 드러낸 지[119] 불과 삼일 후였다.

윤지충과 그의 외종사촌 권상연은 모친상과 숙모상을 치르며 신주*를 모시지 않았고 절하는 의식은 생략하였으나 장례를 극진히 치렀다. 그런데 노론 시파 계열 인사들은 윤지충, 권상연이 신주

---

* 당시 유교에서 신주는 망자의 혼이 들어와 있는 매개체로, 부모가 사망한 후 신주에는 부모의 혼이 깃들어 있는 것으로 이해되었으며, 신주를 모시고 제사를 지내는 것은 매우 중요한 의례이자 효의 마침이었다. 반면 윤지충은 "신주는 나무로 만든 것이고, 그것들은 저와 살이나 피나 목숨으로 아무 관계가 없습니다. 그것들은 저를 낳고 기르는 수고에 아무런 몫도 하지 않았습니다 … 거기에는 제 부모의 아무것도 들어있지 않다는 것을 분명히 알았습니다"(달레)하였다.

를 불태우고 제사를 폐하였을 뿐만 아니라 '시신을 내버렸다'는 허황된 진술까지 하며 강력한 처벌을 요청하였다. 홍의호를 수령으로 한 노론 벽파의 계획적인 책모였다. 그는 신서파(信西派) 천주교인들이 남인 붕당 관계에 있음을 정쟁(政爭)의 미끼로 삼아 이전부터 홍낙안, 이기경 등으로 하여금 이승훈, 이가환, 정약용 등과 접촉하여 동향을 살피게 하였고, 진산사건에 이르러 조직적인 폭로 전술로 나간 것이었다.

이때 천주교를 정쟁(政爭)의 화두로 만든 것은 남인 공서파 홍낙안이었다. 진산사건이 걷잡을 수 없이 커지자 진산군수 신사원(申史源)은 채제공에게 급히 서한을 보내 처리 방안에 대한 지침을 청했으나 채제공은 아무런 답을 하지 않았다.

윤지충은 윤선도의 7대손으로 호남 남인 명문가의 후예였다. 부친 윤경(尹憬)의 여동생이 다산의 어머니였으니 정약용과는 사촌지간이며, 정씨 집안과 사돈 관계인 채제공과도 친·인척 관계였다. 이승훈과도 가까운 사이였다. 다산 형제들의 인도로 천주교에 입교한 윤지충은 정약전을 대부로 하여 이승훈에게서 세례를 받았다. 신사원은 정약용의 부친 정재원과도 가까웠다. 친구 처조카의 사건이기에 그도 신중하지 않을 수 없었다. 그 와중에 홍낙안이 신사원에게 서한을 보내왔다. 홍낙안은 일전에 7품 말단 임시관직을 지낸 적이 있을 뿐 당시 아무런 직책이 없었다. 훨씬 더 상관이 되는 신사원에게 강력하게 처벌해야 하는 사건을 왜 미적거리느냐 강하게 추궁한 것이다.

홍낙안은 1791년 음력 9월 채제공에게도 장문의 서한을 보내 채제공이 윤지충과 권상연의 폐륜을 사전 인지하고 있었음에도 아무런 조치를 취하지 않았다며 그의 처신을 강력 비판하였다. 동시에 채당(蔡黨) 명사들 중 천주교에 홀린 자가 매우 많음을 그에게 심하게 질책하였다. 직책도 없는 하급 관원이 영의정과 우의정 없이 조선 국정을 전담하고 있던 좌의정에게 협박성 공개서한을 보내온 것이다. 저격대상이 윤지충·권상연이 아니라 서울에 있는 신서파(信西派)임이 분명히 드러나는 서한이었고, 채제공은 칼끝이 결국 자신을 향하고 있음을 직감했다. 홍낙안의 뒤에는 김종수, 심환지 등 노론 벽파가 있었다. 척사를 명분으로 채제공의 손발을 타진하려는 움직임이었다.

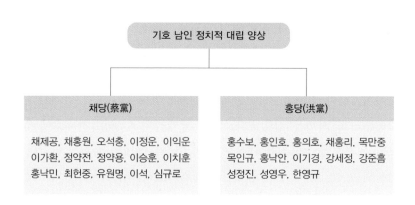

사건이 진행되면서 남인 공서파 한영규가 홍낙안이 채제공에게 사적으로 보낸 이 편지를 들고 정조에게 아뢰기에 이른다. 사적인 글이 빠르게 공적 석상에 퍼지고 있었던 것이다. 고도의 정치적인 목적으로 작성되어 공개된 홍낙안의 편지는 정조와 채제공의 의지와 상관없이 계속 공론화되며 정치 쟁점으로 부각되었다.

이승훈은 윤지충과 권상연이 신주를 불태우고 제사를 거부한 것과는 아무런 직접적인 관련이 없었다. 그럼에도 홍낙안이 편지에서 언급한 '교주의 존재'와 '천주교 책자 간행' 문제는 진산사건을 마무리하려면 어떤 식으로든 짚고 넘어가야 할 사안이 되어버렸다. '오늘의 교주가 반드시 훗날 역적이 될 것'이며, '서학을 믿는 자들은 사납고 흉포하며 불만으로 가득 찬 무리임'을 천명한 홍낙안은 조사과정에서 작심하고 이승훈을 사학 유행의 근원으로, 권일신을 교주로 지목하였다.

1791년 음력 11월 3일, 평택현감으로 외직에 나가있던 이승훈은 서울로 소환된다. 심문이 시작되자마자 좌부승지 홍인호와 성균관 생원 221인 등은 척사소를 올려 사건 당사자인 윤지충 · 권상연과 아울러 이승훈을 함께 규탄하였다. 조정에서는 1784년 을사추조적발사건이 다시 논의되고, 이승훈은 홍낙안이 올린 문계와 이기경의 상소대로 서학서 전래, 천주교 책자 간행, 정미반회사건에 대해 추궁받는다.

남인 공서파 목인규는 '이윤하(李潤夏)', '이총억(李寵億)', '오석백(吳錫百)' 등 신서파 인물들 이름에 동그라미 표시를 해 공개했다. 이들도 처단 대상임을 공개 천명한 것이다. 이어 목인규가 성균관에서 통문을 돌리며 궐기를 준비하고 있을 때 통문에 이름을 올려놓고 있던 최환(崔煥)과 이후(李厚)가 평소 친한 이치훈에게 달려가 이 사실을 알려주었다. 놀란 이치훈은 곧장 다산을 찾아가 함께 대응책을 고민했고, 이들은 청파 도곡 남인들을 동원해 통문에 이름을 올린 남인들을 밤새 찾아다니며 궐기에 참여하지 않도록 눌렀다.

다음 날 궐기대회에 나타난 남인들은 예닐곱밖에 되지 않았다.

두 사람의 순발력으로 하룻밤 사이 급한 불은 껐지만, 진산사건의 여파는 서울뿐만 아니라 경기도와 충청도 예산, 면천, 홍주 등지로 번져 많은 천주교인들이 체포되고 처형되기도 했다. 이승훈도 그저 좌시하고 있을 수 없었다. 자신뿐만 아니라 친·인척들과 벗들이 피바람에 휩쓸릴 상황이다.

사태가 급박하게 진행되는 와중에 강력한 척사를 주장하던 권이강(權以綱)이 천주교 무리를 성토하며 책자 간행에 관련된 자들을 죽여 근원을 막아야 한다는 상소를 올렸다. 정조는 비답을 내리며 '책자 간행(刊冊)'이라는 말에 주목하여, 이 사안을 여기에 집중하여 조사하는 것이 사리에 맞다 칭찬하였고, 홍낙안에게 물어 천주교 책자를 간행한 자들을 잡아낼 것을 명했다.

홍낙안은 궁지에 몰렸다. 자신이 공론화한 문제에 대해 증거를 대고 입증해야 할 상황이다. 제대로 된 답변서를 올리지 못하자 정조는 풍문만을 듣고 이런 망령된 행동을 했느냐며 그를 통렬히 나무랐다. 그런데 〈벽위편〉에서는 사실 이때 권이강이 이승훈 등과 짜고 소(疏)를 올린 것이라 적고 있다. 그는 이승훈의 가까운 인척이다.[120]

채제공과 대척점에 있었으나 정조가 아끼던 홍인호가 홍낙안 편을 들어 상소를 올리며 이기경에게 확인할 것을 알렸고, 이치훈과 정약용이 권이강의 편에 서서 홍낙안의 허망한 주장에 반격했다. 이렇게 남인들끼리 한 치도 물러설 수 없는 공방이 벌어졌다. 결국 이기경이 불려왔고, 그는 홍낙안에게 정미년 겨울 사건에 관해 이야기를 한 적은 있으나 증거를 서준 것은 아니라 말하며 이승훈과 정약용을 보호해 주었다. 진술 이후 물러나온 이기경은 곧장 정약용에게 편지를 써 자신이 답한 내용을 알려주며 서로 대답을 가려 함께 문제를 풀어나가자는 뜻을 전했다. 편지를 받은 정약용은 곧장 이치훈을 불러 반회에서 서학서를 본 것은 사실이니 이점만은 사실대로 고하자 제안했다.

그러나 이치훈의 생각은 달랐다. 이치훈은 술수에 능했다. 남인 계열 이재기는 〈눌암기략(訥菴記略)〉*에서 그에 대해 이렇게 평가한다.[121]

"어려서부터 눈치가 자못 빠르고 남의 눈썹 사이의 기미를 잘 살폈다. 한 세상을 교만하게 휘젓고 다니면서 일을 만나도 어려워하는 빛이 도무지 없었다. 그를 보는 자가 곁눈질하여 보지 않음이 없었다."**

이치훈은 형 이승훈의 문제에 관하여 반회에서 천주학 서적을 읽었다는 것은 이기경의 무고이며, 애초에 그런 사실 자체가 없는 것으로 가기로 했다. 이승훈은 침묵으로 아우의 의견에 동조해 주었다. 애써 마음을 써준 이기경이 등 뒤에서 칼을 맞는 형국이 된 것이다.[122] 다산은 사학의 원흉으로 지목되던 인물은 아니었으며, 정조의 총애를 받고 있었기에 사태를 한걸음 물러나 관망할 수 있는 머리와 마음의 여유를 지닐 수 있었을지 모른다. 그러나 이 모든

---

* 1783년부터 1814년 사이 일어난 사건들을 일기 형식으로 남긴 기록으로, 관변 자료에서 볼 수 없는 남인계의 이면사를 찾아볼 수 있다.

** 더 나아가 이재기는 이치훈이 자신에게 이런 말도 했다 기록한다. "내가 임금과는 밀계가 있어 매일 밤 옷을 갖춰 입고 궁중에 들어간다네. 이 때문에 내 형이 죽지 않을 수 있었고, 내 외숙이 좋은 벼슬을 얻었지. 또한 내가 급제했다네."

폭풍의 핵이자 주범인 승훈은 그럴 수가 없었다. 가히 그의 목 앞까지 칼끝이 다가온 상황. 승훈은 강력한 언변과 논지로 홍낙안과 이기경이 주장한 삼대 죄목을 조목조목 격파했다. 책자 간행과 정미반회 조목의 경우 오히려 홍낙안과 이기경이 날조한 것으로 강하게 역공격하였다.

당대 천주교인들은 이승훈이 이 자리에서 천주교를 배반한 것으로 이해했다. 정약종은 "신해년(1791) 이후에는 그(이승훈)가 천주교 신앙에 전심하지 않았으므로 심복하지 않았다"고 증언하고, 다블뤼 주교도 "그렇게도 부끄럽게 물러서는 … 이승훈은 그때(1791) 평택현감이었다. 그의 배반이 일반인들에게 알려져 있었음에도 불구하고 그를 향한 증오가 여전히 그를 뒤쫓고 있었다"[123]고 당시 상황을 정리한다. 그러나 이 해에 이승훈을 통해 입교한 황사영의 생각은 다르다.

"신해년(1791)에 체포되어 배교하고 성교회를 비방하는 글을 여러 번 썼으나, 그것은 모두 자기 본심에서 우러나온 것이 아니었습니다."[124]

평택현감 이승훈 공술의 행간을 자세히 살펴보자. 그는 자신이 믿는 천주나 천주교를 부정하고 있지는 않다. 을사년에 지었던 〈벽위시〉와 〈벽위문〉은 자신과 당론(黨論)을 지켜내는 방어 장치 역할을 한다.

이승훈(李承薰)을 삭직하고, 권일신(權日身)은 사형을 감해서 위리안치(圍籬安置)하도록 명하였다. 의금부가 아뢰기를,

"이승훈이 공술하기를 '홍낙안(洪樂安)의 문계(問啓) 가운데 저를 모함한 것이 무릇 세 조목입니다. 하나는 책을 사왔다는 것이고, 하나는 책을 간행했다는 것이고, 하나는 성균관에서 회합했다는 것입니다.

책을 사왔다는 일에 대해 말씀드리겠습니다. 제가 계묘년 겨울 부친을 따라 연경에 가서, 서양인이 사는 집이 웅장하고 기묘해 볼 것이 많다는 소문을 듣고, 여러 사신들을 따라 한 차례 가보았습니다. 서로 인사를 하고 바로 자리를 파할 무렵에 서양인이 곧 《천주실의》 몇 질을 각 사람 앞에 내놓으면서 마치 차나 음식을 접대하듯 하였는데, 저는 애초에 펴보지도 않고 돌아오는 여장에다 넣었습니다. 그리고 말이 역상(曆象)에 미치자 서양인이 또 《기하원본(幾何原本)》 및 《수리정온(數理精蘊)》 등의 책과 시원경(視遠鏡)·지평표(地平表) 등의 물건을 여행 선물로 주었습니다. 귀국한 뒤에 뒤적여 보았습니다만 점차 말들이 많아지자 을사년 봄에 저의 부친이 종족(宗族)들을 모아놓고는 그 책을 모두 태워버리고, 여러 의기(儀器)들도 역시 모두 부숴버렸습니다. 그리고 저도 드디어 이단을 배척하는 글을 지어서 통렬히 배척하기를 남김없이 하였습니다.

그런데 지금 낙안은 재가 된 수십 권의 책을 수백 권의 요서(妖書)라고 억지를 부리고, 구하지 않고 저절로 얻게 된 물건을 의도를 갖고

사온 일로 날조했고, 글을 지어 물리친 사람을 속임수로 유혹해 교세을 넓혔다는 말로 무함했으니, 그의 말이 오로지 화심(禍心)에서 나온 것임을 여기에서도 알 수가 있습니다. 대개 그 뜻은 제가 이미 태워버린 책을 가지고 오늘날 이단이 나오게 된 근본으로 삼으려고 하는 것임이 틀림없습니다. 그러나 그 학설이 유래되고 그 책이 전파된 것은 수백 년 이래의 문헌에서 상고할 수 있으니, 제가 드러내 변명하지 않더라도 자연히 온 세상이 보고 들은 바가 있을 것입니다. 비록 이단 사설(異端邪說)이라 히더라도 반드시 자신이 독실하게 실천한 뒤에야 다른 사람들이 그 가르치고 유인하는 말을 믿는 법입니다. 스스로 물리치는 글을 짓고서도 그 가르침을 널리 펼 수 있었던 경우는 이 세상에 없었습니다. 그러니 이 한 조목으로 말하면 그의 말이 이치에 벗어난 것임을 자연히 간파할 수 있을 것입니다.

책을 간행했다는 일에 대해 말씀드리겠습니다. 저는 낙안의 문계(問啓)를 본 뒤에야 비로소 책을 간행했다는 말이 있다는 것을 알았는데, 이는 비단 아무 증거가 없는 것일 뿐만이 아닙니다. 공연히 근거 없는 말을 만들어 낸 뒤 억지로 남에게 씌우면서 그가 모를 리가 전혀 없다고 한다면 어찌 천하에 살아남을 사람이 있겠습니까. 그가 한 말을 그가 반드시 스스로 알 것입니다.

성균관에서 회합했다는 일에 대해 말씀드리겠습니다. 제가 경자년 진사시에 합격한 뒤로 성균관에 들어가 원점(圓點)을 한 것이 몇 번인지 모를 정도인데, 그가 꼭 정미년 겨울이라고 말한 그 이유를 모르겠습니다. 책을 태운 뒤로는 애당초 한 권의 책자도 없었고 보면 책을 끼고 갔다는 말이야말로 정말 터무니없는 것이라고 하겠습니다. 또 그 증인으로 내세운 사람이 바로 그 친구인 이기경(李基慶)이고 보면 이미 공평한 증인이라고도 할 수 없습니다. 기경의 생각이 음험하고 말하는 것이 허황된 것은 낙안보다도 열 배나 됩니다. 제가 벗을 취함이 아무리 단정하지 못하다 하더라도 기경이 이미 낙안의 절친한 친구가 된 이상 또 어떻게 그와 절친한 친구가 될 수 있겠습니까. 함께 연마한 절친한 친구라고 한 그의 말도 호의에서 나온 것이 아니라 대개 절친한 친구[切友]라는 두 글자를 가지고 그 말이 무함이 아님을 분명히 증명하려고 한 것일 뿐입니다. 또 그가 함께 책자를 보았다고 한 것도 속마음에서 나온 것이 아니라 대개 함께 보았다[同看]는 두 글자를 가지고 그 일이 사실임을 증명하려고 한 것일 따름입니다. 또 그가 이른바 경계시키고 권면했다는 말도 대개 스스로의 격조를 높이면서 눈도 깜짝하지 않고 남을 해치려고 한 것입니다. 그 마음이 어디에 있는지는 길 가는 사람들도 다 아는데 그만 팔다리 사이에 끼고 농락하려 하다니, 진실로 한 번의 웃음거리도 못 된다 할 것입니다.

그들이 애초부터 아무런 흔적도 없는 일을 가지고 서로 화답하고 증명하는 것은 반드시 얽어매어 모의한 일이 있기 때문에 그런 것일 것입니다. 그가 꼭 정미년 겨울이라고 한 것은 을사년에 책을 태운 일을 없었던 일로 돌리려고 한 것이고, 그가 꼭 성균관에서 설법했다고 한 것은 막중한 성묘(聖廟)의 지역을 등대고 저의 죄를 더욱 무겁게 하려고 한 것입니다. 그러나 남의 이목을 가리기 어렵고 남의 비난을 막기가 어려운 곳으로 말하자면 성균관 같은 곳이 없는데, 어찌 가르치는 장소를 크게 열어 팔을 휘두르면서 설법한 일을 기경 한 사람 이외에는 누구 하나 본 사람이 없고 낙안 이외에는 누구 하나 말하는 사람이 없단 말입니까. 그리고 편지를 서로 왕복했다고 했는데 그것도 무슨 속셈이 있어서 그렇게 한 것인지 모르겠습니다. 이미 절친한 친구가 아니고 또 그런 사실도 없고 보면 이 역시 혼자 나서서 증거를 대고 허구를 날조한 것에 지나지 않습니다.'하였습니다.

또 공술하기를 '이단을 물리치는 글은 을사년 봄에 지었는데, 원래의 초고는 평택(平澤) 부임소에 가지고 가서 가져오지 못했습니다. 이제 공술을 드리자니 정신이 혼미해서 전편의 내용을 제대로 기억하지 못하겠습니다만, 그 가운데 기억나는 것을 말한다면 「천하의 학문은 정사(正邪)를 가릴 것 없이 이해(利害) 관계가 있은 뒤에야 사람들이 마음을 기울여 따르게 마련이다. 만약 서학(西學)에 천당(天堂)·지옥(地獄)의 설이 없었다면, 사람들이 어찌 패관 잡설(稗官雜說) 보다도 못하게 여겼겠는가.」라고 한 것이 있고, 「서양에서 온 학술은 반드시 천당과 지옥으로 주를 삼아 천하의 수많은 사람들을 기만한다.」한 것이 있고 「서학에 가짜 천주(天主)가 횡행한다는 말이 있으니, 요사스럽고 허망하기가 이와 같은 것이 없다. 이미 하늘이라 말하면서 가짜가 있다는 것은 무슨 말인가. 내가 반드시 그 학설로 그 학설을 깨겠다.」한 것이 있습니다. 일찍이 을사년에 형조에서 서학을 다스릴 때 이 글을 지어 그때 형조 판서였던 김화진(金華鎭)에게 보내 보여주었고, 또 책을 태운 뒤에 시를 짓기를 「천지(天地)의 경위(經緯) 동서 갈랐는데, 무덤 골짜기 무지개 다리 아지랭이 속에 가렸어라. 한 줄기 심향(心香) 책과 함께 타는데, 멀리 조주묘(潮州廟) 바라보며 문공(文公)을 제사하노라.」하였습니다. 이제 이 글과 시야말로 더욱 제가 이단을 물리친 뚜렷한 증거가 될 것입니다.'하였습니다. 상께서 재결하소서.

하늘의 신발 – 18세기 조선 문명전환의 미시사

1791년 12월 7일(음력 11월 8일) 윤지충과 권상연에게 사형이 선고된다. 윤지충, 33세. 권상연, 41세. 정조는 애초에 이 사건이 확대되는 것도, 극단으로 치닫는 것도 원치 않았다. 중앙 조정에서의 조사를 요구하는 사간원의 연명 상소가 빗발칠 때도 전라도 관찰사 정민시*에게 조사를 맡겼다. 극단적인 조치가 향후 천주교인 처리에 선례가 될 것을 우려했으나, 이단과 관련된 일이라 원하는 바를 명확히 말하지 못했다.[125] 조정에서 사형 선고를 내려보낸 직후 정조는 곧장 이를 후회하고 지금 인편으로 집행을 연기하라는 명령서를 보냈다. 그러나 이미 두 사람의 목은 떨어져 있었다.**

같은 날 이승훈은 간접 책임을 추궁받아 삭직(削職)이라는 가벼운 형벌을 받았다. 권일신은 사형에서 감하여 유배길에 올랐다. 조사 과정에서 파악된 이존창에 대해서는 '우선 놓아 보내고, 지방관으로 하여금 수시로 문초하고 힐문하고 얼굴기색까지 잘 상고하여 털끝만치라도 찌꺼기가 속에 도사리고 겉으로 내 풍기는 기미가 없는 다음에 비로소 아주 놓아 보내어 평민이 되게 하라'[126]는 조처가 내려졌다. 최필공, 최인길 등 여러 인물들에 대해서도 널리 회개시키도록 했다.

사건이 비교적 관대하게 처리되자 불만을 품은 노론 시파계열 송익효(宋翼孝)는 이승훈의 부친 이동욱을 회시(回示, 죄인을 끌고 다니며 뭇사람에게 보이는 일)하라고 요구하다 파직되었다. 이동욱은 아들로

---

* 정조 즉위에 공이 컸던 정조의 측근이었다.

** 사학징의(邪學懲義)에 두 사람 묘에 대한 기록은 있으나 위치는 파악할 수 없었다. 230년이 지난 2021년 3월 11일 전라북도 완주군 이서면 남계리 초남이 성지 바우배기에서 두 사람의 묘가 발견되었다. 1801년 능지처사된 윤지충의 아우 윤지헌의 묘도 함께 발견되었다.

인해 벼슬에서 물러나야 했다. 이기경은 상(喪)중에 근신하지 않고 상소한 것으로, 다산과 이승훈의 배신에 격양되어 상소문에 '천주가 부모보다 더 크고, 천주의 주재가 임금의 다스림보다 더 크다'와 같이 입에 담아서는 안 될 말까지 인용하며 이승훈을 계속 공격하여 정조의 진노를 샀다. 그를 가증스럽게 여긴 정조는 이기경을 함경도 경원으로 무기한 유배하며 절대 사면하지 말 것을 명했다. 홍낙안도 벼슬을 완전히 잃었다. 그는 거짓을 일삼는 간신들이 주상의 눈과 귀를 막아 조선의 정의가 땅에 떨어졌다 생각했다.

훗날 정약용은 '우리들의 화(禍)가 이로부터 비롯된다' 하였는데, 1791년을 거치며 남인 신서파와 공서파 인물들 사이에는 돌이킬 수 없는 원한의 골이 파인다. 비록 이기경의 마음씨가 나빴지만 그의 억울함을 이해한 다산은 이기경의 부재중 그의 아이들을 찾아 돌보았다. 한때의 통쾌함이 우환이 될 것을 염려한 다산이 정조를 설득하여 결국 이기경은 4년 후 유배에서 겨우 풀려나게 된다. 진산사건 이후 이동욱은 집안에 엄포했다.

"사학(邪學)은 우리 집안의 원수이니 이 학문을 하는 자는 직접 베어도 좋다."[127]

승훈에게 1791년은 매우 위험한 순간이었다. 맹렬히 천주교회를 이끌어온 그의 과거 행적은 물론이거니와 1785년 대외적으로 배교 선언을 한 이후에도 숨어서 열정적으로 천주교 조직을 이끌고 관여한 자신의 정체가 국왕과 만천하 앞에 다 드러날 뻔한 순간이었다. 막다른 골목으로 몰린 그가 역전의 한판승을 거두었다. 그러나 이 평화가 과연 얼마나 지속될 수 있을 것인가.

다음 해인 1792년. 이미 현감 자리에서 파직된 이승훈의 이름이 또다시 조정에서 거론된다. 그가 평택현감으로 부임할 당시 문묘(文廟)에 배례하지 않았다는 소가 들어온 것이다. 실제 이승훈은 현감으로 부임하는 의식으로 문묘(文廟)에 가서 분향(焚香) 배례(拜禮) 하였다. 다만 봉심(奉審) 때 배례를 하지 않았는데, 이는 천주교 때문이 아니라 봉심 때에는 배례하지 않아도 된다는 읍규(邑規)를 따른 것에 불과하였다.[128] 평택 일부 인사들이 이승훈을 모함한 데서 일어난 향전에 불과했으나, 남인 공서파와 노론계 인사들은 이 일을 빌미로 채제공 계열을 다시 공격하며 사건을 더욱 확대해 나갔다.

정조는 즉시 조사를 명해 이승훈의 혐의를 벗겨냈다. 채제공은 이승훈의 재종매부(再從妹夫)인 김희채(金熙采)를 평택안핵사로 파견하여 사건을 조사토록 하였고, 김희채는 무혐의를 보고했다. 사건을 확장시킨 노론의 김문정(金文淳), 심환지(沈煥之), 이면응(李冕膺)은 유배형에 처해졌다. 정조는 부정학(扶正學)을 내세운 문체반정운동(文體反正運動)으로 천주교 사건을 여기서 완전히 진정시키려 하였다. 남인의 천주교 문제와 노론의 패관문제를 함께 거론하여 양자를 상쇄시키려는 전략이었다. 그러나 이 사건으로 이승훈의 정치적 입지는 상당히 어려워지게 된다.

정조의 문체반정운동 후 남인 신서파 인물들은 득세하게 된다. 채제공이 좌의정, 이가환이 공조판서, 정약용이 동부승지에 발탁된 것으로도 이를 알 수 있다. 그러나 이승훈은 언제나 홍당과 노론 세력의 표적이 되었다. 그는 불배성묘사건이 종료된 후에도 1794년이 되어서야 다시 양구현감을 제수받는다. 그런데 이듬해 또다시 중앙 정계에서 천주교 문제가 불거진다.

진산사건으로 인한 박해가 잠잠해지자 조선 천주교인들은 다시 성직자 영입을 시도했다. 양반 출신 인물들이 모두 이탈하자 이때부터는 윤유일, 최인길, 지황, 강완숙 등 중인 계층이 중심이 되어 교회를 이끌어 갔다. 1793년 지황(池璜)과 또 다른 밀사는 그간의 모든 사정을 보고하는 서한을 들고 사절단 일원으로 숨어 북경 구베아 주교를 찾아갔다. 그 사이 구베아 주교로부터 조선 교회 보고를 받고 감격한 교황 비오 6세는 1792년 주교에게 조선 교회를 특별히 보호하고 지도할 것을 위임한 상태였다.

구베아 주교는 두 밀사의 요청에 응하여 선교사 파견을 다시 한번 약속한다. 1차 시도 때 북경으로 돌아온 레메디오스 신부는 이미 선종하였다. 1794년 12월 23일. 중국인 주문모(周文謨) 신부가 조선 신자들과 국경에서 만나 한밤중에 조선 땅으로 밀입국했다. 그런데 이 사실이 탄로나면서 1795년 5월 12일 윤유일, 지황, 최인길이 의금부로 잡혀 왔고, 세 사람은 그날 밤 장살되어 시체는 강물 속에 내던져졌다. 윤유일 36세, 지황 29세, 최인길 31세. 잡혀 온 지 열두 시간이 채 못 된 시점이었다.

중국인 신부를 체포해야 하는 상황에 그에 관한 증거를 설토할 수 있는 세 사람을 검거와 동시에 제대로 된 절차도 없이 숨이 끊어질 때까지 고문하고 시신까지 없애버렸다. 통상적으로 일어나기 어려운 일이다. 누군가 사건을 의도적으로 덮으려 한 것일까. 주문모 신부 사건에 대해서는 국왕과 채제공 모두 알고 있었다.

계산동(현 계동)에 숨어있던 주 신부에게서 성사를 받은 여교우가 오빠 한영익에게 강론 내용을 전해주었고, 진산사건 즈음 배교하였던 그는 회개하는 것으로 속여 주 신부를 만났다. 그리고는 격렬히 천주교를 배척하는 이벽의 동생 이석에게 이를 알렸다. 국왕 친위 조직인 별군직(別軍職)에 있던 이석이 이를 채제공에게 알렸고, 채제 공은 즉각 정조에게 보고하고 주 신부 체포를 명했다. 5월 11일이 었다. 주 신부는 도망가고, 세 사람은 12일 숨이 끊어질 때까지 매를 맞은 것이다. 시체마저 찾지 못하도록 없앴다.

7월 4일에 이르자 대사헌(大司憲) 권유(權裕)는 최인길 등의 삼적 (三賊)을 타살(打殺)한 것은 함구엄적(緘口掩跡)하려는 계책에서 나온 것이라며 사건의 배후 인물로 채제공을 지목하였고, 관련자들에 대한 엄책(嚴責)을 주장했다. 이어서 성균관 유생 김도회(金道會) 등 571 인이 상소하여 철저한 조사를 요구하였고, 7월 7일 부사직(副司直) 박장설(朴長卨)이 소를 올려 종전의 천주교 사건들을 열거하고 이가 환과 이승훈을 공격했다. 같은 날 지평(持平) 신귀조(申龜朝)도 상소하여 이가환을 공격했다. 7월 24일에는 성균관 유생 637인이 사학을 배척하며 이승훈을 공격하는 상소를 올렸다. 진산사건에서부터 이어지던 채제공 계열에 대한 남인 공서파와 노론 측의 정치 공격의 연장전이었다.

공조판서 이가환은 상소하여 이승훈이 이미 서학서를 전래한 일로 신해년(1791) 처분받은 바 있음을 환기시키며, 이승훈이 교주가 되어 부유한 사람들을 유혹하여 재물을 모으고 있다는 박장설의 상소를 반박했다. 그리고 이가환을 따르는 남인계 78인도 상소하여 사학을 배척함과 동시에 성균관 유생들의 연속된 상소 행위를 배격하였다. 간접적으로 이승훈의 무죄를 은연히 주장한 것이다. 이들의 상소는 정조로부터 긍정적인 평가를 받고 있었다.

주 신부 사건 처리는 이석(李晳)과 채제공이 중심이 되어 신중히 진행되었다. 채제공은 권유가 올린 소에 대해 자신이 무관함을 밝혔다. 그리고 정조의 명에 따라 조정에 과격한 내용의 소를 올린 박장설을 처벌하였다. 박장설의 이름은 조적(朝籍)에서 삭제되고 그는 시골로 내쫓겼다. 연소한 성균관 유생들 중 주동자에게는 처벌이 내려졌고, 나머지 유생들은 노론 세력가 심환지(沈煥之), 서용보(徐龍輔) 등이 단속하도록 했다.

정조는 진산사건 처리 과정에서처럼 사건의 확대를 꾀한 인물들뿐만 아니라 관계자로 지목된 사람들에 대해서도 처벌에 준하는 조처를 내렸다. 이가환을 충주목사(忠州牧使)로 보외(補外)하고 정3품 당상관이던 정약용을 종6품 금정찰방(金井察訪)으로 좌천시켜 자숙의 기회로 삼도록 하였다. 이승훈은 충청도 예산현으로 유배에 처해졌다.

세 사람이 간 충주, 금정, 예산은 당시 이른바 '사학의 소굴'로 불리던 충청도의 세 고을로, 천주교인들이 특히 많이 살던 곳이었다. 정조는 교화주의(敎化主義) 원칙에 입각하여 이들이 스스로 정학(正學)에 귀정하였음을 공개적으로 드러낼 것을 주문한 것이다. 국왕은 이승훈으로 하여금 그의 적들에게서 끊임없이 받는 비판으로부터 근본적으로 벗어날 길을 열어준다는 명목으로 예산 유배를 보냈다.

유배길에 오르기 전까지도 이승훈은 안으로 천주교를 행하고 있었던 것으로 보인다. 홍익만은 "나는 갑인년(1794)에 이승훈에게서 세례받았다"[129]고 진술하는데, 이승훈을 배교자로 보던 당대의 평판과 달리 이처럼 그의 진심을 알고 있던 소수 지인들이 있었다. 이승훈은 이미 자신이 세례를 주는 것이 불가능함을 알고 있었으므로 그가 행한 세례란 입교식 정도의 의미를 지녔을 것이다. 1794년 부친 이동욱이 57세로 타계하고, 주문모 신부가 조선에 도착했을 때 이승훈은 "을묘년(1795) 신부님이 이 나라에 왔다는 말을 듣고 마음이 움직여 회두(回頭)하여 은혜를 받기 위한 준비를 했다"고 황사영은 기록한다. 그러나 주문모 신부 사건으로 또다시 자신과 벗들이 정쟁의 소용돌이에 휘말리자 승훈은 움츠러들었다.

1795년 가을 정약용은 목재(木齋) 이삼환(李森煥)에게 보내는 서한에서 천주교로 인해 배척받는 이승훈의 고뇌를 서글프게 되뇌인다. 남인 학자들이 성호 이익의 불후 대업(大業)을 이어 도를 닦던 시절에서 어찌하여 이 지경에 이르렀는지 탄식하며 이 모든 일을 겪은 이승훈의 마음을 헤아리는 부분이다. 끊임없는 음해와 공격을 감당하기 어려운 두 사람의 쓰라린 심정이 잘 나타나 있다.

> "일찍이 이형(李兄)과 이 일에 대해 언급하면서 '세도(世道)가 편벽되어 표방하는 것이라곤 모두 위태로운 것뿐이므로 대도(大道)가 기구하기가 산길과 다름없으니, 차라리 숨어 살면서 안으로 행실을 닦을지언정 동지들을 이끌고서 많은 사람 앞에 나서지 않겠다'고 하였으니, 그의 뜻을 돌이켜보면 참으로 슬픕니다. 그런데 지금은 그렇지도 못하여 가만히 들어앉아 스스로의 의리를 깨끗이 하려 해도 매양 사단(事端)을 만들어 더럽히고자 하니, 어떻게 해야 명철보신(明哲保身)을 할 수 있을지 모르겠습니다."[130]

이가환과 정약용은 자신의 천주교 혐의를 벗기 위해 천주교인들을 직접 박해했다. 이가환은 충주에서 주리형을 시행하였는데, 주리는 도적을 다스릴 때 시행하던 악명 높은 고문 중 하나로 영조 때 공식적으로 금지된 형벌이었다. 이를 천주교인들에게 시행한 것이다. 정약용이 금정에서 박해한 천주교인들 중에는 이후 조선의 두 번째 사제가 되는 최양업의 집안도 있었다.

숨어서 안으로 행실을 닦겠다던 승훈은 예산 유배지에서 지금까지 받은 가택연금과 집안의 박해, 조정 신료들의 정치적 음해와 거센 공격, 혹은 성균관 동기와 유생들의 비방과는 차원이 다른, 지금까지 경험해보지 못한 내면의 고통과 정신적 모멸감에 시달렸을 것이다. 당시 유배자는 압송 과정에서부터 유배지에 거처하는 동안 극도의 외로움과 싸워야 했다. 이후 다산이 유배지 강진에 도착하며 토로한 심경에서 승훈의 처지와 그가 겪었을 극도의 외로움을 일면 찾아볼 수 있다.

"그곳 백성들은 유배 온 사람 보기를 마치 큰 해독처럼 여겨서 가는 곳마다 모두 문을 부수고 담장을 허물어뜨리면서 달아나버렸다. 그런데 한 노파가 나를 불쌍히 여겨 자기 집에 머물게 해 주었다. 이윽고 나는 창문을 닫아걸고 밤낮 혼자 앉아 있었다. 누구와도 함께 이야기할 수 없었다."[131]

"해가 지면 모든 새들이 다 집으로 찾아가는데 귀양 온 사람은 들어갈 집이 없고 … 배고픔을 물어보는 사람이 없으며 … 가까이 지낼 사람이 없다 … 질병으로 신음할 때는 가족의 보호를 받는 종들보다도 못하니, 이 세상의 괴로움이 이보다 더 심한 것은 없다."[132]

벼슬을 잃은 데 이어 이번에는 귀양까지 왔다. 이 모든 시간 안에서 그와 대도(大道)의 굴곡을 함께 해온 정약용만이 인근 금정에서 서신으로 소식을 전하며 위로할 뿐, 승훈이 자신의 모든 것을 걸었던 하늘도 침묵하고 있다. 승훈의 내면은 무너져내리는 듯했다.

사대부답게 승훈은 글로 자신의 배교를 밝혔다. 그는 유혹문(牖惑文), 즉 '혹세무민(惑世誣民)하는 사학(邪學)의 실상을 제대로 깨우쳐주는 글'을 지어 예산 지방관 홍백순과 박종우에게 주었다. 수천백 마디(屢千百言)에 달하는 상당한 분량의 글이었고, 백성들의 미혹함을 깨우치기 위해 한글과 한문으로 각 면리(面里)에 전달되었다. 당시 조선 천주교에서는 천주의 존재와 삼위일체론, 구속강생론, 상선벌악설을 주요 교리로 인정하고 있었다.[133] 승훈은 이 글에서 이 모두를 부정하였다. 자신과 동료들의 목을 부르짖으며 빗발치던 공격에 대응하기 위해 지금까지 했던 외형적 척사 발언과는 이제 차원이 달라졌다. 승훈은 천주의 존재와 자신이 그토록 조선에 세우기 열망했던 새로운 질서를 부정하기에 이른다.

정약용은 불과 다섯 달 만인 1795년 12월 20일 용양위(龍驤衛) 부사직에 임명되어 중앙 관직에 복귀했다. 이승훈은 이듬해 4월 해배되어 서울로 돌아왔다. 상당히 빨리 해배된 셈이다. 집안에서 여러 방면으로 노력하였을 것이고, 유배지에서 그가 보인 행보가 선왕으로 하여금 그를 조정 신료들 앞에서 구제하기에 충분했을 것이다. 그러나 서울로 복귀한 정약용이 기용된 것과 달리 이승훈은 다시 등용되지 않는다. 정조와 채제공에게도 정치적으로 회복 불가능한 인물이 된 것이다.

"이승훈은 그의 나약으로 인하여 하도 사람들의 멸시를 받아 아무도 그의 말을 믿으려 하지 않았다."[134]

아무도 그를 찾지 않았다. 국왕도, 천주교회도, 그의 가문도, 지인들도. 이 시기 정약용은 '달밤에 이형이 그리워(月夜憶李兄)', '달밤에 또 이형이 그리워(月夜又憶李兄)'[135] 시를 연달아 두 수나 지으며 승훈을 그리워한다. 두 사람 모두 서울에 있었으나 약용마저 승훈을 만나러 갈 수 없는 상황이었던 것이다. 승훈은 마치 존재하지 않는 사람처럼, 살아도 사는 것이 아닌 사람으로 살았다. 오직 신 앞에 홀로 서 있을 뿐이었다. 보이지도 않고, 깊이 침묵할 뿐인 신 앞에.

"이승훈을 원수로 여깁니다. 모두 그가 꾀어 권유했기 때문입니다."

이미 자신을 향해 퍼붓는 공격을 수도 없이 겪어 왔지만, 이 모든 폭풍우가 휩쓸고 지나간 뒤 승훈에게는 어두운 밤밖에 남아 있지 않았다. 침묵하고 있는 신의 존재는 승훈에게 또 다른 시험이자 괴로운 시련이었다. 승훈도 깊이 침묵할 뿐이었다. 1796년 서울로 복귀한 뒤 멸시와 조롱 가득했을 그의 일상에 대해 알려주는 사료는 아무것도 없다. 다만 그를 가까이서 보던 황사영의 짧은 몇 마디 안에서 승훈의 내면을 찾아낼 수 있는 것이 전부이다.

"그는 겉으로는 세속을 따랐으나 가까운 옛 친구를 만나면 깊은 정을 잊지 못하여 항상 다시 떨치고 일어날 생각을 하였는데, 이에 이르러 화를 당하였습니다."[136]

'가까운 옛 친구'란 황사영 자신을 포함하는 것이기에, 사영이 직접 승훈을 만날 때면 열어 보여주던 그의 마음일 것이다. '이승훈이 천주교와 완전히 절연하여 자신의 변절을 공공연히 드러냈다'며 그를 배교자로 단정하던 당대와 후대 천주교인들의 기록이 과연 승훈의 침묵의 결을 담아내고 있을까.

애초에 승훈에게 대도(大道)의 길이란 일직선상의 답이 보이는 길이 아니었다. 자신도 완전히 알지 못하는 서양 천학(天學)에서 유학을 완성해 주는 강력한 빛을 보았고, 태어나 처음으로 진리가 자신 안으로 들어오는 경험을 했다. 아무런 기반도 이해도 없는 조선에 이를 가지고 와 모든 힘을 기울여 시작하고 세우며 조선 이단아로서의 원죄를 지었다. 매 순간 벌어지는 일에 지도자로서의 책임과 역할을 힘겹게 감내했으나, 매번 그에게 돌아온 것은 모든 것을 앗아가는 시련뿐이었다. 이제 승훈에게 남은 것은 '없음(無)'뿐이다. 하늘도 없고 자신도 없는 시간. 이미 모든 것을 잃은 그에게 시련은 여기서 끝일까.

1800년 음력 6월 28일(양력 8월 18일). 조선의 해가 기운다. 정조가 49세로 승하하고, 모든 상황이 뒤바뀌면서 남인 준론 중심의 탕평정국도 급격히 요동친다. 위에 황사영이 말하는 '이에 이르러'란 1801년 신유박해(辛酉迫害)를 의미한다.

순조가 즉위하자 대사헌(大司憲) 신봉조(申鳳朝)와 대사간(大司諫) 오정원(吳鼎源)은 채제공에 대한 추탈관작을 주장하며 이단 사설 관련 인사들을 정권에서 철저히 배제해나갔다. 다시 노론 중심의 통치 구조로 개편 작업이 시작된 것이다. 이들의 가장 큰 정적은 채제공의 후계자이자 남인의 영수 정헌 이가환. 그리고 남인의 기예자(氣銳者)로 주목받으며 이가환의 후계자로 지목되어 있던 정약용이었다. 천주교는 두 사람을 제거할 수 있는 핵심 명분이 되어주었다.

노론 측 인사들은 채제공도 사학을 했다는 억지 주장까지 하며 채당(蔡黨)을 "사당(邪黨)"이라 공격했다.[137]

천주교는 두 사람 이외에도 신서파 남인들을 제거하는 구실이 되었다. "귀신같이 고약한 무리가 터무니없는 일을 꾸며 관가에 고발하여"[138] 권철신도 제사를 폐하였다는 무고에 시달리고 본관에 두 번 자명했다.[139] 목만중, 홍낙안, 이기경의 무고로 천주교와 아무 관련 없는 오석충(吳錫忠)마저 유배되는 상황에 정약용은 격분했다. 오석충은 5년 전 목만중 등이 이가환을 모함하여 죽이려 할 때 윤신(尹愼)에게 서한을 보내 이가환의 무죄를 밝혔다가 이들에게 미움을 산 적이 있었다. "간사한 놈들은 오석충이 죄에서 벗어나게 되리라는 것을 알고 은밀히 다른 죄수의 집에서 압수한 서서(西書) 한권을 가져다 석충의 서가에 끼워 놓았다. 옥관은 곧 이것을 증거로 삼아 석충을 임자도로 유배시켰다."[140]

채제공에 대한 추탈관작은 계속 추진되었다. 채홍원(蔡弘遠)이 부친을 변호하기 위해 공조 세력을 규합하며 혈소(血疏)를 올리려 했으나 영남유생 490인이 연소(聯疏)하며 그를 공격하여 이를 이루지 못했다.[141] 유생들은 채홍원을 영조 때 무신란(戊申亂)을 일으킨 정희양(鄭希亮)에 비유하며 처벌을 주장했는데, 이제 조선 안에서 그 누구든 불문하고 천주교, 혹은 천주교인과 관계된 자는 반역자라는 분명한 신호였다.

1801년 2월 9일. "삼흉(三凶)"을 체포하라는 대왕대비의 부교(傅敎)가 내려졌다. 세 사람은 다음 날 모두 잡혀 들어왔다. 이승훈이 서학서를 전래하여 일가친척들을 물들인 죄는 이가환이나 정약용을 제거할 수 있는 훌륭한 구실이었다.

"아아! 애통합니다. 이가환, 이승훈, 정약용의 죄를 이루 다 주살할 수 없습니다 … 이승훈의 단은 그 아비가 구매한 요서를 전하여 호법하기를 달게 여기어 가계로써 삼고 매일 이가환과 더불어 밀실에서 사람을 모으고서 요술에 얽혔을 뿐만 아니라 그 경영한 바의 것은 어떤 것이겠습니까. 정약용의 경우 본래 더러운 두 놈들과 배짱이 서로 맞아 한 덩어리가 되었습니다."[142]

2월 10일부터 18일까지 승훈은 의금부에서 세 차례의 형문(刑問)*과 곤장 40대, 신장 15대를 맞으며 여섯 번의 국문을 거쳤다. 국청을 주관한 인물은 영중추부사 이병모. 그는 50대에 우의정, 좌의정, 영의정을 거친 인물이었다. 그러나 실제 심문을 주도한 인물은 영의정 심환지와 대사헌 신봉조였다. 노론의 영수 심환지는 정조가 생전 350여 통의 밀서를 보내 정치적 의견을 조율했던 72세의 중량감 있는 인물이었다. 승훈의 서학 전래를 빌미로 채제공과 그 주위 인물들을 집요하게 공격하다 정조에 의해 유배길에 오르기도 했던 심환지에게 드디어 모든 것이 제자리를 잡는 순간이다. 경멸하는 그의 시선 아래 승훈은 이가환 및 정약용과의 구체적인 관계를 줄기차게 추궁받았다. 남인의 영수와 그 후계자를 제거하기 위해 천주교 고리를 확실히 하려는 것이었다.

"천주학에 관한 한마디 말이나 글자 하나라도 그 근본은 이승훈에게 있다. 그가 한번 연행함으로써 허다한 백성들을 그르쳤으니 …

---

* 조선 시대 용의자가 죄를 실토하지 않으면 가장 먼저 가해지는 고문으로 죄인을 의자에 묶어놓고 정강이를 매로 때리는 고문. 죄인이 죽는 것을 방지하고자 하루 한 번만 시행하는 것이 원칙이었다.

그의 죄는 천만번 죽더라도 어찌 속죄할 수 있겠는가?"[143]

이승훈은 진산사건 때 공술한 바를 반복하며 모든 혐의를 부인했다. 신해년(1791) 이후 늘 책상머리에 '주자백록동연의(朱子白鹿洞衍義, 주자가 백록동에 낙향하여 실천하고자 했던 삶의 규칙)' 글귀를 올려두고 유교 경전이 아니면 책상에 두지도 않았으며, 을사년(1795) 이후에는 유혹문(牖惑文)을 지어 반서학(反西學) 입장을 분명히 천명한 사실을 들었다. 정학(正學)에 귀의하였음을 납득시키기 위해 심유(沈浟)를 증인으로 내세우기도 하였다. 이미 1785년부터 서학을 멀리했으며, 이 일로 벼슬도 박탈당하고 유배까지 다녀왔으니 치러야 할 값도 다 치른 셈이다. 그러나 집권한 노론 벽파에게 이는 아무런 참고 사항이 아니었다.

이미 배교한 사실이 자명한 승훈이기에 잡혀온 다른 천주교인들도 승훈의 행적에 대해 극도로 조심하거나 숨겨줄 필요가 없었다. 자신들은 '목숨을 바치겠다는 각오로 천주 신앙을 따랐다' 고백하는 최창현, 유항검, 정약종 등은 기쁜 마음으로 죽음을 기다리고 있었다. 이들은 모든 질문에 자신이 아는 바를 그대로 또박또박 답했고, 이들의 진술에서 승훈의 행적이 고스란히 드러났다. 을사년(1785) 서학을 배척한 뒤에도 계속 관여해온 사실과 신해년(1791) 이후에도 여전히 교회 인사들과 연루되어 있었다는 사실이 이곳저곳에서 나왔다. 승훈이 아무리 자신은 사학을 하지 않았다 주장하여도, 잡혀온 천주교인들 모두가 그의 이름을 거론했다.

교회 인사들뿐만 아니라 아우 이치훈도 자신이 살기 위해 형을 고발했다.

"이치훈은 스스로 자신이 천주교를 배척한 일을 밝히려 하면서 그형 승훈이 숨기려 한 일까지 폭로하고 나섰다. 그래서 추국에 참여한 여러 사람이 그를 개돼지처럼 보았다."[144]

감옥 밖에서는 이익운(李益運)과 같이 채제공 가까이에서 이승훈과 관계했던 이들도 이제 그의 엄벌을 주장하고 나섰다. 이벽의 장인 권엄(權欕)의 주도 하에 최헌중(崔獻重), 홍시채(洪時蔡), 유하원(柳河源) 등 남인 시파 63인도 상소하여 자신들이 이승훈과 오래전부터 알던 사이임을 밝히며 이승훈의 극형을 주장했다.

"오늘날의 어지러움의 근본은 하나도 이승훈이요 둘도 이승훈이니, 그가 어찌 수악지율(首惡之律, 악한 무리의 우두머리에 적용하는 법)을 마다고 할 수 있겠는가?"[145]

이 와중에 심문 기록 속 승훈은 초인적인 평정을 유지하고 있다. 심문관들은 그에게서 원하는 진술을 끝내 듣지 못했다. 중죄인을 다루는 의금부는 매질이 더욱 혹독한 곳이었다. 죄인이 죽는 것을 방지하기 위해 하루 30대 이상은 금지되어 있던 형장(刑杖)을 승훈은 세 차례에 걸쳐 55대 맞았다. 2월 11일 31대를 맞았는데,[146] 장딴지가 부풀어 오르다 살이 터져 장을 치던 나졸들이 힘이 빠질 무렵에는 이들의 얼굴과 몸에 온통 승훈의 살점과 피가 튀어 있었을 것이다. 축 늘어져 있는 죄인은 정신줄을 놓아 비명도, 신음소리도 없었을 것이다. 어머니를 동원해 회유해도 끄떡하지 않던 김백순이 형장 4대를 맞고 나서 정신이 나가 무조건 배교하겠노라 무릎을 꿇는 것을 본다면 승훈은 가히 초개같이 국문장에 앉아 있었다.

"이승훈은 사실을 꾸며대는 것이 더욱 교활하고 악랄하여 반나절 동안 샅샅이 캐물었으나 하사코 잡아떼고 있습니다."[147]

모든 이가 등을 돌리고 그를 고발하던 와중에 '네가 만일 사형을 면하려거든 사학에 빠진 자들과 수괴를 가리켜 고하라'는 협박에도 승훈은 과거 벗들의 이름을 일절 함구했다. 실명을 거론하거나 이야기를 둘러대 책임을 전가한 인물들은 이미 세상을 떠난 이들이었다. 모진 고문을 초인적으로 인내하며 승훈도 또박또박 자신의 진실을 있는 그대로 말했다.

"저는 요즈음 사학을 배척하여 끊었기 때문에 사학의 우두머리가 아무개인지는 정말로 들어 알지 못합니다."[148]

애초에 영의정 심환지와 대사헌 신봉조는 승훈의 입에서 이가환이 서학의 우두머리라는 진술이 나오기를 기다렸다. 그 말만 한다면 승훈이 살 수 있다고도 유혹했다.

"날마다 이가환과 더불어 밀실에서 머리를 맞대며 요사한 술책을 주도면밀하게 준비했을 뿐만 아니니, 행하려고 추진했던 일은 무슨 일이었느냐? … '사악한 천주학에 깊이 빠진 자'를 낱낱이 바르게 말하거나, 네가 자복하라. 이와 같이 질문했는데도 한결같이 숨기고 잡아뗀다면, 살 수 있는 길을 알려줄 생각이 없다."[149]

'이가환' 이름 석 자를 내뱉으면 살 수 있다! 승훈이 열두 살이었을 때 어머니가 서른셋의 나이로 타계했다. 이가환은 누이 없는 사돈집을 자주 찾아 승훈에게는 외숙 이상의 존재가 되어주었다. 승훈이 그토록 좋아했던 수학을 가르쳐준 스승이기도 했다. 심문관들은 승훈에게 더 적나라하게 말하기도 했다.

"이가환이 교주라는 사실은 세상이 모두 다 알고 있다. 머리를 맞대며 나누었던 비밀스런 말은 어떤 일이며, 마음을 같이 하여 선동해 현혹시킨 사람은 몇 사람이냐?"[150]

승훈은 외숙의 이름을 입에 올리지 않았다. 심환지와 신봉조가 노리는 것이 무엇인지 너무 잘 알고 있던 승훈이다. 살려줄 수도 있다는 말도 우스갯소리.

2월 22일 스승 권철신이 심문을 견뎌내지 못하고 숨졌다. 향년 66세. 그리고 24일. 외숙 이가환도 옥에서 숨졌다. 60세였다. 의금부에 잡혀 온 순간부터 이미 자신이 반대파의 손에 죽게 될 것임을 알았던 이가환은 옥 안에서 며칠간 곡기를 끊어 스스로 죽음을 택했다. 자신이 천재임을 스스로 자부하여 누구에게도 고개를 숙이지 않던 정약용이 그 앞에서는 스스로 몸을 낮추던 이가 이가환이었다. 성호 이익의 종손이자 남인의 영수로 일국의 공경 자리에 올랐던 자신이 나라의 죄인이 되어 국문장에 서 있다는 사실도 견디기 어려웠을 것이다.

혹독한 심문 내내 평정을 유지하던 승훈의 답이 크게 흔들려 무너지는 지점이 있다. 심문관이 정약용의 진술을 그에게 전해왔다. 전신이 마비되듯 아팠다. 이 순간까지 가장 깊이 신뢰하고 의지하던 벗이 잘려 나간 것이다.

"이승훈을 원수로 여깁니다. 저의 집안이 사악한 천주학에 깊이 빠진 사정은 모두 그가 꾀어 권유했기 때문입니다."[151]

정약용의 배신은 승훈에게 참을 수 없이 고통스러웠다. 함구하던 그가 흐트러져 자신 역시 정약용을 원수로 여긴다고 받아쳤다.

"약용의 공초가 이와 같다면 저 또한 할 말이 있습니다. 일찍이 갑진년간에 약용과 더불어 이벽의 집에서 회합하고서 약용은 이 술(術)에 미혹되었습니다. 그가 저에게서 영세받기를 청하였던 까닭에 저는 그것을 한 것입니다. 지금 약용이 저를 원수로 삼는다면 저 또한 그를 원수로 삼을 것이니 이 밖에 달리 아뢸 말씀이 없습니다."[152]

감정에 북받쳐 처남을 고발하였으나 이후 승훈은 말이 없다. 이가환에 이어 이제 정약용을 사학에 확실히 연류시키려는 벽파의 계책을 그가 모르지 않았다.

반면, 자신의 죽음이 눈앞에 보이는 정약용은 살기 위해 광기를 발산하듯 동료들을 고발했다. 자신도 잘 알지 못하나 풍문으로 들은 사람들마저 거론했고, 친형(정약종), 매형(이승훈), 조카사위(황사영)에 관해서도 거침없었으며, 정성으로 도와 기필코 그들을 완전히 없애고 물리치겠노라,[153] 앞장설 수 있게 해 달라 청했다.

"사악한 천주학을 하는 사람은 제게는 원수입니다. 지금 만약 제게 10일의 기한을 주시고 영리한 포교를 데리고 나가게 해주신다면 사악한 천주교 소굴을 소탕하고 그 괴수들을 체포하여 오겠습니다."[154]

하늘의 신발 – 18세기 조선 문명전환의 미시사

정약용의 입에 이름이 오른 이들은 곧장 죽음 앞으로 끌려왔다. 심문관들은 약용이 제안한 천주교 소탕 방안을 받아들이며 수시로 그를 회유해 더 적극적인 진술을 유도하였다. 정약용은 이제 천주교 소탕의 첨병이 되었다. "온몸이 산산이 부서진다 해도 최선을 다하지 않을 수 없다" 선언하는 그에게 정순왕후는 매질을 멈출 것을 지시했다. 집권 노론 벽파가 원하는 답을 모두 내놓은 약용은 병약해져 몰골이 말이 아닌 상태였으나 결국 유일하게 옥에서 살아나갔다.

이기경은 〈벽위편〉에서 이승훈의 죄목을 이렇게 설토한다.

"무릇 상위(象魏, 조정)에서 왕법(王法)을 내걸고, 보경(寶鏡, 보배로운 거울)으로 마수(魔手, 음흉한 이의 손길)를 비춘 후에도 겉으로는 면모를 고쳐먹은 체하지만 속으로는 악독한 마음을 품고 있었다. 요사스런 무리와 추악한 부류들이 네놈[이승훈]을 교주로 삼거나 대부로 삼지 않은 바가 없으니, 그 저지른 범죄를 논하자면 하늘과 땅 사이에 함께 용납하기가 어렵다."

서학은 끊임없이 죽음을 불러왔다. 이제 그 서학을 조선에 전래한 승훈의 차례다. 1801년 2월 26일, 이승훈은 대역부도(大逆不道)의 죄로 서소문 밖에서 참수되었다. 비참한 승훈의 죽음에 대해 천주교 측에서는 이렇게 혀를 찼다.

"천주교인이건 아니건 그는 죽을 수밖에 없었다. 배교로도 그의 목숨을 구할 수 없었는데, 하느님께로 돌아온다는 간단한 행위로도 그 피할 수 없는 형벌을 승리로 바꿀 수 있었다. 그러나 … 그는 자기의 배교를 철회하지 않고 통회한다는 조그만 표시도 하지 않고 숨을 거두었다 … 천주교인이라고 참수당했으나 배교자로 죽었다."[155]

형(刑)은 천주교 거목 정약종, 최창현, 최필공, 홍교만, 홍낙민 등과 함께 집행되었다. 이들의 영광스러운 죽음 사이에 놓인 승훈의 죽음은 오물과 경멸을 뒤집어쓴 죽음이었다. 자신이 시작한 교회 조직에서 천하의 비겁한 배신자였고, 새로운 세상을 만들어보고자 염원했던 그의 나라에서는 고금에 찾아볼 수 없는 흉측한 반역자. 서 있을 곳도, 스스로 끊을 가치조차도 없는 목숨이었다. 승훈은 이를 피하지 않았다. 침묵으로 받아들였다. 자신이 마셔야 할 잔을 마지막 방울까지 마신 것이다.

이미 별세한 부친 이동욱은 관직을 추탈당하고, 동생 이치훈도 4월 24일 관직을 삭탈당해 향리로 내쫓겼다가 거제도로 유배되고, 황사영 백서 사건에 연좌되어 제주도로 이배된 후 그곳에서 생을 마감한다. 정약용은 강진 유배길에 올랐다.

삼흉(三凶)이 처단되고 천주교인들은 서울, 경기, 충청도, 전라도 전역에서 피를 뿌렸다. 집권층은 해를 넘겨 살생을 지속하는 것에 대해 부담을 느꼈기 때문에 신유년 안에 모든 사학죄인들을 참수시키고자 온힘을 기울였다. 음력 12월 22일 신유박해는 공식적으로 마무리된다. 이와 궤를 같이 하여 채제공의 관작추탈도 완료되었다. 천주교 사건이 종료됨과 동시에 정치 일선에서 남인의 축출도 완료된 것이다.

승훈의 목이 땅에 떨어진 지 사흘 후. 그의 시신이 집으로 운반되었다. 여종이 거두어온 것이었다. 아무도 감히 상례적인 조문을 하러 가지 못했다. 그의 사돈이자 벗인 심유(沈浟)만이 상복을 입고 그의 집에 갔으나, 이마저도 뭇사람들의 불평을 자아냈다.[156]

Wheat Field with Crows, 1890, Van Gogh Museum

月落在天(달은 떨어져도 하늘에 달려 있고)
水上池盡(물은 치솟아도 연못에서 다한다)*

　고흐는 위대한 신비를 '높은 곳에서 내려오는 것' 혹은 '내면에서 솟아나는 것'이라 표현했다. 그는 이 신비 앞에서 모든 구도자가 애써 걸어가야 하는 길을 우리에게 열어놓았다. 많은 이들이 〈까마귀가 나는 밀밭〉을 고흐의 자살과 연관 지어 불길한 예감이나 혼란스러운 기운의 이미지로 이해하곤 한다. 그런데 정작 화가가 말하고자 한 것은 그게 아닌 것 같다. 그의 눈에 이 그림은 하늘과 대지의 시편이자, 수확의 계절인 가을의 찬미가였을 것이다.

---

* 이승훈 가문에서 구두로 전승되어 온, 처형 전 그가 읊었다는 유시(遺詩). 1960년대 초 이신구가 이승훈과 가까웠던 선대들에게 전해 들었다 전하며 공개된 후, 1965년과 1984년 무렵 획 하나가 달라지고 윤색된 부분이 있다. 사료로 사용하기보다, 그의 죽음에 대해서마저 논란 많은 이승훈에 대한 안타까운 마음을 달래고자 하는 시로 받아들이는 것이 적합하다.

화가의 시선은 폭풍우 치는 하늘, 완연히 무르익어 수확을 앞둔 금빛 밀밭, 그가 서 있는 지점에서 시작되는 세 갈래의 길, 하늘에 한 지점을 향해 밀밭 위로 날아가는 40여 마리의 까마귀에 머물러 있다. 파란 풀빛이 도는 세 갈래의 길은 거대한 힘에 이끌리듯 앞으로 뻗어나간다. '저 높은 곳 어떤 존재'의 보이지 않는 힘에 이끌려 뻗어나가는 인간 노동의 길. 길은 텅 비어 있다. 고독하고 쓸쓸하다. 그러나 거룩한 여정이다. 대지를 움트게 하는 그 힘은 우리를 수확으로 이끌어준다. 가운데 길은 황금빛 밀밭 속으로 사라진다. 땅과 인간의 노동과 하늘이 만나는 낙원. 이 그림에서 고흐는 오베르의 농부들이 수없이 걸어갔을 거룩한 여정으로 우리를 초대하고 있는 것이다.

고흐는 폭풍우를 좋아했다. "아주 무더웠던 어느 날 갑자기 폭풍우가 몰아쳤지요. 그 친구(고흐)가 어떻게 했는지 아십니까? 바깥 들판에 나가 서서는 하느님의 위대한 경이로움을 바라보았어요. 그리고는 아주 흠뻑 젖어서 돌아왔지요."[157] 보리나주 탄광촌에서 시절 고흐가 묵었던 빵집 주인의 말이다. 헤이그에서도 고흐는 폭풍우를 좋아했다. 폭풍우가 격렬하게 몰아친 다음 "마침내 잠잠해지고 까마귀들이 다시 날아다니기 시작했을 때, 나는 잠시 기다렸던 것이 아깝지 않았다. 비 때문에 아주 깊은 색감을 띠게 된 땅이 아름다웠거든."(테오에게 보낸 편지 227)

〈폭풍우 치는 스케브닝겐 해변〉을 그린 날에 대해서도 고흐는 상기된 목소리로 "정말 폭풍우 속에서 그린 거"(편지 226)라고 테오에게 이야기했다. 고흐는 모래와 바다와 하늘은 "무척 까다롭지만 또 무척 아름답기 때문에 그 안에 간직된 시를 표현하는 데 일생을 바쳐도 아깝지 않다"(편지 226)고 했는데, 이런 그가 오베르 언덕에서 폭풍우 몰아치는 하늘 아래 넘실대는 금빛 밀밭을 목도했을 때 어떠했겠는가? 그의 가슴에 폭풍우가 일었을 것이다.

폭풍우 치는 오후, 드렌테에서 눈과 비를 맞으며 걷는 것이 자신을 얼마나 차분하게, 동시에 흥분시키게 했는지 이야기하며(편지 344) 고흐는 이런 말을 한다.

"사람은 폭풍우 속에서 자란다."(편지 544)

그렇게 자란 고흐는 프로방스의 생 레미 요양원에 갇혀 있을 당시 병실 창 밖에 있는 작은 밀밭을 몇 번이고 그렸다. 땅을 갈고 씨를 뿌릴 때부터 푸른 싹이 트고 황금빛으로 무르익을 때까지, 햇빛이 나 있는 날에도 비가 오는 날에도 몇 번이고 그렸다. 넓은 밀밭에서 반달낫을 들고 밀을 수확하는 사람도 이 시기에 그린 것인데, 밀과 인간이 같다는 것을 보게 된 것은 그에게 큰 깨달음이었다.

"열기 속에서 자신의 임무를 마치기 위해 안간힘을 쓰고 있는 희미한 사람, 이 수확하는 사람에게서 나는 죽음의 이미지를 본다. 인간도 그가 거둬들이고 있는 밀과 같다는 의미에서 말이다 … 그러나 이 죽음에 슬픔은 없다. 태양이 만물을 순수한 황금빛으로 적시고 있는 환한 대낮에 찾아오는 죽음이기 때문이다."(편지 604)

계절의 변화를 주관하는 힘 안에서 인간은 죽음의 순간에 혼자가 아니라 창조주의 큰 기적의 일부가 되는 것이다. 마흔다섯, 비한 승훈의 수확의 때에서도 마찬가지이다. 선불교 예술가들은 우아한 왜가리나 황새의 아름다움은 누구나 발견할 수 있지만, 까마귀의 아름다움은 안목 있는 사람만이 제대로 알아볼 수 있다고 생각했다. 이승훈의 침묵이 창조주의 큰 기적의 일부가 되는 미(美)를 바라볼 때가 이제 되지 않았는가.

———————— 이승훈 베드로, 황창배 작 (명동성당 소장)

사회와 국가를
변혁하다

03

요람을 지키는 여인,
강완숙(姜完淑)

Le Berceuse, Augustine Roulin, 1889,
Boston Museum of Fine Arts

고흐의 천국이었던 아를에서 그의 가장 좋은 벗은 우편배달부 조세 룰랭이었다. 그림은 그의 아내이자 세 아이의 어머니인 오귀

스틴 룰랭이다. 고흐는 룰랭의 집으로 찾아가 흔들의자에 앉아 명
상에 잠겨 있는 강인한 어머니, 프로방스 지방의 농부인 오귀스틴
을 화폭에 담았다. 고흐는 테오에게 자기 친구에 대해 설명하면서,
모델료는 받지 않았지만 함께 먹고 마시느라 돈은 더 많이 들었다
(편지 518)고 너스레를 떨었다. 이 그림은 고흐가 특별한 계획을 가지
고 강렬한 에너지와 상상력을 쏟아 부은 작품이다. 그는 오귀스틴
의 초상화를 다섯 번이나 그렸다. 그중 하나를 그녀에게 준다고 했
을 때 오귀스틴이 고른 그림이 이것이었다. 고흐는 그녀에게 보는
눈이 있다며 가장 잘 된 그림을 골랐다고 했다.

　고흐는 평범한 농부와 노동자들을 통해 성인의 모습을 보여주
고자 했다. 1888년 가을 테오에게 말하듯 그는 "후광으로 상징되
던 것, 우리 자신의 빛깔에서 나오는 참된 광채와 떨림으로 전해지
는 영원의 흔적을 간직한 사람들을 그리고 싶구나."(편지 531) 고흐는
이 초상화를 제단에서 볼 수 있는 성화 3부작의 중심에 두려고 했
다. 그리고 해바라기 그림들을 이 초상화 양쪽에 촛대처럼 두고 싶
어 했다. 그에게 이 그림은 성화(聖畵)였던 것이다.

　언젠가 고흐는 피에르 로티의 소설 〈아이슬란드의 어부〉를 읽고
가족을 먹여 살리기 위해 날마다 바다의 위험에 맞서야 하는 어부
들에게 깊은 연민을 느낀다고 했다. 이 소설은 어부들과 선실 벽에
걸려 있는 성모 마리아상에 대한 묘사로 시작한다.

　　"배 한가운데 경건한 장소로 마련해 둔 선실에는 사기로 만든 마
　리아상이 선반에 고정되어 있었다. 선원들의 수호성인인 마리아는
　아주 소박한 색으로 칠해져 있었고 낡아 있었다. 그러나 이 조각상
　은 실제 사람들보다 훨씬 오래 산다 … 위기의 순간에 간절한 기도를

수없이 들어왔을 그녀. 그녀의 발치에는 조화로 만든 꽃다발 두 개와 묵주 하나가 못으로 고정되어 있다."[158]

고흐는 두 손으로 끈을 붙잡고 있는 오귀스틴의 초상화를 이 성모 마리아 상과 연관 지었다. 오귀스틴의 뒤로는 밤하늘의 수많은 별처럼 찍힌 점들이 반짝이며 자장가를 부른다. 순결한 사랑의 상징인 흰 장미꽃과 그 가지들은 조용한 물결을 이루며 춤을 춘다. 고흐는 이렇게 말한다.

"한때 어린아이였고 또 동시에 순교자인 그 선원들이 아이슬란드 고기잡이 배 선실에서 성모상을 보며 오래전 요람에서 흔들흔들했던 느낌을 다시 기억하고 자장가를 떠올렸을 것 같다는 생각이 들었다."(편지 574)

폭풍우 속에 자기 자리를 지키고 있는 선원들. 파도에 따라 몸이 앞뒤로 계속 흔들린다. 그들은 그녀가 손에 들고 있는 끈 – 사랑과 희생의 보살핌이라는 끈 – 을 붙잡고 이 시대의 성인인 이 평범한 여인에게, 이 평범한 여인과 함께, 기도한다. 그들의 흔들리는 배는 이제 어머니가 흔들어 주는 요람처럼 거룩하고 안전한 장소가 된다. 자세히 살펴보면 오귀스틴의 왼쪽 팔꿈치 아래로 흔들의자에 'La Berceuse' 즉 '요람을 흔드는 사람'이라는 글자가 있다.

초록 치마로 덮인 넉넉한 무릎, 숭고하게 포개어져 있는 두 손, 아기가 내는 소리를 조금이라도 놓치지 않으려는 듯한 귀, 젖이 차 부풀어 있는 가슴, 언제라도 쉽게 풀어헤쳐 아기에게 젖을 물릴 수 있게 되어 있는 블라우스, 평화롭고 담담한 얼굴. 여인은 요람을 지키고 있다.

강완숙(姜完淑). 조선 시대 여성들은 사회에 존재하고 있으나 존재하지 않는 절반의 인구였다. 그들 스스로에게도, 사회와 제도 안에서도, 누구의 아내 혹은 어미라는 사실이 중요하지 이름은 그리 중요하지 않았다. 어릴 때나 이름으로 불릴 뿐 결혼하면 서울댁, 김서방댁 등의 택호로 불렸다. 높여 부르는 경우에도 당호를 써서 사임당, 윤지당 할 뿐이었다. 강완숙도 주로 홍필주의 어미라 불렸다. 그러나 자주 그녀는 천주교명인 골롬바 – 혹은 한자식 표기인 갈륭파(葛隆巴) – 그리고 때로는 강완숙이라는 그녀의 이름으로 불렸다.

천주교는 양반층부터 하층민에 이르기까지 광범위하게 확산하고 있었다. 박지원이 충청도 면천 군수로 재직하던 1798년(정조22)경 순찰사에게 쓴 서한에서도 당시 상황을 엿볼 수 있다. "위로는 벼슬아치와 선비들로부터 아래로는 노예와 천한 백성까지 짐승이 광야를 달리듯 해, 그 무리들이 거의 나라의 절반을 차지했다." 과장이 섞여 있는 말이나 거스를 수 없는 천주교 교세를 짐작하게 해 준다. 1797년 충청도에서 시작된 정사(丁巳) 박해로 1799년까지 지방에서 천주교인들이 잇달아 죽음에 이르자 이를 지켜보던 이가환은 "이것을 비유하면 막대기로 재를 두드리는 것과 같아 두드리면 두드릴수록 더욱 일어나는 것이니, 임금께서 아무리 금할지라도 어찌할 수 없을 것"[159]이라 하였는데, 이미 그 교세가 식자층을 훨씬 넘어선 것이다.

이승훈, 황사영, 역관 최창현 등은 양반 식자층에서 널리 읽히던 서학서 일부를 언문으로 번역하여 전파[160]하였고, 정약종은 한자를 모르는 이들이 쉽게 읽을 수 있는 문답식 언문 한글 교리서 〈주교요지(主敎要旨)〉를 저술했다. 천주교가 내세운 인간의 존엄과 평등 사상은, 구조적 차별과 열악한 처지를 감내하며 일생을 살아야만 했던 하층민과 부녀자들에게 깊은 공명과 감동을 일으켰을 것이다. 이만채는 〈벽위편〉에서 이렇게 조롱한다.

"그중에 천하고 무식한 자와 쉽게 유혹되는 부녀자와 아이들은 한 번 이 말을 들으면 목숨을 바쳐 뛰어 들어가 이 세상의 사생을 버리고 만겁의 천당과 지옥을 마음에 달게 여기며, 한번 들어간 뒤에는 미혹됨을 풀길이 없다고 합니다."

조선의 일반 민인(民人)들은 스스로 자신의 신분을 상승시키며 기존 사회질서에 강한 의문을 던지고 있었다. 이에 양반 사족(士族)들은 더욱 교조화된 성리학으로 일반인들의 성장을 견제·제약했다.[161] 조정에서는 천주교의 폐해가 중국의 민중반란인 오두미적(五斗米賊)보다 심하다고 판단하고 있었다.

"천주교는 명(明) 만역(萬曆) 연간에 비로소 중국에 들어왔다. 그후 서남지방의 제이(諸夷) 모든 오랑캐들 사이에서 행해졌고, 일본에서는 종문당(宗文黨)에 이르러 화란(禍亂)을 일으켜서 생민(生民)에게 독(毒)을 끼쳐줌이 미적(米賊)이나 풍각(風角)의 반란보다 더했다."[162]

이들은 일본에서도 천주교가 반란 세력으로 성장하였음에 주목했고, 안남(安南. 베트남)에서도 천주교인 1만여 명을 소탕한 대규모 사건이 일어난 것으로 듣고 있었다. "듣건데 안남국(安南國)에서는 크게 소탕하여 만여 명에 이르렀다 한다."[163] 사실 이 소식은 과장되어 전달된 것이었으나, 어찌 되었든 조정의 입장에서 천주교인들은 반란 세력이었고, 이들을 소탕해야 한다는 목소리에 당위성은 높아지고 있었다.

상당한 지적(知的) 능력과 활동력을 지니고 있던 강완숙은 1790년대 중엽 이후 서울에서 전개되던 천주교 확산과 활동의 중심에 서 있었다. 1784년 이승훈의 세례 직후 조선에는 1천여 명의 천주교인들이 있었고, 1795년 중국인 신부 주문모(周文謨, 1752~1801)가 입국하기 직전에는 대략 4천여 명이 있었다. 주 신부 입국 후 6년 만인 1800년경, 즉 신유박해 직전 이 수는 약 1만여 명에 이르렀는데[164] 황사영은 백서에서 이 무렵 급증한 신자의 3분의 2가 여성이었다고 전했다. 이들의 구심점이 강완숙이었다.

천주교는 비밀히 전해야 했으므로 여성들의 활동이 한층 중요했다. 남녀 간 내외법(內外法)이나 역적이 아니라면 양반집 부녀자에게는 형벌이 미치지 않는 조선의 법은 역으로 일부 여성들로 하여금 천주교 안에서 특별한 역할을 담당하도록 했다. 주문모 신부도 이 점을 활용하여 특별한 관심을 지니고 여성들을 전교의 바탕으로 삼았고, 황사영은 〈백서〉에서 교회 안의 대세가 모두 부녀자 교우에게로 돌아갔다[165]고도 하였다.

주 신부는 재능이 출중하고 헌신적이며 일처리를 완벽하게 해내는 강완숙을 전적으로 신임하고 '회장' 직책을 맡겼다. 그녀의 존재는 변화해가던 조선 사회와 문화, 그리고 그 안에서 자신의 길을 자유로 택하고 실현하며 현실을 개척해 나간 여성 사회 활동가의 모습을 이해하는 데 한 단초를 제공한다.

"천주(天主)란 하늘과 땅의 주인이라"

그녀는 1760년 내포(內浦)*의 한 양반집 서얼로 태어났다. 내포 지역은 1784년 서울 명례방에서 천주교 공동체가 창설되던 시기 이존창(李存昌, 1752~1801)에 의해 천주교가 전파되어 급속히 확산한 지역이다. '내포의 사도' 이존창은 예산 여사울 부유한 출신으로, 자신의 낮은 신분에 개의치 않고 학문 탐구와 실천에 열정을 지니고 있었고, 1757년 서울에서 여사울로 낙향한 홍유한(洪儒漢)을 스승으로 모시고 있었다. 홍유한은 조선에서 천주교 공동체가 조직되기 이전부터 홀로 천주교 서적을 읽으며 그에 따라 은수생활을 하던 수덕자(修德者)였다.[166] 이존창은 이후 권철신의 문하에 들어가 글을 읽었고, 이때 권일신의 인도로 1784년 이승훈에게 세례를 받았다. 1791년 진산사건으로 체포되어 공주로 압송된 그는 배교하고 석방되었으나, 그 이후 더 열심히 전교하였고, 내포 지방 천주교 확산세**는 다른 지역으로까지 확대되기도 한다.[167]

강완숙도 진리 탐구와 실천에 대한 뜨거운 열정과 지적 능력을 타고난 인물로 보인다. 조선 시대 여성으로서 안방에 앉아 있어야 했을 때에도 그녀의 "뜻과 취미가 고상하였다" 전하는 황사영은 그녀가 "총명하고 부지런하며 열심하고 자제함이 뛰어나서 남이 미치

---

* "내포"라 불리던 지역은 본래 아산만 일대의 합덕, 덕산, 예산, 대흥, 홍주, 아산, 신창, 해미 등지를 포함하는 곳으로, 넓은 의미에서 현재 충청남도 지역 대부분을 포함한다. 내포 지방에서 채록된 구전 자료에서는 강완숙의 출생지를 예산으로 보고 있다.

** 일례로, 이후 1798년과 1799년 사이 해미에서만 100여 명 이상이 죽음을 당하기도 했다(이만채, 〈벽위편〉 권4, 茂己兩年湖西治邪).

지 못하였다"[168]고 평가한다. 재치 있게 말을 잘하고 강직하며 용감한 성격을 지녔다는 기록[169]이 있는데, 이후 포졸들이 강완숙의 행랑채에 숨어 있는 주문모 신부를 체포하러 들이닥치던 절체절명 위기 상황에서도 그녀는 기지를 발휘하여 "포졸들이 문 앞까지 왔다가 그냥 돌아가게 만들었다."[170]

그녀는 어린 시절부터 불교에 경도되어 출가할 결심을 하고 남장을 한 채로 속세를 떠나기도 했으나 허망함을 느끼고 10여세 이후 다시는 불가를 따르지 않았다. 그녀가 일찍부터 자신에게 주어진 삶에 답답함을 느끼고 있었고, 진리나 삶의 목적에 대한 남다른 갈증을 지니고 있었음을 알 수 있다. 강완숙은 구도자(求道者)였다. 구도자에게 일생동안 수고하며 걸어갈 길(道)을 찾는 것은 막중하고도 가장 중요한 과제이다.

강완숙은 당시 기준으로 늦은 나이라 할 수 있는 20대 중반 즈음 혼인했다. 이때까지도 유학과 도교를 포함한 여러 지식을 섭렵하며 지적인 방황을 멈추지 않았던 듯하다. 결국 10살 가까이 되는 아들이 있는 덕산(德山) 고을 홍지영(洪芝榮)의 후처로 시집을 갔는데, 자신보다 지체가 더 높고 의식이 풍족한 양반 집안 서얼에게 출가한 것이다. 홍지영은 홍철한의 아들로, 초기 천주교 교회에서 활동하다 신유박해 때 처형된 홍낙민(洪樂敏)과 서팔촌손(庶八寸孫) 관계였다.

결혼 후 남편 친척으로부터 '천주교(天主教)'라는 세 글자를 들은 강완숙은 단번에, "천주(天主)란 하늘과 땅의 주인이라, 교의 이름이 바르니 도리도 틀림이 없을 것이다"[171]며 바로 책을 구해다 본다. 그리고 이 과정에서 자신의 전 존재를 뒤흔드는 커다란 체험을 한 듯하다. 그녀는 곧바로 천주교에 귀의한다. 홍지영과 강완숙의 집은 덕산에서 신분에 상관없이 사람들을 맞이했다. 정조의 어찰에 답신하는 충청도 관찰사 박종악(朴宗岳)*은 덕산의 대표적인 사학의 무리로 홍지영 집안을 거론하고 있다.

"홍주와 덕산의 두 고을에서 호법하는 무리들은 여전히 그대로인데, 덕산 별라산에 사는 홍지영 … 등이 그들입니다. 홍가는 원래 양반의 명색이 있는데, 함께 배우는 사람은 상천(常賤, 상인과 천인)과 친소(親疏, 친함과 친하지 않음)를 따지지 않고 번번이 내외가 상통하여 안방으로 맞아들입니다 … 이 무리들을 통렬히 다스리지 않고 이른바 천당을 헐어 없애지 않는다면 형세상 사학을 떠나 정도로 돌아오지 않을 것입니다. 그리고 어리석은 백성도 점차 미혹될 것이니, 참으로 작은 걱정이 아닙니다."[172]

박종악이 정조에게 보낸 다른 서한에서도 내포 지역 천주교인들의 생활 양식과 문화를 엿볼 수 있는데, 그는 이 대목에서도 홍지영 집안에 대해 이야기한다.

"대저 이 사술(邪術)을 믿는 자들은 서로 교우(交友)라고 부르며, 주인과 노복 사이에도 존비(尊卑)의 구분이 없고, 멀고 가까운 사이에도 친소(親疏)의 구별이 없습니다. 남자만 그러한 것이 아니라 양반

---

* 박종악은 정조의 즉위를 반대하던 홍인한, 정후겸과 가까웠다는 이유로 정조가 즉위하자 유배되었다가 1787년 53세이던 해 정조의 조처로 10년 만에 관직에 임명되었고, 이때부터는 정조의 각별한 신임을 받았다. 급속 승진을 거듭하다 충청도 관찰사와 우의정을 거치고 2차 연행 중 귀로에서 타계하기 직전까지 정조에게 편지를 보내고 그 부본(副本)을 남겨두었다. 이것이 이후 〈수기(隨記)〉로 엮이게 된다.

가 규수도 언문으로 번역하여 읽고 상천(常賤)의 어리석은 여인네도 입으로 전수하며 암송합니다. 노소(老少)와 장유(長幼)를 막론하여 한 번 이 사술에 빠지면 미혹되지 않는 이가 없습니다. 시험 삼아 양반가 규수의 경우를 말해보면 설사 길가는 나그네라 하더라도 만약 스스로 이 교를 믿는 자라고 하면 그 성명과 사는 곳을 묻지 않고, 양반인지 상놈인지도 따지지 않고 모두 내방에서 맞이함을 허락합니다. 그리고는 큰 손님을 공경하듯, 지극히 가까운 친척을 대하듯 합니다. 거처와 음식이 좋고 나쁨을 똑같이 하고, 그들이 떠나갈 때면 반드시 노자를 줍니다[원주: 이는 곧 덕산 홍지영 집안의 일입니다]."[173]

홍지영 집안에서 이런 일들이 벌어진 것은 강완숙 때문이었다. 사실 홍지영은 천주교에 뜻도, 관심도 없었다. 그는 우유부단한 성격에 강완숙과는 마음도 지향도 서로 맞지 않았다. 서얼 남편의 후처이자 자신도 서얼인 여성 강완숙이 감내해야 할 현실의 구조와 장벽은 그녀로 하여금 무력감을 느끼게 했을 것이다. 강완숙이 늘 답답해하고 우울해하며 떠나고 싶은 생각을 지니고 있었음을 황사영은 전한다.[174]

그의 시어머니는 사람들이 강완숙에게 "어머니의 까다로운 성격을 잘 참아 받았다"[175]고 평가할 만큼 괴팍한 성격의 소유자였다. 강완숙은 이 시어머니를 포함하여, 온 집안 식구와 이웃 동리까지 천주교로 교화시켰다. 그러나 단 한 사람. 남편 홍지영만은 "아내가 권유하면 '옳다, 옳다' 하며 따르다가도, 다른 무리가 천주교를 비방하면 그들의 말을 따라갔다. 다시 아내가 나무라면 생각을 바꾸었다가도, 다른 말을 들으면 금세 전과 같이 되었다."[176] 박종악이 정조에게 보낸 서한에서도 홍지영은 천주교에 뜻이 없음을 설명한다.

"덕산 홍지영의 일은 삼가 전날의 하교대로 잡아 와 조사하였더니 그의 공초에, '저의 어미와 처는 과연 서양학 언문 책자에 종사하였으나 저는 문자를 알지 못하는 까닭에 애당초 뜻을 두지 않았습니다' 하였습니다. 말을 들어보고 모습을 보아 하니 헛말이 아닌 듯하였습니다. 우선 보방(保放)하여 거듭 타이르고, 이어서 다짐을 받고 풀어주었습니다."[177]

강완숙은 자신이 아무리 노력하고 애를 씨도 그와 함께 할 수 없음을 알았던 것 같다.[178] 기혼자이지만 그녀는 정덕(貞德)을 지키고 싶어 했다. 하지만 남편은 뜻을 같이 하지 않았다. 그녀가 더 분명히 자신의 의사를 표현하고 배척하자 남편은 첩을 들여왔다.[179] 조선 가부장제 안에서 후처로서 그녀가 살아야 했던 삶은 하루하루가 고난이자 싸움과 갈등의 시간이었을 것이다.

1791년 진산사건으로 일어난 신해박해 때 강완숙은 공주 감영에 체포되어 있던 천주교인들을 찾아가 도움을 주다가 자신도 감옥에 갇히게 된다. 충청감영에서 남편 홍지영에게 집안을 다스리지 못한 죄를 적용했고, 이 일로 남편과의 관계는 회복할 수 없을 정도로 틀어진다. 결국 홍지영은 그녀를 내쫓았다. 이 사건을 계기로 강완숙은 친정과도 단절되었다.[180] 그동안 자신이 믿는 바를 추구하기 위해 치열하고 전투적인 삶을 살아야 했던 강완숙. 그녀는 여기서 그간의 인생에 막을 내리게 된다. 그리고 동시에 이 사건은 그녀에게 삶의 전환점이자 출구가 되었다. 마침내 자신이 믿는 바를 충실히 따르며 살아갈 수 있게 된 것이다.

옥에서 나온 그녀는 교리가 더 밝다는 서울로 이사했다. 시가에 서울 천주교 교우들과 연계된 이들이 있었기 때문으로 보인다. 서울로 이주를 결정하기까지의 과정은 그녀에게 결코 간단하지 않았다. 천주교로 인한 그간의 가정불화와 오랜 투쟁 끝에 내려진 결말이었다. 서울에서 강완숙은 다른 천주교 지도자들과 함께 자신의 뜻을 더욱 굳건히 할 수 있었다. 부모의 신주를 모시지 않아 전통 사회 전체에 큰 파란을 일으켰던 진산사건 이후에도 조선에서는 천주교에 대한 관심이 꺼지지 않았던 것이다.

남편으로부터는 소박을 당했지만 시어머니와 아들 홍필주,* 그리고 남편과의 사이에서 낳은 딸 홍순희도 그녀를 따라 함께 상경했다. 까다로운 성격의 시어머니마저 아들보다 며느리를 택한 것이다. 이들은 남대문 안 남창동(南倉洞. 현재 회현동 일대)에 자리를 잡았다. 그리고 동정을 지키기 위해 과부라 자칭하며 지내고 있던 윤점혜**를 이 집으로 받아들였다. 그녀는 서양 오랑캐와 밀통하고 주문모 신부를 들여온 죄목에 1795년 장살로 죽은 윤유일의 사촌 동생이다.

1799년 강완숙은 인사동으로 거처를 옮겼다. 이 일대에 주요 신자들이 거처하고 있었기 때문이다. 당시 천주교인들은 가까이 모여

* 홍필주가 아버지를 떠나 계모인 강완숙을 따른 것은 천주교 신앙 때문이었다. 그는 포도청 국문에서 "저는 사학을 이존창에게 받았고, 저희 어머니와 함께 경문을 외워 익혔습니다. 저의 어머니가 사학 때문에 제 아버지에게 쫓겨 나왔고, 저도 사학을 했으므로 저의 어머니를 따라 서울의 집에서 함께 살았습니다" "저의 아버지를 따르지 않고 저의 어머니를 따라 사학에 죽겠습니다"고 하였다(〈사학징의〉 권1, 홍필주 조).

** 윤점혜(尹占惠, 1788~1801). 윤유일의 사촌 동생이자 1801년 처형되는 윤운혜의 언니이다. 동정을 지키기 위해 남장을 하고 윤유일 집에 숨어 지내다 가족과 주위의 질책을 산다. 1795년 주문모 신부 입국 소식을 듣고 서울로 이주, 과부로 행세하면서 동정을 지키며 지냈다. 어머니 사망 후 강완숙과 함께 지내며 주 신부의 제안에 따라 동정녀 공동체를 만들고 회장으로 활동했다. 1801년 7월 4일 고향 양근에서 처형되었다.

살았다. 심문관이 "사학도들은 집을 이웃하고 담이 이어져 있어 모두가 사학을 함께 하던 집들이니, 대문과 창문이 서로 통하고 밤낮으로 뒤섞여 지냈다"[181]고 죄를 추궁한 것처럼 실제로, 예를 들어 정광수는 서울 벽동으로 이사하여 최해두와 조섭의 집에 이웃하면서 세 집의 문담장을 터놓고 정사(精舍)를 지어 공소*로 삼았다.[182]

1800년 3월 강완숙은 다시 한번 관훈동으로 거처를 옮긴다. 조정에서 천주교 사학쟁이들을 찾아내려 눈에 불을 밝히고 탄압하는 마당에 대담하게도 점차 도시 중심으로, 조정 가까이로 이동해 간 것이다. 보안상의 이유로 거처를 계속 옮겨가며 살아야 하기도 했을 것이고, 그녀와 천주교 조직의 활동 영역이 확대되면서 더 큰 집이 필요하기도 했을 것이다. 홍필주가 관훈동 집을 살 때 김계완, 황사영, 이취한, 김이우 등이 각각 일백 냥씩을 염출[183]하였는데, 최소한 400냥 이상을 치렀을 이 집은 정광수가 100냥에, 김희인이 200냥에 자신의 집을 산 것에 비하면 몇 배 이상의 규모가 되었을 것으로 추측해 볼 수 있다.

홍필주의 심문 기록은 강완숙의 위상을 단적으로 시사해 준다. 이후 심문관이 그에게 이렇게 물었다.

> "너와 홍정호는 가까운 친척 사이일 뿐 아니라 온 집안이 함께 사학을 한다. 세상에서 지목하기를 너의 집은 홍문갑 어미의 집이라 하고, 홍정호의 집은 홍정호의 어미의 집이 아닌 홍정호의 집이라고 한다. 이것을 가지고 추정해 보면, 너의 집에서는 너의 어미가, 홍정호의 집에서는 홍정호가 주장이 되었다."[184]

---

* 일반 성당보다 작아 사제가 상주하지 않고 순회하는 구역의 천주교 공동체.

이 지적에 대해 홍필주는 "세상의 지목이 저의 집에 있고, 꼭 저의 어머니를 지칭한 것은 저의 어머니의 사학이 저보다 우수했기 때문입니다"라고 명쾌히 수긍한다. 태연한 홍필주의 반응에 화가 난 심문관은 "네 어미가 이미 사학의 여성 괴수(女魁)이다"[185]라며 호통친다. 사학을 한 것도 죄이거니와 감히 아녀자가 집안의 주장이라는 사실을 장자(長子)가 기꺼이 인정한다! 이는 조선에서 있을 수 없는 일이었다.

조선에 숨어든 중국인을 찾아라

1795년 그녀는 주문모(야고보) 신부에게서 골롬바라는 세례명으로 영세를 받았다. 주 신부는 중국 강남 소주(蘇州) 사람으로, 이 지역은 17세기 초엽부터 천주교가 전해져 있던 곳이었다. 7세 때 모친을 잃고 8세 때 부친을 잃은 그는 고모의 손에서 자랐다. 그의 고모는 낮에는 자신과 주문모의 생계를 위해 일했고 밤에는 그에게 글을 가르쳤다. 당시 중국 관습과 달리 그녀는 결혼하지 않은 여성으로서, 상당한 학식을 지니고 있었던 것으로 보인다.[186]

주문모는 과거시험을 준비했으나 여러 번 낙방한 후 공부를 접었고, 20세에 장가들었으나 3년만에 사별했다. 경제적으로 부유하지 못했고 사회적 신분도 그다지 높지는 않았으나, 문자(文字)를 구사하고 중국 전래 고전에 일정한 지식을 지녔다. 어린 시절부터 천주교를 믿었던 그는 여러 시련을 겪으며 사제로의 소명을 느끼고 신학교에 입학하기 위해 북경으로 이주했다. 그리고 북경신학교의 첫 졸업생이 되어 구베아 주교에게서 사제서품을 받았다.[187]

1791년 진산사건이 발생하면서 조선 천주교인들은 그간 추진해오던 사제 영입 활동을 중지해야 했다. 그리고 1793년 박해가 종료되자 황심과 박 요한은 그해 곧장 상인으로 가장하여 동지사행 일원으로 북경을 방문했고, 구베아 주교를 찾아가 사제 파견을 거듭 요청했다. 주교는 42세 되던 주문모 신부를 조선 선교사로 임명했다. "신심과 교회 학문에 충분한 자격을 가졌고, 또한 중국의 문자와 학문에 대한 깊은 지식도 겸하고 있었다"[188]라며 주교는 주 신부에게 깊은 신뢰를 보여주었다.

1794년 2월 조선을 향해 북경을 떠나 20여 일을 걸은 주 신부는 책문에 도달했다. 그런데 압록강 얼음이 풀려 조선으로 진입할 수가 없었다. 그는 책문 근방에서 만주 교회를 순회하며 대기했다. 약 1년이 지난 1795년 1월 3일(음력 1794년 12월 3일), 그는 황심을 만나 함께 상인으로 위장하여 의주 잠입에 성공했다. 의주에서부터는 마부로 가장하여 서울까지 이동했다. 이들은 1월 14일경 서울에 도착했고, 주 신부는 미리 마련되어 있던 계동 최인길의 집에 은거했다.[189] 최인길의 집 안에는 작은 경당도 마련되어 있었다. 신부는 그곳에서 미사를 집전하고 고해성사와 세례성사도 줄 수도 있었다. 조선 천주교인들은 "그를 마치 하늘에서 내려온 천신처럼 환영하고 공경했다."[190]

이 모든 일이 국왕이 거처하던 창덕궁에서 10여분 거리에서 이루어지고 있었다. 신부가 조선에 왔다는 소식을 들은 천주교인들은 성사를 받고자 최인길의 집으로 몰려들었다. 이들은 한밤중에 은밀하게 모였다가 새벽에 조용히 흩어졌다. 5월 초, 그렇게 모였다 흩어진 교우 한 명이 자신의 오빠에게 주 신부의 강론 내용을 전해주었는데, 그는 진사 한영익. 진산사건 때 배교한 인물이었다. 한영익은 회개하는 것처럼 속여 주 신부를 만나 교리를 물으면서 신부의 입국 경로를 자세히 물었다. 그 자리에서 나온 한영익은 곧장 국왕 친위조직에 있던 이석에게 달려가 주 신부의 생김새와 계산동 거처의 위치, 그리고 입국 경로를 알려주었다. 이석은 이를 즉시 채제공에게 보고했다. 채제공은 비밀리에 정조에게 보고하고, 이들에 대한 체포령을 내렸다. 또 어떤 정치적 파급력을 지닐지 모를 매우 위험한 사건이다.

한영익이 이석에게 이 일을 알리던 그 자리에 정약용이 함께 있었다.[191] 당시 정약용은 부사직(副司直) 신분으로 규장각에서 〈화성정리통고〉를 교서하고 있었다. 그는 〈자찬묘지명〉에서 당시를 이렇게 기록한다.

"진사 한영익이 이를 알고 이석에게 고하였는데, 나 또한 이를 들었다. 이석이 채제공에게 고하니, 공은 비밀리에 임금께 보고하고, 포도대장 조규진에게 명하여 이들을 잡아 오게 했다."[192]

한영익에게서 내용을 들은 정약용은 다급히 최인길의 집으로 달려가 이 사실을 알려주고 주 신부로 하여금 빨리 피신할 것을 재촉했다. 지황과 윤유일은 북경에 다녀올 때마다 여러 기물을 정약용에게 가져다주곤[193] 했으나, 정약용도 사제의 밀입국 사실은 모르고 있었기에 한영익의 말을 들은 그는 매우 놀랐다. 구베아 주교가 사천 대리감목 주교에게 보낸 서한에 따르면 이 무관(武官) — 당시 다산의 직위였던 부사직(副司直)은 오위(五衛)의 무직(武職)이다 — 은 직접 주문모 신부를 안내해 피신시키고자 하였다.[194]

주 신부의 은거지에 있던 모두가 충격에 빠졌다. 최인길은 나머지 사람들이 주 신부를 데리고 서둘러 나가도록 한 뒤 자신은 신부의 복장을 한 채 홀로 포졸들을 기다렸다. 주 신부가 도망갈 시간을 벌기 위해서였다. 역관인 그는 중국어도 할 줄 알았다. 포졸들은 최인길을 주문모라 생각하고 압송해갔다. 그런데 데려다 놓고 보니, 한영익의 설명에 따르면 주문모는 수염이 긴데 최인길은 수염이 전혀 없었다. 그의 가짜 행세는 곧바로 들통났고, 기찰포교들이 주문모 체포에 나섰지만 신부는 그림자도 보이지 않았다.

그날(1795년 6월 27일) 윤유일과 지황이 체포되어 끌려왔다. 세 사람은 천주교회의 밀사로서 여러 번 국경을 건너며 사제 영입에 매우 중요한 역할을 했다. 이들은 심한 매질과 고문을 당하다 이튿날 새벽 모두 처참하게 숨을 거두었다. 시신은 사라졌다. 정조의 꿈이 담긴 화성 건설이 궤도에 오르고 있었다. 또다시 조선 정치가 이단 사상 문제로 격랑에 휩쓸려서는 안 되는, 절대 안 되는 시기였다.

진산사건으로 인한 박해가 잠잠해진 지 불과 2년이 지난 시점. 사제 입국 소식을 듣고 순간 기뻐했던 이승훈은 세 사람의 죽음과 이후의 사태를 관망하면서 더 큰 희생과 파장이 일기 전에 중국인 주 신부를 관에 고하는 것이 최선책일지 모른다 판단했다. 그러나 정약용의 생각은 달랐다. 조정에서 이미 훤히 알고 있으니 승훈이 나서서 주 신부의 존재를 관에 발설하지 말 것을 이야기했다. 승훈은 잠자코 있었다.[195]

주문모 신부의 존재는 조선 안의 시한폭탄이었다. 이 시한폭탄을 숨기고 보호한 이, 정약용이 주 신부를 극적으로 구출해 찾아간 이가 강완숙이었다.[196] 이미 그녀는 주 신부로부터 회장으로 임명되어 있었다. 시어머니와 아들 홍필주에게마저 비밀로 한 채 강완숙

하늘의 신발 – 18세기 조선 문명전환의 미시사

은 신부를 자신의 집 장작광에 숨겼다. 그러나 그녀는 주 신부를 집 안채에 숨기고 싶었다. 시어머니의 허락을 구해야 할 일이었다. 시어머니가 목숨을 걸 수 있어야 하는 문제였다.

포졸들이 주 신부를 수색하고 있었다. 아무도 위험을 감수하며 자기 집에 받아들이려 하지 않을 것이었다. 강완숙은 며칠간 울며 먹지도 자지도 않았다. 그녀를 잃을까 겁이 난 시어머니가 그녀에게 근심하는 까닭을 묻자 강완숙은 주 신부가 피신할 곳 없이 사라져 자신이 찾으러 나서야겠다고 했다. 강완숙이 사라진다는 사실에 놀란 시어머니는 "네가 그렇게 하면 내가 누구를 의지하고 살겠느냐. 나도 너를 따라가서 함께 죽겠다"고 답했다. 그러자 강완숙은 곧장 인칭을 바꾸어 '우리'의 착한 뜻을 보시고 천주께서 '우리'가 있는 곳으로 주 신부가 오게 하실지 모른다며, '우리'가 주 신부를 모실 수 있게 된다면 자신은 시어머니에게 죽을 때까지 효성을 다하겠노라 약속한다.[197] 이렇게 해서 시어머니의 승낙을 얻어냈다.

장작광에서 숨어 지낸 지 3개월 후 주문모 신부는 안채에서 숨어지내게 된다. 이들은 집안에서 주 신부를 시골 친척이라 하였다. 안채에는 강완숙 모녀만이 출입할 수 있었으며, 강완숙은 이따금 혼자 그 방에 들어갔는데, 그때마다 안에서 자물쇠를 잠갔다. 남편으로부터 내쫓긴 여성이라는 당대 통념상의 불명예를 안고서도 동년배의 남성을 안방에 숨긴 것은 그만큼 강완숙이 내적으로 당시 가부장제와 사회관습, 혹은 주위 이목으로부터 완전히 해방되어 있는 상태였음을 보여준다. 〈사학징의〉에 남아 있는 집안 심부름꾼 김월임의 진술에 의하면 자신이 궁금해 창틈으로 엿보려 하면 강완숙의 시어머니가 대경실색하며 이를 막았다 한다. 김월임은 그 집에 6년간 머물면서 단 한번도 주문모 신부의 얼굴을 본 적이 없다

한다.[198] 강완숙은 그만큼 철저했다.

대검거가 시작되자 주문모 신부의 안위가 걱정스러워진 정광수는 지방에 은신처 두 곳을 마련해 놓고 서울로 올라와 강완숙에게 주 신부의 거처를 옮길 것을 여러 번 설득하고 간청했다. 그러나 강완숙은 단호하게 이를 거절했다. 오가작통법이 강화되고 있는 이상 그녀는 서울 여자 교우의 집이 더 안전하다 판단했다. 이처럼 강완숙은 당시 천주교 조직의 가장 중요한 의사결정을 내리는 데 결정적인 영향력을 행사했다. 주 신부는 전동에 사는 과부 김씨의 행랑채에 숨었다가 이곳도 위험해지자 북악산으로 숨었다. 그리고는 전동에 있던 양제궁으로 거처를 옮기기도 했다.

조정에서는 비밀리에 주문모 체포를 계속 시도했으나 번번히 실패하고 있었다. 이후 포도대장에 오르는 이해우(李海愚)가 주 신부를 거의 잡을 뻔하다 놓친 적이 여러 번이었다. 그가 직접 기록한 주문모 추적 과정 〈염문기(廉問記)〉가 있을 정도이다.[199] 주 신부는 여자들이 타는 가마 안에 숨거나, 상복을 입고 포위망을 빠져나가거나, 마주쳤는데도 피해가곤 했다.

주문모 신부와 한글 의사소통은 쉽지 않았다. 이후 그를 국문할 때에도 심문관들은 그가 하는 말을 이해하기 어려워 문자로 써서 진술하도록 했다. 강완숙과 주 신부 사이의 의사소통도 대부분 한자로 이루어졌을 것이다. 을묘년(1975) 이후 약 6년 동안 강완숙의 지적 능력은 주문모 신부의 활동에 큰 힘을 발휘했다. 주 신부가 교리를 가르칠 때 벙어리 같았고 강완숙이 옆에서 설명하였다는 기록이 있는데, 그녀는 주 신부의 교리를 고금의 예를 들어 설명하고 유교 가르침을 이용하여 천주교의 도리를 증명하고 근본을 밝혀 설명해 주었다 한다.

주문모 신부는 조선의 정치 상황에 대해서도 남성이 아닌 여성에게 설명을 듣게 된다. 그는 심문 중에 황사영과 정약종 등에게서는 당파나 붕당에 대한 이야기를 들은 바는 없다고 진술하나, 강완숙에 대해서는 그녀의 역사 지식에 대해서 말하며 "그(홍필주)의 어머니는 〈사기(史記)〉에 익숙했습니다. 이를 통해 조선의 치란(治亂)의 이유를 자세히 들을 수 있었습니다."[200] 라고 답했다.

조선 사회에서 양반 서얼 출신 여성이 명문가 양반집 남성들과 직접 소통한다는 것은 불가능한 일이었다. 그러나 강완숙은 천주교 안에서 자유로이 소통할 수 있었다.

> "제가 항시 편지를 주고받은 곳은 정약종, 정약용, 오석충, 권철신, 권철신의 손아래 누이* 집입니다. 황사영은 자연히 친숙해졌고…"[201]

1801년 체포된 후 배교로 목숨을 건진 강완숙의 여종 복점(福占)은 자신이 했던 일을 전부 털어놓는데, 〈사학징의〉에 기록되어 있는 그녀의 활동 범위는 당시 교회에서 지도자적 위치에 있었던 남녀 신자 거의 모두와 연결되어 있었다. 당시 정광수·윤운혜 부부나 문영인의 집처럼 새로운 활동 거점으로 활용되는 집들이 여럿 있었다. 그러나 강완숙의 집에 주 신부가 기거하고 있었으므로 그녀의 집은 자연스레 조선 천주교의 종교적, 사업적, 경제적 활동의 중심이자 핵심 인물들이 거주하는 곳이 되었다.

---

* 이윤하의 부인이자 제5장에서 소개하는 이순이의 모친 권씨 부인.

"마치 남자가 전쟁터에 나가듯 용감하게 헤치고 나갔습니다"

강완숙 자신은 양반집 여자에게는 형벌을 줄 수 없다는 법을 이용하여 금교령을 겁내지 않고 두루 다니며 밤낮을 가리지 않고 전교하였다. 그녀는 편히 잠자는 시간이 없을 정도였다 한다. 강완숙은 도리에 밝고 구변이 좋아 누구보다도 많은 사람을 귀화시켰고, 일 처리에 과단성과 위엄이 있어 사람들이 모두 그녀를 경외하였다고 황사영은 전한다. 달레와 황사영 모두 당시 남녀 천주교인 가운데 강완숙이 가장 활발한 활동을 펼쳤다[202] 기록한다.

강완숙은 동정을 지키며 살기 위해 가족들에게서 도망쳐온 여인들과 과부들을 자신의 집으로 받아들였다. 스스로 허가(許哥)라 지칭하며 머리를 올리고 동정을 지키고 있던 정순매(鄭順每)＊도 강완숙의 집에서 살았다. 7세 때 궁녀로 발탁되어 궁중에서 문서 작성을 맡았던 문영인(文榮仁)도 천주교에 입교한 전후 궁에서 제적되어 강완숙의 집에 함께 거주했다. 이들만이 아니라 강완숙은 의지할 곳 없는 여성들을 자신의 집으로 거두어들였다. 또 다른 회장 김승정의 어머니 김섬아, 부모와 남편이 죽은 후 과부가 되어 갈 곳이 없어진 김흥년, 역시 과부로서 침선으로 근근히 연명하던 김순이 등이 강완숙의 집에 머물렀으며, 동정을 지키며 6년간 침선하는 일 등을 돕던 김월임

＊ 정순매는 천주교회에서 활약하고 있던 오빠 정광수와 올케 윤운혜로부터 1795년 천주교를 접하며 동정을 지키기로 결심하였다. 그녀는 세상의 허무함을 통감했기 때문이라며 '허무(虛無)'에서 음을 따 자신을 허가(許哥)의 처라고 부르고 다녔다. 1800년 주문모 신부에게 세례를 받고, 24세가 된 1801년 신유박해 때 고향 여주로 이송되어 1801년 7월 3일 (혹은 4일) 처형되었다. "저는 천주교를 너무나 좋아하여 마음을 바꿀 생각이 없습니다"는 최후 진술을 남겼다.

하늘의 신발 – 18세기 조선 문명전환의 미시사

도 자신의 어머니가 죽자 완전히 강완숙 집에 의탁했다. 이 여인들은 바느질과 천주교 조직을 유지·확장하기 위한 재정을 마련하였고, 그 이외 여러 일을 도맡아 천주교 모임과 활동을 관리·경영했다.

그녀의 집에서는 매달 6~7여 차, 많게는 10여 차 천주교인들이 모여 미사를 하고 강학하였다. 강완숙 집에 형성된 여성 공동체는 첨례장소이자 교리강습소이며, 회의 장소이자 신부의 사택이었던 이곳에서 전례 준비, 연락 관계, 교리 전파 및 신자들을 환대하고 돌보는 일 등 초기 교회 조직에서 필요한 모든 일을 수행하는 보이지 않는 손으로 기능했다. 사람들이 강완숙의 말에 "망치로 종을 치면 소리가 따르는 것과 같이 정확하게 그의 의견에 따랐다"[203]는 기록이 있다. 그녀만의 통솔력으로 강완숙은 여러 조직을 이끌어 나갔을 것이다. 재정을 마련하는 일도 마찬가지였다.

그녀는 1794년 주문모 신부가 서울에 도착할 당시부터 최창현의 주도로 이루어진 성직자 영입 비용 준비에 동참하고 자신도 자금을 출연하였다. 홍지영이 아들 홍필주에게 보내주던 부양비* 중 일부였을 것이다. 이들처럼 누군가로부터 경제적 지원을 받거나, 혹은 김희인(金喜仁)과 김경애(金景愛) 등과 같이 소유 재산이 있는 경우 교회 유지를 위해 일정한 재정적 뒷받침을 하였다. 여성 신자들은 주로 고공(雇工), 상인, 침선(針線) 등으로 수입을 얻어 자신과 교

---

* 심문관이 강완숙에게 "너는 비록 서족이라 하더라도 스스로 양반이며 지아비도 있고 아들도 있다. 의식(衣食)도 풍족한데 어떤 마음보로 스스로 사교에 빠져들었는가" 라고 하는 것으로 보아 홍지영 집안이 일정한 재력을 지니고 있었음을 알 수 있다. 강완숙은 홍지영과 다시는 서로 만나지 못하였다 진술하였으나, 홍필주는 1800년 11월에 아버지가 올라왔다가 내려가는 바람에 주문모 신부가 집을 비워야 한 적이 있었다 했다. 당시 강완숙이 주 신부와 함께 집을 비웠으리라 추측된다. 어쨌든 홍지영이 천주교인이 된 모친과 아들 그리고 강완숙을 분가시킨 것으로 보인다.

회를 지탱했는데,[204] 강완숙과 함께 윤점혜는 김운이, 김월임, 김염이, 이조이 등을 조직하여 침선으로 재정을 마련했고, 최설애는 실 장수, 최조이는 김치 장수, 고조이는 주모로 일하며 재정을 마련했다.[205] 또한 역관출신 최창현이 번역한 교회서적이나 신심서를 강완숙, 한신애, 윤점혜 등 양반 출신 여성들이 등사하여 책으로 만들어 정광수의 집에서 천주교인들에게 판매하기도 했다.[206]

강완숙의 집은 또한 여성들의 주요 교리강습소였다. 강완숙은 글을 모르는 부녀자들과 무식한 하층 계급 여성들의 교육 문제에 관심을 기울였다. 천주교 교리 공부와 성경 공부는 공적인 교육의 기회가 차단되어 있던 여성들에게 지식 세계를 접할 수 있는 문을 열어주었다.[207] 강완숙은 늘 정성을 다하여 이들을 교육했고, 강습이 끝나면 그들을 파견하여 집집마다 찾아다니며 사람들에게 천주교를 믿을 것을 권하도록 했다. 교리 교사를 양성하고 사회 운동가다운 조직력을 발휘한 것이다. 윤점혜도 강완숙의 집으로 모여 오던 처녀들을 헌신적으로 가르쳤다. 실제로 이 교리 교사들이 만난 여성들이 결혼한 다음 각자 자신의 집안에서 부모, 친척, 친지들을 입교시키는 일이 자주 일어났다. 당시 강완숙이 직접 가르친 이들은 자신의 딸 홍순희를 비롯하여 윤점혜, 문영인, 정순매, 복점, 김월임, 정임, 효명, 김연이, 유덕이, 이득임, 김순이 등이었다.

강완숙은 그녀의 집을 중심으로 형성된 여성 공동체뿐만 아니라 남성 공동체 및 남성 지도자들과도 긴밀하게 일하며 연결고리 역할을 했다. 혼인 관계로 형성된 부계(父系) 친족 및 사돈 홍(洪)씨 남성들과도 함께 맹렬한 대외활동을 펼쳤다. 아들 홍필주의 장인 홍익만(洪翼萬)과 폐궁*에 있던 정조의 이복동생 은언군의 부인 송(宋)씨와 며느리 신(申)씨에게 다가간 것이 일례이다. 양제궁이라고도 불리던 그곳에는 정조의 이복동생 은언군의 부인 송(宋)씨와 며느리 신(申)씨가 살고 있었다. 홍익만의 집은 명도회의 집회가 열린 여섯 군데 장소 중 하나였다. 홍씨 남성들과의 밀접한 관계와 주문모 신부의 거주는 강완숙으로 하여금 내외가 강한 조선 사회에서 그에 개의치 않고 남성들과 동료로서 일하는 것을 가능하게 했다.

강완숙은 지략가였고, 치밀하고 대범했다. "그녀는 마치 얽히고 섥힌 나무뿌리를 좋은 연장으로 다듬어 내듯이 그렇게 모든 일들을 물리치고 헤쳐나갔습니다."[208] 일례로, 천주교의 제사 금지 문제로 시어머니와 문제가 생겼을 때 그녀는 반대하는 시어머니에게 즉각적인 반응을 보이지 않았다. 대신 인내심 있게 참고 기다리는 모습을 보였다. 급기야 시어머니가 직접 묘당을 청소하는 등의 행위로 강완숙에게 시위를 하던 중 대들보와 기둥이 흔들려 놀라서 달려 나오자, 그때서야 강완숙은 시어머니에게 마음을 바꾸시라고 조용히 설득했다.[209] 자신의 말이 효과적으로 전달될 수 있는 때를 기다리고, 기회가 왔을 때 상대의 눈높이에 맞추어 의도를 관철한 것이다.

그녀는 시종일관 대범했다. "세상이 아무리 위험하더라도 마치 남자가 전쟁터에 나가듯이 그렇게 용감하게 헤치고 나갔습니다."[210] 1791년 천주교 탄압의 불길이 가장 강했던 충청도에서 박해가 진

---

*   양제(良娣)궁으로도 불렸다. 현재 우정국 자리로 추정된다. 은언군 이인(李䄄)의 궁으로, 역적의 궁이라 하여 폐궁이라 불렸다. 당시 벽동에 있었던 홍익만의 집이 이곳과 연접해 있었다.

행 중인 와중에 감옥에 있는 천주교인들을 찾아가 돕는 것은 목숨을 내놓는 일이었다. 또, 을묘박해가 지난 후 신유박해 때까지의 6년 동안 주문모 신부를 자신의 집에 숨기고 이로 인해 맡게 되는 여러 역할들을 스스로 찾아내어 기꺼이 실천하는 것도 목숨을 내걸어야 할 일이었다.

신유박해가 일어나자 그녀는 포졸에 쫓기는 신자들 – 황사영, 이합규, 현계완 등 – 이 숨을 곳을 찾아 전전긍긍할 때 직접 숨겨주거나 은신처를 알선해 주었다. 발각될 경우 자신도 생명이 위태로울 일이었다. 이에 대해 포도청 심문관은 취조 중에도 황당해하며 그녀를 꾸짖었다.

"황사영은 본디 너와는 별다른 관계가 없는데 어찌하여 은밀한 정을 깊이 나누고, 죽고 살기를 그와 함께 하려는가? 처음에는 방 속 깊이 숨겨 주고서 또다시 은신처로 길을 인도했는가? 이러한 일이 너에게는 하찮은 일이지만 어찌 보통 사람들이 할 수 있는가?"[211]

포도청 신문관도 놀라고 이상하게 여길 정도로 강완숙은 자기에게 다가올 우환을 두려워하지 않았다.[212] 그녀는 강화도로 유배간 은언군 이인의 부인 송 씨와 죽임을 당한 이담의 부인 신 씨가 한을 품고 외롭게 살고 있을 때 이들을 방문하여 위로하며 천주교로 인도하였다. 〈사학징의〉는 "죄인의 처 송씨(宋氏)와 며느리 신씨(申氏)는 천주교 서적을 즐겨 배웠는데, 홍필주의 어미가 교리를 잘 알고 있었으므로 종종 와서 두 부인을 가르쳤고, 두 부인 또한 여러 차례 밤중에 홍필주의 집에 갔다"고 기록한다.

하늘의 신발 – 18세기 조선 문명전환의 미시사

사도세자의 아들이었던 은언군 이인은 사도세자와 숙빈 임씨 사이에서 태어났다. 정조 즉위 후 얼마 되지 않아 홍국영은 정조의 비 효의왕후 김씨가 아이를 낳지 못하자 은언군의 아들 상계군 이담에게 정조의 뒤를 잇게 하려다 실패했다. 왕으로 추대되었던 상계군은 사형당하였다. 은언군도 정쟁 과정에서 죽을 뻔하였으나 정조가 대신들의 요구를 뿌리치고 강화도에 유배시켰다. 은언군은 1789년 강화도에서 탈출했으나 곧 붙잡혀 다시 강화도에 안치되었다. 그는 벽파 대신들과 정순왕후로부터 역모의 화근으로 지목되어 끊임없이 생명의 위협을 받았으나 정조의 비호로 견뎌내고 있었을 뿐이었다. 정조는 부친의 혈육을 보존하기 위해 그의 목숨을 살려주었다.

강화도에 있던 은언군은 양제궁의 부인 송씨와 며느리 신씨가 천주교를 받아들인 사실을 알고 있었으나 금지하지는 않았다. 그렇다고 자신이 천주교를 받아들인 것은 아니었다. 아들이 처형되고 귀양지에서 돌아올 기약 없는 남편을 둔 송씨나, 남편을 잃고 세상에 아무런 미련이 없는 신씨가 내세를 희망하는 것을 굳이 막을 이유가 없었을 것이다. 이후 양제궁 나인 서경의의 밀고로 은언군의 처 송씨와 며느리 신씨가 주문모 신부와 관련된 사실이 밝혀졌다. 이는 노론 벽파에게 사도세자의 혈육을 없앨 수 있는 좋은 기회였다.

이들은 3월 16일 국청에서 대왕대비 김씨에게 은언군의 처 송씨와 며느리 신씨에게 사약을 내릴 것을 청했다. 사도세자를 죽이는 데 앞장섰던 정순왕후는 그 다음 날 망설임 없이 두 왕녀에게 '나라의 금지함을 어기고 사학에 빠져서 외인의 흉추 (外人 凶醜: 주문모 신부)와 왕래한 죄'를 물어 즉각 사약을 내려 죽였다*. 이들에 대한 심문도 재판도 거치지 않았다. 그리고 5월 29일에는 은언군에게도 사약을 내렸다.

---

* "도사 양철진이 이인의 아내 송씨에게 사약을 내려 죽였다"[25:237], "도사 조국인이 죄인 이담의 아내 신씨에게 사약을 내려 죽였다."[25:237] (〈추안급국안〉, 사학죄인 이기양 등 공초, 1801년 3월 17일 조).

황사영이 "사람들이 모두 우환의 실마리가 여기에 있을 것으로 여겨 그들(은언군 이인의 부인 송씨(宋氏)와 이담의 부인 신씨(申氏))과 내왕하기를 꺼렸습니다"고 적고 있듯이 국왕으로 추대되었다가 역적으로 몰려 사형당한 집안사람들과 내왕하는 것은 당시 모두가 꺼리는 위험한 일이었다. 그런데 "골롬바(강완숙)는 거리낌 없이 주선하여 그들로 하여금 성사를 받게 하였고, 또 명도회에 가입시키니 이 일을 아는 사람은 모두 근심하고 번민하였습니다."[213] 천주교인들도 우환이 두려워 번민하는 와중에 강완숙은 역적으로 몰린 이들과 내왕하는 것도 꺼리지 않고 두 왕녀와 서슴없이 접촉한 것이다.

1801년 2월 24일. 강완숙은 배교한 김여삼의 밀고로 체포되었다. 옥중에서 생활은 고통스러울 수밖에 없다. 그 안에서도 강완숙은 주변 사람들에게 천주교를 설명하고 권면하며 지낸 것으로 보인다. 그녀와 동료들이 감옥을 기도의 처소로 바꾸어 놓았다는 기록이 있다.[214] 또한 아들 홍필주의 마음이 약해지자 그를 다그쳐, 홍필주가 다시 마음을 굳히고 처형되는 순간까지 흔들리지 않게 된다.

심문관들 앞에서 강완숙은 선유(先儒)를 인용하며 천주교 교리를 설명하며 고금의 일을 밝혔다 한다. 그런 그녀를 두고 심문관들이 혀를 놀리지 못해 강완숙을 "여류 선비(女士)"라 불렀고, 논쟁할 때는 기선을 빼앗으니 모두가 그녀를 "여장부"라 칭했다 한다.[215] 취조 중에도 그녀는 나약해지기는커녕 관리들 앞에서 천주교의 이치를 끊임없이 주장하며 유학자들의 글로도 자신의 말을 뒷받침하였다. 관리들은 이런 그녀를 두고 "기가 막힌다"고 하였다.[216]

그녀는 매우 강직했다. 관원이 "너희 여종이 다 불어 놓았으므로 너도 더이상 숨길 수가 없으니, 신부의 처소를 말하라"고 할 때

　　　하늘의 신발 – 18세기 조선 문명전환의 미시사

도 그녀는 끝까지 "그 사람이 전에는 우리 집에 있었지만, 떠나간 지가 오래 되어서 지금은 그의 처소를 모른다"며 주 신부를 보호하였다. 관청에서는 주문모 신부의 거처를 물으며 그녀의 주리를 여섯 번이나 틀었으나 음성과 기색이 조금도 달라지지 않아 양쪽에 늘어서 있던 형리들이 "이것은 귀신이지 사람이 아니다"[217]고 하였다. 처형을 앞두고도 그녀는 "보통 때와 하나도 다름없이 음식을 들고 다른 사람들과 웃으면서"[218] 지냈다.

4월 19일 주문모 신부가 새남터에서 처형되었고, 그의 머리는 닷새 동안 거리에 매달려있었다. 조선 관리들은 주 신부를 제주 사람이라고 선언하고 형을 집행했다. 중국 정부에 행여 소식이 들어가지 못하도록 하기 위함이었다. 주 신부의 머리도 밤낮으로 지키는 사람이 있었고, 교우들이 그의 시신을 찾아 헤맸으나 끝내 찾지 못했다.[219] 마찬가지 이유로 관리들이 시신에 손을 썼을 것이다. 옥중에서 주 신부의 소식을 전해 들은 강완숙은 자신의 치마폭을 찢어 주 신부가 한 활동들을 기록으로 남겨 한 여자 교우를 통해 감옥 밖으로 내보냈다. 그 누구보다도 주 신부를 가까이서 목격한 이의 기록이자 그녀가 직접 작성한 유일한 사료가 될 수 있었을 이 글은 분실되어 전해지지 않는다.

체포된 지 3개월 후인 5월 22일. 강완숙은 강경복, 문영인*, 김연이, 한신애와 함께 서소문 밖에서 처형되었다. 그녀는 자신들은 여인들이니 사형수의 옷을 벗기는 규정에서 제외해 달라 요청했다.

---

* 궁녀 출신 문영인은 타고난 미모로 국왕의 총애를 받은 전력이 있어 형리들이 갖은 방법으로 배교하게 하려 했으나 끝내 거부했다. 그녀는 사형장에서 형리들이 구경꾼들을 쫓아내자 "가만히 두시오. 짐승을 죽일 때에도 구경하거늘 하물며 사람 죽이는 것을 왜 못 보겠소"라 할 정도로 자신의 죽음에 확신을 지니고 있었다.

자신뿐만이 아니라 함께 처형될 여인들을 위한 청이었을 것이다. 강완숙은 웃옷을 입은 채로 가장 먼저 목을 내어놓았다. 당시 41세. 직접 양성했던 여인들 중 딸 홍순이를 비롯한 7명은 배교하고 유배 길에 올랐다.

그리고 같은 날 같은 자리에서 최인철, 김현우, 이현, 홍정호 등 네 명의 남자 천주교인들도 처형되었다. 지방에서도 사형 집행이 잇달아 24일 윤점혜가 양근에서, 정순매가 여주에서 처형되었고, 28일 고광성이 평산에서 처형되며, 기타 전국 각지에서 천주교인들의 사형이 집행되었다.

다시 쓰는 조선 여성사

조선 왕조는 가부장제 질서 안에서 제도적으로 "굶주려 죽는 일은 극히 작은 일이나 정절을 잃는 것은 큰 일(餓死事小 失節事大)"이라는 정절론을 내세워 성종 8년(1477)에 과부재혼금지법을 발효하였고, 이 법은 1894년 갑오경장까지 존속하였다. 열녀의 행적을 세상에 알리고 후세의 규범으로 삼는 정책적 수절 장려책, 정표정책(旌表政策) 등은 태조 원년(1392년) 7월에 공포되어 조선의 마지막 왕 순종 때까지 계속되었다. 여성은 남계(男系)의 대가족 체제에 예속되어 불경이부(不更二夫), 삼종지도(三從之道), 칠거지악(七去之惡), 내외법(內外法) 등을 미덕으로 주입 당하며 보조자로서의 의무를 수행해야 했다.

시간이 많이 지나 개화기에 이르렀을 무렵에도 대부분의 여성들은 고유한 사유의 주체로 인정받지 못하고 있었다. 개화기 우리

나라에 왔던 외국인들은 한결같이 조선 여인들에 주목했는데, 이들은 조선 여인들이 길에 잘 보이지 않는다는 사실을 이상하게 여겼고, 소보다 더 유용한 존재로 불리며 하루 종일 일만 하는 모습도 의아해하며 기록했다. 일부다처의 관행과 문화에 대해서도 보고하고 있다.[220]

다시 강완숙이 살던 시대로 돌아가, 이 시기는 그 이전의 조선 왕조 시기 대비 여성들의 의식에 서서히 미묘한 변화가 일기 시작한 때이기도 하였다. 여성들은 17세기 말 이후부터 활성화된 소설 유통이나 방각본 소설 간행에 힘입어 수신서나 유교 경전에서 벗어나 소설까지 탐독했다.

18세기 여성의 독서열풍은 정조 때 채제공이 걱정할 정도였다. 이런 독서를 통해 여성들은 억압된 현실에서는 이룰 수 없는 역할이나 지위의 반전을 간접적으로 경험했고, 일부 여성은 이와 같은 글을 베껴 전수하거나 자신이 직접 저술을 하기도 했다. 임윤지당(1721~1793)의 〈윤지당유고〉, 홍석주의 어머니 영수각 서씨 (1753~1823)의 〈영수합고〉, 빙허각 이씨(1759~1824)의 〈규합총서〉, 사주당 이씨(1775~1821)의 〈태교신기〉, 의유당 김씨의 〈의유당관북유람일기〉 정일당 강씨의 〈정일당유고〉 등 여성들의 작품이 산출되었다.

또한 경제적으로도 여성 참여가 이루어지기 시작했다. 양인 이하 여성들은 시전에서 직접 점포를 열었는데, 18세기 말 120여 개의 시전 가운데 이러한 여인전(女人廛)이 18개였다.[221] 그러나 여전히 사회 규범과 가치 체계는 철저히 성리학에 기반하여 짜여 있었다.

그런데 이 낯선 천주교 사상은 부자(父子)가 아닌 부부(夫婦) 중심의 세계관을 소개한다. 천주로부터 창조된 동등한 인격체로서의 여성과 아내, 평등한 부부 관계, 부자가 아닌 부부 중심의 새로운 사회관을 가르치는 사상이 등장한 것이다. 천주교 전래는 한국 역사에서 일반 여성이 주체적으로 사회에 참여할 수 있었던 충격적인 사건이었다.

주문모 신부는 강완숙을 만났을 때 이토록 잘 준비된 이를 만나 반가워하며 그녀에게 '회장' 직책을 맡겼다. 강완숙을 소개하는 최근 연구들에서 그녀를 '여회장'으로 기술하고 있으나, 이때 그녀가 받은 회장직은 20세기에 들어와 천주교회 안에 수립되는 여회장과는 엄격히 다른 직책으로 두 호칭은 구별되어야 한다.[222] 당대 조선 사회에서 여인들에게 수여된 직책은 남편이 관직에 나가면 그에 상응한 품계를 받거나, 궁중 여관직(女官職)을 가질 수 있을 뿐이었다. 강완숙이 교회 조직 안에서 '회장'으로 공식 임명된 것은 당시 조선 사회에서 매우 획기적인 일이라 할 수 있다.

강완숙과 거의 비슷한 시기 빙허각(憑虛閣) 이씨(李氏)가 있었다. 그녀는 집안이 몰락하고 거처를 삼호(三湖) 행정(杏亭)으로 옮기게 되자 차밭을 경영하며 가계를 도왔고 남편과는 경서를 논하고 시를 주고받으며 지우(知友)처럼 지냈다. 〈규합총서〉 등 많은 글을 남겼는데, 여성이 남성과 조화를 이루며 일하기 시작했던 것이다. 그런데 그녀가 주위로부터 받은 평가는, 예를 들어 시할아버지 서명응에게서 "겸손하면서도 재질 있는 여자" 정도가 있었다.[223] 강완숙의 경우 이를 훨씬 넘어섰다. 남편이 아닌 다른 남성들과도 함께, 또한 그들로부터 전적인 신뢰와 경외의 대상이 되어 '남녀교우(男女敎友)'로서 대등하게 일한 것이다.

강완숙의 타고난 지도자로서의 자질도 있었지만 천주교 공동체 일원들 모두가 죽음을 눈앞에 둔 당시 상황의 위급함과 동료들로부터 받는 신뢰, 그리고 감당해야 하는 역할과 책임이 그녀로 하여금 지도자로서 더욱 성장하게 만들기도 했다. 그녀가 사람들을 조직하고 이끄는 방식에 대하여 긍정적인 평가만 있는 것이 아니었다.

신문 중에 한신애는 "강 골롬바는 제가 저의 아들과 비복들을 가르치지 못한다고 하여 매양 비웃었습니다"라고 설토했고, 자신의 딸도 몇 차례 강완숙의 집에 갔다가 강완숙의 시어머니로부터 눈이 어두운 사람이 어떻게 성교에 들어올 수 있겠느냐는 구박을 상당히 심하게 받아 다시는 그 집에 찾아가지 않았다고 했다.[224] 문영인은 자신이 사서(邪書)를 배우기 위해 홍필주의 집을 몇 차례나 찾아갔지만 강완숙이 "왔다갔다 하는 사람은 가르쳐 주어야 도움이 안 된다"[225]고 핀잔을 주어 다시는 찾아가지 않았다고 진술했다. 이는 강완숙이 남편과의 사이에서 경험한 것들이 영향을 준 판단이었을 듯하다. 신미년(1811년) 신자들이 북경 주교에게 보낸 편지에서도 "세상일을 보건데 모든 사람들의 마음을 모두 만족시킬 수는 없는 법"이라며 "강완숙과 마음이 일치하지 않는 사람들도 있었다"[226]고 기록하고 있다.

그런데 이러한 당대 교우들의 평가를 한번 더 생각해 보는 것은 어떨까. 강완숙의 엄격함과 단호함을 당대 남성 지도자가 보였다면 교우들이 동일하게 인지하고 평가했을까. 그럴 수도, 그렇지 않을 수도 있다. 황사영이 백서에서 그녀가 일처리에 과감성과 위엄이 있어 사람들이 조심스러워하였다고 했는데, 그녀처럼 사회 관습에 과감히 역행하는 여장부형 인물을 천주교 공동체 구성원들도 생

처음 보았을 것이다.

"(여자들이) 비밀리에 하는 일은 남자보다 잘 하지만, 일을 기획하고 추진력 있게 밀고 나가는 것은 (여자들이) 남자들을 따를 수가 없었습니다"[227]라는 교회 내부에서도 공고했던 여성에 대한 편견을 강완숙은 깨트려 나갔다. "그런데 강완숙은 온 정성과 노력을 다하여 앞에서는 사람들을 끌어주고 뒤에서는 밀어 주었으며", "내적으로는 지극히 절제하는 삶을 살면서 외적으로는 자기가 맡은 직분에 최선을 다하는 생활을 하였습니다."[228] 매일이 강완숙에게는 치열하게 임해야 했던 크고 작은 싸움이자 전쟁이었을 것이다. 그녀가 지녔던 내적 가난함이 이 과정에서도 평상심을 유지하는 큰 동력이 되었음을 알 수 있다.

신유박해 때 처형된 천주교 여성 신자들의 죄목에는 사학을 신봉한 것 이외 사회 윤리 질서를 파괴했다는 죄목이 많았다. 본가를 떠나 가출한 것, 혼인하지 않은 것, 처녀로서 거짓 과부라고 한 것, 각처의 남녀가 함께 모여 집회한 것, 외국인 주문모에게서 영세를 받은 것, 천주교회의 성인성녀 이름을 따서 본명(本名)을 갖는 것, 어리석은 백성에게 각처에서 천주학을 강론하며 유혹한 것[229] 등이었다. 홍필주에게는 계모가 외간 남자와 어울리면 당연히 막아야 하는 것이 자식의 도리이거늘, 하물며 같이 도왔느냐고 경악에 차서 질문했다.[230] 천주교인들은 성리학에서 강조하던 남성 근본의 국가 질서에 암적인 존재였다. 포도청에서는 사학죄인 강완숙을 형조에 옮기고 이와 같은 결안을 바쳤다.

하늘의 신발 – 18세기 조선 문명전환의 미시사

"죄인 강성(姜姓)의 노파 완숙(完淑)은 사서(邪書)를 배워서 오염되고 고혹되어 지아비 홍지영에게 내쫓겼으나, 그칠 줄을 알지 못하였다. 그리고 아들 홍필주를 데리고 서울에 와서 머물면서 주문모를 높이 받들어 갈륭파(葛隆巴)라는 호를 받았으며, 6년 동안이나 숨겨두어서 추행이 낭자하였으나, 그 도는 본래 이와 같다는 이유 때문에 더러운 줄을 알지 못하였다. 황사영이 망명했을 때에는 그를 위해 주선하여 숨겨 준 다음 그로 하여금 몸을 숨겨 피하게 하고 스스로 사학의 괴수를 삼았으며, 남녀가 뒤섞여 밤낮으로 외며 학습하였다. 따라서 가는 곳마다 속여서 그릇된 방면으로 인도하여 한 세상을 미혹되게 하였다."[231]

이에 강완숙은 이런 마지막 말을 남겼다.

"저는 이미 이 학(學)을 배워 스스로 믿었으니 죽으면 樂地(천국)에로 돌아갑니다. 그러므로 형벌을 받아 죽더라도 조금도 후회는 없습니다."

시대가 해결하지 못한 문제와 결투하며 살아간 그녀. 강완숙은 새 시대의 요람을 지켰다.

04

유령의 신발:

비원(斐園) 황사영(黃嗣永)의 백서

A Pair of Shoes, 1886, Van Gogh Museum

다 헤어진 구두 한 켤레 뒤로 묵직한 빛이 떨어지고 있다. 신발 끈은 다 풀어 헤쳐져 있고, 구두 곳곳에는 오늘도 어딘가를 다녀온 것 마냥 선명한 진흙이 묻어 있다. 마치 지금 막 누군가가 벗어 놓은 것만 같은 신비한 존재감이 느껴진다. 우리를 마주보고 있는 구두는 그림에는 존재하지 않는 주인의 존재에 대해 우리에게 말을

하늘의 신발 – 18세기 조선 문명전환의 미시사

걸어온다. 구두의 주인은 무척이나 고되고 힘든 길을 걸어왔을 것이다. 그는 어떤 사람일까? 지금 그의 행방은 어떻게 된 것일까?

쟈크 데리다가 언젠가 이 그림으로 강의를 한 적이 있다. 그는 고흐가 그린 그림들 중에서 유령을 찾는다면 바로 이 그림에서 유령 이야기를 할 수 있을 것이라 했다. 구두에 얽혀 있는 신비로움, 두려움과 놀라움, 그리고 경외감을 표현하기 위해 그는 '유령'이라는 표현을 썼다. 이 그림에 감동한 철학자는 비단 데리다뿐만이 아니었다. 하이데거도 이 그림으로 예술작품의 의미에 대한 강의를 하였고, 이후 미술사가 마이어 샤피로도 이 그림을 두고 하이데거와 논쟁했다. 유령이 벗어 놓은 낡아빠진 신발 한 켤레는 이처럼 여러 철학자들에게 특별한 인상을 남기고 영감을 불어넣었다.

고흐의 많은 그림들이 그러하듯 이 작품 역시 감상하기 위해 특별한 학식이나 지식이 있어야 하는 것이 아니다. 많은 관람자들이 이 그림에서 강렬한 인상을 받곤 한다. 유령처럼 신발 주위를 맴도는 존재감이 그림을 보는 우리로 하여금 그 부재를 의미 있게 해줄 현존을 찾고 묵상하도록 재촉하기 때문이다.

고흐는 낡은 신발에서 무언가 중요한 일이 일어난다고 생각했던 것 같다. 그는 토마스 칼라일의 '낡은 옷의 철학'을 좋아했는데, 칼라일은 우리가 입는 옷을 '인간의 순수한 상징이자 자화상'이라 표현했다. 고흐는 그 인간의 자화상 중에서도 가장 낮은 부분인 신발을 택한 것이다. 완전히 낡아서 아무런 가치도 없어 보이는 한 켤레로. 신발 주위로 떨어지고 있는 강한 빛은 흰색과 황금색이 섞여 신비로움을 더해주고 있다. 사람의 눈을 피로하게 하거나 눈부시게 하는 빛이 아니라, 부드럽고 존엄하게 떨어지는 빛이다. 마치 신발의 주인이 신을 벗는 마지막 순간까지 해온 격렬한 노동을 눈동자처럼 보듬고 있는 것만 같다.

1801년 10월 29일(음력 9월 22일). 충청도 산골짜기 배론의 어두운 토굴 속 한 젊은이가 바닥에 엎드려 흰 명주 위에 서한을 작성하고 있다. 13,384자의 뛰어난 능필로 쓰인 이 글은 우리에게 〈황사영백서(黃嗣永帛書)〉로 알려진 서한으로, 신유년(辛酉年) 조선에서 일어나고 있는 박해의 전말과 발생원인, 처형당한 인물들과 그들의 행적, 그리고 종교의 자유를 획득하기 위한 구체적인 방도를 북경 구베아 주교에게 전하고자 작성된 글이다.

정조 사망 이듬해 어린 순조가 즉위하고, 수렴청정을 시작하는 정순왕후는 벽파(僻派)와 손잡고 정조 치세에서 활약한 시파(時派)를 숙청하고자 천주교에 대한 대대적인 박해를 시작한다. 순조 원년 1월 10일 대왕대비의 명으로 시작된 사학토벌(邪學討伐) 이후 12월 22일 토사반교문(討邪頒敎文)* 반포로 박해가 종료될 때까지, 조정 중앙 기관들은 천주교인들을 체포해 심문하고 처형하는 데 모든 힘을 기울었다. 박해는 주문모 신부의 자수와 처형 시점에 이르러서는 정치 세력과 관계없이 서학 관련자들이라면 모두 역적으로 처단되면서 전 방위로 확대되었다.** 그가 처형된 11월 15일에 이르러 박해는 절정에 다다

---

* 신유박해를 마무리하며 토역고유제향(討逆告由祭享)을 시행할 때 반포하였다. 조선 왕조의 천주교에 대한 인식이 간명하게 요약되어 있다. 최초로 촉발된 1791(신해)년 진산사건에서부터 황사영 사건에 이르기까지, 천주교 사건들은 조정의 "최고위 인사와 유수한 사대부 가문의 인재들이 연루된 고도로 조직된 국가 전복 음모 사건"으로 규정되어 있다.

** 윤행임, 홍낙임, 은언군 이인 등이 사학도의 배후로 몰려 제거되었고, 노론 계열 김건순, 소론 계열 이중배, 북인 계열 강이천 등이 처형되었다.

른다. 이렇게 황사영은 신유박해의 전반(全般)을 관통한 인물이다.

정약용의 진술에서 '황사영' 이름이 처음 드러났다. 곧장 권철신, 조동섬과 함께 그에 대한 체포령이 떨어졌다. 앞의 두 사람은 바로 의금부로 체포되었으나 황사영은 몸을 숨겼다. 그는 이기연, 홍필주의 집을 전전하다 포졸들을 피해 용호영내(龍虎營內)에 있는 김연이의 집으로 피신했고, 여기까지 포졸들이 수색해 오자 삼청동(三淸洞) 산 위에 종일토록 피해 있다가 해가 저문 후 석정동의 권상술, 동대문의 송재기의 집으로 피신한 다음, 자신을 이(李) 상인(喪人)이라 한 채 김한빈과 충북 제천 배론에 있는 김귀동의 집으로 도피했다. 도착한 황사영은 토굴을 파고 그 안에서 숨어 지냈다.[232] 대왕대비 김씨는 더욱 강경하게 경고했다.

"黃哥(황사영)를 며칠 안에 붙잡지 못한다면 의금부 당상들과 좌·우 포도대장을 각별히 논죄할 것이니, 이를 알아듣도록 거듭 타일러라."[233]

황사영의 숙부 황석필을 비롯하여 그의 가족과 노비는 물론 권상문, 김일호, 장덕유, 변득중, 이경도, 이관기, 이학규, 남송로, 남필용, 홍낙영, 손경욱, 제관득 등이 황사영의 거처를 대라는 심문[234]으로 심한 고초를 당했다. 이 와중에 사영은 토굴 속에 지내면서 김세귀 · 세봉 형제에게 교리를 가르쳤고, 김한빈*과 옥

---

* 김한빈 베드로(1764~1801). 충남 보령 출신으로 홍주로 이주하여 포수(砲手) 생활을 하다 1800년 정약종 집에서 행랑살이하며 천주교에 입교했다. 신유박해가 시작되자 체포되었다 탈출하여 배론을 거점 삼아 비밀리 여러 곳을 다니며 박해 소식을 황사영에게 전했다.

천희*를 통해 박해 소식을 전해 들으며 '일록(日錄)'을 작성해 나갔다. 〈추안급국안〉의 기록처럼 숨어 지내는 처지에 '밤낮 생각한 것이 오직 서양의 사학을 널리 퍼뜨릴 계획'이었던 것이 맞다.

배론 토굴에서의 7개월은 황사영에게 절대 어둠의 시기이자 절대 침묵의 시간이었을 것이다. 동료들이 체포되고, 한명 한명 형장에서 스러지는 소식이 그에게 전해져왔다. 그러던 중 옥천희로부터 주문모 신부의 처형 소식을 들은 사영은 크게 충격받는다. 천주교회의 성사(聖事)를 거행할 수 있는 사제가 사라졌다. 자주 만나지 못했으나 황사영과 주문모 신부는 생사(生死)를 함께 할 수 있을 만큼 서로에게 깊은 사이였다. 주 신부는 심문 중에 "지금 제가 이미 자수했는데, 그(황사영)가 만약 나타나지 않는다면 천주교인이 아닙니다"[235]했다. 황사영이 오지 않고 있으니 그가 서울에 있지 않으리라 생각된다 말할 정도로 두 사람은 서로를 잘 알았다.

황사영은 황심(黃沁)**과 의논 끝에 북경 구베아 주교에게 서한을 보내기로 했다. 어두운 토굴 속에서 쓴 13,384자 서체는 그가 처해 있던 처참한 살육의 현실과 절망적인 상황에서 완전히 초월해 있듯 가지런하다. 주요 인물들은 모두 참수되어 더이상 사회 세력화할 수 없는 막다른 상황 속에서 유일한 사제마저 처형되었다는 소식을

---

* 옥천희 요한(1767~1801). 평민이며 평안북도 선천의 가난한 집안에서 태어나 해마다 동지사의 마부로 북경을 다니며 장사를 해 생계를 이어갔다. 1798년 사신 행차 때 황심을 만나 그의 권유로 1799년 북경에서 구베아 주교에게 세례를 받았다.

** 황심 토마스(1756~1801). 중인 신분인 그는 1796년, 1797년, 1798년 세번에 걸쳐 연행사 일행으로 북경에 가서 조선교회의 서신을 구베아 주교에게 전했다. 구베아 주교도 황심에 대하여 "신심이 깊고 열심하다"며 신뢰하였다. 주교가 황심을 잘 알고 있었기에 백서도 황사영의 세례명인 알렉시오가 아닌 황심의 세례명 토마스를 대표로 하여 작성하였다. "죄인 토마스 등은 눈물을 흘리며 우리 주교님께 부르짖어 아룁니다."

한자한자 전하며, 사영은 이제 어찌해 볼 도리 없는 참담함과 뼛속까지 파고드는 어둠을 느꼈을 것이다.

"성교회가 전복될 위험에 처하여 있고, 백성들은 물에 빠져 죽는 고통 속에 있으며", "정말 앞으로 이 땅에서 천주 신앙이 살아남을 길이 전혀 보이지 않습니다", "말과 생각이 여기까지 미치고 보니 간장이 갈기갈기 찢어집니다", "백번을 생각해 보아도 정말로 살 수 있는 길이 없습니다."(2~5행)

'현재 사태가 이렇다고 해서 반드시 앉아서 죽음을 기다릴 것은 아니라'(97행)는 사영은 북경 주교를 수신인으로 하였으나 바티칸 교황에게, 그리고 서양 모든 국가들에게 조선 안의 상황이 전해지기를 원했다. 중화 세계 안의 지식인이었으나 그 세계를 넘어선 제3의 국제정치의 중심과 소통을 시도한 것이다.

완성된 서한은 옥천희와 황심이 북경에 전달하기로 했다. 이들을 기다리던 황사영은 결국 서한을 완성한 지 일주일 후 배론에서 김한빈과 함께 체포된다. 옥천희는 이미 6월 북경에서 돌아오던 길에 체포된 상태였고, 황심도 9월 15일에 관에 잡혔다. 조정에서 황사영 찾기에 혈안이 되어 다른 이들의 옥사가 더 잔혹해진 것을 알게 된 황심이 더 이상의 희생자를 막고자 사영의 은거지를 자백한 것이다. 포졸들이 배론으로 들이닥쳤고, 토굴의 존재가 발각되었다. 황사영은 놀라지 않고 굴 밖으로 나왔다. 평소 주변 사람들에게 일이 극단에 이르면 자신을 고발하라는 말을 해 왔던 터였다.[236]

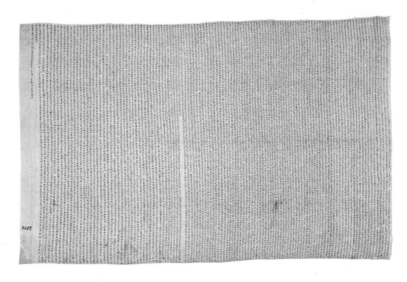

———— 황사영 백서, 가로 62cm 세로 38cm(바티칸민속박물관 소장 · 천주교배론성지 모본)

　황사영이 체포되면서 만천하에 드러난 '흉서(兇書)'의 실체에 조정은 일대 충격에 휩싸였다. '천지를 다하고 고금을 통틀어 일찍이 없었던 흉서(窮天地亙古今所無之兇書)'가 발견되면서 천주교인들을 이제 확실히 국가 전복을 꾀하는 무리로 인식되었다. 주문모에 대한 기록도 조정을 경악하게 했다. 중국인인 그를 조선인으로 둔갑시켜 군문효수형에 처하고 사건을 숨겨 놓았는데, 황사영이 주 신부의 입국에서부터 조선에서의 활동, 그리고 처형 당시 정황까지 빼곡히 북경에 알리고 있는 것이다. 〈백서(帛書)〉는 주문모의 시신까지 흔적 없이 처리해놓은 조정의 간담을 서늘하게 했다.

　황사영은 11월 5일 대역부도(大逆不道)의 죄명으로 서소문 밖에서 사지가 찢겨나가는 능지처참(凌遲處斬)의 극형에 처해졌다. 그의 나이 26세. 가산은 모두 몰수되고 숙부 황경필은 함경도 경흥으로, 모친 이윤혜는 거제도로, 부인 정명련은 제주도로 관노비*가 되어 귀양길에 올랐다. 두살 박이 아들 황경한은 어미와 생이별을 한 채 하추자도**에 버려졌다. 황사영 집안의 노비들과 그 가족들도 모두 관노비가 되어 유배에 처해졌다. 대왕대비는 황사영을 잡아들인 포교(捕校)에게 직접 벼슬을 내렸다.[237]

〈백서〉는 벼슬도 하지 않고 지내던 일개 '하찮은 사람'[238] 황사영을 역사 속에 매우 강하게 각인시켜 놓았다. 후대의 역사 서술에서 서구 세력의 침투나 외부 세력의 힘을 이용하려는 시도가 등장할 때마다 늘 그의 이름이 유령처럼 다시 등장했다. 반국가적·반민족적 인물로 매도되기도 했고, 천주교회 내에서도 오랜 기간 반(反)교회적 인물이라는 단선적인 평가가 이루어졌다. 그런데 황사영에 대한 이러한 이해와 접근이 과연 합당한가.

〈황사영백서(黃嗣永帛書)〉는 전근대적 사유와 근대적 사유는 물론 탈근대적 사유마저 스쳐 지나가고, 상이한 역사적 층위들 - 사상사, 정치사, 문화사 - 의 범주가 모두 담겨 있어 결코 쉽게 읽을 수 있는 기록이 아니다. 조선이 전근대 사회에서 그 다음의 새로운 문화로 탈바꿈해 가는 어렵고 혼란스러운 대전환의 시기. 〈백서(帛書)〉는 그 안에 있는 조선 사람들의 구체적인 모습을 드러내 보여주고 있을 뿐만 아니라, 사대 질서 속 동아시아 문명권 지식인이 새로

---

* 정명련(丁命連: 일명 정난주)은 제주목 대정현의 관비가 되어 37년을 살다 1838년 66세의 나이로 사망한다. 험난한 귀양살이 중에도 교양과 덕을 지키며 살았던 것으로 전해진다. 사후 모슬봉 북쪽에 매장되었다.

** 아들 황경한이 하추자도에 남겨질 때 정명련이 입혀 놓은 저고리 동정에 그의 이름과 생년월일이 적혀 있었다. 황경한은 오씨(吳氏) 성을 가진 어부의 손에 거두어져 그의 아들로 장성하였고, 후손이 아직 추자도에서 살고 있다.

운 문명에 눈을 뜨고 그 안에서의 사회 개혁과 국가 번영에 대해 이야기하고 있는 절실한 기록이다. 그렇기에 황사영은 이행기에 놓인 지금 우리에게도 말을 걸어오는 청년이다. 〈백서(帛書)〉는 그간의 굴절된 시선의 먼지를 털고 그 안에 숨겨진 수백년의 호흡을 이해해 볼 필요가 있는 기록이다.

혁명을 요구하는 시대의 천재(天才)

황사영이 살던 조선은 중세적 성리학의 교조주의가 만들어낸 모순이 누적되어 그간 현실을 이끌어 오던 가치 체계가 힘을 상실해 가던 중이었다. 이미 16세기로 접어들면서부터 봉건적 통제력이 약화되어 사회 여러 곳에서 도전적인 양상들이 드러나고 있었고, 왜란과 호란의 전란을 거치며 국가재정과 농촌경제는 파탄에 이르렀다. 체제를 번복하고자 하는 민인(民人)들의 시도가 잇달아 일어났고, 위기의식을 느낀 지배층은 부분적 개혁안을 추진하며 질서를 재정비하고자 했으나 미봉적 조치밖에 될 수 없었다.

17세기로 접어들어 성리학은 이론적으로 상당히 깊은 성찰을 거치며 예학(禮學)의 발달을 가져왔다. 그러나 현실 문제들을 풀어감에 있어 한계를 보였고, 예론(禮論)의 정통성을 두고 정치 세력 간의 극심한 대립이 시작되었다. 18세기 성리학은 이론적 성숙도에서 절정에 이르렀으나, 현실에서는 심하게 교조화되어 봉건 사회의 폐단을 지속시키는 가치관으로 굳어갔다.[239]

정치적 당쟁(黨爭)은 격화되고 갈수록 노골화되었다. 16세기 집권에 성공한 사람은 동인(東人)·서인(西人)으로 분당되고, 동인(東人)은 다시 남인(南人)과 북인(北人)으로, 북인(北人)은 다시 대북(大北)·소북(小北)으로 갈라져 치열한 정쟁을 벌였다. 17세기 서인(西人) 정권 수립 후 이들은 남인의 재기를 철저한 탄압으로 막았고, 일당전제화로 외척의 정치 개입이 노골화되면서 정국은 파행으로 치달았다. 이 와중에 서인은 다시 노론(老論)과 소론(小論)으로 내부 분열하여 극단적으로 경쟁했다. 봉건 정치질서는 양반 세력의 균형과 왕권 안정을 토대로 유지되는 체제이나, 특정 당파가 비대해지면서 소수 가문의 정치 농단이 심해지고 왕권이 크게 약화되었다. 18세기 노론(老論)이 비대해지고 당쟁이 절정에 달하는 상황 속에서 영조가 탕평론(蕩平論)을 시도하였으나, 소론 강경파와 남인 일부가 반란(1728(영조4)년 이인좌의 난)을 일으켜 진압된 후 결국 정국은 노론(老論) 일색*으로 편성되기에 이른다.

농민들은 삶의 기반이 뒤흔들리고 있었다. 양반을 위시한 일부 계층이 토지를 집중적으로 소유하였다. 농민들 대부분은 소작농이었고, 이들은 수확의 70% 이상을 고정적으로 수탈당하는 경우가 많았다. 때로는 지주가 부담해야 할 전세까지 부담하기도 했다. 정부의 각종 요역(徭役)**도 농민들을 극도의 빈궁 상태로 몰아넣었다. 이들 중 다수가 파산하여 유리걸식하거나 세금을 물지 않는 산간벽

---

* 이는 정조대에까지 이어져 황사영이 〈백서〉에서 "노론도 또 갈라져 두 파로 나뉘어 … 벽파는 모두 당론을 고수하여 임금의 뜻에 항거하므로 시파와는 원수같이 지냈는데, 당의 형세가 매우 커서 선왕(정조)도 이를 두려워하였고, 근래에는 온 나라가 그들의 말에 귀를 기울였습니다"(18행) 설명한다.

** 국가가 백성의 노동력을 무상으로 징발하던 수취 제도. 요부(徭賦), 부역(賦役), 차역(差役), 역역(力役), 잡역(雜役) 등으로도 불린다.

지로 들어가 화전민이 되고 도적떼에 들어가기도 했다. 지주제가 확장되면서 농민층은 더욱 분해되었다.[240] 국왕(영조)도 동요하는 민심을 들어 논하고 있었다. 기록의 주체가 지배체제에 속해 있는 상황에서 민중들의 언어나 마음에 대한 직접적인 문헌이 남아 있지 않지만 그들의 묵시론적 망탈리테를 조현명은 백성들이 '천지가 다시 개벽(改闢)'하기 원한다 표현했다. 이미 이인좌의 난이 일어나기 일년 전이다.

"사람의 마음은 공정하지 못한 일 때문에 고통스러우면 난(亂)을 생각하게 된다. 몇 년 전에 문학 조현명이 백성들은 천지가 다시 개벽(改闢)하기를 바란다고 말한 적이 있는데, 이 말은 공정하지 못하게 괴로움을 겪는 것을 너무나 슬퍼하는 것이다. 어찌 난을 생각하는 마음(思亂之心)이 없겠는가?"[241]

영·정조 시절 기근과 질병은 거의 매년 발생했고, 혹심했다. 1749(영조25)년 50만 명 이상이 전염병으로 사망했고, 1763(영조39)년 호남지방에서 기근으로 50만 명의 기민이 발생했다.[242] 흉년과 질병이 닥쳐도 정부와 지주의 부세와 소작료 징수는 여전히 가혹했고, 그간 순응하던 농민들은 이제 체제이탈을 시도하기 시작했다. 유민화(流民化)는 사회 동요의 일차 조짐이다.

재난과 유민, 학정으로 질곡에 빠져 있던 민인(民人)들 사이에서는 유언비어가 횡행했고 조선왕조는 이에 강하게 대처했다. 1797년 11월 천안에 거주하던 진사 강이천이 당시 그 지역에 유포되어 있던 '해랑적(海浪賊)이 소요를 일으키리라'는 유언비어에 당황하여 중앙정부에 이를 알렸다가 도리어 자신이 유배를 당했다.[243] '해랑적

하늘의 신발 – 18세기 조선 문명전환의 미시사

의 소요'란 왕조에 도전하는 무리의 봉기를 상징한다. 유언비어의 확산을 막기 위해 조정에서 선제적으로 강이천에게 과중한 조치를 내린 것이다.

사회 내부의 불안정성이 증폭되면서 왕조의 '시운이 오래 가지 않을 것(時運不久)'이라는 유언비어는 계속 돌았고, 노론가 명문가 자제들 중에서마저 이를 믿는 이들이 생겨났다. 김이백은 돈을 빌려 난세의 피난처로 지방에 전장을 마련하려 했고, 김신국과 같은 인물도 난무하던 유언비어 때문에 목천 지방으로 이사했다.[244] 1800년 직전에는 '조선왕조가 멸망할 때가 되면 강화와 평택 사이에 만 척의 배가 강을 비켜가리라'와 같은 정감록의 참언보다 더 구체적인 내용들이 호서지방에 돌기도 했다. 인천과 부평 일대 지역에서 국가 존립을 부정하는 사단이 발생할 것이라는 내용이었다.[245]

조선 현실에 대해 일부 지식인들은 '세태의 위험'으로 인식할 정도로 위기의식을 느끼고 있었다. 같은 시기를 살았던 연암 박지원은 당대를 묘사하며 '말세(末世)'라는 표현을 썼고, 다산 정약용은 '국망(國亡)'이라는 표현을 썼다. 황사영이 태어나고 성장하던 시기, 조선은 태평성대의 나라가 아니었다.

그는 1775(영조51)년 부친 황석범과 모친 이윤혜 사이에서 유복자로 태어났다. 황석범은 25세 되던 해 문과에 급제해 승정원 정자(正字)와 한림(翰林)을 역임하였는데 29세의 나이로 요절하였다. 사영은 8세 때까지 증조부 황준(黃晙)의 보살핌과 가르침을 받으며 자랐다. 황준은 성호 이익과 친한 사이였고, 성호가 황사영의 고조 묘지명을 짓기도 했다. 황준은 호조 참판, 공조 판서, 지중추부사 등을 역임한 인물로, 어린 사영에게 유학자이자 공직자로서의 면모와 품위를 보여주었을 것이다. 이후 황사영은 그의 외가인 평창 이씨 집안의 학문에 영향을 깊이 받으며 성장했다. 어머니 이윤혜는 이승훈의 부친 이동욱과 8촌 사이인 이동운의 딸이었다.

'신동'이라 불리던 황사영은 16세 되던 1790년(정조14) 증광시(增廣試)에 합격, 진사 시험에 급제하며 시험관들을 놀라게 하고 이름을 알리게 된다. 이가환이 30세(1771년)에, 이승훈이 24세(1780년)에, 정약용이 23세(1783년)에 진사 시험에 합격한 것을 감안한다면 16세 진사 급제는 충분히 놀라운 사건이다.

이는 정조로 하여금 황사영이 지은 답안을 직접 찾아보도록 하였고, 그의 문장을 본 국왕은 사영을 특별히 불러 격려하며, '네 나이 20세가 되거든 곧 내게로 오라, 내가 너를 내 앞에 두고 큰 소임을 맡겨 요직에 등용하리라'[246] 하였다는 기록이 있다. 남인 기예자들을 후원하고 키우는 데 지대한 관심을 지니고 있던 정조는 그에게 학비까지 하사하였고, 사영은 임금이 잡아준 손목을 더럽힐까 손목에 늘 붉은 비단을 감고 지내며 아무도 만지지 못하게 했다. 비단 띠는 사람들이 사영을 알아보는 상징과도 같은 표시가 되었다.

같은 해 그는 정약현과 이벽의 누이 사이에서 난 장녀 정명련과 혼인하여 정약전, 정약종, 정약용의 조카사위가 되었다. 그리고 이들에게서 처음으로 천학(天學)을 접하게 된다. 16세 젊은이는 이때부터 삶의 대전환을 이룬다. 사영의 몰입이 어느 정도였는지는 남인 계열 이재기가 1791년에 남긴 기록에서도 엿볼 수 있다.

"절친한 인척 약종(若種)과 가까운 친척 승훈(承薰)을 따라 과거도 접고 오로지 사학(邪學)을 연구하며 밤낮으로 얼굴이 누렇게 뜰 정도로 공부하기에, 나는 언국(彦國: 황사영의 숙부)을 만날 때마다 그것을 금지하라고 말하였다."[247]

그해 11월 진산 사건으로 신해박해가 일어나자 대부분의 양반 지식인들이 천주교를 떠나고, 황사영의 친척과 동료들도 대다수가 배교한다. 그러나 사영은 흔들림 없이 천주교에 대한 지적탐구와 신앙생활을 이어갔다. 그는 서학(西學) 혹은 서교(西敎)에서 무엇을 본 것일까.

체포되어 취조 중에 스스로 말하였듯이 그는 천주교를 접한 직후 과거시험을 접었다.[248] 조선 사회 지배층이 되는 가장 중요한 수단인 과거를 포기한다는 것은 이에 필요한 성리학과 조선의 정치사회 체제에 대해서도 같은 입장을 지닌다는 것을 의미한다. 사영이 살던 시기 조선의 과거제는 이미 정치 기강이 극도로 해이해지면서 합격자 남발, 뇌물 성행 등의 비리가 행해졌고, 이는 다시 정치와 관료의 부패[249]로 이어지고 있었다.

정조는 족벌 체제 강화에 몰두하고 있는 노론 정치 세력을 밀어내고 자신의 정치 개혁을 지지하는 시파(時派)를 중심으로 조정을 재편하고자 했다. 그간 권력에서 소외되어 온 남인들 중 유능한 재원들에게 특별한 관심을 쏟고 있던 국왕은 여러 방식으로 황사영이 과거에 응하도록 재촉했다. 그러나 마지못해 시험장에 간 사영은 백지를 내고 왔다. 정조는 안타까워했고, 이런 황사영을 두고 일가친척들과 지인들은 '그에게 침을 뱉고, 헐뜯고, 욕하였다.'[250]

황사영의 과거 포기를 단순히 유교적 입신양명에 뜻이 없었기 때문이었다 소극적으로 해석하기에는 그의 삶이 너무나 치열했다. 그는 백서에서 천주교인이면서도 과거를 통해 벼슬을 한 인물과 그렇지 않은 인물을 군이 구분하여 소개한다. 홍낙민, 이승훈, 이가환 등을 전자로 기술하고, 이벽은 포의(布衣), 즉 벼슬하지 않은 선비로

후자에 해당한다. 천주교 이론가이자 최초로 이 새로운 학문을 닦아 사람들을 조직했던 광암 이벽에게서 황사영은 자신의 길을 보았던 것 같다. 수기치인지학(修己治人之學)으로서의 성리학이 본래 기능과 의미를 상실한 시대. 그는 서학(西學)에서 세태의 위기를 극복할 수 있는 실마리를 발견했다.

황사영은 벼슬뿐만 아니라 양반 신분이라는 기득권도 내려놓고 맹렬히 활동했다. 그와 교류한 인물들 중 기록에 남아 있는 127명의 절반이 천인이고, 12명이 상민, 25명이 중인, 나머지 26명만이 양반이다.[251] 백서에서 여러 번 언급하는 '백성들의 탄식'이나, 박해로 모든 것이 풍비박산 나 '가난한 자들 중에서도 더욱 가난한 천주교인들'의 삶은 사영이 그 고충을 가까이서 함께 겪은 내용들이다. 질곡을 겪는 민중의 삶의 자리로 들어간 그는 백서에서 이렇게 청한다. "물불 중에서 우리를 건져 주시고 포근한 요람 위에 앉혀 주소서(4행)." 민중들과 한마음이 된 간청이다. 황사영은 백서에서 조선의 현실에 대해 여러 차례 언급한다.

"모든 나라 가운데 이 나라가 제일 가난하여 … 백성이 많은 고통을 당하고 있고"(91행)

"땅이 기름지고 산물이 많은 좋은 나라이지만, 이씨(李氏)가 미약하여 끊어지지 않음이 겨우 실오리 같고 여군이 정치를 하니 세력 있는 신하들이 권세를 부리므로 국정이 문란하여 백성들이 탄식하고 원망합니다."(104-105행)

"현재 이 나라는 형세가 위급하여 결코 오래 지탱하기 어려우며 …

위에는 뛰어난 임금이 없고 아래로는 좋은 신하가 없어서, 자칫 불행한 사태가 일어나기만 한다면 흙더미처럼 와르르 무너져 버리고 기왓장처럼 부서질 것이 틀림없습니다."(108-110행)

원래 좋은 나라였는데 부당한 권력으로 백성들의 고통과 탄식이 끊어지지 않는 지경에 이르렀다는 것이다. 그는 조선의 폐쇄성과 배타성, 무능함을 신랄하게 비판한다.

"견문이 넓지 못해 안다는 것이 오직 송학뿐이므로 … 이를 비유하면 궁벽한 시골의 어린아이가 방안에서만 자라 바깥 사람을 못 보다가 우연히 낯선 손님을 만나면 반드시 깜짝 우는 것과 같습니다. 오늘 이 나라의 광경이 이와 같은데, 실은 의심이 많고 겁이 많으며 무식하고 유약하기가 천하에 둘도 없을 것입니다."(113행)

백성에게 도움을 주지 못하는 기존 체제와 무너져 내릴 지경에 이른 조선의 비참한 현실에 혁명이 필요했다. 스스로 시대의 경계인 (marginal person)이 되기를 자처한 황사영은 조선이 전근대 질서를 청산하고 새로운 시대로 넘어간다는 역사적 과제와 정면 대결한 것이다.

"이 몸은 백번 생각하여도 이 천주교는 구세(救世)의 양약(良藥)이라 생각되어 성심껏 믿어왔습니다"

1795년. 조선 천주교 지도층의 10년간의 노력과 요청으로 북경 교구에서 주문모 신부가 파견되어 조선에 입국한다. 당시 21세이던 황사영은 최인길(崔仁吉)의 집에서 주 신부를 처음 만나 알렉시오(Alexius)*라는 이름으로 세례를 받았다. 사영은 주 신부의 인품과 덕행에 감화되어 그를 매우 극진히 여겼다.

"주문모 신부는 참으로 덕행이 순수하디 순수한 사람입니다. 그러므로 제자가 되기를 원했습니다. 잠시도 그 곁을 떠나고 싶지 않았지만, 1년에 서로 보는 것이 두서너 차례에 지나지 않았습니다. 그런 까닭에 머물면서 볼 수 없었던 깃이 지극히 후회스럽습니다."[252]

황사영을 비롯하여 정광수 부부, 강완숙 등 신진 양반들의 활약은 눈부셨다. 주문모 신부가 조직하고 정약종이 초대 회장으로 활약했던 명도회(明道會)에서 황사영은 중추적인 인물이 되었다.[253] 그는 최창현과는 사우(死友, 죽음을 함께 하기로 약속한 벗), 이승훈, 권철신 등과는 혈당(血黨, 생사를 같이하는 무리)으로 불리었다. 20여 세 젊은 몸이었으나 뛰어난 학식과 신앙으로 황사영은 천주교회의 큰 재목으로 촉망받았다. 김한빈은 그를 '성학고명(聖學高明)'하다고 평가했고, 강완숙은 양반 신분의 남자 신자들 가운데 황사영을 '최고자(最高者)'라[254] 했다.

매우 강직한 성품의 소지자였던 이 젊은 천재(天才)는 외부 상황에 흔들리지 않고 자신할 수 있는 모든 일을 헌신적이고 열정적으

---

* 5세기 부유한 로마 귀족의 아들로 태어난 알렉시오(혹은 알렉시우스) 성인은 결혼 후 부귀영화를 뒤로 하고 놀라운 청빈 생활을 하며 애덕을 베풀었다. 거지차림의 비천한 신분이 된 그는 '하느님의 사람'이라 알려졌다. 세상 모두로부터 잊혀지기 바라던 그의 염원대로 그의 부친도 구걸하는 자식을 알아보지 못한 채 그에게 일거리를 주고 집 계단 밑에 기거하게 했다. 사후(死後) 자서전이 발견되어 신원이 알려졌다.

하늘의 신발 – 18세기 조선 문명전환의 미시사

로 했다. "사악한 천주학의 패거리를 원수처럼 여긴다"는 정약용은 2월 13일 심문관들에게 "황사영은 죽어도 변치 않을 것이며", "최창현이나 황사영 같은 부류는 매일 여러 차례 매질할지라도 결코 실토하지 않을 것"이라 했다.[255] 이후 신미년(1811년) 조선 천주교인들이 북경 주교에게 보낸 서한에서는 황사영이 "일생동안 참으로 많은 일들을 하였는데 여기에 그것을 다 쓸 수 없을 정도입니다"라고 전한다.

황사영은 백서에서 '신(信)'자를 서른다섯 번 사용하였다. 이 중 신앙과 상관없이 사람의 성품을 뜻하는 경우가 열여섯 번이고, 신앙 '행위'로 사용한 경우가 열아홉 번이다. 이 열아홉 번 중 신(信)에 '따르는 행위'를 뜻하는 '종(從)', '복(服)', 혹은 힘써 행하는 '역행(力行)' 등 실천적인 행위를 의미하는 글자를 붙여 사용한 경우가 열한 번[256]이다. 황사영에게 믿음이란 실천과 행위에까지 연결되어야 완전한 것으로, 단순히 지적(知的)·사상적으로만 믿는다는 것은 그에게 천주교가 아니었다.

〈성경직해(聖經直解)〉에서는 선공(善功)이 없는 신덕(信德)은 의미가 없으며 공허한 것임을 강조[257]하고 있다. 젊은 지식인 황사영에게 '사상과 실천', '믿음과 행동'은 하나였으며, 이는 그의 행적 전체에서 매우 강렬하고 일관되게 드러난다. 사영은 〈백서(帛書)〉에 순교한 인물들의 삶을 기록하면서도 교회 안에서의 역할뿐만 아니라, 신앙 공동체 밖 다른 이웃들을 향한 애덕(愛德)의 실천으로 이어지는 부분들을 중요하게 평가하며 기록하고 있다.

〈백서〉는 출세나 입신양명을 넘어 세상에 대한 더 큰 열정을 지니고 있던 젊은이들이 사상적으로 방황하는 모습을 소개하고 있다.

정약종, 김건순, 김백순, 강완숙 등이 그러한 인물들이다. 황사영을 포함하여 이들은 당시 사회 일각의 젊은 지식인들 사이에서 끊임없이 제기되어 오던 변화에 대한 갈망의 한 모습을 상징적으로 보여준다. '유교의 하늘'에서 길을 찾을 수 없던 젊은이들이 '천주교의 하늘'을 만나 구체적인 이상사회를 구현하고자 한 것이다.

김건순과 김백순은 조선 후기 대표적인 노론 명문가 재원으로, 김건순은 병자·정묘호란 척화대신으로 이름 높아 효종의 묘정에 종사된 김상헌의 봉사손(奉祀孫, 제사를 받드는 후손)이었다. 재주가 뛰어나 안회(顔回)*가 다시 태어났다는 평가를 받던 인물로, 박지원도 그를 "천하의 기이한 보배"라 한 적이 있다. 그런 그가 황사영에게서 영향을 받아 초시를 본 후 22세에 주문모 신부에게서 세례를 받고 과거를 접었다. 그리고는 천주교에 투신해 정약종과 함께 천주교 총서 〈성교전서(聖敎全書)〉 발간 작업을 추진했다. 그는 천주교에 귀의하기 전 노자와 병서뿐만 아니라 선도(仙道)와 불교까지 섭렵하고 술법까지 배우고 있었다. 이러한 사상적 방황 끝에 천주교에 닻을 내린 것이다.

김백순 역시 노론의 정신적 지주라 할 수 있는 김상헌·김상용 형제의 후손이다. 그런 그가 성리학의 이치가 의심스럽고 전적으로 믿을 수 없다는 결론을 내리고 천주교에 귀의했다. 이는 노론 인사들에게 대단히 충격적인 일이었다. 친척이자 유명한 문장가인 유한준이 그를 몇 차례나 불러 꾸짖었지만 뉘우치는 기색이 전혀 없자 그와 아예 인연을 끊어버렸다. 남인 내 총명하고 재간 있는 젊은 선비들이 천주교에 빠져들었던 동요 현상이 노론 내부에서도 일어난

---

* 공자가 가장 아끼던 제자로 공자보다 일찍 세상을 떠났다.

것이다.

김백순은 과거 급제 기회를 얻는 충량과를 거부했다. "오늘날 제사에 참여하는 사람들은 … 오로지 과거에 급제할 기회를 노리는 것이니 그것은 성실하지 못한 일이오"(60-61행)이라 한 그는 더 구체적으로 "몇 해 동안은 남을 따라 덩달아 성교(聖敎)를 비방하며 과거 공부에 힘썼는데, 세태가 위험해짐을 보고 벼슬에 나아갈 마음이 없게 되었다"(61행)고 이유를 밝힌다. 붕당·학연·문벌 기반이 충실한 노론의 젊은 선비들 눈에도 당시 벼슬길과 정치 세태가 위태로워 보인 것이다.

정약종 역시 천주교를 알기 이전에 세상의 이치를 찾고자 비범한 열정으로 불교, 도교 등 여러 사상을 섭렵하였으나 만족하지 못했고, 결국 천주교에 이르러 지적(知的) 방황을 멈춘 인물이다.

> "정약종은 … 일찍이 선학(仙鶴)으로 장생할 뜻이 있었는데, 천지개벽(天地改闢) 설을 잘못 믿고는 한숨을 쉬며 이렇게 말하곤 했습니다. '하늘과 땅이 바뀔 때면 신선도 소멸되는 것을 피할 수 없다. 결국 장생하는 길이 못 되니 배울 것이 못 된다.' 마침내 성교(聖敎)를 듣고는 독실하게 믿고 힘써 행했습니다."[258]

정약종은 천주교에 귀의하기 전 불사(不死)의 신선들마저 사라지는 우주 소멸의 천지개벽이 일어날 것이라 믿었다. 60여년 이후 최제우가 말하는 '다시 개벽' 혹은 그 이후 나오는 '후천개벽'과 같은 묵시종말적 세계관까지 흡수하며 방황하고 있었던 것이다. 양반가 남성 자제들 못지않은 지식을 지니고 있던 강완숙도 자신에게 주어진 답답한 조선 현실을 넘어서기 위해 한때 불교에 귀의하기까지

하였다. 이러한 사상적 방황은 당시 현실 체제에 깊은 회의를 느끼고 이상향을 찾아 헤매던 일부 젊은 지식인들이 공통적으로 느끼고 있던 존재론적 분위기였던 것으로 보인다.

황사영은 '어떻게' 하면 조선의 현실을 개조할 수 있을지 깊이 고민한 것으로 보인다. 김건순을 소개하는 부분에서 "바다를 건너가 강소성과 절강성을 거쳐 북경에 이르러 서양 선교사들과 만나 이용후생의 방법을 많이 배워 본국에 돌아와 가르치려고 하였습니다"(57행)라는 설명을 하는데, 기존의 육로가 아닌 '바다'라는 새로운 길을 통해 북경에 도달하겠다는 점이나, 새로운 사상이나 학문이 아닌 '방법'을 가지고 오겠다는 그의 서술은 대단히 암시적이다.

본래 성리학에서도 강조하던 이용후생(利用厚生)은 황사영을 비롯한 당대 천주교 지도층이 깊이 문제의식을 지니던 부분이다. 황사영도 작성에 참여한 2차 서양 선박 청원서의 내용이 이를 잘 보여준다. 1796년 조선 천주교 지도층은 북경 구베아 주교에게 서양 선박 청원서를 보냈다. 두 번째 대박(大舶) 청원이었고, 이 청원은 천주교의 자유로운 포교와 입국한 주문모 신부의 안전을 확보하기 위한 방책에서 그치지 않았다. 이들은 기중기, 풍금 등을 함께 요청했다. 서양 문물에 대한 수용과 향유까지 기대한 것이다.

이들은 사회를 개조하기 위해 현실 과거 제도의 개조를 원했다. 신분과 문중 위주의 경직된 현실 제도에 반하여 능력에 따라 인재가 등용되는 새로운 선발 제도에서 교황을 시험 주관자로까지 생각했다. 부패한 현실 권력을 넘어설 수 있는 제3의 권력을 고민한 것이다. "서양에 교화황(敎化皇)이 있으니, 그 법으로 지위를 자식에게 물려주지 않고 반드시 덕이 있는 사람에게 물려주며, 천하의 정치에는 간섭을 않고 다만 넓은 천하의 교무(敎務)에만 힘쓴다고 하여 교종이라 합니다." 이들의 이상향 안에서 관리 선발자는 덕치(德治)를 행하고 정치에 중립적인 인물이어야 했다.

더 본질적으로 이들이 조선에 이루고자 한 세상은 이용후생을 넘어서는 방식으로 세울 수 있는 것이었다. 1801년 10월 10일 심문 받는 중에 황사영은 이렇게 말했다.

> "제가 양학(洋學)을 한 지는 11년이 됩니다. 처음 배웠던 다음 해 조정의 금지령이 매우 엄중하여 친척이나 친구들 중 배교하지 않은 사람이 없었습니다. 그러나 이 몸은 백번 생각하여도 이 천주교는 구세(救世)의 양약(良藥)이라 생각되어 성심껏 믿어왔습니다."[259]

그가 말한 '구세(救世)'란 어떤 의미였을까? 주문모 신부는 세상을 구함(救世)에 있어 '사람을 구하는 것(救人)'의 중요성을 크게 강조 했다. 황사영은 백서에서 김건순을 소개할 때 이용후생의 계획을 세우다 이것만으로는 세상을 구하기 어렵다는 것을 깨닫고 천주교 를 받아들였음을 설명하는데, "사람이 죽어도 없어지지 않는 것이 있음을 깨달았다"(62행)며 영혼(靈魂)을 자각하게 되면서 새로운 방식 의 구세(救世)에도 눈을 떴다는 것이다.

'구인(救人)'을 통한 구세(救世)' ─ 일례로, 이경언(李景彦)은 천주의 가르침에 따라 "의리에 있어서는 상하의 구별도, 반상(班常)도, 잘나 거나 못난 얼굴의 구별도 없고, 다만 영혼만이 구별될 수 있다"[260] 고 했다. 이들이 '하늘에 계신 우리 아버지'를 부를 때 그 '하늘'이란 또한 인간 내면에 있는 하늘로, 모든 인간은 스스로의 안으로 들어 가는 그 자리에서 스스로를 초월하여 천주(天主)를 만나는 존재이다.

백정 신분으로 홍주에서 비참한 삶을 살던 황일광(黃日光)은 이존창을 통해 천주교인이 된 후 경기도와 서울로 거처를 옮겨 정약종, 황사영의 집에 거처하며 자신의 역할을 다했다. 모두가 그의 신분을 알았으나 양반 교우들도 그를 형제처럼 대우하여 황일광은 "나에게는 두 개의 천국이 있다. 이 세상에 하나, 후세에 하나"[261]하기도 했다. 정약종도 자신의 비녀를 일곱 냥에 속량했고, 홍낙민도 자신의 노비를 해방하였다가 동료 양반들의 비난을 샀으며, 유군명도 세례를 받자마자 거느리던 노비들을 모두 해방하였다.[262]

형이상학적 원리이던 하늘(天)이 이제 만물의 주재자이자 인간과 함께 있는 인격체가 되어 땅으로 내려왔고, 이 하늘(天)이 또한 모든 인간의 영혼 안에 거처한다는 대혁명의 인간학(救人)을 통해 이들은 조선에 새로운 세상(救世)을 세우고자 했다. '구인(救人)을 통한 구세(救世)'. 그리하여 황사영은 삼조흉언(三條凶言)이라 불린 그의 교회 재건 방안에 대해 추궁받을 때에도 이렇게 답했다.

"이 몸이 볼 때 천주교는 나라와 백성에게 해(害)가 없는데도 불구하고, 다만 왕가에서 금하므로 저의 힘을 다하여 천주교를 금하지 못하게 하려는 계책이었습니다."[263]

흉서(凶書) 속의 삼조흉언(三條凶言)

황사영이 서한을 작성한 직접적인 계기는 주문모 신부의 죽음이다. 13,384자를 쓰면서 그가 행을 바꾼 부분이 6행, 77행, 84행인데,

모두 주문모 신부와 관련된 내용*에서이다. 사영은 주 신부와 관련된 내용을 백서 전체에 걸쳐 기록하고 있고, 가장 큰 비중을 차지하는 32행에서 90행까지의 순교 열전에서도 인물마다 주 신부와의 교류 관계를 설명한다. 그리고 주 신부의 열전은 맨 마지막에 나온다.**
〈백서〉 전체가 여러 인물의 삶과 희노애락 안에 사제에 의한 성사가 집행되면서 조선 교회가 세워지다가, 그 역사가 주 신부의 죽음과 동시에 절단되는 모습을 설명하고 있다. 사제가 없어진 조선 천주교회는 "박해가 없더라도 10년이 못 가서 저절로 소멸되고 말 것"(88행)이라 황사영은 내다보았다. 북경을 오가는 사신들을 통해 신유박해 소식을 들은 구베아 주교도 조선 교회가 이 상태로 간다면 5년이 못 가서 소멸할 것이라 판단한다.

이 서한이 '흉서(凶書)'라 명명되고 반국가적 문서로 치부되어온 이유는 91행부터 총 29행에 이르는 서한 말미의 교회 재건 방안 부분에서 기인한다. 당시 조정에서는 이 부분을 두고 '삼조흉언(三條凶言: 密通異域, 慫慂他國, 大舶請來)'이라 하여 집중 추궁하였다.

---

* 6행에서 주 신부가 체포당할 뻔했던 사건을 기록하며 처음 행을 바꾸었고("을묘년 주문모 신부를 잡으려다가 놓친 이후부터 선왕의 의심과 두려움이 날로 깊어져"), 77행에서 주 신부의 상황에 대해 자세히 기술하며 두 번째로 개행하였으며("주문모 신부는 을묘년 이래 늘 골롬바의 집에 살면서 간혹 다른 곳으로 다녔는데"), 84행에서 주 신부의 순교를 알리며 세 번째로 개행했다("뜻밖에도 악한 자에게 피살되어 그 머리를 매어 단 다음에야 신부의 얼굴을 보게 되니…").
** 이러한 구성은 다른 서한들, 일례로 신미년(1811) 조선 천주교인들이 북경에 보낸 편지의 구성과 사뭇 다르다. 이 서한에서는 다른 순교자들과 마찬가지로 주문모 신부의 열전을 독립적인 전기로 맨 앞에 기록하고 있다.

中東國旣負東國之中教友尤負僕其飢寒者不過十餘人甲寅秋都城近畿餓莩枕藉而此其酷則太半由於財難矣今年宋彥始死不能先期措司餠到东之後方覺病危措以致病莩生矣

可以為足矣以已失當往往咎僕以為脚失捜往路明殺忠三途素多教友慶幸江原向道近年種種省省有之故虛虛祈嘗待慘痛之状行之旦伏破老論之形及甚的兇謀者則己破此五道前海平至兩道又道咎有計矣嫉之市無拳教省無流之者畔開

蓋有二敢一回先之旌之後雖雖五涯敬雞雖迎今家歳盡生省身更因已破之形及甚前跛有計無路施行今雖破残之餘可以為脚失捜往路明殺忠三途素多

東國之卒行久者必當不久者亦然於宗從伏望博詢於熟慎密省必當必成如何

弑道憙恩於皇朝以報如是惠簡則皇上憂知此之忠謀矣望其先後果多必成如何

述挺甲教 伏聞近年中國西賊招徹官年重威疆土日晝里帝必有憂門之心尚有能包善語萬里南朝赤赤以為門治爲國之英影丈夫今不盖一朝切人延怒而有我用恐及我用恐及其時勝至不行後悔

矣中國教友尤負門路唯言之踐毉那側側門邑如何以今諸俟聖教何以安行不富中國時勢可行此計百數省

許以爲逆而私自傳言時當甚多如為聖上當以善其此業繁足以鮮罪此京必使朝鮮一往業繁足以鮮罪此東勿以爲逼勿以爲逼矣

土崩尾解可而得也得以將兵五六萬得主商之兵行蜀死不效運萬四六萬大砲等利害之兵兄如有一二人主聽收耳西洋傳教相固有益於皇家永無客此本邦趣

一羊亦有肥愛戲則大萬若不及則十數五六千人亦可用數年前大西洋商舶一隻深到二敢一回由常諭萬此友戲一人亦不效戲敬如可不行之貲此一則由門兇彷彿所知省填求年少少孩生室家不見外人偶建生室西土三四人直抵海濱致書國王曰吾傳教柚

甚二或書如此舉動如知易恐不合故聖敬表樣人一則由門能接濕友門之無能爲恩及我用恐及其時勝至不行後悔

大捄救根本之地三十年来得教萬國其子鄉化殘壺聖敬戎神凶爲此東洋二百年来門無客此慮舉罪雖如

乃聖敎根本之地三十年来得教萬國其子鄉化殘壺聖敬戎神凶爲此東洋二百年来門無客此慮舉罪雖如

度日如年自行無力盼望甚殷切願 袁牌乃速敬馬 今年窘難知名之教友雖有免省餘存有當屏急潛伏以示滅絶之様然後聖敬可以保全而敎友

'밀통이역(密通異域. 다른 나라와 은밀히 내통함)'

황사영은 조선 교회에 대한 서양 국가들의 국제적 재정 원조를 요청했고, 국경에 북경과 고정적으로 연락할 수 있는 점포를 설치할 것을 제안했다. 이는 '밀통이역(密通異域)'의 죄에 해당한다. 외국인 주문모를 조선에 입국시킨 점, 서양인 교황과 서양 제국에 도움을 청한 점, 조선에 들어오려는 성직자를 받아들일 수 있도록 만주 책문에 거점 설치를 건의한 점이 모두 그러하다. 취조 중 그는 이것이 조선 국법에 위반된다는 사실을 알고 있다 하였으나, 그 목적이 모두 천주학을 행하기 위함이라 설명하였다.

'종용타국(慫慂他國. 청 황제가 조선 임금에게 종용하여 천주교를 수용하게 함)'

〈백서〉에서는 또한 교황으로 하여금 청 황제에게 외교적 압력을 가할 것을 청원하여 조선을 청의 부마국으로 만들도록, 그리하여 호란 이후 청에 대한 사실상의 외복(外服) 상태를 내복(內服. 청의 직접 통치를 받는 것) 상태로 만들고, 언어와 의복의 차이를 없애 사람과 문화의 상호 왕래를 개방할 수 있도록 청하였다. 이는 조선이 청의 직접 통치를 받도록 기도*한 것으로 주요한 반역죄로 추궁되었다. 후대 사학계에서도 이 대목의 '반민족성'을 지탄하였다.

그런데 황사영은 민권(民權)에 입각한 민족국가의 시대가 아닌 천명(天命)에 입각한 유교적 왕조 시대의 지식인이자 중국을 대국의 기준으로 판단하던 시대의 동아시아 지식인이다. 그 이후 생겨난

---

* 청은 적어도 개항 전까지 조선을 자국에 내복시킬 아무런 필요성을 느끼지 못하고 있었다.

'민족(民族)'의 개념에 비추어 〈백서〉를 이해하려는 것은 적합하지 않다. 황사영은 내복감호(內腹監護)에 대하여 스스로 이렇게 평가한다. 혼란스러운 내부 상황으로부터 그가 왕통을 지키려 했음을 알려준다.

"이 계획은 황실에도 유익할 뿐 아니라 이 나라에도 해가 될 것이 없습니다. 현재 이 나라는 정세가 위급하여 결코 오래 지탱하기 어려운데, 만일 내복이 되면 간신들의 눈 흘김이 저절로 그칠 것입니다. 따라서 이씨(李氏)의 명성과 위세가 배로 커질 것이니, 어찌 이것이 성교회의 안정일 뿐이겠습니까, 이것은 또한 나라의 복이기도 합니다."(103-106행, 108-109행)

정조가 왕세손이 된 전후부터 정순 왕후의 종숙부 김한록은 '죄인(사도세자)의 아들은 왕위를 이을 수 없다' 하였고, 정순 왕후의 양자로 대통을 이어야 함을 주장하던 노론 벽파는 '대의멸친지설(大義滅親之說, 대의를 위해 친척을 멸한다)'을 퍼뜨리고 다녔다. 이들 여군(女君)-강신(强臣) 세력이 두려워하는 현실 권력으로는 종주국 청나라밖에 없었다. 황사영은 청의 어김없는 지원을 받는 세력이라야 "당의 형세가 매우 커서 선왕도 두려워하였던"(18행) 세력을 조정에서 몰아내고 이씨(李氏) 왕조의 명성과 위세를 다시 세울 수 있다 판단한 것이다.

이는 '조선에는 임금과 재상이 있으니, 만일 좋은 기회가 온다면 교리를 전할 수 있게 될 것이다'는 주 신부의 평소 생각과도 일치한다. 내복감호책은 새로이 형성될 강력한 왕권과 정치 세력에 의해 천주교가 수용되고, 그리하여 조선의 난제들을 극복해 나가기 위한 방안으로 보인다.

황사영의 사고는 중국 강남 지역을 모델로 하여 조선을 대국으로 가게 하자는 북학파의 '대국주의' 사상과도 비교·연계해 볼 수 있다. 박지원은 〈열하일기〉에서 허생의 입을 빌려 '무령왕은 그 나라를 강하게 하려는 바람으로 오랑캐 복장인 호복(胡服) 입기를 치욕스럽게 생각하지 않았다'며 중국인들과 과감한 혼인 정책을 쓰고 강남 지방과 무역을 개방할 것을 주장하였다. 박제가도 강남 지방과의 통상으로 조선에서도 같은 수준의 상업을 진흥해야 한다며 그들을 제대로 알기 위해서라도 스스로 중국 의복을 입고 상호 섞여 들어가야 한다 했다. 북학파 인물들의 주장에서 더 급진적으로 나가 있는 황사영은 "마음속으로 중국의 제도를 좋아하여, 청나라식 변발이나 무사처럼 입는 옷까지도 본래 좋아했고, 서책들 또한 흠모하고 본받으려 했다"[264] 하였다. 청나라 문화에 대한 경멸과 적개심 가득했던 당시 조선 풍조와 지식인층 문화를 감안한다면 황사영의 이러한 수용도는 기이할 정도로 특이하다.

또한 그는 조선 교우가 먼저 국경 밖으로 나가 중국에서 조선 언어를 가르치겠다고 제안(98행)한다. 조선의 것을 국경 밖으로 가지고 나간다는 발상은 의복과 문화를 섞는다는 개념에서도 한 단계 나아간 형태로 보인다. 조선 사람들과 의사소통이 가능한 중국인 사제를 양성하려는 기능적 필요에 의한 제안이나, 우리 것을 국경 밖에서 가르치겠다는 사고는 당대에 쉽게 하지 못할 발상이다. 황사영이 조선 문화와 전통을 부정하고 청이나 외부의 것을 일방적으로 받아들이려 한 정체성 없는 인물이 아니라는 문제제기를 해 볼 수 있다.

이기경은 〈벽위편〉에서 황사영의 흉심(凶心)을 고발하며 사영이 썼다는 글귀를 인용한다. "세상 물정(世情)은 파촉길 삼천리*요, 재앙의 빌미는 진나라 분서갱유 시작된 지 20년 가을이더라." 취조 중 심문관들도 주목한 이 '흉악한 시구'[265]는 황사영이 당대를 '난세'로 파악하고 있었음을 알려준다.[266] '난세'란 천명(天命)이 바뀌는 시대로, 대란이 일어나면서 대국과 소국이 뒤섞이고 바뀌는 혼돈의 시대이다. 모두가 대국주의를 지향해 살아남으려는 정벌의 시대. 황사영이 말하는 '진나라 분서갱유의 시절'인 것이다. 그는 조선이 새로운 천명을 지향해야 할 때라는 역사의식을 지니고 있었다.

황사영은 서양을 서(西), 태서(太西), 대서양(大西洋)**이라 부르는데, 당시 조선 천주교 지도층은 서양을 영국***과 같이 동양으로 진출하던 강하고 활동적인 큰 나라들로 인식했다. 태서(太西)는 천주교의 본고장이며 2천년 동안 만국(萬國)에 전교가 이루어진 곳(116행)이다. 〈백서〉는 이 나라들이 천주교를 믿으며 번영하고 있다는 사실을 설명하고 있다. 당대 개혁파 지식인들이 구상하던 경제·문화적 대국 구상과, 이를 넘어서는 대외·외교 관계의 근본적인 변화를 가져오는 데 천주교가 매우 중요한 역할을 할 것이라 황사영은 확신했을 것이다.

---

* 안사의 난. 당 현종이 수도를 버리고 멀리까지 몽진을 한 길을 '파촉길 삼천리'라 함.
** "수년 전에 대서양상박(大西洋商舶) 한 척이 우리나라의 동래에 표착했다"(백서 112행).
*** 〈백서〉 112행 "수년 전에 서양 상선 한 척이 이 나라의 동래에 표류하여 왔을 적에 한 교우가 배에 올라 자세히 살펴보고 돌아와서 말하기를 '그 배 한 척이면 우리나라 전함 백 척은 족히 대적할 만 하더라'고 했습니다." 당시 영국 탐험가 브루턴(Broughton, 1762~1821)이 이끄는 북태평양 타험선 슬로우프형 포함 프로비던스호가 러시아 시베리아 동단까지 탐험한 후 1797년 8월 27일 동래 용당포 앞바다에 표도하여 9일간 머문 후 9월 10일 일본으로 출항하였는데, 당시 1799년 박해를 피해 동래로 피신해 있던 역관 현계흠이 배에 올랐다.

하늘의 신발 – 18세기 조선 문명전환의 미시사

이미 스스로가 자신의 정체성을 새로운 천명(天命)의 시·공간 안에, 새로운 문명권 안에 두고 있었다. 서한의 서명에서 그는 당대 조선에서 사용하던 시헌력을 사용하지 않고 서력기원(西曆紀元)을 사용하고 있다.

> "천주 강생 후 1801년 시몬 타대오 첨례 후 1일, 죄인 토마스 등은 두 번 절하옵고 삼가 갖추어 아룁니다"

황사영은 중국보다 더 큰 세계를 머릿속에 담고 있던 인물이다. 그의 종용타국(慫慂他國) 방책은 당면 과제로서 종교 자유를 얻기 위해, 궁극적으로는 당시 북벌론에서 그리던 대국보다 더 큰 대국 – 모든 서양 나라들과 연결된 대국 – 으로 조선을 세우기 위해 현실 주종관계를 활용하고자 했던 것으로 보인다. 사실 황사영은 중화주의에 빠져 중국 이외 다른 나라에는 관심이 없는 조선, 그리고 "듣건대 그 나라는 중국에 속해 있어 외국과 서로 통하지 않는다(100행)"는 폐쇄적인 상황에 대해 매우 비판적이었다. 그에게 조선은 중화질서의 종주국이 아니라 '만국 가운데 한 나라(91행, "萬國之中 東國…")'였다.

'대박청래(大舶請來, 큰 서양 군함의 힘을 빌어 조선에 천주교를 허용케 함)'

110행부터 황사영은 마지막 방안을 설명한다. 이는 3조 흉언으로 명명된 방책 중 외적으로 가장 과격한 내용을 담고 있어 후대에 가장 큰 주목과 비난을 받는 부분이다.

"만약 그럴 수만 있다면 군함 수백 척과 정병 5, 6만 명이 대포 등 날카로운 무기를 많이 싣고, 글을 잘하고 사리에도 밝은 중국 선비 서너 명을 데리고 바로 이 나라 해안에 이르러 국왕에게 글을 보내 말하기를, '우리는 서양의 전교하는 배요. 자녀(子女)나 재물 때문에 온 것이 아니라 교황의 명령을 받아 이 지역 사람들의 영혼을 구원하러 온 것입니다. 귀국에서 한 사람의 선교사를 용납하여 기꺼이 받아들이기만 하면 우리는 그 이상 더 많은 것을 요구하지 않을 것이며, 한 방의 탄환이나 한 대의 화살도 쏘시 않고, 티끌 하나 풀 한 포기도 건드리지 않을 것이며 영원한 우호조약만 맺고 북 치고 춤추며 돌아갈 것이오. 그러나 만약 천주의 사신을 받아들이지 않는다면 마땅히 천주의 벌을 집행하고 죽어도 발길을 돌리지 않을 것입니다.'"

대박청래(大舶請來)에 대하여 당시 조정에서는 특히 이가환, 이승훈과 함께 추진했는지 여부를 계속 심문하였다. "이것은 모두 이가환·이승훈 패거리들이 전에 하려고 추진했던 일이었다" – 정치적 의도가 담긴 추궁이었다. 황사영은 고문을 동반한 심문 중에도 두 사람과의 연결성을 부인했다.[*] 그리고 그는 '일장판결(一場判決)'이란 무력 침략을 가리키는 말이 아니라 종교 자유의 획득 여부를 가리키는 말이라 했다.

당시 서양 항해술이 발달했다 하나 아직 범선 수준에 지나지 않았을 시기였다. 제국주의적 침략을 가능하게 한 증기선에 현대화된 대포가 일반화되는 시점은 황사영의 시기보다 사오십년 뒤이다. 그

---

[*] 벽파의 핵심 지도자였던 전라 감사 김달순의 장계와 문초 기록을 통해 대박청래 추진은 이미 사형된 이우집, 유항검 등이 사학 수괴들(이가환, 이승훈, 정약용, 홍낙민)과 함께 모의한 역모로 규정되어 있었다.

하늘의 신발 – 18세기 조선 문명전환의 미시사

가 서양 무력의 결정적 우위에 바탕을 둔 침략주의적, 혹은 제국주의적 개입을 요청했다는 해석은 적합하지 않다.

"큰 배를 요청했던 것은 무엇을 하고자 했던 것이냐?"

"큰 배를 요청했던 것은 중국처럼 천주당을 건설하고 천주교를 전파해서 서양의 천주학을 크게 유행시키고자 했던 것입니다."

"큰 배 수백 척과 군사 5, 6만 명을 보내오기를 요청했던 것은 무슨 의도냐?"

"명성과 위세를 펼쳐 서양의 천주학이 당연히 행해져야 함을 깨닫도록 타이르고, 금지하지 못하게 하려는 계획이었습니다."[267]

큰 배를 보내달라는 요청은 〈백서〉를 쓰는 동안 황사영에게 갑작스럽게 떠오른 발상이 아니다. 끊임없이 사제 파견 요청을 해오던 천주교인들은 1790년 윤유일을 북경으로 보낼 당시 이승훈이 대표로 주교에게 보낸 서한에서도 선교사와 서양 선박을 간청했다. 주교는 우회적으로 대박(大舶) 파송은 거절하고 신부만을 약속했다. 당시 천주교인들의 대박 요청 목적은 오로지 선교사 영입에 있었다. 이들은 서양 선교사들이 배를 타고 세계를 다닌다 이해하고 있었다.

"대박(大舶)이 서양에서 온다는 일은, 들건대 서양에서 천주교를 주관하는 사람은 반드시 그 학을 널리 펴고자 하여 큰 배를 타고 세상을 두루 돌아 다니는데… 이 몸은 과연 큰 배가 오게 되면 천주당을 짓고 교주를 세우고 교리를 설명하여 우리들은 다시 박해당할 걱정이 없게 되리라 생각하였다."[268]

이후 유관검의 진술에 따르면 주문모 신부의 입국 이후인 1795년, 이승훈*, 권일신**, 홍낙민, 최창현, 황사영 등은 공동으로 서명한 서한을 북경으로 보내 다시 한번 큰 배를 요청한다. '대국(청나라)의 운수가 이미 다하였다'는 반청(反淸)적 성향에 서양 지향적 사고방식을 지니고 있던 주 신부도 뜻을 함께 했다. 주 신부 입국 후 조정의 천주교 탄압이 더욱 심해지자 이번 대박(大舶) 요청에서는 배와 함께 서양 군주의 국서(國書)를 보내 외교적 방법으로 선교의 자유를 획득해 줄 것을 청원했다. 그리고 황사영이 〈백서〉에도 요청하고 있는 서양의 기물과 사상, 교황이 주관하는 능력 위주의 새로운 과거제 시행에 대한 기대도 표현하고 있다.[269]

두 번째 서한은 황사영, 최창현, 유관검 등 관직과 거리가 먼 사회의 경계인들이 교회에서 주도적인 역할을 맡아 이끌 당시 작성하였다. 때문에 동일한 대박(大舶) 청원에도 사회 개혁적 요소가 훨씬 강하게 들어가 있다. 북경 주교는 이들의 두 번째 대박 요청에 대해서도 완곡한 어법으로 기대하지 말 것을 답했다.

그리고 1801년. 신유박해가 일어나고, 세 번째 선박 청원이 담긴 절박한 서한을 북경으로 보낸 것이다. 이번 청원에서는 선교사

---

* 유관검이 공초 중 이승훈이 그 자리에 참석했다 진술하였으나 해당 진술의 진위 여부나 의도에 대해서는 확인이 필요하다. 이승훈이 당시 천주교에 대해 취하고 있던 입장을 감안한다면 그는 참여하지 않았을 것이 명확하기 때문이다.
** 권일신 또한 이미 1792년에 사망한 상태였다. 당시 상황에 대해 유관검이 뒤늦게 전해 들은 것에서 발생한 착오일 가능성도 있다.

의 입국과 새로운 사회질서를 세우는 것에 더해 무력을 사용한 위협을 요청하기에 이른다. 또한 지금까지는 북경 주교를 통해 교황에게 요청한 것과 달리, 이번에는 교황과 서양 여러 나라의 공조를 요청한다. 국가를 개조하려는 남인들의 오랜 열망과 조선 땅에 천국을 세우고자 하던 천주교인들의 열망이 아무런 손을 쓸 수 없는 마지막 지점에 황사영 홀로 서 있다. 이를 넘어서기 위해 군함 외교를 동원하고 궁극적으로 서양 여러 국가들과 영결화호(永結和好, 영원한 우호 조약) 체제를 구축하는 방안으로 조선 지식인의 사고가 확장된 것이다.

대박청래의 대상은 누구였는가? 황사영은 나라와 조정을 분명하게 분리하여 인식하고 있다. 그는 '조(朝)'라는 말로 조정을 지칭한다. "조가의 금령이 매우 엄중하여", "선왕의 장례가 끝나자마자 시파 사람들을 모조리 몰아내어 조정안(朝內) 절반은 비게 되었습니다"(19-20행). 순조 즉위년 10월, 정조의 국장이 끝난 다음 날, 정조 16년 영남 만인소에 동조했다는 죄목으로 서유린 형제를 역(逆), 사(邪)로 탄핵함으로써 벽파의 공격이 시작되었다. 유배와 추탈, 삭거사판(削去仕版)이 잇달았다.[270] 황사영은 벽파가 비로소 조정(朝廷)을 장악하여 "조정에서 기어코 죽여 없애려는 자는 지위가 높고 글을 잘하는 사람들입니다"(75행)라며 박해에서 조정의 역할을 계속 설명한다.

그는 이들 세력을 '악(惡)'으로 규정한다. 〈백서〉에서도 악당(惡黨), 악배(惡輩), 악관(惡官), 악인(惡人)이라는 말을 여러 번 사용한다. "이전부터 천주교를 해쳐 오던 악당*이 벽파와 계속 연락을 취해 왔는

---

* 이기경, 홍낙안 등 남인 공서계 인사들을 말한다.

데 세태가 크게 변하자 요란스럽게 들고 일어나"(20행), "악당은 …그 죄를 이승훈과 이가환에게 뒤집어씌워"(49행), "악배가 역적의 누명을 그들에게 억지로 뒤집어 씌웠지만"(115행), "악관이 선왕의 면전에서 그의 이름을 지적하여 처형하기를"(26행), "악인에게 피살되어…"(84행). 정약용도 신유박해를 선(善)과 악(惡)의 문제로 바라보았다. 죄 없는 '선류(善類)'를 억울하게 옥사시키고 유배시키고 죽이려한 세력, 목만중과 홍낙안 등은 '악당(惡黨)'이며, 이기경과 서용보등은 '악인(惡人)'이라 하였다. 이에 다산은 신유박해를 사화(士禍)라규정했다.

조선이라는 '나라'와 벽파 세력이 장악하고 있던 '조정'을 분명히구분하는 그가 대박청래를 통해 드러낸 정치적 입장이 있다면 이들세력의 축출과 제거라 할 수 있다. 벽파 세력은 외교적으로 친명·반청 정책을 추진하였고, 그에 대항하는 황사영의 외교 방책은 청과 서양을 끌어들여 이들 세력을 몰아내는 형국이다.

집권 벽파는 〈토사반교문(討邪頒敎文)〉에서 백성의 목소리를 빌어 '하천이 무너지면 물고기들도 썩어 문드러지는 환란이 일어난다(河決魚爛之患)', 즉 전쟁이 초래할 백성들의 무고한 희생을 들어 황사영을 비난하였다. 후대의 비판도 이에 동조하고 있으나, 정작 황사영이 요청한 무력의 성격은 이와 다르다. 그는 대박청래(大舶請來)를 요청하며 이 방책이 "백성을 해치지 않고 재물을 빼앗지도 아니함"(117행)을 명기했고, 그 대상이 집권층에 있음을 면면히 나타내고있다.

"우리나라 사람들이 성교를 혹독하게 해치는 것은 그 인간성이 독하고 사나워서가 아니고 실은 두 가지 까닭이 있습니다. 하나는 당파(黨派)끼리의 논쟁이 몹시 심한데 이를 빙자하여 남을 배척하고 모함할 자료로 삼기 때문이요, 다른 하나는 … 안다는 것이 오직 송학뿐이므로 조금만 자기와 다른 행위가 있어도 천지간의 큰 변괴로 여기기 때문입니다."(113행)

대박청래(大舶請來)에서 황사영이 논하는 폭력의 성격에 대해서는 섬세한 읽기가 필요하다. 그는 무력을 행사하는 주체, 방법, 정당성 등에 대해 상세하게 규정·제한하고 있다. 조정을 상대로 무력을 행사하는 주체가 조선 천주교인들이라면 이는 의롭지 않다 하였다. 상대가 폭력을 행사하니 동일한 방식으로 보복 폭력을 가하여 난(亂)을 선동하는 것은 그리스도교 윤리에 맞지 않다 사영은 생각했다. 그런 그가 요청한 무력 위협이란 서교(西敎)의 가치 체계를 공유하여 평화를 유지하고 있는 모든 나라들이 평화 상태를 확장하기 위해 공동으로 의사를 관철시키는 권력*행사에 대한 요청에 가깝다. 당시 조정과 후대에서 이해하듯 전쟁을 일으키는 무질서한 무력을 부른 것이 아니라는 말이다. 그래서 그는 대박청래가 '어짐과 정의(仁義)를 다하는 뛰어난 표양'이 될 수 있다 하였다.

"어떤 사람은 말하기를 이와 같은 일과 행동은 실행하기가 어렵고 쉽고 간에 성교에서 내세우는 명분에 부합하지 않는다고 염려합니다

---

* 여기서 말하는 '권력'은 라인홀드 니버(Reinhold Niebuhr)나 로날드 스톤(Ronald H. Stone)의 정치 철학에서의 개념을 사용한다. 권력은 도덕적으로 가치중립적이며, 권력 행사는 인간의 자만심이나 타인에 대한 지배의 형태로 나타나기 때문에 권력은 '강요'와 동일하고, 사회적 조직과 결속력에 필수적인 표현이다. 권력의 유형에는 군사력, 종교, 경제력이 있다.

만 저는 그렇지 않다고 생각합니다. 이 나라에서 십 년 이래로 순교한 이가 매우 많아 심지어 성교의 신부와 국가 중신들까지도 꼼짝 못하고 죽음을 당하였습니다 … **만약 이 나라 교우들이 시끄럽게 떠들어 난을 일으킨다면 그것이야말로 성교의 진실된 표양을 파괴하는 것입니다.** 서양은 곧 성교의 근본 되는 땅으로서 2천년 이래 모든 나라에 성교가 전해져 귀화하지 아니한 곳이 없는데 홀로 탄압 만한 이 나라만이 다만 천주님의 명(命)에 순종하지 아니할 뿐 아니라 도리어 성교를 잔혹하게 해치고 형벌로 성직자를 잔인하게 죽였습니다 …

예수의 거룩하신 가르치심에 의거하면 전교를 용납하지 않는 죄는 소돔과 고모라보다도 무겁다고 하였으니 비록 이 나라를 멸망시킨다 하더라도 성교의 표양에 해로울 것이 없을 것인데 **다만 지금의 이 계획은 성세를 크게 벌여서 전교를 받아들이게 함에 불과한 것입니다. 백성을 해치지 않고 재물을 빼앗지도 아니하고 또한 인(仁)과 의(義)의 지극함을 모범으로 삼으니 오히려 뛰어난 표상일 뿐입니다.** 어찌 명분의 아름답지 못함을 근심하겠습니까."(115-117행)

황사영은 강이천이 "이 나라가 필연코 오래 가지 못할 것이라 생각하고 나라가 바뀔 정도의 격변기가 오면 이 술수[천주교]를 익혀 시기를 보아 집권하려는 의도를 가지고 있었음"(58행)을 들어 그의 심술이 나쁘다 비판했다. 사영은 이 때문에 강이천이 사실은 천주교를 믿지 않는 것으로 평가했다. 황사영이 파괴적인 폭력을 용인하는 인물이 아니라는 말이다.

강이천과 교류하던 김건순*도 세례받기 직전 주문모 신부에게

---

* "몇 달 안 되어 강이천의 진상이 탄로 나 마침내 옥사가 일어났고, 범죄 사실 진술에 요사팟(김건순)이 관련되어 있으나, 선왕이 전부터 그의 재주를 잘 알고 있었기에

자신은 "사람들을 불러 모아 해도에 도착하여 군기(軍器)를 수선하고 큰 군함을 만들어 우리나라는 해치지 않고 다른 나라로 직접 들이 닥쳐 선조들의 치욕을 씻고자 한다"는 계획을 설명하고 주 신부의 동참을 요청했는데, 주 신부가 크게 놀라 그를 설득하여 생각을 바꾸게 한다.[271] 부정의하고 무질서한 폭력에 대해서는 주문모 신부와 황사영 모두 상당히 경계했다.

아우구스티누스는 원죄로 타락한 인간은 자기애의 확장에서 폭력과 전쟁으로 나아가기 때문에 평화와 방어를 위한 전쟁만이 정당화될 수 있다고 보았다. 그는 정당한 원인과 정당한 수행 방법을 이야기하는데, 정당한 전쟁 개시의 원인을 강조하며 전쟁은 평화를 위해 수행할 것, 올바른 원인을 가지고 수행할 것, 내적으로 사랑의 태도를 견지할 것, 정당한 권위체의 명령 아래서 수행할 것, 수행 방법이 정당할 것을 말하였다.[272] 정전론(正戰論)의 역사에서 가장 중요한 업적을 남긴 아우구스티누스의 사상과 황사영의 대박청래 방안은 서로 교감한다. 배론 토굴 속에서 황사영은 국제정치학의 핵심 질문인 전쟁과 평화 – 궁극적으로 조선의 평화 – 의 문제를 두고 자신의 모든 것을 건 결투를 하고 있었다.

18세기 조선의 국제정치적 상상력

어둠의 시간은 매 순간 신과 대면해야만 하는 정화(淨化)의 시간이다. 피의 증거를 요구하던 시기. 당시 천주교인들이 열독하던 서

때문에 극진히 보호하여 화를 면하였습니다."(백서 59행)

학서들 중 북경 구베아 주교가 직접 저술한 〈묵상지장(默想指掌)〉에 '대월(對越)'이라는 개념이 소개되어 있다. 사욕을 없애고 모든 장애를 뛰어넘어 신과 대면하는 차원을 설명하는 말이다. 영성신학에서 이 대월은 신적 조명의 차원에 해당하는 경지[273]이다. 무한의 어둠 속 침묵만이 흐르는 토굴에서, 어둠만이 이끌 수 있는 빛으로, 어둠의 빛으로 남긴 13,384자의 핵심은 종교 자유를 위한 외세의 무력 개입이 아니라, 만국(萬國)과의 영결화호(永結和好)를 통한 조선의 평화 체제 구축이다.

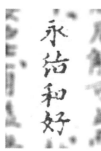

111행 '영결화호'

"큰 배 수백 척에 정예 병사 5~6만 명이라면 이것은 일을 크게 추진하려고 꾸민 꿍꿍이다. 결코 너처럼 하찮은 사람이 홀로 처리할 수 있는 일이 아니다."[274]

심문 중 사영은 말이 길지 않다. 대부분의 질문에 담담히 단답형으로 응대하는 그는 이 질문에 대해서도 자신이 오래전부터 마음속으로 생각하고 주 신부와 논의하고자 했으나 주 신부가 처형되어 의논할 곳이 없어졌다 답했다. 극진히 여기던 주 신부에게 직접 제안하고자 했을 정도로 확신을 지니고 있던 생각이었다.

토마스 아퀴나스는 세속 권력과 교회 권력이 직접적으로는 서로 다른 목적을 지니고 그 고유의 목적 안에서 완전히 자율적이며, 간접적으로, 그리고 궁극적으로 인간의 '초자연적 완성'이라는 상위 목적에 동일하게 봉사하는 것으로 규정했다. 때문에 그의 정치사상

하늘의 신발 – 18세기 조선 문명전환의 미시사

은 막상 교황과 국왕 사이에서 이견(異見)이나 다툼이 발생할 때 무엇이 세속에 관한 문제이고 무엇이 영혼에 관한 문제인지를 판결하고 해결하는 데 도움이 되지 못했다.[275] 그렇다면 교황에게 요청하면 그가 서양 여러 국가를 움직여 군함을 보내줄 수 있을 것이라는 황사영의 사고방식은 어떻게 가능했을까. 교황 권력에 대한 그의 이해도 서양 사상의 영향을 받은 것이라기보다 조선 지식인 사영의 고유한 생각이다.

황사영을 쉽게 '무력 사용'과 연계시켜 현실주의자(Realist)로 간주하는 듯하다. 그러나 조선 후기 동아시아 지식인으로서 그의 사상적 근간은 구성주의(Constructivism)에 더 가깝다. 예교(禮敎)를 본으로 하는 사대 질서의 국제정치는 그 권역을 막연히 '천하(天下)'라 하여 천명(天命)을 받드는 중국 천자(天子)의 덕이 미치는 범위로 관념화되어 있었다. 천하는 중조(中朝)의 문화가 미치는 '터'이자 천자(天子), 제후(諸侯), 배신(陪臣)의 서열적 구조로 예교의 명분이 유지되어야 하는 공간이었다.[276]

황사영에게 익숙한 국제정치 질서란 이 서열적 구조 안에 있는 정치 집단들 사이에 동일한 목적 - 지역 내 평화 유지 - 을 위해 집단 정체성이 형성되어 있는 공간이었다. 동아시아에서는 '예(禮)'가 권역 내 국제관계에서 공유되는 행위 규범이자 문화공동체의 근간이었고, 또한 동시에 이 문화적 요소가 이들의 정체성과 이익을 집단적으로 구성하기도 했다.[277] 황사영이 지니고 있던 국제정치관 안에서 서양은 서교(西敎)의 가치 체계를 공유함으로써 평화를 유지하고 있는 공간으로, 교황은 천명(天明)을 받드는 천자(天子)로서 서교를 믿는 모든 곳에 그의 덕이 미치는 권력이며, 제후국들은 그의 명(命)

에 공조할 것이었다. 서교에 기반한 이 권역은 서양 밖으로도 확장되고 있는데 조선만이 그 안에 들어가지 않고 거부하고 천주교인들을 살해하고 있다 사영은 인식했다.

황사영은 주문모 신부 처형 사건을 국제문제로 상정하고 알림으로써 벽파를 궁지에 몰아넣었다. 조정에서는 황사영도 처단하였고 〈백서〉도 압수하였으나 조선 천주교인들과 북경 천주당 사이에 끊임없이 연락이 오갔던 기왕의 사실로 보아 안심하고 있을 수 없었다. 애초에 주문모 신부가 관에 스스로 나타났을 때에도 조정에서는 그의 자수가 천주교 시파의 계획적인 행동일 것이라는 의구심을 가지기도 했다. 시파들이 청나라 사람을 보내 주종관계를 바탕으로 정치력을 행사할 가능성을 경계한 것이다.

10월 27일 대왕대비 김씨는 조윤대, 서미수, 이기현 등을 희정당(熙政堂)으로 불러 중신들과 대책을 논했다. 인삼 채취를 위해 국경을 넘는 자는 사형에 처한다는 양국간 체결한 법에 의거하거나, 조선 의복을 입고 언어를 사용하고 있었으니 조선인으로 인정하여 처형하였다는 두 방안을 기초로 대제학 이만수가 문장을 정리하여 황제에게 전달할 〈토사주문(討邪奏文, 사학을 토벌하고 그 내용을 아뢰는 글)〉을 완성했다. 천주교인들이 외국 도적들과 연계하여 비밀리에 돈과 병사를 모았다는 등의 내용이 들어갔다.

이들은 증거자료로 함께 제출하기 위해 〈황사영 백서〉를 왜곡·편집하여 〈가백서(假帛書)〉를 작성했다. 중국인을 처형하고 느끼던 부담을 황사영과 〈백서〉에 전가한 것이다. 위작 백서는 16행 923자로 구성되어, 122행 13,384자 원본을 1/15로 축소해 놓았다. 천주교 박해에 대한 국내 정치적 배경에 관한 소상한 설명 부분, 주문모

하늘의 신발 – 18세기 조선 문명전환의 미시사

신부의 활동과 처형에 관한 부분, 조선을 청의 부마국으로 삼아 내복(內服) 상태로 놓는 종용타국 부분은 전면적으로 삭제했다. 이들은 원문의 명사를 최대한 활용하여 아무런 자구도 삽입하지 않았고, 개정한 문자는 단 3자에 불과했다. 정말로 원본인 것처럼 작성하기 위해 최대한 심혈을 기울인 것이다.

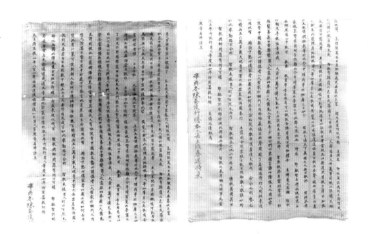

───── 총 16행 923자의 〈가백서〉. 원본은 현재 분실된 상태로, 1929년 명동성당 전시회에서 공개되던 당시의 유리원판 흑백 필름 사진이 국내 남아 있다. 가로 25.2cm, 세로 30.3cm (국립중앙박물관 소장)

〈토사주문〉은 조윤대를 통해 청 황제 측에 전달되었고, 황제 측의 유고(諭告)문을 받은 그는 자신이 북경을 출발하기도 전에 이를 조선에 먼저 보냈다. 북경의 분위기를 감지한 그는 준비해온 〈가백서(假帛書)〉를 굳이 황제 측에 보일 필요가 없다 판단하여 이를 전달하지 않았다.

중국에서는 강희제(康熙帝)의 보호정책으로 천주교가 부흥하던 시기를 뒤로 하고 옹정제(雍正帝)의 금교방침에 따라 몇몇 신부만이 흠천감에 남아 있을 뿐이었다. 청 황제 입장에서는 자국 선교사가 제후국에 잠입하여 포교하였다는 등의 일은 위신상 사소한 일일 뿐이었다. 급소를 다루듯 외교 마찰을 걱정하며 좌불안석하던 조선 조정은 안심했다. 구베아 주교도 이미 7월 23일경 신유박해의 상황과 자신이 파견한 주문모 신부의 처형에 대해 전해 들어 알고 있었다. 그러나 당장 중국 교회의 박해를 염려하며 교권 동요 위협을 느끼고 있었던 그가 어떤 조치를 취할 수도 없는 상황이었다.[278] 조선 안에서는 〈백서〉원본은 종적을 감추었고 〈가백서〉의 내용이 밖으로 떠돌았다. 황사영백서 사건은 이렇게 허망하게 종결되었다. 조정에서 작성한 〈토사주문〉은 조선이 사대 질서에 충실한 나라임을 다시 한번 천명한다.

"소방이 궁벽하게 바다의 한 모퉁에 처하였는데, 황은(皇恩)을 두텁게 입어 해마다 상공(常貢)을 집행하기를 스스로 내복(內服)과 같이 하여 무릇 나라에 큰 일이 있으면 사신을 보내어 급히 상주(上奏)함을 빠짐없이 행했던 것은 실로 지극한 정성으로 사대(事大)하는 의리에서 나온 것이었습니다. 더군다나 지금 이전에 없던 역변(逆變)을 신속하게 소탕하여 거의 위태로웠던 국세(國勢)를 다시 편안하게 하였으니 황령(皇靈)이 미친 바가 아님이 없겠기에…"[279]

그런데 황사영 처형 후 18년이 지난 1818년 어느 날, 돌연 〈백서〉가 유령처럼 다시 등장했다. 〈백서〉를 작성한 사람은 황사영이 아니라 사실 남인계 벽파 홍희운(洪羲運)이라는 말이 돌았다. "사도

창언(邪徒倡言, 사악한 무리가 말을 퍼뜨림)하여 말하기를, 이는 곧 홍희운의 안작(贋作, 위조)인 것이다", 이 사실을 "재중 혹자는 믿는 자도 있다"고 이기경의 〈벽위편〉은 기록한다.*

1804(순조4)년 대왕대비의 수렴청정이 거두어지고 순조가 정사를 보게 된 이듬해 대왕대비가 승하하자 벽파 세력은 급격히 쇠퇴하기 시작한다. 노론계 벽파 심환지, 김관주, 김달순 등의 중심 세력이 무너지자 남인 공서파(벽파) 홍희운, 홍의호, 이기경, 강준흠 등에 대한 남인 친서파(시파)의 공격이 시작되었고, 추탈된 고(故) 채제공의 관작이 복귀되었다.

홍희운은 애초에 천주교를 정쟁(廷爭)화한 인물로, 남인 친서파에서 그가 〈백서〉를 작성했다 몰아세워 탄핵을 유도한 것이다.[280] 당시 벽파 타도 움직임은 형 이승훈이 처형되고 부친은 관직을 추탈당했으며 자신은 〈백서〉의 공범으로 몰려 연좌 유배된 이치훈, 그리고 〈백서〉에 연좌 유배된 이학규가 주도하고 있었다. 두 사람은 남인의 정통으로 자부하는 영남 유림들도 책동했다. 벽파에 의해 시파 일소책으로 사용된 〈백서〉가 당세가 역전되면서 이제 후자에 의한 전자의 타도책으로 다시 활용된 것이다.

천주교 지도층에서도 오랜 시간 가백서(假帛書) 내용만을 알고 있을 뿐이었다. 유진길, 정하상 등 후대 조선 천주교 지도자들은 황사영을 '역적'이라 표현하며 자신들을 황사영과 명확히 구분하려 했

---

* 이기경의 〈벽위편〉 권5, "백서" 조항의 주(註)에 기록된 내용으로, 후대에서 수록해 놓은 것으로 보이며 정확한 기록 시기가 나와 있지 않으나 백서 내용이 의금부에서 민간에 전해진 지 "약간 오랜 후", 그리고 1839(헌종5)년 기해치사 때 "그 글(안작설)이 또 나타났다"는 것으로 보아 이 두 시기 사이 어느 지점이다. 가능성이 가장 높은 시점은 순조18년 9월 벽파 타도 운동 전후로 추측된다.

다. 이들에게 황사영은 "외적을 불러와 본국에 해를 끼치는 일"을 한 역적이었다. 유진길, 정하상 등 나라를 원망하는 무리들이 황사영 〈백서〉에 있는 계략을 현실화한 것으로 판단하는 심문관들 앞에서 이들은 더욱 분명히 황사영을 내친다. 천주교회와 천주교인들을 보호하기 위해 더 세차게 그렇게 하였을 것이다.

"황사영이 〈백서〉를 쓴 것은 바로 반역을 꾀할 속셈이었으며, 만고에 없던 역적질이었습니다 ⋯ 황사영의 계책은 바로 큰 선박을 거느리고 오도록 요청하여 반드시 나라에 재앙을 끼치려고 했던 계책입니다. 이번에 서양 사람들이 입국했지만, 어찌 일찍이 반역을 꾀하는 모양이라도 있었습니까? 천주교의 가르침을 전하는 데 불과할 뿐이었습니다."(유진길)[281]

"너는 황사영을 역적으로 여기느냐, 그렇지 않느냐?"

"과연 역적입니다."

"너는 황사영을 어찌 여기기에 그를 역적이라고 했느냐?"

"황사영의 속셈은 우선 말할 것도 없거니와, 나라에 재앙을 끼치는 말을 문서에 썼기 때문에 그를 역적이라 했습니다."

"네가 이미 황사영을 역적으로 여겼는데, 너희들이 이번에 한 일들은 모두 백서 안에서 이미 계획한 일들이었다. 그러니 그것이 역적질이 아니고 무엇이겠느냐?"

"서양 사람이 입국한 뒤 저는 백서 안에 있는 일을 가지고 서양 사람에게 묻기를, '천하에 어찌 그런 일이 있단 말입니까? 외적을 불러와 본국에 해를 끼치는 일이 천주교의 가르침 가운데에도 있습니까?' 했더니 서양 사람이 크게 웃으며 답하기를, '우리 천주교 가르침 가운데에 어찌 그런 일이 있겠느냐?' 했습니다."

"백서의 일을 어찌 서양 사람에게 물어보면서 서로 말을 주고받았느냐?"

"저는 평생 백서를 괴이한 변고로 항상 여겼기 때문에 서양 사람에게 물어보았습니다. 그러나 저희 천주교의 가르침에는 애당초 그러한 마음이 없습니다."(정하상)[282]

그렇게 〈백서〉는 오랜 기간 유령처럼 떠돌았다. 남인, 노론 벽파, 서양 천주교회 측 이본(異本)들이 원본처럼 떠돌아다녔다. 이들 이본(異本) 백서들은 정치적 입장에 따라 오·탈자, 축약과 생략, 단어와 문장의 첨가 등 텍스트 왜곡이 많은데,* 이 모든 문건들이 1801년 이후 〈백서〉에 대한 인식의 기반이 되어버렸다.

이기경이 옮겨쓰고 이만채의 〈벽위편〉에 수록된 남인 공서파의 〈백서〉에는 정조와 관련된 부분이나 정조의 총애를 받아 반대파의 공격이 있을 때마다 정조가 적극 보호해 준 인물들 – 이가환, 이승훈, 홍낙민 등 – 과 그 사실에 대한 내용들은 모두 삭제되어 있다. 남인 공서파의 입장에서, 혹은 정조에 대한 불경이 되기 때문에 삭

---

* 〈백서〉 연구는 국내 학자들보다 일본 학자들 – 오다 쇼오고(小田省吾), 구스다 후사부로(楠田斧三郎), 이시이 도시오(石井壽夫), 야마구치 마사유키(山口正之) 등 – 이 먼저 시도하였다. 그중 일부는 조선 내부 당쟁, 조선의 망국 등을 부각하여 식민사관을 합리화하는 방향으로 흐르기도 한다. 국내에서 이루어진 일부 연구들은 이본 백서, 혹은 이 이본들이 오랜 기간 형성해 놓은 인식의 틀을 그대로 수용하고 있다. 굉장한 정치 쟁점이 된 기록을 다루는 만큼 그에 합당한 사료 비판 과정이 필요해 보인다.

제하였을 것이다. 강완숙과 주문모 신부의 관계에 대해 '의심하는 사람이 없지 않았다' 조작해 놓았고, 은언군 관련 기록도 삭제했으며, 중국을 언급할 때 황사영은 '중조(中朝)'라 표현하였을 뿐인 반면 이들은 공식 외교 용어를 사용하여 '대국(大國)'이라 해 놓았다.

〈동인록(東麟錄)〉에 있는 노론 측 백서 〈사적 사영백서(邪賊 嗣永帛 書)〉에는 은언군 부분이 실려있다. 은언군과 그 주위 인물들이 사교(邪敎)를 믿다 사약을 받아 죽었다는 사실은 '죄인 사도세자'의 후손의 모습을 설명하기에 좋은 구실이 되기 때문이다.[283]

천주교회 측은 박해자의 기록을 그대로 수용했다. 1845년 입국하는 선교사 다블뤼(A. Daveluy)가 이만채의 〈벽위편〉에 수록된 백서를 발견하여 불어로 옮겨 파리로 보냈고, 달레의 기록도 이에 기반하고 있다. 남인 공서파의 백서를 원본으로 알고 읽은 선교사들 모두 황사영의 방책들을 폄훼하였다. 달레는 "흥분한 상상에서 나온 유치한 계획은 특히 그 시대에 있어서 비현실적이었음이 명백하다. 그것이 무모하고 위험하였다는 것을 필자는 기꺼이 인정한다"고 하였다. 다블뤼는 "이 편지의 마지막 부분은 그가 쓰지 않았더라면 좋았을 것이다"며 아쉬움을 표했고, 뮈텔 주교는 "이러한 계획은 공상적이고, 위험하고, 경솔한 것이었다. 그러나 저자의 의도가 올발랐다는 것은 의심의 여지가 없다"고 평가하였다. 이들 모두가 조선이 새로운 문명권 안에서 새로운 나라로 건국되기를 강렬히 열망하던 지식인 황사영의 고뇌를 보지 못했다.

"이 몸은 과연 서양학을 정도(正道)라 확신"[284]하는 황사영은 〈백서〉에 이렇게 썼다.

"조선에 대한 천주의 은혜는 보통이 아니라 말할 수 있습니다. 애당초 천주교를 전파하러 온 사람도 없었는데 천주님께서 특별히 이 진리를 들고 친히 낮은 데로 오셨습니다."(102행)

조선과 조선 천주교에 대한 그의 강하고 열린 주체 의식을 엿볼 수 있다. 배론에서 체포되는 순간에도 사영은 포졸들이 성총의 표시(비단 띠)를 두른 자신의 손을 만지지 못하게 했다는 전승이 있다. 누군가 작은 청화백자합 안에 그의 상징이던 비단 띠를 담아 능지처사(陵遲處死)된 그의 시신과 함께 묻어 주었다.

───── 황사영이 손목에 감고 있던 비단 띠가 들어있던 청화백자합. 180여년간 땅에 묻혀 있다 1980년 8월 31일 ∼ 9월 1일 황사영의 묘 발굴 시 출토되어 종손이 보관, 이후 천주교회 측에 기증하였다. 2009년 절두산 박물관에서 최초로 공개되었다. (한국천주교순교자박물관 소장)

그리고 황사영이 처형된 지 93년이 지난 1894년. 1894년 갑오경장 때 의금부 고(古)문서들을 소각하던 도중 작업을 하던 한 사람의 손에 우연히 〈황사영백서〉가 발견되었다. 천주교인이던 그는 당시 제8대 조선 대목구장이던 뮈텔 주교에게 이를 전달했고, 뮈텔 주교는 내용을 프랑스어로 번역하여 1925년 홍콩에서 간행했다. 같은 해 7월 5일 로마에서 거행된 조선 순교 복자 79위 시복식에서 백서 원본과 프랑스어 번역본이 교황 비오 11세에게 봉정되었다. 조선 영구평화의 염원이 담긴 황사영의 서한은 125년의 세월이 지나 그가 희망한 대로 교황에게 전달되었다.

황사영의 묘. 친지에 의해 유해가 거두어져 선산이 있는 곳으로 이장된 것으로 추측된다. 1980년 후손들에 의해 발견되었다. 경기도 양주시 (2018년 6월 ⓒ 설지인)

새로운 인간이
탄생하다

05

'없음(無)': 세상을 변화시키는 힘 -
이순이(李順伊)·유중철(柳重哲) 부부

Bedroom in Arles, 1888, Van Gogh Museum

보잘 것 없는 재능과 느릿한 말투
그 사람의 마음에 관해
아무 얘기도 없지만
그 '없음'이야말로
세상을 변화시키는 힘*

---

* 에밀리 디킨스의 시(The Poems of Emily Dickinson) 1611.

하늘의 신발 – 18세기 조선 문명전환의 미시사

"덧문이 닫혀 있는 이 방에는 아무것도 없다 … 점묘도, 음영도, 아무것도 없다. 단순한 색채만이 조화를 이룬다 … 벽은 창백한 보라색이고, 바닥에는 붉은 타일이 깔려 있다. 침대의 나무 부분과 의자는 신선한 버터 같은 노란색이고, 시트와 베개는 라임의 밝은 녹색, 담요는 진홍색이다. 창문은 녹색, 세면대는 오렌지색, 세숫대야는 파란색이다. 그리고 문은 라일락색. 그게 전부다. 문이 닫힌 이 방에서는 다른 어떤 일도 일어나지 않는다."(편지 554)

그림 안에는 너무 흔하기 때문에 우리 주위에서 당연시 여겨지는 사물들만 나온다. 침대, 의자, 수건, 옷걸이, 세면대, 액자. 그런데 고흐는 베르나르와 고갱에게 무척 기쁘게 이 그림을 소개했다. "나는 아무런 실내장식도 없는 이 방을 아주 즐겁게 그렸네."(베르나르에게 보낸 편지 22) 벽에는 풍경화 한 점과 고흐가 '시인'이라 불렀던 유진 보흐*의 초상화, 그리고 아를에서 고흐의 친구가 되어 함께 그림도 그리곤 했던 주아브 병사 밀리에의 초상화가 걸려 있다. 소박하기 그지없는 화가의 방. 침대의 굵은 선들은 화가의 휴식을 방해하는 모든 것으로부터 그를 지키려는 듯이 그어져 있다. 이 방은 그에게 어떤 의미였을까?

"여기에서만은 색채가 모든 것을 말한다. 단순화를 통해 사물들을 더욱 장엄한 스타일로 표현하면서 전반적으로 휴식이나 수면을 연상시키려고 한다."(편지 554)

아를에서 고흐는 마치 음악처럼 마음을 달래주는 어떤 것을 그

---

* 그의 누이가 처음으로 고흐의 그림 〈붉은 포도밭〉을 구매했다.

리고 싶어 했고, 광휘를 발하는 '색채'로 영원을 표현하려 했다. 이 그림을 그린 1888년 10월, 고흐는 그간의 왕성한 창작 활동으로 완전히 소진된 상태였다.* "지난주 작업으로 아직도 반쯤은 죽은 상태이다 … 16시간 동안 깨어나지 않고 잠을 잤다." 고흐에게 이 침실은 첫 보금자리였다.

침실은 아를의 북쪽 성문 광장에 있는 건물의 별관 안 작은 방이었다. 테오가 보내준 300프랑으로 집안에 놓을 침대 두 개와 의자 열두 개, 탁자 하나, 거울 하나를 산 그는 들뜬 마음으로 "정말 내 집이 생겼구나. 이제 집 없는 떠돌이가 느끼는 쓸쓸함에서 벗어나게 되었다"(편지 533)며 기뻐했다.

그는 이 집을 고군분투하는 화가들을 위한 보금자리로 만들고 싶어 애지중지 가꾸었다. 벽과 문과 창문에 페인트칠을 다시 했고, 사람들을 집에 초대해 초상화를 그릴 계획에 고흐는 들떠 있었다(편지 481). 베르나르에게는 "가톨릭 성당의 스테인드글라스 같은 효과를 주기 위해 해바라기 그림 여섯 점으로 집을 장식할 생각"이라고 전했다. 테오에게는 집을 꾸미느라 바쁘다는 소식을 전하며, 이 집을 '정말 예술가의 집'으로 만들고 있다고 했다.

고흐의 이상이었던 '가난한 이들을 위한 복음의 삶'이 이번에는 가난한 화가들에게 향했던 것이고, 이 공간은 그 이상이 실현될 숭고한 곳이었다. 이 방은 가난한 예술가들이 안식처로 삼을 곳이자 이들이 수도승처럼 단순한 삶을 유지하며 작업하는 수도원이었다.

그는 존경하던 고갱의 합류를 생각하며 "새로운 시대가 시작되

---

* 아를을 떠날 무렵 고흐가 남긴 작품들은 유화가 약 200점, 그 이외 소묘와 수채화도 약 100점에 이르렀다.

는 것"이라 표현할 정도였다. 이 수도원은 희생도 큰 기쁨으로 승화되는 곳이다. 고흐는 테오에게 말했다. "너나 내가 금전적으로 손해를 보더라도 고갱의 식사는 무엇보다 중요하다. 정말 무엇보다도." 고흐는 고갱을 당대에 가장 새로운 미술을 추구하는 인물로 생각했는데, 그에게는 이렇게 이야기했다.

> "자네와 나에게 안정적인 거처가 되어줄 곳이지. 그렇지만 우리 동료들이 힘겨운 분투 끝에 한 걸음 뒤로 주춤하게 될 때 그들을 위한 안식처이며 쉼터로 바꾸어야 할 곳이기도 하네 ⋯ 지금부터 자네가, 우리가 많은 사람들을 위한 안식처로 바꾸려고 하는 이 작업실의 책임자라고 생각한다면⋯. 지금 겪고 있는 가난이나 병에서도 어떤 위안을 얻을 수 있을 걸세. 우리가 앞으로 오래도록 남을 화가들을 위해 몸 바치고 있다고 생각할 수 있을 테니 말이야."(고갱에게 보낸 편지 544a)

새로운 시대의 예술가를 위한 안식처

> "이 행랑채는 시아버지가 감히 왕손을 며느리로 맞으면서 지은 별채입니다. 유요한과 이루갈다가 동정 생활하던 중 신유박해 때 순교했습니다."
>
> – 전주 초남이 마을 비석

고흐의 침실은 마치 이순이(루갈다)와 유중철(요한) 부부의 안식처를 들여다보는 듯하다. 두 사람에게 이 행랑채는 세상에 존재하는 유일한 안식처였다. 이들의 방에는 아무것도 없었다. 점묘도, 음영도, 그 무엇도 없었다. 두 사람은 부부의 연을 맺은 뒤 유중철이 1801년 11월 14일, 이순이가 1802년 1월 31일 참수당하기까지 4년간 함께 동정을 지키며 살았다. 자신에게 남기는 건 그 무엇 하나 없이 온 마음과 영혼과 몸으로 사랑하는 '없음'이었다. 디킨스가 말하는 세상을 변화시키는 '없음'이다. 행랑채에는 이 숭고한 열망의 색채만이 조화를 이루었다. 그리고 이 행랑채에서만은 색채가 모든 것을 말했다.

이순이는 한국 역사상 전해지는 가장 오래된 옥중편지를 남긴 인물이다. 그 이전에도 분명 누군가가 감옥에서 작성한 편지와 글이 있었을 것이다. 그러나 우리에게 전해져 내려오는 것으로는 이순이 남매*가 감옥에서 사형을 기다리며 모친과 가족, 그리고 함께 일한 동료들에게 보낸 편지들이 가장 오래된 기록으로 남아 있다.

이순이는 가족에게 "죽음을 앞둔 사람의 말은 참되다"며 간곡하게 유언을 남겼다. 그런 그녀의 편지에는 자신 주위에 있는 사람들 – 그녀의 어머니, 남편, 형제, 자매, 조카, 이웃 등 – 에 대한 애정과 배려하는 마음이 진하게 담겨 있다.

---

* 이경도(李景陶, 1780~1802; 1802년 1월 29일 서울 서소문 밖에서 참수), 이순이(李順伊, 1782~1802; 1802년 1월 31일 전주 숲정이에서 참수), 이경언(李景彦, 1792~1827; 1827년 6월 26일 전주 감옥에서 사망). 이들은 현재 천주교 보편교회의 복자(福者)로서 세계적인 공적 공경을 받는 인물들이다.

삼남매 편지의 원본은 전해지지 않으나 필사본일망정 유일하게 남아 전해지고 있다. 1868년 무진년 병인박해가 일어나 울산에서 참수된 김종륜(金宗倫)이 친필로 필사하여 지니고 있던 삼남매 편지 수택본(手澤本)*. 손자 김병옥이 보관해오다 1965년 천주교회 관계자에게 넘겼다. 삼남매 사후에도 사람들이 필사해서 간직하고 여러 번 읽었음을 알 수 있다. 실제 크기는 가로 9.8cm, 세로 16.5cm로, 쉽게 몸에 숨기고 볼 수 있을 법한 크기이다. (호남교회사연구소 소장)

이순이는 전주 이씨 경령군(敬寧君)의 후손으로 1782년 한림동(현재 서울 중구 중림동)에서 태어났다. 그녀는 이수광의 7대손인 이윤하(李潤夏, 1757~1793)와 녹암 권철신의 막내 여동생 권씨 부인(1754~1835) 사이 3남 2녀** 중 셋째였다. 이윤하는 성호 이익의 외손자로서 성호의 학문을 이어받고 권철신 문하에서 가르침을 받았다. 이순이의 조부는 성호 이익의 사위인 이극성(1721~1779)이었는데,

---

* 옛사람이 여러 번 되풀이하여 읽어서 손때가 묻은 책이자 고인이 생전에 매우 아끼던 서책(書冊).
** 장녀의 이름은 알 수 없고, 장남 이경도, 차녀 이순이, 차남 이경중, 삼남 이경언이다.

그의 형제 이덕주, 이혜주, 이헌주도 모두 당대 문장으로 이름이 높았던 인물들이다.

이수광(李睟光, 1563~1628)은 1614년 탈고한 〈지봉유설(芝峰類説)〉에서 마테오 리치의 〈천주실의〉를 인용한 인물이다. 조선에 가장 먼저 천주교를 소개하는 글을 쓴 셈이다. 임진왜란으로 전란을 직접 경험한 그는 위기의 시대 지식인의 역할에 대해 뼈저리게 고민했고, 〈지봉유설〉의 여러 곳에서도 학문하는 사람은 실천에 힘써야 하며 입으로만 떠들어서는 안 됨을 강조했다. 당시 나라 안으로는 붕당정치가 본격화되면서 정쟁이 불붙기 시작하고, 밖으로는 명이 쇠퇴하고 여진족이 흥기하여 세력 판도가 바뀌던 중이었다. 이수광은 성리학자였지만 성리학의 모든 측면을 신념화하지 않았고, 성리학을 보완할 수 있는 다른 사상의 수용에도 적극성을 보였다. 그는 이단이라 해도 선입견으로 배척하기보다 그것이 갖는 유용성에 가치를 두는 개방적인 사고를 지닐 것도 주장했다.

이러한 지식인 가풍 안에서 이윤하는 이십 대 초반에 이미 주위 친구들과 함께 급속히 서학에 경도되어 있었다. 이승훈은 이윤하의 친척이자 한동네 친구였다. 정약전의 묘지명에는 그가 생전 이윤하, 이승훈, 김원성 등과 굳은 친분을 맺었다고 기록되어 있다. 1785년 을사추조적발사건 때 이윤하는 문란을 일으킨 양반가 자제들 중 한 명이었고, 1791년 진산사건 때에도 남인 계열 공서파들이 공개 처단 대상으로 이름에 동그라미 표시를 해서 올리던 인물이다. 그는 이순이가 11살이던 1793년에 세상을 떠났다. 이들 남매들은 모두 권씨 부인 슬하에서 컸다.

이수광의 〈지봉유설(芝峰類說)〉. 명나라 사행을 오가던 저자가 오랜 시일 간 보고, 듣고, 생각한 바를 정리하여 52세 되던 1614(광해군6)년 탈고하였다. 그의 학문적 개방성은 지리관에도 반영되어 잘 알려지지 않은 나라에 대한 인식으로도 이어진다. 〈지봉유설〉 권2는 여러 동남아 국가들과 함께 회회국(아라비아), 불랑기국(포르투갈), 남번국(네덜란드), 영길리국(영국), 대서국(이탈리아) 등 유럽 국가들도 소개하며, 실용적 측면을 강조하며 포르투갈과 영국 군함과 화포에 대해서도 소개한다. (국립중앙박물관 소장)

이순이는 어머니에게서 글을 배웠다. 일찍부터 성호 이익이 권철신을 아끼며* 문학은 자하(子夏)**와 같고 언어와 사리에 뛰어남은 자공(子貢)***과 견줄 만하다[285] 평하였는데, 권철신의 여동생인 이순

---

* "공(권철신)은 영민하고 지혜로우며 어질고 화순하여 재덕(才德)을 겸비하였으므로 선생(성호)이 매우 사랑하여…"(정약용, 〈녹암 권철신 묘지명〉).
** 공자 제자 중 문학에 뛰어났던 인물. "공문 제자 중에 문학에는 자유(子游)와 자하(子夏)가 가장 뛰어났다"(論語 先進).
*** "공자의 이름을 천하에 널리 선양한 것은 자공(子貢)의 힘이었다"(史記 貨殖傳).

이의 어머니도 한글과 한문을 알았고, 폭넓은 지식을 지니고 효도와 우애를 모범적으로 실천한 인물로 보인다. 이순이도 상당량의 글을 배우고 익혔다. 유배형에 처해지자 그녀가 관가에 가서 한 말에서도 이를 알 수 있다. "우리 가슴에는 만 권의 책이 들어 있고, 또 만번 죽어도 변치 않을 신심이 있소."[286] 그녀의 편지 안에서 드러나는 수려한 문장력과 그녀만의 표현력도 본가와 외갓집 모두 선비 집안이자 지식인 집안이었던 가풍의 영향을 받은 것이겠으나 가장 직접적인 영향을 미친 이는 어머니 권씨 부인이었을 것이다. 이순이는 어머니에게 보내는 옥중편지에서도 어려운 한문을 늘 사용하는 말처럼 한글로 써놓았다.

이순이의 편지는 그녀의 말대로 내용이 여러 번 반복되기도 하고 문맥이 맞지 않는 대목들도 보인다. 캄캄한 감옥에서 감시하는 눈을 피해 틈틈이 몇 자씩 쓰다 중단하기를 수없이 거듭해 겨우 완성했기 때문이다.

"깊숙이 들어앉아 겨우겨우 틈을 얻어 한 장 종이에 글을 쓰니 이 것을 받으시면 제 얼굴을 본 듯 하세요 … 아뢸 말씀이 첩첩하나 죄인을 올리라는 소리가 귀에 들리는 듯 밖이 요란하여 겨우겨우 간신히 부치니 어머님께는 따로 아뢰지 못해요 … 감옥에 갇힌 죄인을 올리라는 소리만 들리면 다 나를 올리라고 하는 듯하니, 글을 쓰다가 그치고 그치고 하니 말이나 제대로 되었는지 모르겠어요."

그럼에도 불구하고 이 편지는 그녀의 사후에도 많은 이들이 소중히 여기며 읽었다. 약 50년이 지난 1859년* 조선에 들어와 있던

---

* 다블뤼 주교는 이순이 삼남매의 옥중편지 이외에도 김종한, 이문우의 옥중 편지를

프랑스인 다블뤼 주교가 그토록 찾아 헤매던 이순이 삼남매의 옥중 서간을 발견하여 불어로 번역하는데, 그는 이 조선 여인의 생애가 황금 글자로 묘사되기 바란다 할 만큼 20세 약관의 이순이를 공경했다. "문체는 그 사람(이순이)의 교육이 제대로 되었음을 드러내 보이는데, 문체가 힘차고 때로는 마음을 사로잡는 설득력이 있으며, 시종 많은 아름다운 말로 가득 차 있습니다. 제가 지극히 평범한 말로 번역할 수밖에 없는 것이 유감입니다. 시간도 부족하고, 솔직히 그 문체의 수려함을 프랑스어로 옮기기에는 역부족임을 고백합니다."[287]

13세가 되던 1795년 이순이는 주문모 신부에게서 정식 세례를 받고 첫영성체를 하였다. 그 전부터 이 소녀는 천주교를 믿는다는 것이 어떠한 대가를 치러야 하는지 일인지 잘 이해하고 있었을 것이다. 1791년 형조에서 받은 고문으로 만신창이가 된 외삼촌 권일신이 유배지로 가기 전 정조가 특별히 하사한 휴가 기간에 이순이의 집에 머물렀다. 그해 조선 천주교인들은 북경 주교로부터 제사 금지령을 받았다. 많은 천주교인들이 일대 혼란에 휩싸였고, 일부는 신주를 불태우고 제사를 올리지 않았다. 천주교인들은 조선에서 패륜 집단으로 간주되었고, 전주에서 윤지충과 권상연이 처형되었으며, 권일신은 천주교회 교주로 지목되어 엄중한 심문과 고문을 받았다.

정조는 불량한 사상을 없애기 위해서는 지도자의 마음부터 바꾸어야 한다고 생각해 권일신에게는 혹독한 심문과 끈질긴 회유를 병

함께 파리외방전교회 본부에 보냈는데 모두 분실되어 그 어느 곳에도 이 원본들이 남아 있지는 않다.

행하도록 했다. 반드시 뜻을 꺾어 놓으라는 정조의 지엄한 명령에 형리들은 그를 더 철저히 고문했을 것이다. 권일신은 1791년 11월 3일 잡혀 와 심한 고문을 받다 8일 형조로 옮겨온 지 이삼일만에 함께 잡혀 있던 최필공에게 배교를 설득할 정도로 반성의 모습*을 보였다.

이 행위로 그가 정말 천주교를 버렸다 판단하기는 어렵지만, 어쨌든 그는 사형에서 제주도 유배로 감형된 다음 다시 감형되어 충청도 예산 유배형에 처해졌다. 예산은 서울과 왕래가 쉬울 뿐만 아니라 천주교 교세가 성한 곳이었다. 그가 온전히 배교한 것인지를 확인하려는 정조의 의중이 담긴 것이다. 정조는 권일신에게 유배죄수들 목에 채우는 칼도 채우지 못하게 했고, 노모에게 인사하고 가도록 열흘의 휴가까지 주며 특별한 대우로 그를 회유하고자 했다. 이순이의 집을 찾아온 외삼촌은 몸도 만신창이였겠지만 정신은 더욱 힘겨운 상태였을 것이다.

성균관 유생들이 올린 상소에도 이미 아버지 이윤하의 이름과 외삼촌 권일신의 이름이 한 무리로 지목되어 오르고 있었으니, 이순이는 십대 소녀 시절부터 자신이 짊어져야 하는 짐의 무게를 보았을 것이다. 그녀는 자신의 집을 나서 유배지로 떠난 외삼촌이 결국 가던 길에 죽었다는 소식도 들었을 것이다.

---

* 〈승정원일기〉에 남아 있는 그의 형조 기록을 살펴보면 고문이 지속되면서 그는 점차 신앙을 강하게 증거하기 보다 문제를 회피하려는 답을 하거나 모르겠다는 식으로 얼 버무린다. 이에 만족하지 못한 심문관이 천주교가 나쁘다는 말이 나올 때까지 고문을 가하자 결국 그의 입에서 '사악한 학문'이라는 말이 나왔다. 심문관은 진심 같지 않게 말한 그의 태도에 만족하지 않았으나 정조는 이만해도 큰 성과라 하여, "그가 설사 마음에 없는 말을 내뱉었다 해도 이미 자신이 믿는 대상을 욕했으니, 그의 십년 공부는 햇빛에 녹아내린 얼음이 되어 버렸다"고 평했다.

그런데 이 소녀는 흔들리지도, 뒷걸음질 치지도, 다른 마음을 품지도 않는다. 도리어 1797년 모친에게 자신은 그간 동정을 지키기로 결심해 왔다는 사실을 고백하였다. 2년 전 첫영성체* 때부터 이제 그리스도와 한 몸이 된 자신을 천주와 합일의 상태로 거룩하게 보존하는 삶을 택하겠다고 뜻을 세운 것이다. 권씨 부인은 이 말을 듣고 놀랐지만 딸의 선택을 지지해주었다. 이순이는 주문모 신부에게도 동정생활에 대한 갈망을 털어놓으며 도움을 청했는데, 주 신부는 이순이와 동일한 뜻을 품고 있는 한 조선 청년을 알고 있었다.

유중철(柳重哲). '호남의 사도'로 불린 전주 대부호 유항검(柳恒儉, 1754~1801)과 부인 신희(申喜, ? ~ 1801) 사이 4남 3녀 중 장남으로 태어났다. 1779년생으로 이순이보다 두세 살 더 많았다. 유항검은 1784년 조선에 천주교 공동체가 처음 형성된 직후 권일신을 통해 천주교를 접하면서 초기 공동체에서 중추적인 역할을 했다. 같은 해 그는 북경에서 돌아온 이승훈에게 세례를 받았다. 1786년 조선천주교회 지도층이 각자를 성직자로 임명하고 활동할 당시 유항검은 전라도 지방의 사제로 임명되어 활동한 인물이다.

그는 전주에 전교당을 짓고 빈부귀천을 막론하고 사람들을 초대하여 천주교를 전하였다. 그리고 이때마다 쌀밥과 떡을 지어 사람들과 나누었다. 이후 이러한 가성직 제도가 교회법에 어긋남을 깨닫고 북경에 밀사를 파견하며 성직자영입 운동을 시작할 때도 유항

---

* 세례받은 사람이 처음 성체(聖體)를 영하는 것. '성체'는 수난 전날 최후 만찬 때 그리스도가 직접 세운 예식에 따라 그리스도가 실존하고 있는 빵으로, 천주교 교회는 성찬례(미사)를 통해 세상에서 영원히 구원 사업을 이어간다.

검은 가난했던 조선 천주교 조직에 필요한 비용을 기꺼이 지원하였다. 윤지충과는 이종사촌 사이였고 권상연은 외종사촌이었다.

1801년 박해가 일어나자 유항검도 양박청래의 주동자로 지목되었다. "죄악이 용서할 수 없는 데에 달하였으며, 만번 주륙(誅戮)하여도 오히려 가벼운 대역부도죄"를 저지른 그는 포도청, 형조, 의금부를 거치며 혹독한 문초와 형벌을 받았다. 심문 과정에서 유항검과 그의 아우 유관검(柳觀儉)이 서양 배를 불러들여 한바탕 결판을 지어야 한다고 말했다는 진술이 나왔다. 유관검의 사돈 집안사람인 이우집이 한 진술이었다.

집이 가난했던 이우집은 가끔 유관검에게 재물을 얻어갔는데 왕래하는 중에 이런 말을 들었다고 진술한 것이다. 유관검은 부인했으나 서울로 압송되어 더 심한 고문과 신문을 당했다. 당시 고문은 '죽어 세상을 떠난 부모도 살아 돌아온 것으로 할 수 있다'는 말이 있을 정도였다는데, 서울에서 유관검이 자백을 하게 되고, 이후 전주 지역에 대대적인 피바람이 휘몰아치게 된다. 이백 명 이상이 잡혀 와 문초를 당했고 유항검을 포함하여 스무 명이 공식 처형되었다. 〈사학징의〉기록에 따르면 유항검의 가속(家屬) 가운데 이때 천주교에 연루되어 처형되거나 유배간 이들이 30여명이다.

이처럼 유항검은 전라도 천주교의 중심 인물이었고, 장남인 유중철은 어린 시절부터 이러한 집안의 영향을 크게 받으며 성장했을 것이다. 그는 오랫동안 한정흠*에게서 글을 배웠다. 한정흠도 신유

---

* 한정흠(韓正欽). 전라도 김제의 가난한 양반 집에서 태어나 먼 친척 유항검을 통해 천주교를 받아들였다. 유항검 자녀들의 스승이기도 하였다. 1801년 박해가 시작되자 곧장 형조로 압송되어 문초를 받았고, 8월 26일 고향 김제에서 참수되었다. 전주 감영에서 김천애와 최여겸을 알게 되어 깊은 우정을 쌓는다. 두 사람도 형벌과 죽음은

박해 때 사학죄인으로 참수되는 인물이었다. 기록이 전하는 유중철의 모습은 당대 장남의 모습과는 사뭇 다른 면들이 보인다. 특히 세상과 일정한 거리를 두고 있는 모습이 그러하다. "본분에 충실하고 올바른 생활을 하며, 세속의 모든 허영을 업신여겨 젊은 나이에도 불구하고 점잖고 진중한 어른 대접을 받았다." 옥중 편지에서 이순이가 말하는 유중철의 모습도 이와 크게 다르지 않다. "속태를 벗어난 사람", "노성하다고 할 만한 사람", "본이 되는 사람".

그가 언제부터 동정의 삶을 열망했는지는 알 수가 없다. 다만 당시 천주교인들 사이에 널리 읽히던 서학서들 〈칠극(七克)〉에 유중철을 떠올릴 만한 인물이 있다. 요한이 만난 어떤 소년에 관한 이야기이다. 요한은 마귀를 부릴 수 있는 권능이 있는데 그런 그조차 떼어내지 못하는 마귀가 있었다. 그런데 한 소년이 가까이 오자 마귀가 스스로 떨어져나가 버렸다. 요한이 소년에게 까닭을 묻자 소년은 이렇게 답한다.

"저는 아무런 덕도 없습니다. 다만 어릴 때부터 속세를 피하여 숨어 살면서 마음을 깨끗이 하고 도를 닦으며 하느님을 섬기겠다고 마음을 먹었습니다. 그런데 이 일은 육신의 즐거움을 끊어버리지 않고서는 이룰 수 없음을 스스로 알게 되었습니다. 그래서 정욕을 끊고 동정의 몸을 지켜 이 일을 완전히 하겠다고 맹세하였습니다.

그런데 얼마 뒤 부모님께서 저를 억지로 혼인시켰습니다. 이에 저는 결혼 첫날밤 신부에게 저와 뜻을 같이할 것을 권하여 그렇게 하도록 하였습니다. 그리하여 함께 산 것이 십여 년이나 되었지만 서로를 형제처럼 대하면서 (…) 약속을 지켜 왔습니다. 저희는 요사이

영예로운 일이니 마음을 바꿀 수 없다 하여 참수되었다.

서로 떨어져 각자 도를 닦자고 약속하였습니다. 그래서 저는 여기에 왔습니다. 처음 가졌던 뜻에 따라 세상을 버리고 가르침을 찾으려고 합니다."[288]

초기 천주교회의 지도자격 인물들에 둘러싸여 컸던 유중철도 분명 〈칠극〉을 읽었을 것이다. 1795년 5월. 주문모 신부가 전주 초남 마을을 방문했다. 유중철은 이때 주 신부를 처음 만났다. 그리고 그 자리에서 주 신부와 부친에게 동정생활에 대한 결심을 털어놓았다.

서로 믿음과 사랑이 태산같이 되다

당시 조선 사회에서 나이가 찬 남녀가 결혼하지 않는 것은 부모와 조상에 대한 불효 중에서도 가장 큰 불효이자 나라에는 불충을 저지르는 죄악이었다. 이렇게 사회의 순리와 이치에서 벗어나는 비정상적이고 불온한 구성원을 조선 사회는 용인하지 않았다. 이순이는 주문모 신부의 제안에 따라 동정녀 공동체를 만들고 회장으로 활동하다 참수된 윤점혜를 심복했다. 윤점혜는 발각되기 전까지 남장을 하거나 과부 행세를 하며 살았다. 정순매도 결혼은 했지만 소박을 맞아 혼자 산다고 하며 동정을 지키다 참수되었다. 이순이는 이미 잘 알려진 집안의 여식이었기 때문에 이런 방책으로 숨기는 것도 불가능했을 것이다. 문중에서는 그녀가 혼인을 하지 않고 있으면 주위로부터 집안 자손이 여전히 사학에 빠져 있다는 의심을 살 것이기 때문에 결코 가만히 있지 않았을 것이다.

이러한 상황에서 주문모 신부는 두 사람의 성소(聖召)를 지켜주기 위해 양가 부모들에게 혼인을 권유하였다. 비록 짧은 만남이었음에도 불구하고 주 신부가 두 젊은이를 깊이 신뢰했음을 보여준다. 성경에 기록되어 있는 마리아와 요셉 동정 부부를 염두에 둔 제안이었을 것이다. 그리고 당시 조선에도 천주교에 귀의한 후 동정을 지키며 살던 부부들이 있었다. 1790년 조선 교회의 첫 밀사 윤유일로부터 들은 내용들을 프랑스로 전하던 판지 수사는 "동정을 지키고 싶어 하는 사람들도 있습니다"고 보고한다. "두 번째로 영세한 사람(윤유일)은… 영세를 하기 전에 결혼했습니다만 영세한 후로는 그의 아내와 합의 하에 동정을 지키기로 결정하였다는…"[289] 권일신의 딸 권천례(權千禮, 1783~1819)와 조숙(趙淑, 1786~1819) 부부도 처형되기까지 15년간 동정 부부 생활을 했다.

주문모 신부는 1801년 신변의 위험이 극에 달하자 조선 신자들의 요청에 따라 피신하여 국경 근처 황해도 황주까지 갔다가 '네가 양떼를 버리고 어디 가느냐'는 음성을 듣고 3월 15일 의금부에 스스로 모습을 드러낸 인물이다. 애초에 목숨을 걸고 조선에 들어온 그였다. 조선 신자들에 대한 그의 사랑은 각별할 수밖에 없었다. 이순이 역시 옥중 편지에서 "야고보 계실 때에 우리 풍파를 자세히 기록해 두라 하시기에…"라며 편지를 쓰게 된 계기를 설명하는데, 주 신부를 '신부'라 부르지 않고 매우 가깝고 사랑하는 벗을 부르듯 '야고보'라 호명한다. 조선의 현실 안에서 두 젊은이가 원하는 삶을 살 수 있으려면 두 사람이 혼인하는 길밖에 없다는 결론은 이들 간의 깊은 신뢰와 우정이 있었기에 함께 내릴 수 있는 결정이었다.

유항검과 부인 신희는 물론 이순이의 모친 모두 두 젊은이를 믿고 주 신부의 혼사 제안을 받아들였다. 1793년 부친 이윤하가 선종하여 13세 나이에 가장이 된 이경도는 어린 나이에도 모친과 함께 집안을 잘 이끌어 나갔다. 오빠 이경도 역시 이 혼사를 적극 지원해 주었다. 1797년 가을. 이순이와 유중철은 서울 한림동 이순이의 집에서 혼례를 올렸다. 이순이는 당시 결혼 관행에 따라 1년여 동안 친정집에서 어머니로부터 수업을 받고, 1798년 9월 시집인 전주 초남리로 갔다. 그때서야 이순이 유중철 부부는 서로 깊은 대화를 나눌 수 있게 되었다. 두 사람은 오래전부터 동정을 지킬 것을 결심해 왔다는 뜻을 서로에게 털어놓으며 이제 그게 가능하게 된 것을 서로에게 축하하였다. 이순이는 이후 옥중에서 이렇게 표현했다. "내 이제 정녕 원하던 바를 이루었어요. 사실 이는 요한 또한 어릴 때부터 원하던 것이에요."

이순이 문중에서는 이 혼인을 결사적으로 반대했다. 그들은 욕을 하고 통문을 돌리기까지 했다. 다블뤼 주교나 다른 기록에서는 태종 서자 경녕군 후손으로 왕족이자 서울 명문가의 여식이 서울에서 오백리나 떨어진 시골 양반가 집안에 시집을 갔기 때문이라고 설명한다. 그런데 물론 유항검 집안이 왕족은 아니지만 서울 부근 남인들과 단단한 혼반을 형성하고 있었고, 가계를 보면 이순이의 집안은 유항검 집안과는 이미 윗대에서 혼인 관계를 맺고 있다. 문중의 반대는 가격(家格) 때문이 아니었을 것 같다.

유항검이 대표적인 천주교 지도자였기 때문이었을 것이다. 이미 이윤하가 천주교로 인해 집안에 심한 물의를 빚어 놓았다. 윤지충과 권상연의 진산사건 때 성균관 유생의 척사상소에 이윤하의 이름이 오르면서 종손이 제사를 반대한다는 사학쟁이가 되어 있다는 것을 문중에서는 절대 용납할 수 없었을 것이다. 이윤하가 죽고 아버지의 대를 이어야 할 아들 이경도마저 천주교도들과 어울려 다니고 있던 판국에, 이경도가 여동생을 천주교 핵심 지도자인 유항검의 집으로 시집보내겠다고 나선 것이다. 자칫 이수광의 후손이라는 명망이 대역부도의 역적 집안으로 뒤집힐 판국이다.

실제 약 3년 후 이윤하 양가 쪽 사람들은 그러한 이유로 이미 죽은 이윤하임에도 불구하고 예조에 파양 요청 문서를 제출했다.[290] 이윤하는 천주교를 믿다가 귀신의 벌을 받아 죽었고 그 아들 이경도는 포도청에 갇혀 종손 노릇을 할 수 없다는 것이었다. 죽은 자에게까지 소급하여 종통을 옮기는 것은 예법에도 없는 일이었지만 이들은 제사를 이런 죄인 무리에게 맡길 수 없다고 했다. 이들의 종손 파양 신청은 허락을 받았다.

이순이가 초남이로 내려온 그 다음 달 10월, 그녀와 유중철은 유항검과 그의 부인 신희 앞에서 엄숙하게 동정서약을 했다. 지속되는 천주교에 대한 박해 와중에 두 사람의 뜻과 마음을 이해하고 지지해주는 유항검과 부인 신희의 존재도 이들 새내기 부부에게 큰 힘이 되었을 것이다. 이순이는 시집 가족들을 애틋하게 생각했다. 옥중에서도 그녀는 어머니에게 "제가 죽은 다음에라도 저희 전주 시집과 관계를 끊지 마시고 제가 살아 있을 때와 같이 하세요"라고 신신당부했다.

이 부부는 자신의 뜻을 지키고 배우자의 뜻을 지켜주며 함께 생활했다. 1800년 12월 즈음에 이르러는 큰 유혹을 받기도 한다. 이순이는 어머니에게 "중간에 유혹을 받아, 그것도 근 십여 차나 받아, 거의 어쩔 수 없게도 되었지만, 성혈의 공로를 일컬으면서 유혹을 면했어요."라고 당시 상황을 전한다. 언니에게도 "피차(이순이와 유중철 사이) 약속을 어기지 말자고 했는데 작년 12월에는 유혹이 더욱 깊어져 마음이 두려웠어요. 얇은 얼음을 밟는 듯 깊은 물가에 선 듯 위험했지요. 우리는 우러러 '이기게 하옵소서' 하며 간구하고 간구했지요." 라고 이야기한다. 여러 위기 상황과 힘겨운 시간을 함께 극복해가며 서로에 대한 신뢰와 사랑은 더 깊어지게 된다. "피차 신의가 쇠처럼 돌처럼 굳고 믿음과 사랑은 태산처럼 무겁게 되었지요."

어린 시절 아버지를 여읜 이순이에게 유항검은 더없이 든든한 버팀목이자 정신적 기둥이 되어주었을 것이다. 시아버지에 대한 그녀의 각별한 사랑과 정신적 의존은 그녀의 편지에서도 잘 보인다. "금년(1801년)이 되어 계속 간장을 녹이다가 마침내 사세 어쩔 수 없이 기울어져 시아버님을 여의게 되니 살고 싶은 마음이 없었어요." 1801년 봄 남편과 시아버지가 붙잡혀가는 사건은 이순이의 마음에 큰 충격을 주었을 것이다. 본인도 마지막 날을 준비하며 주위를 정리하기 시작했고, 예상대로 그녀도 남은 가족들과 함께 조만간 체포되었다. "여러 가지 큰일을 처리하면서 세상 정리에 힘을 쏟고 있는데, 갑자기 수많은 포졸들이 들이닥쳐 내 몸이 잡혔어요."

유항검은 그 하루 혹은 이틀 뒤인 1801년 10월 24일 45세의 나이로 전주 풍남문 밖에서 능지처사되고 그의 목은 풍남문에 효수되었다. 전주에서 1차 심문 후 서울로 압송되어 본심을 받았는데 형의 집행은 고향에서 이루어진 것이다. 그를 알고 있는 모든 이들에게 경고하기 위함이었다. 그의 재산은 모두 몰수되고 집은 파가저택(破家瀦宅) — 죄인의 집을 허물고 그 자리에 물을 대어 웅덩이로 만드는 벌 — 되었다. 이 땅위에서 그의 모든 흔적까지 완전히 없애려는 의도이다. 유항검 가문의 처참한 몰락은 지역 사람들에게 큰 트라우마로 남은 듯하다. 최근까지 초남이 마을 일대 천주교 집안은 한 군데밖에 없는 것으로 파악된다.

정결한 자만이 사랑할 수 있나니

이렇게 외부 환경이 파국으로 치닫고 있을 때 이순이와 유중철은 부부로서 5년, 함께 4년을 살았다. 자녀를 낳고 백년해로하는 부부로서의 삶은 아니었지만, 이 밖의 생활에서 두 사람은 여느 부부들보다 더 깊고 성숙한 부부애를 간직하고 표현하며 살았다. 두 사람은 혼인의 가치와 아름다움에 대해 잘 이해하고 있었을 것이다. 어린 시절부터 읽었을 〈칠극〉에서는 혼인에 대해 이렇게 설명한다. "하느님이 사람들에게 결혼을 하게 한 것은 부부가 되어서 서로 돌보아 주고 사랑해 주는 이로운 일을 가지게 하기 위해서였다."[291]

특히 세상이 동정의 삶을 이해하지 못했고 거부했기 때문에 두 사람은 서로를 더 존경하며 상호간에 훌륭한 인격적 관계를 형성하여 살았다. 이순이는 유중철을 자신이 섬겨야 할 사람이자, 같은 길을 가는 동료이며 존경하는 오라버니로 여겼고, 유중철은 여성을 남성의 소유물로 여기던 당대 통념과 달리 이순이를 '누이'라 부르며 존중하고 아꼈다.

"몸이 비록 정결하다 하더라도 아직까지 정덕이라고 할 수 없다. 곧 마음도 정결하고, 듣고 보는 것도 정결하고, 말과 용모도 정결하고, 옷도 정결하고, 잠자리도 정결해야만 그제서야 정덕이라고

할 수 있다."²⁹² 이순이와 유중철 두 부부에게 이러한 정덕이란 그 자체가 목적이 아니라 자신들이 믿는 천주와 이웃과 세상을 사랑하는 방식이었다. 정결(purity)은 사랑·자애(charity)와 연결되지 않으면 오히려 교만의 길로 흐를 수 있는데, 두 사람은 동정 생활에서 두 덕목을 자연스럽게 형성하고 있었다. 이순이가 유중철을 '뜨겁게 사랑하며 기쁨이 넘치는 성실한 사람'이라 한 것에서도 부분적으로나마 이를 확인할 수 있다. 또한 이 부부의 사랑은 두 사람 사이로만 제한된 것이 아니라 주위 사람들과 세상으로 열려 있는 것이었다.

"피차 언약하기를 아버지가 가산과 사업을 물려주시는 날이 오면, 서너 등분을 하여 가난한 사람을 도와주고, 또 막내 동생에게 후히 주어 부모님을 부탁하고…" 당시 조선 사회에서 형이 아우에게 유산의 대부분을 준다는 것은 생각해내기 어려운 발상이었다. 또한 자기 재산의 큰 한 덩어리를 가난한 사람들을 위해 쓰겠다는 발상 역시 일찍이 한국에서 볼 수 없었던 생각이다. 기근이 닥쳤을 때 부자가 이웃을 구제하기 위해 곡식을 내놓은 일은 있어도 아예 재산의 상당 부분을 미리 할애하여 가난한 이웃에게 내놓는다는 것은 그 전에 없던 사고방식이었다.²⁹³

유항검 집안 자체가 베푸는 대부호였다. 〈사학징의〉는 신유박해 때 처벌된 사람 중 유항검 집안의 마름으로 네 명을 기록한다. 그렇다면 실제로는 더 많은 마름이 집안 전답을 관리했을 것이다. 워낙 대부호라 늘 손님이 북적였다는 말이다. 유항검 동네에서 "쉰여섯 마지기의 찹쌀배미"라는 말이 전해지는데 유항검 집 근처 논에서 지은 찹쌀 농사의 규모를 가리킨 말이었다.＊ 그는 한국 최대 곡

＊ 약 백년 후 유항검의 증손자가 선조의 재산을 되찾겠다며 천주교회에 청원을 냈고, 교

하늘의 신발 – 18세기 조선 문명전환의 미시사

창 지대의 주인이었다. 찹쌀 농사만도 이 정도를 지어야 손님을 대접할 수 있을 정도로 부자였고, 그만큼 그가 손님들에게 많이 베풀었다는 것이다. 그리고 천주교 전교를 위해서이든 이웃을 사랑하라는 가르침을 실천하기 위해서이든 약하고 가난한 사람들을 포함하여 주위 이웃에게 늘 베푸는 집안이었다.[294]

판토하의 〈칠극〉에 나와 있는 부(富)에 대한 설명은 유항검을 비롯한 초남이 가족이 자신들이 소유한 엄청난 부를 어떤 시각으로 보았을지 알려준다.

> "세상의 부는 모두 하느님이 내린 것이다. 그런데 우리에게는 내려 주었지만 다른 사람들에게는 그것을 내려 주지 않았다면 … 잘 베풀고 급한 사정에 빠진 사람을 구제하여 그 은혜를 갚아야 할 것이다."[295]

> "세상의 재물은 나의 재물이 아니다. 비록 나의 손에 들어왔다고 하더라도, 전에 이미 많은 사람을 거쳐서 이제 나에게 이른 것이다. 그러니 빨리 사용하여서 그것으로 하느님을 공경하고, 남을 도와주고, 착한 사람이 된다면 나의 재물이겠지만, 숨겨 두고서 사용하지 않는다면 곧 다른 사람을 따라갈 것이다. 그런데 그것이 어찌 나의 재물이겠는가?"[296]

회에서는 대한제국 정부에 요청해 유항검의 재산을 조사했다. 대략의 조사만으로도 땅 1만 5천 마지기(약 450만 평)가 드러났으나 이미 유력자들이 점유해 환수 불가능한 상황이었다. 정부는 서둘러 환수 작업을 종결했다. 유항검이 서울로 압송될 때 자기 땅만 밟고 올라갔다는 소문이 근거 없는 말은 아니었다(김진소, "유항검적몰전토환추사", 〈교회와 역사〉 103, 서울: 한국교회사연구소, 1984).

판토하는 이어서 "당신이 자식을 사랑하는 이라면 그에게 덕(德)을 남겨 주어야 합니다. 그러면 재물과 복이 아울러 그를 따를 것입니다. 그러나 만약 그에게 재물을 남겨 준다면 재물과 복이 모두 위태로워질 것입니다."[297] 또한 "참된 덕을 지닌 이는 사람을 사랑하기에 가난한 이를 돕기 위해 자신의 재물을 기꺼이 사용한다"[298]고 하였다.

이순이도 친가에서 베푸는 삶을 자연스럽게 익히며 컸다. 동생 이경언도 옥중편지에서 "재물을 서로 나누지 않으면 가난한 사람들이 어찌 살 수 있으며"[299]라고 한다. 큰 외삼촌 권철신의 묘지명에도 이들 집안에서 이웃 사랑이 구체적으로 실현되어왔음을 보여준다.

"노비(奴婢)와 전원(田園), 또는 비축된 곡식을 서로 함께 사용하여 내 것 네 것의 구별이 조금도 없으니 … 진귀한 음식이 생기면 비록 그 양이 얼마 되지 않는다 할지라도 반드시 고루 나누어 종들에게까지 돌려주었다. 그러므로 친척과 이웃이 감화되고 향리가 사모했으며, 먼 곳에 사는 사람들까지 우러러 보니…"[300]

이순이와 유중철은 수많은 역경을 겪으면서도 절대 원망하거나, 분통해 하거나, 혹은 신세를 한탄하지 않았다. 이순이는 "슬픈 일이 너무도 많으니 그것을 다 적자면 그것을 적을 대나무가 다 마를 지경"이라 표현할 뿐이다. 이들 부부는 집안이 처참하게 몰락하는 것을 지켜봐야 했고, 혈육과 친지들의 온갖 고초와 죽음까지 지켜보면서도 아무런 저항조차 할 수 없는 나날을 보냈다. 가족들의 고초는 이후 이순이의 동생 이경언이 옥중에서 쓴 편지를 통해서도 조금이나마 엿볼 수 있다.

"저는 본래 화를 당한 집안의 자손이어서 일가친지와 친구가 다 나를 버렸고, 아랫사람들까지도 나에게 다 침을 뱉으니, 모든 사람들과 절교를 한 것 같아서, 누구와 가까이도 멀리도 지낼 사람이 없으니, 어찌 무리를 지을 일이 있겠습니까?"[301]

인간적으로 본다면 억울하고 답답할 수밖에 없는 처지임에도 불구하고 이순이 유중철 부부는 그 어떤 불평도 하지 않고 오히려 늘 감사하는 마음을 지니고 살았다. 이순이의 편지에서도 곳곳에 진심으로 감사하는 마음이 가득하다.

동정 부부라는 극적이고 모험적인 삶의 형태가 두 사람에게 심리적으로나 정서적으로 압박감을 주어 오히려 부자연스럽고 부정적인 측면들이 드러날 수도 있었다. 현세의 삶에 대한 무조건적인 경멸, 지나친 자부심, 교만, 혹은 균형 잃은 광신도적 자세 등이 그것이다. 그런데 두 사람에게서는 이런 면들이 보이지 않는다. 남에게 내세우고 우쭐해 하거나, 자신 안에 갇히거나, 혹은 드러나는 공덕을 억누르기 위해 애쓰거나 하는 모습을 찾아볼 수 없다. 이들은 자신들을 천주(天主)의 섭리에 온전히 맡겨 매우 자연스러웠고, 유혹에 넘어갈 뻔했다는 사실도 숨기지 않고 알릴만큼 겸손했다. 이순이의 편지는 하늘을 바라보고 있지만 동시에 이 땅위 일상 사람들의 풋풋한 감정과 관계들과 정을 이해하고 이를 하나하나 챙기고 있다.

유중철이 이순이처럼 글을 남겼다면 이 부부의 삶에 대한 또 다른 매우 중요한 생각과 시각을 볼 수 있었을 것이다. 아쉽게도 우리는 이순이가 편지 곳곳에 드러내어 놓은 유중철에 대한 사랑과 존경을 통해 그의 모습을 그릴 수 있을 뿐이다. 그런데 동정 부부란 혼자서 절대 이룰 수 없는 삶의 형태이다. 모든 것에서 두 사람의 엄청난 협력과 공감과 소통이 있어야만 가능하다. 즉 이순이를 이해할수록 유중철을 더 명확히 볼 수 있게 되는 것이다.

이 부부에 관한 많은 연구들이 두 사람의 관계를 허울만 부부인 남매 관계로 규정하는 듯하다. 이순이가 편지에서 "새 세상이 오면 각각 헤어져 살자고 했어요", "남매가 되기로 언약을 하고", "남들은 남편이라고 하지만 저는 충직한 벗이라고 하니" 등의 표현을 썼는데, 이를 문자 그대로 해석했기 때문으로 보인다. 오히려 겉으로 오누이 관계로 보일 뿐 실제 매우 깊고 강한 부부 관계로 이해하는 것이 더 적합하다.

헤어져 살자는 말은 별거 생활에 더 가깝다. 유사하게 1866년 순교한 황석두도 그의 아내와 함께 정덕을 지키기로 결심한 후 서로 별거 생활을 하였다. 유중철 · 이순이 부부는 새 세상에서는 정덕을 실천하는 것이 외부로 드러나도 괜찮을 것이라 꿈꾸었다. '형제 · 자매'란 오늘날 천주교인들 사이에서도 천주(天主) 앞에 만인이 평등하며 천주의 자녀로서 한 형제 · 자매라는 의미로 서로를 호칭하는 말이다. 이순이가 말한 '남매'의 의미도 일부 연구자들이 이해하는 문자 그대로의 의미가 아니다.

그녀가 이러한 호칭에서 의미한 것은 유중철이 자신에게 단순한 남편이 아니라 그보다 훨씬 더 깊은 관계임을 표현한 것이다. 그녀는 유중철을 위해 주야로 염려했고, 그와 함께 죽기를 눈물 흘리며 기도하고 간청했다. 감옥 안에서도 오직 생각하는 것은 '그이(유중철)'였다. 이순이에게는 당대 조선 사회 안에서 통용되던 '남편'의 개념으로 유중철과의 관계를 담아낸다는 것이 불가능했을 것이다. 조선 역사상 남성과 여성의 지위 측면에서 동정 부부는 혁명적으로 평등한 관계였다. 두 사람은 참된 부부 – 대등하게 마주서서 매우 강력하게 서로 도움을 주는 존재(히브리어로 ezer kenegdo 'עזר כנגדו') – 가 어떠한 모습인지 시대를 앞질러 세상에 보여주었다.

"한날 함께 죽자더라고 형님에게 전하소서"

두 사람은 각각 다른 옥에 갇혀 죽음을 기다렸다. 1801년 이른 봄에 체포된 유중철에게는 줄곧 그의 동생이 음식을 가져다주었으나 의복을 전해주는 것은 끝내 성공하지 못했다. 유중철은 봄을 지나 삼복더위 중에도, 그리고 가을과 겨울의 네 계절이 바뀌도록 그가 잡힐 때 입었던 두꺼운 옷을 그대로 입고 있어야 했다. 대역죄인 유항검의 장남으로서 고문과 심문도 여러 차례 받았을 것이다. 씻지 못한 채 피고름 나는 몸과 옷에서 나는 냄새는 그간 곱게 성장한 부잣집 도련님에게는 참기 힘든 형벌이었을 것이다.

같은 시대를 살았던 정약용은 당시 감옥을 '이승의 지옥'이라 표현하였다. 그는 감옥 안에서의 다섯 가지 고통을 정리하였는데, "첫째는 형틀의 고통이요, 둘째는 토색질당하는 고통이요, 셋째는 질병의 고통이요, 넷째는 춥고 배고픈 고통이요, 다섯째는 오래 갇혀 있는 고통이다. 이 다섯 가지가 줄기가 되어 천만 가지 고통이 나온다. 사형수는 곧 죽을 것인데도 이 고통을 당하니 그 정상이 불쌍하고, 죄가 가벼운 죄수가 무거운 죄수와 똑같이 고통을 당하며, 억울한 죄수가 엉뚱하게 모함에 걸려 이 고통을 당한다. 이 세 가지는 모두 슬픈 일이다."[302]

그에 더해 유중철은 옥에 갇혀 있는 여덟 달 동안 밤낮으로 줄 곧 칼을 쓰고 있다가 처형 때가 되어서야 이것을 벗을 수 있었다. 정약용은 칼을 두고 이렇게 말했다. "칼이라는 물건은 옥졸을 위하 여 만들어진 것이다. 그것을 쓰면 내려다보거나 쳐다볼 수가 없고, 호흡이 통하지 않아서 일시반각도 견딜 수 없다. 죽이려면 죽일 것 이지 칼을 씌우는 것은 옳지 못하다."[303] 이 여덟 달 동안 유중철이 남긴 기록이 전해지지 않으니 그의 마음과 생각을 알 길이 없으나, 우리는 그를 이해하기 위해 또 다시 이순이를 찾아갈 수밖에 없다.

"다만 옥에 갇힌 다른 한 사람을 안타까이 그리워할 뿐이었지 요." 자신도 옥에 갇힌 채 이순이는 유중철에 대한 애틋함을 간절히 호소했다. "잊지 못하는 사람은 다른 사람이 아니라 바로 그이었어 요." 이 둘은 행랑채에 있을 때 한뜻으로 마지막 순간에도 함께 하 자는 의향을 서로에게 털어놓은 모양이다. 다시 한번 그 약속을 확 인해야 할 때라 생각했는지 이순이는 다른 옥에 갇혀 있는 유중철 에게 이 말을 전하고 싶어 애타 했다.

"집에 있을 때 이미 '함께 주님을 위해 죽자'는 소회를 비추었기 에, 따로 사람을 보내 한날 함께 죽자는 뜻을 감옥에다 전하고자 했 지요. 그런데 인편이 마땅찮아 주저하다가 미처 그 뜻을 전하지 못 하고 말았어요. 이후 감옥에서 연락을 하지 못하게 통신을 아예 막 아 버리니 길이 없었어요."

10월 9일. 이순이와 같은 옥에 갇혀 있던 유중철의 동생을 장정 들이 "목을 벨 듯이 무섭게" 감옥 밖으로 데려간다. "어디로 보내느 냐"는 그녀의 말에 장정들은 형제를 큰 옥으로 데려다가 한 데 두 라는 관가의 명령이라고만 답했다. 불안감에 휩싸인 그녀는 속으로

"이를 어이하리요" 초조해 하면서도 겉으로는 끌려 나가는 시동생에게 "형제한테 가서 계시소서. 서로 잊지 말자"며 그를 안심시키며 깊은 유대감을 표한다. 그리고 재삼 "한날 함께 죽자더라고 형님에게 전하소서"라고 간곡히 부탁했다.

결국 옥에서 다시 만나지도, 자신의 간절한 마음이 제대로 전달되었는지 알지도 못한 채 이순이는 유중철의 부음 소식을 듣는다. 시동생이 옥에서 나선지 일각(약 15분)이 지나 이들 두 형제가 처형되었다는 소식을 들은 것이다. 그녀는 배우자를 떠나보낸 마음의 고통을 이렇게 호소했다. "오호통재라! '요한은 어찌 되었을까'하는 생각이 미치니 억만 칼이 가슴을 써는 듯 마음이 어지러웠어요." 사랑하는 사람의 마지막 순간이 어떠했을지, 그가 끝까지 흔들리지 않고 믿음을 지켰을지, 그 순간에 천주의 보호 아래에 있었을지, 죽음 이후 그는 지금 어디에 있을지, 억만 가지 생각이 그녀의 마음에 고통으로 내려앉았을 것이다. 그러나 곧 그녀는 평안을 찾게 된다.

"그런데 집에서 기별이 왔어요. 요한의 몸을 밖으로 내어가서 입었던 옷을 보니 그의 누이[이순이 자신]에게 보낸 편지가 있었어요. 누이를 권면하고 위로한 다음 '천국에 가서 다시 보자' 하고 마음을 정한 내용이었어요. 요한의 마음이 이런데도 저는 공연히 걱정을 했지요."

마지막 순간에도 유중철은 생전처럼 흔들림 없는 모습으로 오히려 이순이를 생각하고 위로하고 있었다. 태산 같은 사랑과 믿음으로.

편지에서 스스로 말하듯 이순이는 한평생 병치레를 하지 않은 날이 없을 만큼 몸이 허약했던 모양이다. 포졸들이 그녀와 가족들을 체포하러 왔을 때도 그녀는 정신을 잃었다. 이런 그녀가 감옥에서 석 달 이상 지냈는데, 당시 천주교인들 중에서 고문보다 감옥에 갇혀 있는 것이 더 무섭다는 사람이 있었을 정도로 감옥살이는 고통스러웠다. 달레의 기록은 당시 정황을 적나라하게 알려준다. "고문 상처에서 흘러나오는 고름이 짚자리에 스며들어 썩어가는 불결한 환경과, 감옥에 가득 찬 이까지 잡아먹어야 하는 극도의 굶주림, 그리고 무더위와 극심한 추위…"[304] 이런 열악한 환경 속에서도 이 허약한 부잣집 여인은 늘 감사해 하고, 자신보다 남편과 다른 가족들을 더 염려하며 지낸 것이다. 이처럼 다른 이들을 향해 열려 있는 연대감은 모진 환경과 고난 중에도 우리 인간에게 한 줄기 빛 같은 평안을 안겨 줄 수 있다.

이순이가 남긴 편지는 다른 이들에 대한, 그리고 그들과의 깊은 연대감을 단적으로 보여준다. 감옥에서 모친과 두 언니에게 보내는 편지도 어머니와 남편(이경도)을 잃은 올케, 그리고 남은 가족 한 사람 한 사람에 대한 염려와 배려로 가득 차 있다.

"우리 모녀가 헤어진 지 사 년에 이 지경이 되어 사 년 동안의 회포를 펴지 못하니 망극함이야 오죽하리요마는… 만 번 엎드려 비오니 넓은 마음으로 참으세요. 영원한 세상에서 우리 모녀 지극한 정을 다시 이어 온전케 해요."

"돌아가신 이[이경도]야 복을 받았을 것이니, 그 일이야 어찌할 것이 아니로되, 집안 경상은 어떠하며, 어머님과 형님[올케언니]은 어찌 견디시는지요? 지금은 맥박조차 제대로 뛰지 못할 듯하니, 내 그사이 한 염려야 어찌 말로 다하겠어요 … 두루두루 그리는 마음이 종종 간절하옵니다."

"이 동생은 태어난 지 이십 년에 기별 없는 날이 없었고 일마다 불효만 끼치다가 마침내 자식 된 보람도 없이 돌아가니 형님네는 절 대신하여 착실히 효도로 어머님을 봉양하시기 바라요. 동아는 우리 오라버님이 하나 남긴 혈속이니 다른 사람들의 사내자식보다 귀하니 육신과 영신을 착실히 보호하여 잘 길러 결혼시켜 성녀현부(聖女賢婦)가 되게 하세요. 어린 동생들이 오라버님 없은 후는 형님께 의탁이 되니, 오라버님 소임을 대신 맡아 형님 노릇을 하며 어질게 권장하여 아무쪼록 결혼까지 시켜 문호를 보존하게 하세요. 매사 노력하는 사리판단이 분명한 단정한 선비가 되게 하세요. 어머님과 두 동생은 형님밖에는 부탁할 사람이 없어요."

감옥 안 '첩첩한 설움' 속에서도 그녀는 가족들과 함께이기에 '신락(神樂)이 도도하니 만사 근심이 없고 거리낄 것이 없다'고 고백한다.

"잡혀 와서 처음에는 수금청에 갇혔는데 반나절쯤 지난 후 장관청이란 데로 옮기니, 시어머니 동서 형제분과 시아주버니 형제*가 계시더군요. 피차 바라보고 말없이 눈물만 흘렸지요 … 시어머니 동서 형제 두 분과 시아주버니 형제와 모두 다섯 명이 약속하기를 … 각자 뜻을 정하니 쇠처럼 돌처럼 굳었어요. 마음이 통하고 뜻이 같으니 가득한 사랑과 믿음이 피차 틈이 없을 정도로 같았어요. 그러면서 첩첩한 설움도 자연 잊을 수 있었으니, 이 모두가 은총이지요."

어머니에게도 마음을 태연하게 먹을 것을 청하는데, 실제 권씨

---

* 사촌 시숙 유중성과 시동생 유문석.

부인은 이 모든 환난과 풍파로 집안이 몰락*하고 일가가 몰살되어 그녀가 마흔 살 되던 해부터는 남편과 슬하 자식들이 모두 처형된 후에도 여든두 살까지 장수하였다.

"시삼촌 숙모께서는 여형제도 하나 없는 외동아들을 두었는데 이 제 우리와 함께 순교하려 합니다. 같이 형벌을 받고 같은 감옥에 갇 혔지만, 극진히 주님의 명령을 받들어 마음이 태연하다 하시니, 이 런 분들로 모범을 삼으세요."

그리고 이순이는 옥중에서도 감사, 또 감사했다.

"감영에서 재심하고 다짐을 받으며 한 차례 고문을 가한 다음 칼 을 씌워 하옥시켰어요. 고문을 받아 살이 터지고 피가 흐르더니 한 식경이 지나자 아픔이 그쳤어요. 갈수록 은총이에요. 그러다 바라지 도 않았는데 사오일이 지나면서 상처가 다 나았어요. 뜻밖의 일이지 요. 감옥에 갇힌 다음 이십 일이 지나도록 작은 고난도 없었으니, 남 들의 말로 '수고한 자'라는 말이 아까울 정도였고 진실로 실정과 반 대였어요. 남은 수고한 자라고 하지만 나는 도리어 평안한 자라고 하니, 내 집에 앉아 있다고 해서 이처럼 마음이 평안하겠어요."

이순이가 옥에 갇히고 한 달이 다 될 무렵 남편 유중철과 유문 석이 교수형에 처해졌던 것이고, 이순이는 시아버지 유항검의 연좌 로 평안군 벽동군 관비로 유배를 떠나게 된다. 그러다 백 여리 즈음

---

* 달레의 기록에 의하면 후일 이순이의 막내 동생은 박해 후 중인집 딸과 결혼했다. 신 분 사회에서 아래 신분과의 결혼은 집안의 몰락을 극명하게 보여준다.

을 갔을 무렵 다시 소환되어 사형 선고를 받는다. 〈사학징의〉에는 이순이 등이 '요사스러운 말(妖言)'을 구사하여 사형에 처해졌다고 기록되어 있다. 이순이가 관장에게 '녹봉을 먹는 관리이니 국법에 따라 자신을 죽이라' 애원하며 소리친 것을 지칭하는 것으로 보인다. 온순한 성격에 신중하고 너그러웠던 그녀의 오빠 이경도는 서울 서소문 형장에서 그녀보다 하루 전날 처형되었으나 이순이는 그의 죽음을 알지 못했을 것이다. 다블뤼의 기록에 따르면 당시 이경도의 이름이 신자들 사이에 너무 유명했기 때문에 피신할 수도 없었다고 한다.

1802년 1월 30일(음력 12월 27일). 전주 진북동 숲정이에서 전주 최고 부잣집 유항검의 식구 네 명 – 그의 아내 신희(申喜), 며느리 이순이(李順伊), 제수 이육희(李六喜), 조카 유중성(柳重誠) – 에 대한 사형이 집행되었다. 전주부 감옥은 당시 전주성 동북쪽 안에 있었는데, 처형지인 숲정이까지는 거리가 제법 멀다. 사형수들은 그간 받은 모진 고문으로 인해 처형지로 실려 가는 시점에 이를 즈음이면 수레가 조금만 흔들려도 온몸에 심한 통증을 느끼며 매우 고통스러워했다. 보통 형장에 이를 즈음에는 대부분 혼절해 있거나 몸을 제대로 가누기조차 어려운 지경이 되어 있었다. 네 사람이 숲정이까지 이송되는 길에는 구경꾼들이 밀물처럼 나와 있었을 것이다. 그 명망 있던 대지주 유항검의 식구들이 사학죄인으로 처형당하러 가는 길이니 말이다.

〈동국교우상교황서(東國敎友上敎皇書)〉*에는 형이 집행되기 전날

---

* 대만 보인대학 신학원 도서관에 소장되어 있는 〈동국교우상교황서〉에는 1811년 조선 신자들이 교황 비오 7세에게 보낸 편지와 북경 주교에게 보낸 편지가 수록되어 있다.

이 사형수들이 작대기로 정강이를 내리치는 고문을 받았는데 아무도 통증을 느끼지 못했다는 기록이 있다. 편지를 작성하는 데 주축이 된 이들 중에는 이순이의 외사촌 권상립이 포함되어 있었다. 이순이가 죽은 지 십년이 채 못 되었을 시점에 작성된 기록인데, 본인이 감옥을 방문해 직접 듣거나 감옥을 오가던 가족 및 친지들로부터 전해들은 것을 기록했을 것이다. 몸 전체가 이미 만신창이가 되어 있었기 때문이었을지, 혹은 이순이와 그 가족이 옥 안에서 말하던 '신락(神樂)' 때문이었을지, 아니면 네 사람 모두 이미 정신적으로 이 세상을 떠난 상태에 접어들어 있었기 때문이었을지 모른다. 〈사학징의〉에는 이순이와 함께 처형된 이들 모두 심문관에게 마지막까지 '배교할 수 없다. 더 할 말이 없다. 속히 죽여 달라'고만 했다는 기록이 남아 있다.

20세 이순이는 함께 처형장으로 끌려가면서 시어머니를 걱정했다. 법에 따라 대역죄인의 자식들은 교수형에 처해지나 나이가 어린 경우 유배지로 귀양을 가게 된다. 유항검의 어린 딸 섬이*(아홉 살)는 거제도로, 아들 일석(여섯 살)은 흑산도로, 일문(세 살)은 신지도의 관노비로 유배형에 처해졌다. 이 아이들은 유배지까지 가는 길 위에서나 유배지에서 굶어 죽거나 얼어 죽을 수밖에 없었다. 이순이는 시어머니에게, "오늘은 육신의 정을 끊고 오로지 주님을 향해야 할 날

신유박해에 관한 보고와 당시 순교자의 명단과 전기가 그 내용이다. 해당 소장본에는 1812년 조선 신자들이 선교사의 파견을 요청하는 편지와 1813년 북경교구 주교가 조선교회에 발송한 답신도 포함되어 있다.

* 2014년 거제도호부사를 지낸 하겸락(1825~1904)의 〈사헌유집(思軒遺集)〉에서 유섬이의 행적이 발견되었다. 노비 신분이었으나 착한 노파를 보수주인으로 만나 그녀의 수양딸이 되었고, 수양모에게 부탁하여 외부와 차단된 생활을 하여 동정을 지키며 살았다. 71세에 생을 마감하였는데, 거제 사람들의 존경을 산 것으로 보인다. 그녀의 묘로 추정되는 '유처자묘(柳處子墓)'도 발견되었다.

입니다"며 시어머니의 마음이 약해지지 않도록 독려하고 위로했다. 그리고는 시아주버니에게 도움을 요청했다. "아주버니, 우리를 일깨워 주세요." 유중성은 큰 소리로 천주교 교리를 읊었다.[305]

이순이는 이들 중 맨 먼저 땅바닥에 누워 나무토막 위에 목을 얹었다. 조선 시대 사형수들의 머리가 한번에 떨어져 나간 경우는 거의 없다. 무딘 칼 때문일 수도 있고, 술에 취한 휘광이들이 제대로 겨냥하지 못해서일 수도 있다. 휘광이는 사형수 가족에게 뇌물을 요구하며 거부하면 참혹하게 죽인다 협박하기도 했고, 사형수 가족들은 참수 전날 휘광이를 찾아가 사형수를 단칼에 베어 달라고 돈과 쌀을 전하기도 했다.

망나니의 눈에 벗어나면 큰 고통을 겪으며 죽을 수 있음에도 불구하고, 이 20세 약관의 조선 여인은 법에 따라 망나니가 사형수의 윗옷을 벗기려 하자 근엄하게 꾸짖었다. "내 비록 네 손에 죽는다마는 네 어찌 감히 내 옷을 건드린단 말이냐." 저항을 막기 위해 사형수의 두 손을 등 뒤로 묶는 것이 관례였는데, 그녀는 망나니가 이것도 하지 못하게 했다. 그녀의 육신은 의식조차 제대로 가누지 못할 정도의 고통으로 몸을 가누기도 어려웠을 터인데 그녀는 호통을 치고 스스로 윗옷을 벗었다.

평생 동정을 지켜온 그녀가 생의 마지막 순간에 그녀를 조롱하는 수많은 인파에 둘러싸여 이들이 지켜보는 가운데 옷을 벗어야 했던 것은 상상 이상으로 어려운 일이었을 것이다. 기록에 남아 있는 다른 여성 천주교 처형자들은 자신들이 부녀자임을 감안해 옷을 입은 채로 칼을 받을 것을 요청하기도 했다. 이순이도 이렇게 요청할 수 있지 않았을까? 호통을 치며 두 손을 묶는 것을 거부했다면 윗옷을 벗어야 하는 것에 대해서도 마찬가지로 할 수 있었을 것이다.

그녀의 마지막 모습은 그간 지켜온 동정마저 자신의 자유 의지로 희생하려는 것으로 보인다. 십자가에 못 박히기 전 옷 벗김 당한 예수의 고난에 일치하고자 했을 것이다. 이미 그녀의 시선은 늘 그리워했던 남편과 시아버지가 있는 천국에 놓여 있었다. 이순이는 두 손을 스스로 가지런히 몸에 붙이고 목을 내어놓고 땅바닥에 누웠다.

"요한은 남들은 남편이라고 하지만 저는 충직한 벗이라고 하니 만일 천국으로 올라갔으면 저를 잊지 않겠지요. 이 세상에서도 저를 위하는 마음이 지극하였으니, 만복이 있는 곳에 머물고 있다면, 제가 부르는 소리가 암암히 귀에서 떠나지 않으리니, 평소 함께 죽자던 언약을 저버리지 않았으면, 이번에는 제가 하늘나라로 갈 수 있게 하겠지요."

아를에 있는 고흐의 집이자 그의 수도원. 원래 집앞에 다른 건물들이 있었으나 과감하게 생략해 놓았다. (*Vincent's House in Arles, The Yellow House*, 1888, Van Gogh Museum)

고흐가 발작을 일으켜 병원에 입원해 있는 사이 홍수가 들이닥쳐 그의 수도원이, 그의 방이 망가졌다. 고흐는 크게 상심했다.

"작업실이 파손됐을 뿐만 아니라 이곳에 기념품이 될 습작들이 망가졌다는 사실은 치명적이다… 결국 패배할 수밖에 없는 싸움을 하고 있었던 것 같구나… 그 집은 나만을 위한 것이 아니라 불운한 화가들을 위한 것이었다."(편지 588)

가난하고 보잘 것 없는 이들을 위해 희생하려던 고흐는 자신의 노력과 희생이 무(無)로 돌아가는 것을 보았다. 그는 이제 희생하고자 했던 그의 염원마저 희생해야 하는 단계에 이른 것이다. 그러나 몇 달 후 고흐는 훼손된 침실 그림을 다시 그리려 하니 요양원으로 보내달라고 부탁했다.

"불평 없이 고통을 견디고 증오 없이 고통을 바라보는 법을 배우면서… 지금 서 있는 곳에 고통이 온통 눈앞을 가리고 있어서 희망이 전혀 없어 보여도, 그러한 고통이 존재하는 이유를 삶의 이면에서 보게 되리라는 희미한 가능성을 어렴풋이 보게 될지도 모르지."
(편지 597)

"다시 그릴 자신이 없어서 처음에는 캔버스 위에 덮어 그리려고 했었지. 그렇지만 머리가 점점 맑아져서 다시 꽤 괜찮게 그릴 수 있게 되었다. 중요한 것은, 네가 하는 수많은 일들 중에 언제나 너에게 더 소중하게 느껴지고 네가 더 많은 것을 쏟아 부은 것이 있다는 것이다. 그런 것들은 무슨 수를 써서라도 지키고 싶어지지."(편지 594)

자신에게 휴식을 베풀어준 침실을 다시 그리며 감사해 하는 고흐의 마음, 가난한 예술가들이 작업하는 공동체의 꿈을 기억하려는 고흐의 마음 덕분에 '아무것도 없는' 이 방이 우리 눈앞에 지금도 펼쳐져 있다. 고군분투하는 모든 영혼의 안식처인 이 방으로 우리도 초대받게 된 것이다.

이순이·유중철 부부, 유항검과 그의 처 신희, 차남 유
문철, 제수 이육희, 조카 유중성 7인의 합동 묘. 천주교
인들이 이들의 유해를 초남리에 인접한 제남리에 매장
하였고, 1914년 4월 19일 전주시가 내려다보이는 치명
자산 위의 현 위치에 안장하였다. 지방 기념물 제68호
(2014년 5월 ⓒ 설지인)

06

영원으로 통하는 문:

김재복(金再福)의 별

The Starry Night, 1889, MoMA

고흐가 아를에서 그토록 일구어내고자 열망했던 예술가들의 새 시대는 고갱과의 불화로 산산조각이 났다. 자신의 귀를 자르는 소동 ― '내 탓이오' ― 을 벌여 이웃 사람들의 미움과 혐오를 산 고흐는 혼자 남게 되어 고통스러웠고, 다시 발작이 올까 봐 겁이 났다.

1889년 5월, 그는 테오에게 쇠창살이 쳐진 창문 뒤에서라도 그

하늘의 신발 ― 18세기 조선 문명전환의 미시사

림만은 계속 그릴 수 있게 해 준다는 조건으로 프로방스의 생 레미 요양소에 입원시켜 달라고 부탁했다. 요양소에서는 감시인이 동행한다면 가까운 곳으로 그림을 그리러 가는 것을 허락해 주었다. 고흐의 스타일은 점점 더 역동적으로 변한다.

사람들은 그것이 광기의 증거라 수군대었다. 테오마저 고흐의 현기증 나는 시선을 염려했다. 그러나 고흐는 자연을 관찰한 결과가 그랬을 뿐이라고 말했다. 그는 고함을 지르고 신음소리 내는 환자들과 함께 갇혀 묵묵히 일했다. 열심히 일하며 자신의 불행도 잊으려 했다.

고흐의 요양원 생활은 힘들었다. 밖으로 빠져나갈 수도 없었던 그는 병실 창문에 의지해 하늘을 올려다보았고, 길고 긴 어두운 밤, 하늘을 가득 채우고 있는 쏟아지는 별빛들을 보았다. 고흐는 불붙은 듯 강렬한 밤하늘에서 모세가 불타는 떨기나무를 보며 느낀 황홀경을 체험했을 것이다.

밤하늘과 별빛 속에 있는 무한함의 현존에서 그가 느낀 기쁨과 황홀. 그러나 고흐는 '현실을 저버리고 색깔로 음악을 만들어' 그 황홀경 속에 계속 머물기보다 다시 '신발 만드는 사람'이 되겠노라 땅 위의 가장 평범한 것들로 되돌아왔다. 황홀의 순간을 마음에 간직한 채 힘겨운 노동과 희생으로 가득 차 있는 고통과 실망의 자리로 되돌아온 것이다.

"…노동이 존재하는 이 세상 위로 펼쳐진 별빛 비치는 커다란 둥근 하늘을 본다. 그것은 결국 하느님이라고 부를 수밖에 없는 그 무엇이며, 이 세상 위에 자리잡고 있는 영원이다."(빌헬미나에게 보낸 편지 8)

고흐의 마음속에는 늘 영원에 대한 꿈이 있었다. "늘 내 마음속에 있는 그 그림, 나의 별이 빛나는 밤은 언제쯤 그릴 수 있을까?" (베르나르에게 보낸 편지 7) 지상의 평범한 사물들 안에 살아있는 진리를 추구하던 고흐는, 그림을 그리다 어려움이 닥칠 때면 밤하늘에 떠 있는 별을 그리러 밖으로 나가곤 했다. 그럴 때마다 그는 무한의 별빛들로 가득 차 있는 밤하늘을 더욱 대담하게, 더욱 직접적으로 찬미했다.

1889년 6월. 〈론강의 별이 빛나는 밤〉을 그린 지 거의 일년 만에 고흐는 〈별이 빛나는 밤〉을 새로이 그렸다. 더욱 꿈틀거리는 모습으로. 고흐의 상상이 정점에 이르는 그림이다. 그림 속 드높은 밤하늘과 화가의 상상력이 끝까지 팽팽하게 펼쳐진 별빛의 물결. 고흐는 이를 장차 지상에서 이루어질 변화에 대한 희망과 연결했다.

고흐에게 별빛은 미래에 대한 희망이자 죽음 이후의 세계에서 마치 애벌레가 나비가 되듯이 겪을 변화를 상징했다. 그리하여 나비가 된 화가는 무수히 많은 별들 가운데 하나를 터전으로 삼을 것이라 그는 말하곤 했다. 하늘과 땅 사이 모든 인간의 삶에 의미를 부여해 주는 내재적인 상징을 찾아 나선 예술가 고흐. 그에게 별은 영원으로 가는 통로로서 특별히 중요했다.

〈별이 빛나는 밤〉을 남긴 고흐는 프로방스를 떠나 마침내 파리 북부 오베르 쉬르 우아즈로 간다. 그가 천국으로 가기 전 마지막 순례길에서 예술혼을 불태우는 곳이다.

천만개의 눈물이 빚은 아이

1836년 경기도 용인 땅 골배마실. 밤이 되면 하늘에 무수한 별들이 쏟아지는 곳이었다. 계절이 늦은 봄기운을 벗고 여름으로 들어서던 어느 날 15살 홍안의 소년이 살던 집에 푸른 눈의 서양인이 발을 딛는다. 프랑스인 모방 신부(Pierre Philibert Maubant, 1803~1839)가 교우촌 순방을 나섰다가 소년의 아버지 김제준(金濟俊, 1796~1839)의 집을 방문한 것이었다.[306] 김제준은 1836년 1월 모방 신부가 입국하여 서울 정하상(丁夏祥, 1795~1839)의 집에 있다는 소식을 듣고는 찾아가 모방 신부에게서 세례를 받고 골배마실로 돌아와 있었다.

소년의 이름은 김재복(金再福). 부친 김제준은 1801년 신유박해 이후로 십수년간 천주교를 봉행할 엄두를 내지 못하고 있었다. 모진 박해의 광풍을 겪고 살아남은 평범한 천주교인들은 "천주교 이야기만 나오면 너무 무서워서 숨이 다 막힐 지경"[307]이었다. 그러다 김제준은 정하상의 인도로 다시 신앙을 이어갔고, 첫째 아들 재복은 그가 다시 천주교 공동체에서 활동하고 있을 때 태어났다. 이미 재복의 증조부 김운조(金運祚)가 1814년 해미에서 옥사하였고 종조부 김종한(金宗漢)이 1815년에 체포되어 이듬해 대구에서 참수된 후였다.

1801년 박해는 조선 천주교회에 심각한 타격을 주었다. 주요 천주교인들은 조선시대 형률 〈대명률(大明律)〉에서도 역모에 준하는 '범상부도(犯上不道, 부도덕한 말로 주상을 모독한 자를 처벌하는 죄목)'나 '모반대역(謀反大逆)'의 죄목이 적용되어 처단되었다. 〈사학징의(邪學懲義)〉는 서울과 지방에서 참수되거나 신문 중에 죽은 사학죄인 85명*과 유배된 226명**에 대해 기록하고 있으나, 살아남은 자들이 10년 후 교황에게 보내는 서한에서는 신유박해로 처형된 이가 100명이 넘고 유배길에 오른 이들이 400명 가까이 된다고 전한다. 이들의 말은 과장이 아닌 것으로 보인다. 여러 사료에서 그 이름이 분명히 찾아지는 천주교 처형자들의 수만 해도 121명[308]이니 말이다.

지도층과 식자층을 모두 잃은 채 "다만 부녀자와 어린아이, '어(魚)'와 '노(魯)'도 구분하지 못하는 남자들만 남은"[309] 천주교회는 "참으로 비참하고 황폐한 상태"[310]에 놓였다. 살아남은 이들은 "신자들을 천만 가지로 괴롭히고 그들을 종과 같이 다루는"[311] 적의에 가득 찬 사람들 틈바구니에 끼여 '박해와 세상의 눈을 두려워하고', '추위와 굶주림, 그리고 온갖 어려움에 너무나 허덕이며 뿔뿔이 흩어져' 살았다.[312]

조정에서는 천주교인들을 처단하기 위해 사라진 형벌까지 부활시키자는 극단적인 논의도 오갔다. 형조판서 이의필(李義弼)은 천주교인들에게 얼굴에 문신을 새기는 묵형(墨刑)을 적용하여 이들 무리를 사람들로부터 격리시키자는 제안을 올렸고,[313] 같은 날 우승지 최헌중(崔獻重)도 사대부 가운데 사학에 빠진 자는 얼굴에 자자(刺字, 죄인의 얼굴이나 팔에 죄명을 문신하는 형벌)하여 그 무리가 뚜렷이 구별되게 할 것을 간언하였다.[314] 묵형은 조선 전기 도적을 다스릴 때 시행된 적이 있으나 조선 후기 명목만 남아 있다가 1740년(영조16) 각종 악

---

* 국청 사형죄인 59명, 국청 및 포도청에서 매 맞아 죽은 죄인 7명, 전라도 사형죄인 7명, 경기도 사형죄인 7명, 충청도 사형죄인 5명.

** 서울에서 83명, 지방에서 121명이 다른 곳으로 유배되었고, 연좌로 유배된 이들이 22명이다.

형을 금하는 과정에서 완전히 폐지된 형벌이었다. 이들의 주장이 실행되지는 않았으나 당시 조정의 분위기를 알 수 있는 대목이다.[315]

실제로 천주교 사학죄인들에 대한 대우와 처벌은 다른 죄인들보다 강경하고 차별적이었다. 사학죄인들의 가족들은 본인도 체포될 것이 두려워, 혹은 가난 때문에 시신을 거두기 어려운 경우가 많았다. 그나마 시신을 찾으러 온 가족들을 상대로 돈을 요구하거나, 외딴 곳에 매장해 가족들이 찾지 못하게 한 경우도 여러 건 보인다.[316] 심문 중 고문으로 옥에서 사망한 시신은 광희문 성 밖에 내다두는 것이 관례였는데, 1801년 4월 〈승정원일기〉에는 물고(物故)된 사학죄인의 시신을 뇌물을 받고 가족에게 인계한 한성부 관원이 처벌받는 기사가 나온다.[317] 처벌받을 이런 일이 천주교 사학죄인 가족들을 대상으로는 광범위하게 이루어진 것으로 보인다.

간신히 처형을 면한 이들은 유배길에 올랐다. 그런데 〈사학징의〉의 기록을 보면 이들 상당수가 유배길에 오르기 전 포청에서 고문을 당했다. 권철신의 처남 남필용(南必容), 황사영 집에 출입하던 제관득(諸寬得), 혹은 강성철(姜成喆) 등과 같이 유배지에 도착해 후유증으로 사망하는 경우도 있었다.

유배지에서의 삶은 천주교 사학죄인들에게는 더 혹독했다. 대왕대비와 대신들은 머리를 모아 이들을 격리할 방안을 강구했다. 영부사 이병모는 사학죄인들을 외딴섬 한군데로 몰아넣는 것이 좋을 듯하나, 그 섬이 사학에 오염되어 또 다른 변괴가 일어날 가능성을 주저했다.[318] 대왕대비는 이들을 외딴 섬에 수용할 경우 섬에서 유언비어가 유포되고 지나가는 외국 상선들과 교통할 것이며, 한군데 모여 있게 되면 자녀 생산이 번성하여 나라를 원망하는 종자를 뿌

리게 된다고 지적했다.[319] 사학죄인을 승려로 만들어 각 사찰에 흩어 놓자는 제안도 나왔다.[320]

결국 천주교 사학죄인들은 각 고을에 1~4명씩 분산하여 각 읍의 감옥에 수감하도록 했다. 감옥 내에서도 다른 죄인들과 거처를 따로 분리하여 수용할 것을 명하였다. 관할 수령은 이들에게 죽지 않을 정도의 음식과 의복만 지급하고, 옥리나 옥졸조차도 이들과 말을 주고받지 못하게 하며, 수령의 고과 성적에 사학죄인들이 외부인과 교류하지 못하게 하는 것을 최우선으로 단속하도록 하였다. 이렇게 조정에서 결정된 내용들은 형조에서 지방 감영으로 보낸 〈발배관문식(發配關文式)〉에도 고스란히 담겨 있다.

> "무릇 사학으로 인해 유배가는 자들은 다른 죄인과 자별(自別, 스스로 구별됨)하다는 사실은 전후 칙교에서 분명히 하였다. 보수주인(保授主人)은 반드시 근실하고 착실한 자를 택해서 정하며, 그로 하여금 별도로 하나의 장소를 마련하여 감옥 죄수와 같이 관리한다. 문밖에 한 발자국도 나가지 못하게 하며 외인과 교류도 금지한다. 비록 가내인(家內人)이라도 한가로이 이야기 나누지 못하게 한다. 외읍도 오가통의 제도가 있으니 통내 여러 가호에서 힘을 합쳐 감시한다. 5일 혹은 10일 단위로 이상 유무를 지방관에게 보고하면 지방관 또한 수시로 조사한다. 지금 이처럼 방수를 엄하게 하는 것은 전염의 걱정 때문이다."[321]

유배인들은 군현 경계를 벗어나지 않는 한 고을 내에서 이동이 자유로웠던 반면 천주교인들에게는 상당한 통제가 가해졌다. 유배인 점고(點考)는 대개 한 달에 두 번이었는데, 천주교 죄인들의 경우

5일 혹은 10일 간격의 보고와 동시에 지방관도 수시로 조사하도록
한 것이다. 유배인들의 기본 생계는 유배지 고을에서 해결해주어야
했는데, '죽지 않을 정도의 음식과 의복만 지급하라'는 지시가 떨어
졌으니 고을에서 이들의 의식주에 별다른 신경을 쓰지 않았을 것임
을 짐작할 수 있다.[322]

참수된 천주교도와 직접 관계되거나 연좌된 이들은 대부분 섬
으로 유배되었다. 극변(極邊)이나 절도(絶島)는 유배지들 중 가장 가
혹한 지역이었고,* 육지에서 고립된 섬은 생활환경이 특히 척박했
다. 정조 때 추자도에 유배된 안조환이나 철종 때 신지도에 유배된
이세보는 자신의 배소지를 '하늘이 지은 지옥'이라 표현했다. 흑산
도로 귀양 간 김약행도 먹을 것이 없어 칡으로 연명하다 얼굴이 부
어 있는 주민들에 대해 이야기하며 자신의 처지를 한탄하였다. 관
노비가 된 천주교 유배인들은 천역(賤役)을 해야 했으므로 더 큰 고
통을 겪으며 살았을 것이다. 그리고 여성들은 유배지에서 쉽게 탐
욕의 대상이 되어 상상 이상의 수모와 고통을 겪었고, 다산도 〈목민
심서〉에서 이를 강하게 비판하였다.[323]

중앙정부의 조직적인 탄압을 등에 업고 일부 지방 관리들은 자
신의 실책에 대한 백성들의 원성과 분노를 천주교인들에게 전가했
다. "저 악한 도리를 믿는 사학죄인 때문에 온 나라에 가뭄과 기근
이 심해서 백성들이 죽게 되었다"[324]는 표적 삼기는 공공연하게 자
행되었다. 일부 민중들도 자신의 불행이 천주교가 유포된 탓이라

---

* 제주 정의, 대정, 진도, 거제, 남해, 고금도, 금갑도, 녹도, 흑산도, 고군산도, 위
  도, 백령도, 나로도, 사도, 신지도, 지도, 추자도, 여도, 고돌산 등이 이러한 지역
  이었다.

믿으며 자기방어 능력을 완전히 상실한 천주교인들을 노골적으로 배척하고 폭행했다. 혹독한 고문으로 숨이 거의 끊어진 채 형장으로 끌려 나온 이도기(李道起, 1743~1798)에게 사람들이 "저놈 때문에 가뭄이 이렇게 심하니 우리는 굶어 죽겠다. 발로 차서 끝장을 내자" 부르짖으며 달려들던 것[325]과 같은 기록은 빈번하게 발견된다.

살아남은 자들은 서로 눈을 마주칠 수도, 인사조차도 할 수 없었다. 자신의 본 거주지에 더이상 머물 수도 없었다. "생명조차 부지할 길을 잃어버린"[326] 이 사람들은 극한의 굶주림과 고난을 감수하며 태백산맥의 동남쪽 혹은 동북쪽 줄기를 따라 깊은 산골짜기로 이주했다. 사람이 살 수 있는 곳이 아니지만 이들은 교우촌(敎友村)을 형성하여 신앙을 이어갔다. 신유박해 이전에 피신한 이들이 이미 충청도 서부, 전라도 북부, 경기도 남부 깊은 산골짜기로 이주해 삶의 터전을 일구고 있었다. 박해의 광풍은 천주교인들을 경상도와 강원도를 포함하여 더 멀고 더 험한 산골짜기로 내몰았다.

그리하여 신유박해는 조선 전역 산간벽지까지 천주교를 파급시키는 전혀 예상치 못한 결과를 초래했다. 달레는 상황을 이렇게 기록한다. "오히려 아무리 활발하고 열심한 전교로도 그렇게 할 수 없었을 만큼 더 빠르고 더 보편적으로 온 나라의 아주 궁벽한 구석까지 복음을 알렸다."[327] 신유박해 때 고향 전주를 떠나 경기도 용인, 강원도, 경상도 등지의 교우촌을 전전하다 1827년 처형된 신태보(申太甫)는 당시 상황의 일면을 들려준다.

"나는 우연히 몇몇 순교자 집안의 유족들이 용인 지방에 산다는 소문을 듣고 그들을 찾아내려고 갖은 노력을 다한 결과 마침내 그들을 만나게 되었다. 이미 나이 먹은 여인들과 겨우 아이 티가 가신 몇

몇 소년들뿐이었는데 … 그들은 아무 의지할 것도, 아무 재산도 없으며, 외부 사람들과는 감히 말을 건넬 생각도 못하고, 천주교 이야기만 나오면 너무 무서워서 숨이 다 막힐 지경이었다 … 어떤 이들은 눈물을 흘리기까지 하며, '우리가 서로서로 힘이 되기 위하여 자주 연락을 했으면 좋겠다는 말을 하였다 … 그때부터 8일이나 10일에 한 번씩 서로 찾아다녔다. 오래지 않아 우리는 한집안 식구나 다름없이 서로 깊고 진실한 정이 들게 되었다. 우리는 성서를 다시 읽기 시작하였고, 주일과 축일의 의무를 지키기 시작하였다. 이 사람들은 신부(주문모)에게서 성사를 받았다. 그래서 신부와 그 권고에 대한 자세한 이야기를 들으니 신부를 직접 보는 듯한 느낌이 들었다. 내 마음 속에는 기쁨과 행복이 번졌다. 그것은 마치 보물을 발견한 거나 진배없었다. 나는 이 교우들을 모두 천사들처럼 사랑하였다."[328]

교우촌은 포졸의 습격을 피해 언제든지 도망갈 수 있도록 두 지역의 경계점이나 외진 곳에 위치해 있었다. "외교인들의 눈이 사방에서 우리를 끊임없이 감시하고"[329] 밀고의 위험으로 늘 마음을 놓을 수 없는 상황에서도 이들은 서로가 힘이 되어 삶의 터전을 일구어갔다.

"멀리 떨어져 있다고 늘 귀찮음을 당하지 않는 것은 아니었다. 가끔 신자들의 집을 아는 외교인들이 그들 집에 와서 묵으며 그저 먹고 살았고, 즉시 밀고한다고 협박하며 무자비하게 착취하는 것이었다. 포졸들도 박해 때의 습관을 잊지 않고 있었다. 조그만 핑계만 있어도, 때로는 아무 핑계가 없어도 교우촌에 가서 약탈하고, 집, 옷, 가구, 식량들을 닥치는 대로 빼앗아가고, 조금이라도 반항을 하는 사람은 옥으로 끌고 가는 것이었다. 2~3년 동안 산 다음 하도 부지런히 일한 덕에 땅이 덜 메마르게 되자 우리 신자들이 그 초라한 살림을 다른 데로 옮겨야 한 것이 몇 번이었던가!"[330]

교우촌은 1830년대 이후 선교사가 방문하면서부터 일부 공소로 발전하였는데, 1850년 페레올(J.J. Ferreol, 1808~1853) 주교의 보고에 따르면 전국에 185개소 이상의 공소가 있었으므로 교우촌의 수는 이보다 훨씬 많았을 것이다. 1836년 모방 신부가 보고받을 무렵 각 교우촌에는 적게는 30~40명 많게는 1,000명 넘는 천주교인들이 함께 살고 있었다.[331] 이들은 비밀리에 〈성경직해〉, 〈성경광익〉 등의 서적을 계속 읽었고, 생업을 유지하기 위해 담배와 같이 가파른 비탈과 절벽에서도 자라는 작물을 재배하며 연명하거나 옹기를 구워 팔았다. 옹기장이는 사회적으로 천대받는 직업이기에 사람들 관심 밖에 있을 수 있었기 때문이다.

종교를 지키기 위해 교우촌에 모여든 이들에게 신분, 재산, 학식 등은 문제가 되지 않았다. 이들은 동등한 위치에서 서로 힘을 모아 공동 작업하고 모든 재산을 공동으로 사용하며 하늘 아래 만인이 평등함을 온전히 실천했다. 모든 것을 잃어버린 과부와 고아들이 새로이 찾아오면 교우촌 사람들은 그들에게 삶의 터전을 내어주고 공동으로 보호해 주었다. 아이들을 함께 키웠고, 모두가 가난한 형편이었음에도 자신보다 더 궁핍한 사람들을 위해 돕고 베풀고자 하였다. 이벽의 부인 해주 정씨도 이벽 사후(死後) 외아들 이현모를 데리고 천주교를 박해하는 가문을 떠나 먼 곳에 있는 교우촌으로 은신한 것으로 전해진다.

좁은 하늘 위로 별이 떠 있는 밤의 카페테라스. 고흐가 처음으로 밤을 그리고 별을 그린 작품이다. 이 밤하늘에 별을 찍어 넣는 순간이 정말 즐거웠다는 그는 "나는 별을 그려 넣으며 희망을 표현했다"고 말한다. 어두운 밤 환한 불빛이 켜져 있는 카페는 숙박료가 없거나 잠잘 데를 구하지 못한 이들, 가족이나 고향이 없는 이들이 피난처로 삼을 수 있는 곳이라 설명했다. (*Cafe Terrace at Night – The Cafe Terrace on the Place du Forum*, 1888년, Kröller–Müller Museum)

'서로 사랑하여라' – 이 지극히 단순한 계명이 이들의 인간관과 조선 사회를 지탱하던 기존의 세계관을 뒤흔들어 놓은 것이다. 훗날 김재복의 시신이 안장되는 미리내, 그리고 그가 자란 골배마실은 용인과 안성 지역 일대에서 가장 먼저 형성된 교우촌들이다. 재복도 교우촌에서 태어나 교우촌으로 돌아왔다.

'서로 사랑하여라'는 계명은 옥에 갇힌 이들 사이에서도 지켜졌다. 1815년 경상감옥에 갇힌 신자들은 자신들을 밀고한 전지수를 굶겨 죽이라는 경상감사의 명령에도 그에게 먹을 것을 주었고, 그가 알몸뚱이로 옥 밖으로 내쫓길 때에도 몸을 가릴 옷을 주어 애덕(愛德)으로 악을 덮었다.[332]

'서로 사랑하여라'는 유배지에서도 이어졌다. "귀양 간 사람들의 처지는 더 참혹하였으니, 그들은 자유를 박탈당하고, 의심 많은 관헌의 감시를 받고 있었으며, 심지어 … 일가친척들과도 무지막지하게 이별을 강요당하였다."[333] 그러나 어떤 이들은 가족을 따라 척박한 유배지로 이주해 갔고, 그곳 사람들이 "더할 수 없이 충격을 받을 정도의 겸손"[334]으로 덕행을 실천하며 살았다.

정약현의 딸 정조이(丁召史)는 1801년 전라도 광주로 유배 간 남편 홍재영(洪梓營, 1780~1839)을 찾아가 귀양지에서 함께 살며 자식들에게 교리를 가르쳤다. 이들 가족은 본인들의 가난한 처지에 상관없이 천주교인이든 그렇지 않든 다른 가난한 사람들에게 자선을 베풀었고, 박해를 피해 유배지까지 숨어온 이들을 보살폈다. 30년 넘는 유배 생활 후 홍재영이 처형당하러 가자 읍내 주민 수백명이 그를 따라오며 "의로운 사람들을 이렇게 벌한단 말인가"[335] 울부짖었다 한다.

신지도에 유배되었다가 황사영 백서 사건으로 더 험한 흑산도에 이배된 손암 정약전도 생전 흑산도에서 큰 덕망으로 사람들의 존경을 샀다.* 그가 세상을 떠난 지 86년이 흐른 1902년, 드예(Albert Deshayes) 신부가 흑산도를 방문했을 때 주민들은 여전히 정약전을 성실, 겸손, 성덕의 모범으로 칭하며 기억하고 있었다. 그리고 그는 정약전의 배소 주인 박인수가 천주교인이 되어 있었음을 발견하고

---

* 1814년 여름 정약용이 유배에 풀려날 수 있을 것 같다며 흑산도로 형을 뵙겠다는 소식을 전해오자 정약전은 아우가 자신을 보기 위해 험한 바다를 건너게 할 수 없으니 자신이 우이보에서 기다리고자 했다. 흑산도 사람들이 정약전을 떠나지 못하게 하자 안개 낀 밤을 타 우이도로 떠난 정약전을 흑산도 사람들은 황급히 배로 쫓아와 그를 다시 흑산도로 데리고 갔다. 이를 들은 정약용은 "요즘 세상에 그 고을 수령이 서울로 올라갔다 다시 올 때 백성들이 모두 길을 막고서 오지 못하게 한다는 말은 들었거니와, 귀양살이하는 사람이 다른 섬으로 가려 하자 본도(本島) 백성들이 길을 막고 더 머물게 하였다는 말은 듣지 못하였다"며 형의 덕망을 언급했다. (《다산시문집》 제21권, 〈寄二兒〉 병자(丙子) 6월 17일)

보고했다.[336]

　정약종과 첫째 아들 정철상이 처형될 당시 만 6세였던 둘째 아들 정하상(丁夏祥, 1795~1839)도 십대 소년이 혼자서 걸어가는 것이 불가능할 거리를 걸어 함경도 무산으로 유배간 조동섬(趙東暹)을 찾아갔다. 유배지에서 소년은 교리와 한문을 익혔다. 신유박해로 회복할 수 없는 타격을 입은 정씨 일가에서는 천주교라는 말만 들어도 치를 떨었다. 모든 재산은 몰수되고 자택도 파괴된 채 남은 정약종의 아내 유 체칠리아(1761~1839), 둘째 아들 정하상, 딸 정정혜(情惠, 1797~1839)는 정약용의 집안을 포함하여 자신들에게 적대적인 친지들 집을 전전하며 살 수밖에 없었다.

　이들은 친지들에게서는 물론 노복들로부터도 말할 수 없는 멸시와 학대를 받으며 살았다. 어렵게 여생을 이어가면서도 유 체칠리아는 아들 하상과 딸 정혜에게 구전으로 교리를 계속 가르쳤다. 무산에서 조동섬과 조우한 정하상은 그와 함께 천주교회 재건 방안을 함께 모색하였고, 함경도에서 돌아온 하상은 전국 각지 천주교인들과 접촉하며 권기인,* 이여진의 주도 하에 최신덕, 신태보 및 현재까지도 이름이 밝혀지지 않은 많은 이들과 함께 조선에 다시 사제를 영입하기 위한 비용을 모으기 시작한다.

　1811년에야 필요한 준비가 갖추어졌다. 이여진이 밀사가 되어 교황에게 보내는 서한과 북경 주교에게 보내는 서한 두 통을 북경 교회에 전달하였다. 서한들은 교황청 포교성성 마카오 대표부로 전해져 마르키니(Marchini) 신부가 번역하였고, 리스본을 거쳐 바티칸

---

*　1807년 간행된 안동 권씨 족보가 최근 발견되어 '권기인'이 권철신의 동생 권제신의 아들 권상립임이 밝혀졌다. 달레가 기록한 '기인'은 권상립의 자(字)이다.

으로 전달되었다.

그러나 1812년 나폴레옹과 교황령 문제로 갈등하던 교황 비오 7세는 퐁테블로 성에 감금되었고, 1814년에야 로마로 복귀할 수 있었다. 1812년과 1813년 유럽 상황에 대하여 알 길 없던 이여진은 답을 얻기 위해 한 번 더 고통스러운 북경행을 감행하였다. 그는 조선 천주교인들을 대리하여 다시 한번 성직자 파견을 호소하였다.

교황청에서는 마카오 대표부 마르키니 신부에게 조선 선교사를 모색하도록 명을 내렸다. 그러나 마르키니 신부는 극도로 불안정해진 유럽의 정치적 환경과 중국 내에서 가중된 박해로 이를 이루지 못했다. 권기인은 1814년 사망하였고, 힘겹게 북경을 다녀온 이여진은 1815년 모친, 아내, 동생, 계수, 조카를 모두 잃고 자신도 혼자 조용히 생을 마감했다.

1815년에는 청송 모래산과 진보 머루산 교우촌에서 300여명이 체포되어 대부분 옥사하는 등 천주교에 대한 박해가 지속되었다. 그러나 이들은 낙담하지 않았다. 1816년 말부터는 이제 21세가 된 정하상이 동지사 일행을 따라 북경을 방문하기 시작한다. 달레의 기록에 의하면 그는 1835년까지 19년 동안 북경을 16차례 왕래하였다. 거의 매년 북경을 오간 셈인데, 초인적인 체력과 정신력을 요하는 모험을 한 감행한 것이다.

1823년 역관 유진길(劉進吉, 1791~1839)이 천주교를 받아들이면서 이들의 노력은 더욱 견고해졌다. 그는 북경을 수월하게 오갈 수 있었고 중국어에도 능숙했기 때문이다. 그 다음해 정하상과 유진길은 함께 북경을 방문하여 다시 한번 교황에게 보내는 서한을 제출했다. 이들은 재차 '안정적이고 지속적으로 선교사를 파견할 수 있는 방안'을 강구해 달라고 요청했다.

이 서한은 당시 마카오 포교성성 대표부 움피에레스(R. Umpierres) 신부에 의해 바티칸으로 보내졌다. 움피에레스 신부는 마카오에 있던 라자로회 소속 라미오(L. Lamiot) 신부와 논의 끝에 서한 뒤에 자신의 의견서를 첨부해 보냈다.

> "조선을 위해 필요한 것은 그 나라를 위하여 전심할 수 있는 어떤 수도회일 것입니다 … 조선을 북경교구에서 분리시키는 것이 좋을 것입니다."[337]

1827년 바티칸 교황청에 도착한 조선 천주교인들의 서한은 카펠라리 포교성성 장관과 관계자들의 심금을 깊이 울렸다. 카펠라리 장관은 움피에레스 신부의 의견에 공감하였다. 같은 해 조선에서는 "어미새를 잡아먹는 올빼미와 아비를 잡아먹는 짐승과도 같은 배은 망덕하고 흉악한 무리들"[338]에 대한 박해가 번졌다. 2월 곡성에서 천주교인들을 체포하며 시작된 불씨가 장성, 순창, 심실, 용담, 금산, 고산, 전주 등 전라도 전역으로 이어졌고, 4월 중순에는 경상도와 충청도까지 체포의 불이 번졌다.

그 와중에 바티칸에서는 카펠라리 장관이 조선을 단독으로 담당할 곳을 물색하며 먼저 예수회와 교섭을 벌였다. 그러나 해산된 후 1814년에야 겨우 다시 설립된 예수회에서는 조선을 감당할 여력이 없었다. 카펠라리 장관은 파리 외방전교회로 눈을 돌렸다. 그는 9월과 11월 랑글루와 총장 신부에게 곧 설립될 조선 교구를 맡아 줄 것을 청했다. 그러나 다음 해인 1828년 1월, 파리외방전교회 지도자들은 다섯 가지 이유를 들며 이를 유보한 채 전체 회원들의 뜻을 묻는 회람(lettre commune)을 돌렸다.

그런데 1829년 5월, 방콕에서 이 회람을 받아본 한 신부가 열화에 가득 찬 장문의 편지를 파리 본부로 보내왔다. 바르텔레미 브뤼기에르(Barthélemy Bruguiére) 신부였다. 36세이던 그는 본부 장상들이 내세운 모든 이유들을 조목조목 반박했다.

"기금이 없습니다."
"포교성성에서 몇 해 동안 보조를 하겠다고 합니다."

"이런 위험한 사업을 맡을 신부가 누가 있겠습니까?"
"제가 하겠습니다."

"다른 포교지에도 급한 일이 많습니다."
"조선 사람들이 당하고 있는 것만큼 급한 일은 없습니다."

"성공은 거의 불가능하다고들 합니다."
"그럼 불가능을 시도해봐야지요."

"알려진 길이 전혀 없습니다."
"그럼 길을 하나 만들어야지요."

"아무도 신부님을 따라나서지 않을 것입니다."
"그건 두고 봐야지요."[339]

브뤼기에르 신부는 자신이 가도록 허락해 준다면 1년 전부터 교황청에서 그에게 종용해 온 주교직을 수락하겠노라 답했다. 서신을 보내고 열흘 뒤 그는 마카오 주재 라자로회 라미지오 신부에게 조선 잠입 가능성을 타진하는 서한을 보냈다. 다음 달 방콕. 주교직에 성성된 그는 시암 대목구 부주교가 되었다. 그리고 그가 말레이시아 페낭으로 왔을 때 페낭 신학대학교 교수로 재직 중이던 샤스탕(Jacques Honore Chastan, 1803~1839) 신부가 찾아와 자신도 조선으로 함께 가고 싶다는 강한 열의를 털어놓았다. 당시 26세. 이를 받아들인 주교는 그에게 페낭에서 기다릴 것을 말하였다.

그리고 1831년 2월. 바티칸에서는 그간 조선을 마음 깊이 담고 있던 카펠라리 포교성성 장관이 교황으로 취임하게 된다. 교황 그레고리오 16세. 9월 9일, 교황은 조선을 독립 대목구로 설정하고 브뤼기에르 주교를 초대 대목구장으로 임명하였다.

1831년 9월 9일 교황 그레고리오 16세가 반포한 〈조선대목구 설정 소칙서〉. 교황청은 중국 천주교회의 교계 제도를 전반적으로 재조정함으로써 포르투갈에 부여하였던 보호권을 축소시켰다. 궁극적으로 바티칸 포교성성이 직접 아시아 선교를 관장하여 유럽 국가들의 정치적 간섭을 배제하고 오직 신앙의 관점에 입각하여 일관된 선교 정책을 펼치려는 목적이었다. 그 출발점이 1831년 조선 대목구 설정이었다. (파리외방전교회 고문서고 소장, 명동성당 사본)

브뤼기에르 주교를 포함하여 페낭에 있던 이들은 이 소식을 다음 해인 1832년 7월에 접하게 된다. 주교는 병으로 페낭 신학교를 그만둔 중국 청년 왕 요셉을 데리고 다음 달 말레이시아를 출발, 싱가포르와 마닐라를 거쳐 마카오에 도착했다.

그러나 애초에 조선을 맡을 의향이 없음을 분명히 했던 파리외방전교회 본부에서는 전체 회원들에게 또 한차례 회람을 돌려 조선 입국을 강행하려는 브뤼기에르 주교의 과오를 지적하였다. 그리고 파리외방전교회 마카오 대표부에게는 그를 영접하지 말 것을 엄명했다.

이에 주교는 회람 내용의 12가지 오류를 하나하나 논박하는 서한을 본부로 보내고 마닐라로 돌아갔다. 그리고 다시 마카오로 온 그는 그해 12월 복건(福建)을 향해 떠났다. 이때 사천 선교를 위해 마카오에서 중국어를 배우고 있던 모방 신부가 자신의 선교지로 가기 위해 함께 출발했다.

그런데 복건에 이르자 모방 신부가 갑작스럽게 조선 선교에 대한 열망을 주교에게 표현하였다. 장상에게 하는 요청이라기보다 흡사 통보에 가까운 그의 의사 표명에 선교사들 사이에서 논의가 시작되고, 결국 모방 신부의 염원대로 그의 선교지가 조선으로 변경된다. 브뤼기에르 주교와 머리를 맞대고 조선 입국 계획을 세운 모방 신부는 복건에서 주교와 헤어져 서만자(西灣子)에서 다시 합류하게 된다. 서만자로 가는 여정. 북경에서는 천주교 탄압이 심해지고 있었는데 여권이나 여행 증명서도 없이 도시 안으로 들어온 서양인은 모방 신부밖에 없었다. 그는 조선에 미친 31세 젊은이였다.

한편, 왕 요셉을 동반하여 복건을 떠난 브뤼기에르 주교는 남경
(南京), 직예(直隷), 산서(山西), 서만자를 거쳐 내몽고 마가자(馬架子)에
이르렀다. 주교의 여행길은 모두 험난하고 고통스러웠다. 죽을 고
비도 여러 번 넘겼다.

"나는 아직 열병이 낫지 않은 상태에서 남경을 떠났습니다. 걷기
시작한 첫날부터 나의 몸 상태는 더욱 악화 되었습니다. 피로하고 무
더운 데다가 먹지도 마시지도 못하고 온갖 어려움을 겪은 결과, 복부
에 심한 통증을 느꼈습니다. 이질 증상이 분명했습니다. 즉각 열이 오
르는 바람에 나는 매번 눕거나 앉아야만 하는 기진맥진한 상태였습니
다. 나에게는 어느 정도의 휴식이 필요했지만, 그렇게 해달라고 할 수
가 없었습니다. 안내자들 말로, 주막에 머무르는 것은 위험하다는 것
입니다. 의원을 부르는 것은 더욱 큰 위험을 자초하는 일이었습니다."
(여행기 제8장)

"우리가 냇물로 들어섰을 때 나는 보통 때보다 훨씬 심하게 열이
오르는 고통을 겪었습니다. 나는 불타는 갈증 때문에 매우 괴로웠습
니다. 내 입술이 아래위로 어떻게나 꽉 달라붙었던지 손으로 떼어내
어야만 입이 벌어질 지경이었습니다 … 나는 내가 누워 있던 나무 판
때기 아래로 손을 슬며시 집어넣었다가 뱃바닥에 물이 스며든 것을
알아냈습니다 … 나는 자꾸 손가락을 물에 적셨다가 그것으로 혀와
입을 축였습니다. 나는 임종에 처한 해소병자처럼 숨을 헐떡였습니
다. 숨이 어찌나 꽉 막히던지 약 20분 동안은 꼭 숨이 넘어가는 줄 알
았습니다. 나는 발작하는 사람처럼 먼지 속에서 뒹굴었습니다. 이런
특이한 광경과 괴상한 옷차림 때문에 내 주위로 중국 사람들이 구름
처럼 모여들었습니다. 더럭 겁이 난 내 안내자들은 부랴부랴 나를 옮

겨 놓았습니다 … 그들은 바람이 잘 통하는 데에서 공기를 마시게 한
답시고 햇볕이 쨍쨍 내리쬐는 밭 가운데 나를 두었습니다. 이 장면을
완벽하게 연출하기 위해 안내자 하나가 내 얼굴에 중국 모자를 얹어
놓았습니다. 하지만 이 모자 때문에 바깥 공기가 조금도 통하지 않게
되어 하마터면 그나마 붙어 있던 미약한 숨길마저 아주 끊어질 뻔하
였습니다."(여행기 제9장)

1832년 8월 4일 페낭을 떠나 싱가포르 → 마닐라 → 마카오 →
복안(福安) → 히아푸 → 남경(南京) → 직예(直隸) → 태원부(太原府) →
서만자(西灣子) → 마가자(馬架子)까지 브뤼기에르 주교가 약 3년간 이동한 경로

하늘의 신발 – 18세기 조선 문명전환의 미시사

"길잡이가 누비이불 한 채를 구해 왔습니다. 누비이불을 덮자마자 머리에서 발끝까지 중국에서 매우 흔한 무수한 이를 흠뻑 뒤집어쓰게 되었습니다. 대중국 제국에 사는 사람치고 이가 득실거리지 않는 사람이 없습니다 … 이를 없애고 나자 곧 다른 병고가 이어졌습니다. 나는 심한 가려움증에 시달렸고 이 고통은 여섯 달 동안 지속되었습니다. 머리에서 발끝까지 피부가 온통 벗겨지고 여기저기에서 피가 났습니다."(여행기 제9장)

조선 입국 방법을 찾기 위해 브뤼기에르 주교는 산서에 이를 때까지 왕 요셉을 북경으로 보내 포르투갈 출신인 피레스 페레이라(G. Pires-Pereira) 북경 주교 및 조선 천주교 밀사들과 접촉을 시도하였다. 이를 통해 브뤼기에르 주교는 유진길이 서명한 조선 천주교회의 서한을 두 통 받아보았다. 조선 천주교인들은 교황의 친서를 지닌 사절단이 큰 배를 타고 조선에 와 천주교를 봉행할 수 있도록 국왕의 허락을 구할 것을 계속 요청하고 있었다. 외교적 협상과 타결을 기대한 것이다.

반면 이들은 주교의 입국에 대해서는 미온적이었다. 갖은 역경을 용맹히 뚫고 온 브뤼기에르 주교나 자신의 아들 딸들의 반응은 그의 마음을 무겁게 내려 앉혔다. 조선 교구 재치권을 놓고 싶지 않던 포르투갈령 북경 주교는 갈수록 브뤼기에르 주교와 협력할 의향이 없었고, 그가 파견한 중국인 여항덕(余恒德)* 신부는 이미 1834

---

* 여항덕 신부는 십여 년 전인 24세 때 이태리 신학교로 유학가던 길에 유진길이 북경 주교에게 가지고 온 서한들을 바티칸에 전달한 인물로, 조선 사람들에게 감동해 신학교 시절부터 학장 신부에게 조선 선교사로 가게 해 줄 것을 청하며 꿈을 키운 사제였다.

년 1월 조선 입국에 성공해 있었다.

5월. 이러한 상황에서도 중국 청년 왕 요셉이 조선 밀입국 가능성을 살펴보기 위해 두 번째로 국경 지대를 향해 떠났다. 왕복 9천 리 넘는 길이다.

"그는 혈혈단신 떠났답니다 … 그가 돌아올 수 있을까요 … 저는 이 젊은이의 열의와 용기에 탄복하고 있습니다. 이 젊은이는 저희와 조선 사람들을 위해 희생하고 있는 것입니다. 그가 여장을 잘 갖추지도 못한 채 걸어 다닌 지도 무려 열여덟 달이나 됩니다. 얼마 안 있으면 북경에서 파리 사이의 거리보다 더 먼 거리를 걷는 셈이지요. 비록 늘 병들어 있고 폐병의 위협에 시달리지만 그는 피로와 위험을 두려워하지 않습니다."[340]

9월, 왕 요셉이 산서로 돌아왔다. 아무런 성과 없이.

이들은 결국 서만자로 이동해 모방 신부와 재회한다. 브뤼기에르 주교는 그때서야 파리외방전교회 본부에서 결국 조선을 맡기로 결정했다는 희소식을 접한다. 더욱이 앵베르(Imbert Laurentius) 신부가 조선 선교사로 확정되었다는 소식으로 브뤼기에르 주교는 천군만마를 얻은 듯 기뻐했다.

"그만이 홀로 조선 신학교를 괜찮은 규모로 세우고 유지할 능력이 있습니다 … 적합한 사람은 앵베르 신부뿐입니다."[341]

브뤼기에르 주교와 파리외방전교회 마카오 대표부 르그레주아 신부는 긴밀하게 교감하면서 대목구장직의 계승권을 지닌 부주교를 선발하고자 했다. 브뤼기에르 주교는 일찍부터 앵베르 신부를 계승자로 마음에 두고 있었다. 앵베르 신부는 모든 면에서 보기 드문 인물이며, 어느 선교지에서도 그러한 사람을 본 적이 없다고 칭찬하곤 하였다.

이제 주교는 마지막으로 자신의 자녀들을 설득해야 했다. 조선 천주교인들은 서양인은 외모가 판이해 발각되기 쉽고, 그로 인해 다시 엄청난 박해가 시작될 것을 크게 두려워하고 있었다. 주교는 1835년 1월 왕 요셉을 북경으로 보내 자신의 서한을 조선 동지사 일행에 숨어 온 천주교인들에게 전달했다.

"사랑하는 자녀들이여…"[342] 주교의 서한을 받은 조선 천주교인들은 망설이던 마음을 내려놓고 심기일전하여 주교를 받아들이기로 한다. 기회의 때는 그해 음력 11월.

10월 7일 브뤼기에르 주교, 왕 요셉, 그리고 서만자에서 이들을 돕던 중국인 라자로회 고 신부는 도둑과 맹수에 대비하여 무장한 고용인들을 동행하고 2천리 거리에 있는 봉황성 변문을 향해 출발한다. 모방 신부는 서만자에서 대기했다. 이제는 기쁜 소식만이 남았다 생각하며 기분 좋게 기다렸다.

떠나기 전날 주교는 마카오에 있는 르그레즈와 신부에게 서한을 보냈다. 편지를 쓰는 그의 손가락은 꽁꽁 얼어있었다.

"지금까지 제 여행 중 가장 험난한 여정입니다. 제 앞에는 온갖 어려움과 장애와 위험이 도사리고 있습니다. 저는 머리를 숙이고 이 미로 속으로 몸을 던집니다."[343]

마가자

서만자

북경

봉황성 변문

서울

19일, 일행은 마가자에 도착했다. 이곳에서 보름가량 머물며 조선으로 가기 위해 요동으로 떠날 준비를 할 예정이었다. 이튿날 저녁, 브뤼기에르 주교가 갑작스럽게 두 손으로 머리를 감싸고 비명을 지르며 쓰러졌다. 의식을 잃은 그는 곧 선종했다. 향년 43세.

서만자로 달려온 중국인 교우에게서 소식을 들은 모방 신부는 마카오 르그레주아 신부와 파리 지도자들에게 서한을 보내 이 사실을 알리고 마가자로 달려가 주교의 장례식을 치렀다. 그리고는 단 3일간 열려 있을 조선 입국의 문을 향해 자신이 달려갔다. 브뤼기에르 주교를 위해 조선 천주교인들이 준비한 길을 따라 조선으로 입국하려는 것이다.

교회법에 따른다면 대목구장 사망 시 재치권과 상시적·비상시적 특별 권한들은 모두 처음으로 임명된 신부에게 주어진다.[344] 그렇다면 이 권한은 새로운 대목구장이 임명될 때까지 샤스탕 신부에

하늘의 신발 – 18세기 조선 문명전환의 미시사

게 주어져야 하고,* 모방 신부는 장상의 선종과 그의 유고 상황을 보고하고 지시를 기다리는 것이 수순이다. 그러나 조선에 대한 열정으로 가득 차 있던 이 열혈 프랑스인 젊은이에게 이 상황에서 규율이란 안중에 없었다.

샤스탕 신부는 마카오 신학교 교장을 맡아달라는 요청도 반려하고, 험난하고 고통스러운 조선 선교지에 대한 원의를 지키며 기다리고 있었다. 그는 브뤼기에르 주교가 지나간 행로를 그대로 밟아 복건까지 갔고, 안내하던 중국인 2명이 겁에 질려 도망쳐도 아랑곳하지 않고 남은 한 명을 동행해 조선으로 가는 해로 개척을 시도했다. 해로 개척이 불가능함을 알게 된 그는 산동 지방에서 사목하며 브뤼기에르 주교와 조선교회로부터의 소식을 기다리고 있었다.

'조선'이라 하면 물불을 가리지 않던 모방 신부는 약속장소에서 조선 천주교인들을 만났다. 유진길 등 조선 천주교인들은 선교사들이 감탄할 정도로 철두철미한 준비를 해 놓았다. 1836년 1월 12일 자정. 이들은 의주 변문을 출발했고, 사흘 뒤인 1월 15일 무사히 서울에 도착했다.

> "잘못 기록된 견문기로 인해 생긴, 사람으로서는 넘을 수 없는 장애가 사라졌습니다. 괴물과 또 다른 인류가 존재한다는 그런 생각들이 더이상 천주교 선교를 방해하지 않을 것입니다."(모방)[345]

---

* 샤스탕 신부는 1833년 5월 장상인 플로랑 주교로부터 조선대목구 소속 선교사로 임지를 옮겨도 좋다는 허락을 받아 페낭을 출발했고, 모방 신부는 1834년 8월 사천 대목구장 폰타나 주교로부터 동일한 허락을 받았다.

유럽인들에게 조선은 오랫동안 존재하지 않는 곳이었고, '들어가면 시간의 흐름이 멈추는 섬' 등으로 알려져 있었다. 박해의 광풍이 지속되어도 끊임없이 사제를 요청하는 조선인들의 신성한 부름이 젊은 유럽 선교사들로 하여금 모든 장벽을 뛰어넘게 한 것이다.

모방 신부는 주로 서울에 머무르면서 경기도와 충청도 교우촌들을 다녔다. 그는 조선에 오자마자 신학생이 될 소년들을 찾아 나섰다. '참된 원의'를 찾기 위해 모방 신부는 엄격한 잣대를 댄 듯하다. 기존에 추천되어 있던 아이들을 만나본 그는 이들을 모두 탈락시켰다.[346]

골배마실에 들렀을 때 그의 두 눈이 재복에게서 멈추었다. 이미 소년과 집안에 대해 알고 있던 터였다. 이후 기해년(1839) 관가에 붙잡혀 신문받던 중 재복의 아버지 김제준은 당시 상황을 이렇게 설명했다. "나가(羅哥 모방 신부)가 저희 집에 와서 제 아들을 보고는 제자로 삼게 해 달라고 요구했기 때문에 제가 또한 허락 했습니다." 유진길, 정하상, 조신철도 김제준에게 아들을 보내도록 권유했다.[347]

7월 11일 김제준은 서울 모방 신부의 거처에 도착했다. 재복은 이것이 무슨 의미인지 알만큼 성숙했다. 이미 2월 6일 내외종 6촌 형제간인 동갑내기 최양업(崔良業)이 와 있었고, 3월 14일 최양업과 또래 사촌지간인 최방제(崔方濟)가 도착하여 모방 신부에게서 라틴어를 배우고 있었다.[348] 양업과 방제는 어린 시절 앓은 귓병으로 한쪽 귀가 제대로 들리지 않는 상태였다.[349]

김제준은 그 해 또 한번 서울로 가서 아들을 만나고 왔다.[350] 두 사람은 재복이 걸어갈 미래에 대해 깊이 교감했을 것이다. 재복이 정확히 언제 자신의 관명(冠名)을 '대건(大建)'으로 하였는지 알 수 없

하늘의 신발 - 18세기 조선 문명전환의 미시사

으나, '크게 세우다' - 이것이 조선 땅 아주 깊은 산골짜기에서 나고 자란, 뼈저리게 가난한 십대 소년이 품은 꿈의 크기였다.

박해가 또 언제 일어날지 모를 일이었다. 선교사들은 애초에 먼저 와 있던 두 명의 소년들을 마카오 신학교로 보내고자 했다. 그러나 다시는 이런 기회가 없을지도 모른다. 그리하여 모방 신부는 자신과 채 5개월도 같이 있지 않은 재복을 함께 보내기로 결정한다.[351] 이들은 압록강이 얼어붙은 때를 이용해야 했다.

1836년 12월 3일. 양업, 방제와 함께 재복도 성경 위에 손을 얹고 신학생 서약을 한다. 그리고 유방제 신부와 조선 밀사 정하상, 조신철, 이광렬(李光烈, 1795~1839)의 인도로 엄동설한의 한밤 중 한양을 떠났다. 출발을 8시간가량 앞두고 조정에서 어떤 천주교 반역자를 추적하기 시작했다는 소식이 전해졌다. 순간 이들 모두 두려움에 휩싸였고 출발을 연기해야 할지 고민했다. 그러나 결국 모든 것을 하늘에 맡기고 계획했던 대로 발걸음을 옮겼다. 모방 신부는 교회 사정이 여의치 않아 이들에게 변문까지 가는 여비밖에 주지 못했다.[352]

마카오의 하늘, 조선의 별, 대건(大建)의 꿈

세 소년은 일행을 따라 곳곳에 있는 감시 초소들을 피해가며 간신히 압록강에 다다랐다. 그리고 밤중에 강 위를 걸어서 건넜다. 이들은 봉황성 책문까지 펼쳐진 약 50km의 황무지와 평야를 가로질러 12월 28일 이들을 기다리고 있던 샤스탕 신부와 만났다. 재복이 만난 두 번째 파란 눈의 서양인이다. 샤스탕 신부는 세 소년이 마카오로 갈 수 있도록 조치를 취하고 자신은 12월 30일 밤 정하상, 조신철, 이광렬 등과 함께 조선을 향해 떠났다. 이들은 다음 날 조선 입국에 성공했다. 재복, 양업, 방제는 이제 언어도 통하지 않는 낯선 세 명의 중국인들과 함께 남겨졌다. 세 소년은 왕 요셉과 안내를 생업으로 삼던 서만자 출신 두 중국인을 따라 대륙을 횡단한다.[353] 이들은 브뤼기에르 주교, 모방 신부, 샤스탕 신부가 개척한 길을 모두 종합한 길 위를 걸어갔다. 심양, 마가자, 서만자를 거쳐 장지에 도달해 왕 요셉은 그곳에 남았고, 이후 여정은 두 중국인 안내자들만이 세 소년을 인도했다.

소년들은 난생처음 집을 떠나 6개월 넘게 육로를 걸었다. 파리 외방전교회 마카오 부대표였던 바랑탱(Andre N. A. Barrentin) 신부가 "가혹한 여행"이라 표현했을 만큼 소년들이 감내하기 어렵고 위험한 여정이었다.

1837년 6월 7일. 다행히 조선 소년들 모두 무사히 마카오에 도착했다. 조선천주교회의 공간이 마카오로 확장된 것이다. 마카오는 홍콩 개항 전까지 중국과 세계 사이의 유일한 교역지였고, 상업의 중심지이자 서양 선교사들의 집결지 역할을 했다. 바랑탱 신부는 재복, 양업, 방제와의 첫 만남 후 선교사들에게 이렇게 알렸다.

"이 학생들은 놀랄 만큼 순박해 보입니다."[354]

사실 다른 문화를 학습하기 위해 학생들을 조직적으로 해외 문화권에 유학 보내온 역사가 오래전부터 있었다. 신라 시대 숙위학생(宿衛學生)들이 당나라로 유학 갔고, 고려 시대 구법승(求法僧)들이

송나라에서 유학했으며 유학자들은 원나라의 만권당(萬卷堂)에서 수학했다. 그러나 조선 시대 대외 교류를 일절 차단하는 퇴행적인 문화 정책으로 다른 문화권에서의 유학은 상상도 할 수 없는 일이 되어 있었다.

1631년 정두원에 의해 알레니(Julio Aleni, 1582~1649)*의 〈직방외기(織方外紀)〉와 〈서학범(西學凡)〉이 전래 되면서 조선 내부에서도 서구 교육에 관해 인지하게 되었고, 특히 18세기 접어들어 남인들 사이에서는 이에 대한 광범위한 인식이 형성되어 있었다.** 그리고 1837년, 세 명의 소년들이 알레니가 설명한 수사학(Rhetorica), 철학(Philosophia), 의학(Medicina), 법학(Lex), 교회법(Canones), 신학(Theolo-gia)[355]을 제한적이나마 접하며 마카오에서 성장하는 것이다. 조선은 동북아 3국 가운데 가장 늦은 19세기 후반이 되어서야 서구 문명권에서 유학하는 이들이 더 등장한다. 유길준, 윤치호, 서재필, 홍종우 등이 그 인물들이다.

마카오 신학교에 도착한 소년들은 안정적으로 학업에 전념할 수 있는 상황이 아니었다. 소년들은 매일 마카오 대표부 경리 장부를 작성했고, 지하실, 주방, 농장 등에서 잡무를 도왔다. 여러 신부들이 수시로 바뀌며 교육을 맡았기 때문에 체계적인 수업이 이루어지기 어려웠다. 1년여 동안 이들의 교육을 담당했던 메스트르(Maistre)

---

* 알레니는 마테오 리치(Matteo Ricci, 1552~1610), 판토하(Diego de Pantoja, 1571~1618), 우르시스(Sabbathim de Ursis, 1575~1620) 등과 동시대 이태리 예수회 신부로, 31세 때 중국에 파견되어 약 36년간 선교활동을 했다. 당시 중국인들은 그를 "타고난 자질이 총민하고 학문이 깊고 넓다"하여 "서방의 공자"라 평했다.

** 이가환이 1784~1785년 사이 이벽으로부터 〈천학초함〉 일부를 빌려보기 전에 이미 알레니의 〈서학범〉, 〈직방외기〉 등을 소장하고 있었다. 공서파의 태두 신후담(愼後聃, 1702~1761)이 〈서학변(西學辨)〉에서 〈직방외기〉에 소개된 서구 교육을 비판하고 있다.

신부는 이후 파리 본부 참사회에 교육방안 개선을 건의하며 임시로 거처하는 선교사들에게 교육을 맡기지 말 것과 학생들에게 대표부의 잡무를 맡기지 말 것을 제안했다. 이 불완전한 환경 속에서 세 소년은 서양철학, 라틴어, 성음악 등을 공부했고, 이들의 겸손과 면학심은 선교사들이 만족할 수준이었다.[356]

굶어 죽는 이들이 빈번히 생기던 비참한 교우촌에서 나고 자란 세 젊은이 모두 신체적으로 온전할 리 없다.

> "많은 교우들이 거지 생활보다도 더 심한 곤궁 속에 빠졌다 … 영하 10~12도가 되는 한겨울에 거의 벌거벗은 어린아이들이 추위로 새파랗게 얼어가는 것을 보았다. 어떤 시기에는 산에서 뜯어 온 풀뿌리와 맹물이 교우들의 유일한 양식이었다."[357]

재복도 어린 시절부터의 영양 결핍에서 오는 여러 부작용을 앓으며 마카오에서 성장기를 보낸다.

> "그들의 부모들은 조선에서 가장 뛰어난 교우들입니다. 그러나 가난합니다."[358]

김제준의 가족은 여러 곳을 전전하며 농업만으로 생계를 이어나갔다. 이들이 살았던 한덕동이나 골배마실의 위치만 보아도 생활이 어려웠을 것임을 충분히 짐작할 수 있다. 재복은 학업을 이어가면서 황달, 가슴앓이, 복통, 두통, 요통 등으로 끊임없이 괴로워했다.

그리고 1837년 11월 27일 새벽. 최방제가 위열병(胃熱炳)으로 숨을 거둔다. 신학교에서 공부를 시작한 지 6개월이 되지 않은 시점이었다. 방제는 모든 면에서 "이 어린 교회(조선교회)의 가장 아름다운 존재"라 불리며 스승 신부들을 감탄시키던, 세 소년 가운데 가장 촉망받던 학생이었다.

> "극도의 고통에도 프란치스코 사베리오(최방제)는 용기를 잃지 않았습니다. 그는 병을 두려움 없이 받아 들였습니다 … 이 슬픈 사건이 있은 지 10일이 경과했지만 내 마음은 아직 모든 위로를 받아들이지 못하고 있습니다."[359]

당시 마카오에서 조선 신학교 교장을 맡고 있던 칼르리 신부의 비탄이 느껴진다. 그는 조선 신학생들의 교사이자 지도자였고, 아버지이자 어머니였으며, 의사이자 학교 관리자로서 큰 애정을 쏟아 왔다. 방제의 임종을 곁에서 지킨 재복과 양업의 슬픔은 이루 말할 수 없었을 것이다. 그러나 두 소년은 흔들리지 않고 학업을 이어갔다.

조선에서는 그 다음 달인 12월 브뤼기에르 주교를 이어 제2대 조선 교구장으로 임명된 앵베르 주교가 드디어 정하상, 조신철 등의 안내로 밀입국하여 31일 한양에 도착했다. 12년 이상 사천에서 포교 활동을 해온 주교는 중국말에도 매우 능숙했다. 이미 많은 경험을 쌓고 조선에 왔을 때 그의 나이 41세. 이제 세 명의 성직자가 활동하게 됨으로써 조선 천주교회는 새로운 전기를 맞이했다. 여전히 교우촌 천주교인들이 붙잡혔다는 괴로운 소식이 들리지 않는 달이 없었으나, 1838년 말 세례 받은 이의 수가 9천여 명으로 증가했다. 당시 인구에 비한다면 조선인 1천명 중 한 명인 셈이다.

그러나 곧 상상하지도 못했던 피바람이 몰아친다. 조정에 간언이 도달한다.

"사술을 행하는 무리들을 적발하여 남김없이 진멸하라."³⁶⁰

1838년 말부터 천주교인들이 체포되어 갔지만 아무도 이를 대박해의 조짐이라 생각하지 못했다. 기해년(1839) 3월 20일. 해가 질 무렵 먼저 서울에서 대대적인 체포령이 떨어졌다. 공소 회장들을 중심으로 천주교인들 수십명이 잡혔다. 그리고 4월 12일. 9명에 대한 첫 공식 처형이 집행되었다.

"사학의 죄인 이녀(李女), 권득인(權得仁) 등 9인을 베었다."³⁶¹

천주교를 적대시하던 우의정 이지연(李止淵)이 정권을 잡으면서 그와 권력의 부침을 함께 하던 벽파 풍양 조씨가 그간의 중심 세력이던 시파 안동 김씨로부터 권력을 탈취하려는 목적이었다. 기해박해(己亥迫害)가 시작되었다.

1801년 조정에서 신유사옥을 주도했던 노론 벽파는 1803년 순조의 친정이 시작되면서 그 세력이 꺾인다. 1812(순조12)년부터 순조의 장인 김조순(金祖淳)이 주도하는 시파 안동 김씨 세력과 조득영(趙得永)이 주도하는 벽파 풍양 조씨 세력은 협력하여 경쟁 세력으로 부상할 수 있는 순조의 외척들을 제거해 나갔다. 1827년 효명세자가 대리청정을 하는 시기 이지연(李止淵)이 풍양 조씨와 밀접한 관계를 맺게 되고, 1830년 효명세자의 사망으로 순조가 친정하는 동안

하늘의 신발 – 18세기 조선 문명전환의 미시사

김조순-김유근(金逌根, 김조순의 장남)의 안동 김씨 권력 질서가 정립되었다. 이들은 천주교에 비교적 관용적이었다. 1834년 헌종이 즉위하고 순원왕후가 수렴청정하는 동안 김조순 가문은 더욱 세력을 확장하였다.

그러나 김조순이 죽고 김유근도 은퇴 후 사망하자 헌종의 총애를 받던 이지연이 다시 정권을 장악하며 조인영(趙寅永), 조병구(趙秉龜), 조병현(趙秉鉉) 등 풍양 조씨가 권력의 중심 세력이 된다. 1839년(헌종5) 3월, 우의정 이지연은 무부무군(無夫無君)의 사교(邪敎)를 따르는 역적들을 처단할 것을 주문했다. 시파 안동 김씨 세력을 완전히 무력화하려는 시도였다. 사학토치령(邪學討治令)이 떨어졌다.

이 무렵 광동과 마카오에서는 아편 문제로 소요가 일어났다. 재복과 양업은 리브와, 칼르리*, 데플레슈 신부들의 동반 하에 코친차이나 학생들과 함께 필리핀으로 피신한다.

영국은 아편 수입을 금지하던 청을 상대로 1820년부터 아편 수출을 격증시켰다. 이로써 18세기 말엽까지 청의 수출이 월등히 앞서 있던 영·청 교역 수지가 급격히 역전된다. 영국은 아편으로 무역 역조를 만회했고, 산업혁명의 진전에 따른 자산 공산품 시장을 확보한 것이다. 청나라 사람들은 아편중독과 은의 급격한 유출로 심각한 경제적 난항에 봉착한다. 1839년 초 도광제(道光帝)는 임칙서(林則徐)를 외교교섭 담당 흠차대신으로 임명하여 광동에서 아편 문제를 처리하게 하였고, 3월에 도착한 임칙서는 강경책을 단행했

---

* 최방제의 죽음에 특히 크게 상심하던 칼르리 신부는 필리핀에서 일행과 행동을 함께하지 않았고, 결국 이후 파리로 귀국하여 파리외방전교회에서 탈회한다. 필리핀에서 두 학생의 교육은 리브와 신부와 데플레슈 신부가 맡았다.

다.[362] 그는 아편 2만여 상자를 몰수해 불태웠다. 분노한 상인들은 결국 영국 정부를 끌어들였다.

마카오까지 소요가 번지자 이를 심각하게 여긴 르그레즈와 대표 신부가 4월에 학생들을 필리핀으로 피신시킨 것이었다. 유럽은 폭력적으로 팽창하고 있었다. 프랑스 선교사들은 영국의 아편무역에 대해 상당히 비판적이었다.

> "이 전쟁에 있어서 잘못은 명백히 영국 편에 있었으며, 이들이 내세운 통상자유의 원칙은 이치에 맞지 않는 소리였으니, 몇몇 상인의 가장 큰 이익을 위해 한 민족의 중독을 강요한다든가, 어떤 정부로 하여금 그에게 맡겨진 국민이 중독되게 내버려 두라고 강요한다는 것은 옳지 않은 일이기 때문이다."[363]

그러나 이들은 중국에 대해서도 곱지 않은 시선을 지니고 있었다. 달레는 저술 여러 곳에서 '중국의 오만'에 대해 격앙되어 분개한다. 서양을 중심에 두고 사유하던 유럽인의 눈에 중국이 세계의 중심이라는 사고방식은 우스꽝스러울 뿐이었다.

> "중국을 세계의 중심, 문명과 학문의 중심으로 생각하게 하는 분별없는 오만이었고, 다른 민족이 존재한다거나 또는 그들이 중국의 종속국이나 노예가 아닐 수 있다는 것은 생각조차 못하게 만드는 우스꽝스러운 오만이며, 여러 세기 전부터 천주를 배척하고 그의 그리스도를 멸시하는 악마적인 오만이었다."

그는 아편전쟁이 "교만과 부도덕으로 썩어빠진 이 거인(중국)의

말할 수 없는 약함을 놀란 아시아인들에게 보여준 것"[364]이라 공언
했다. 이렇게 조선 청년 김재복과 조선왕조의 운명을 갈라놓고 삼
켜버릴 서세동점의 파도는 흑거품을 일으키며 밀려오고 있었다.

조선 천주교인들의 마음 안에 꽃피고 있던 자유와 평등의 가치
는 〈경국대전〉에 기반한 조선왕조의 근간을 뿌리채 뒤흔드는 흉심
이었다. 프랑스로 상징되는 서양 세력, 즉 파리외방전교회와 연결
되어 있는 조선 천주교인들의 존재는 조선왕조에게는 나라 안팎에
서 질서의 변동을 요청하는 도전상이 모두 뒤얽힌 문제였다. 이러
한 세계사와 한국사의 흐름에 접해 있던 조선 젊은이 김재복은 이
후 조선왕조가 서양을 관찰하는 계기를 마련해주게 된다. 이 청년
은 조선이 서양과 관계할 영원한 문을 열어놓고 싶어 했다.

일행은 마닐라에 잘 도착했다. "두 학생(재복, 양업)은 뱃멀미를
하였습니다만 나머지 사람들은 다 괜찮았습니다."[365] 4월 19일 마닐
라에 도착한 일행은 5월 3일 다시 7시간의 고된 항해 길에 올라 롤
롬보이(Lolomboy)에 있는 도미니코 수도회의 수도원에서 지냈다. 이
곳에서 일행은 조선 밀사 조신철과 유진길이 북경에서 보낸 1839년
3월 10일(혹은 11일)자 서한을 전해 받았다. 이 편지는 기해박해 직전
에 작성된 것으로, 조선에서 무슨 일이 일어나고 있는지 알 길 없던
양업은 부친 최경환에게 서한을 썼다. 서한은 롤롬보이에서 북경을
통해 조선에 이르러 최경환에게 전달되었다.[366]

마카오 대표부에 있던 대부분의 선교사들은 조선 신학생 교육을
담당하는 것보다 다른 일을 더 하고 싶어 했다. 재복과 양업의 진로
와 향방은 미궁 속에 있었다. 두 소년은 리브와 신부에게 "자신들이
보내질 장소가 마침내 결정되는 주교의 편지를 받고 싶다"[367]는 의

사표현을 재차 했고, 신학교에서 계속 공부하고자 하는 의지를 강하게 표현했다. 그러나 리브와 신부는 재복의 건강과 학업 진척 상태에 대해 염려했다.

"토마스(양업)는 계속해서 유리한 상태에 있고 … 그러나 불쌍한 안드레아(재복)는 어떻게 될지 모르겠습니다. 왜냐하면 그는 늘 위병과 두통과 요통을 앓고 있기 때문입니다. 그의 머리털만 보더라도 큰 두통을 짐작하게 합니다. 지금(18세) 그의 머리털은 회색이며 흰색이고, 얼굴빛은 노랗고 거의 모든 색깔입니다. 저는 일찍이 이렇게 추한 머리털을 보지 못했습니다."[368]

"우리는 잘 지내고 있으며 안드레아를 제외하면 모두 건강합니다. 안드레아는 자주 복통과 두통과 요통을 앓습니다 … 약을 지어주게 하였습니다. 효과가 없었습니다."[369] "안드레아는 … 자주 고통을 느꼈고, 때로는 가슴이 붓기까지 했으며, 또 소화가 아주 안 되었다고 제게 이야기하였습니다."[370]

김재복은 생전 31통의 서한을 썼고, 압수된 9통과 유실된 3통을 제외한 나머지 19통은 대부분 라틴어로 되어 있다. 조선 신자들에게 남긴 그의 마지막 편지만이 한글이다. 재복이 남긴 가장 긴 라틴어 문장은 115개 단어로, 동사만 15개 있는 복합문이다. 판독 결과에 따르면 그가 쓴 총 100여 장의 서한과 여러 기록 중 틀린 곳은 열 개도 되지 않는다.[371] 재복보다 학업성적이 좋았던 양업의 문장은 156개 단어로 구성되어 더 길고 화려하다. 불안정한 상황이 하염없이 이어져도 두 소년 모두 배움에 최선을 다했음을 알 수 있다.

하늘의 신발 – 18세기 조선 문명전환의 미시사

김재복의 열 번째 서한. 이후 조선 입국에 성공한 그가 1845년 3월 27일 서울에서 파리외방전교회 대표 리브와 신부에게 보내는 편지이다. 서울로 오기까지의 여정과 현재 자신이 조사·추진 중인 일, 조선 내부 천주교 관련 동태 등에 대해 설명하고 있다. (한국천주교순교자박물관 소장)

필리핀에서 소년들과 신부들 간의 관계도 무르익어갔다. 선교사들은 재복과 양업을 '우리 젊은이들'로 호칭한다. 신부들은 아이들을 돌보느라 외출도 자제하는 어머니가 되어 있었다. "마닐라에서는 자주 여러 날 동안 외출을 할 수가 없었습니다. 우리가 외출을 하게 되면 우리 젊은이들이 좋지 않은 것들을 많이 보게 되기 때문입니다." 재복과 양업이 하던 고향 대나무들에 대한 자랑과, 교리를 가르치는 와중에 웃지 못할 일로 골치아파하는 리브아 신부의 푸념도 들린다.

"제게 강한 인상을 준 유일한 것은 대나무들이 많다는 것입니다 … 우리 조선 학생들은 그들 나라가 프랑스처럼 춥지만 거기에 더 아름다운 대나무들이 자라고 있다고 합니다 … 우리 젊은이들은 건강합니다."[372]

"토마스는 천주성삼의 제2위인 성자가, 아버지가 아들보다 더 능해야 한다는 단순한 이유에서 제1위인 성부보다 덜 능해야 한다고 확신하고 있었습니다. 며칠 전에는 그들이 어떤 것이든 소죄를 고하지 않는 사람은 통회가 없고 따라서 그러한 상태에서 사죄를 받으면 독성죄를 범하는 것이라고 제게 주장했습니다. 저는 그들에게 대죄만은 모두 고해야 하지만 소죄는 고할 엄격한 의무가 없다고 설명해 주었습니다. 그랬더니 그들은 내가 그들을 우롱한다고 생각하였습니다. 그들이 나를 믿게 하기까지 매우 힘이 들었습니다."[373]

마카오가 안정되고, 이들은 6개월 반 만에 다시 마카오 대표부로 복귀했다. 그 사이 조선에서는 세 명의 선교사들을 포함하여 70여 명이 흉악한 역적질을 일삼은 죄로 처형되었다. 신유박해로 잿더미가 된 천주교회를 다시 세우기 위해 맹렬히 활동한 유진길, 정하상, 조신철 등의 주요 지도자들도 이미 처형된 상태였다.

기해년(헌종5) 사학모반(邪學謀叛) 죄인 양놈(洋漢)[*], 유진길 등 안(案)

도사 신석홍이 죄인 유진길의 처형을 감독하러 나갔다.

---

[*] 앵베르 주교(L.J.M Imbert, 한글 이름 범세형 范世亨), 샤스탕 신부(J.H Chastan, 한글 이름 정 아각백 鄭牙各伯), 모방 신부(P.P. Maubant, 한글 이름 나 백다록 羅伯多祿)을 말한다.

도사 김준흠이 죄인 정하상의 처형을 감독하러 나갔다.

도사 신석홍이 죄인 유진길의 처형을 감독한 뒤에 들어왔다.

도사 김준흠이 죄인 정하상의 처형을 감독한 뒤에 들어왔다.

사학죄인 남이관, 김제준, 조신철, 전경협 등 9인을 베었다.[374]

재복과 양업의 두 발이 다시 마카오에 닿을 무렵인 11월 23일. 조선 조정에서는 백성들에게 〈척사윤음(斥邪綸音)〉을 내렸다. 대대적인 처형을 마무리하며 다시 한번 천주교를 '사악한 가르침'으로 경고하기 위함이었고, 조선이 '소중화(小中華)'로서 유교 문명의 수호자임을 알리기 위함이었다. 조정은 기존 질서의 그늘 속으로 들어가 잠자기를 계속했다. 이렇게 청 이외 그 어떤 나라와도 직접 관계하지 않던 소중화(小中華)의 대외인식 수준은 계속해서 세계로부터 고립되어 갔다. 옆 나라 일본이 나가사키에서 데지마를 통해 난학(蘭學)을 발전시키고 서양과 직접 접촉하며 외부 세계에 대한 인식 수준을 높여가고 있던 것과 대조적인 행보이다.

1860년대가 되어 서양과 크게 충돌할 때까지 조선이 서양을 접하던 통로는 중국에서 저술된 〈해국도지(海國圖志)〉*나 〈영환지략(瀛

---

* 아편전쟁 당시 적극적인 항전을 주장한 청나라 위원(魏源)이 '오랑캐의 장점을 배워 그 힘으로 오랑캐를 제압하자'는 생각에서 1842년(헌종8) 지은 지리서로, '해국(海國)'이란 기존의 중화 질서에 포함되지 않던 국가들을 지칭. 간행 이후에도 꾸준히 자료를 수집하여 10년간 증보판이 나왔다. 전통적인 지리 관념을 넘어 5대주 4대양

環志略)〉*과 같은 서적이 유일했다.[375] 그러나 이러한 책만으로 침범해 오는 서구 열강의 본질을 파악하고 그에 대비한다는 것은 불가능한 일이다. 이미 반세기 전 〈백서〉에서 "조선은 만국 가운데 한 나라"라고 한 26세 젊은이의 갈기갈기 찢긴 외침이 조선의 안타까운 역사 위에 흩뿌린다. 조선은 그늘로 들어가 잠에 취해 있었다.

재복의 아버지 김제준은 아들을 서양에 치송해 보낸 국사범[376]이 되어 9월 26일 서소문에서 참수되었다. 향년 44세. 사위 곽씨가 배교자 김여상과 결탁하여 밀고한 것이었다. 정하상이 번역을 해주어 모방 신부로부터 그 도(道)를 들어 알게 되었는데, "정말로 그것이 좋았다"[377]는 김제준은 "지금 심한 매질을 당할 터인데도 또한 바른 대로 아뢰지 않을 것이냐?"는 문초에 "제 가슴속에는 다시 진술할 만한 말이 없습니다."[378]라는 마지막 말을 남겼다.

양업의 아버지 최경환도 9월 12일 서울에서 옥사하였다. 향년 35세. 그는 거느리던 노비를 아들과 딸이라 부르고 실제 그렇게 대우하며 천주교 인간관을 전적으로 수용한 인물이었다. 7월 31일 밤 그와 일가를 체포하러 달려든 포졸들을 반갑게 환대하며 술과 식사를 대접하고, 낡은 옷을 입고 있던 포졸에게는 깨끗한 옷 한 벌을 준 다음 최경환은 교우촌 사람들을 설득해 40여명을 이끌고 한양 포도청으로 평화로이 걸어갔다. 사람들은 이 행렬에게 "사악한 년

으로 구성된 근대적 지리관을 전파하였고, 서구 열강들이 주로 바다를 통해 침투하였기 때문에 해양 방어와 서양 무기 체계에 대해 자세한 정보를 담고 있다. 1845년 (헌종11)부터 사신들을 통해 조선에 소개되었다.

* 1840년 아편전쟁 당시 복건(푸젠성) 해안지역 행정을 담당하던 서계여(徐繼畬)가 세계정세를 알고 대책을 마련해야 한다는 문제의식으로 서양에 대한 정보를 수집하여 1848년(헌종14) 출간한 책. 중국에서 시작하여 시계 방향으로 세계를 돌며 각 대륙과 나라를 소개해 놓았다.

놈들아" 욕을 퍼붓기도, 측은한 눈길을 보내기도 했다.

양업의 어머니 이성례(李聖禮, 1801~1840)도 이 행렬에 있었다. 그녀는 옥에서 젖먹이 막내를 아사(餓死)로 먼저 보내고 1840년 1월 30일 당고개에서 처형되었다. 처형 전 옥으로 모친을 찾아온 남은 아들 희정(羲羲, 15세), 선정(善鼎, 12세), 우정(禹鼎, 9세), 신정(信鼎, 6세)에게 이성례는 이런 마지막 말을 남겼다.

"부디 나가 주모(主母 천주와 성모)를 잊지 말고, 형제가 독실히 화목하여 아무리 어려울지라도 서로 떠나지 말고, 맏형(최양업)이 돌아오기를 기다리라."[379]

네 형제는 길거리에서 동냥해 구한 돈 몇 푼과 쌀자루를 가지고 희광이를 찾아갔다. 그리고 모친이 고통받지 않도록 단칼에 베어줄 것을 부탁했다.

1801년 신유박해 때와 달리 1839년 기해박해 때에는 상소문이나 공론이 크게 일지 않았다. 유림들도 살육이 지속되는 것을 꺼리는 분위기였고, 조정에서도 풍양 조씨 일족을 제외하면 처형에 앞장서는 이들이 없었다. 〈척사윤음〉도 조인영(趙寅永)이 작성한 것으로 알려진다.

그런데 기해박해 때에는 조선 안에서 세 명의 서양인이 발견되었다. 박해를 일으키기 전까지도 조정에서는 서양인들이 조선에 들어와 있으리라 상상도 하지 못했다. 조선 정부는 천주교인들 배후에 있는 외부 세력의 존재에 월등히 민감해졌다. 이제 조선에서 천주교인들은 확실히 외세와 내통하는 집단이 되었다.

"세 명의 아동들을 저들 나라로 들여보낸 대목에 대해서도 비록 천주교의 가르침을 전할 종자를 위한 일이라고 핑계를 댔지만, 멀리 떨어져 있는 외국과 소식을 주고받으며 서로 내통하려는 흉악하고 간악한 속셈이었음이 불을 보듯 뻔하다."[380]

"죄인 유진길, 정하상, 조신철 등의 경우, 사도(邪徒)가 사교(邪敎)를 배워 익힌 일은 … 패거리를 규합하여 인심을 현혹시키고, 드러나지 않은 재앙을 몰래 숨겨 두어 나중에 사람들을 불러 모으는 계책으로 삼으려 했던 것입니다. 서양 놈들을 데려온 일은 … 다른 나라와 소식을 주고받으며 사제라고 거짓 핑계를 대고 서울에 서방 오랑캐를 몰래 숨겨 두어 온 세상 사람들이 따라오도록 도모하려 했던 것입니다."[381]

세 명의 '서방 오랑캐'들은 9월 21일 새남터 군사형장에서 군문 효수로 처형되었다. 앵베르 주교가 1년 8개월, 샤스탕 신부가 2년 9개월, 모방 신부가 3년 9개월을 그들의 모국 조선에서 뜨겁게 사랑하다 떠났다. 심문 중에 주교와 신부들은 이제 1만 명에 이른 자신의 자녀들을 철저히 보호했다. 자현하기 위해 나서던 때부터 자신의 쇠약해진 육신이 이미 기력이 다해 죽어가고 있음을 느꼈던 앵베르 주교는 심문 중 고문이 가해질 때마다 심하게 고통스러워했다. 무리의 이름을 대라는 집요한 압박과 회유와 고문에도 세 사람은 이렇게 답할 뿐이었다.

"제발 묻지 마십시오. 제발 묻지 마십시오."(범세형 조)[382]

"그들의 성명과 사는 곳 모두 모릅니다."(정아각백 조)[383]

"참으로 사랑하고 보호해야 할 사람들이기 때문에 바른 대로 아뢸 수 없습니다."(나백다록 조)[384]

추국청으로는 이런 보고가 올라갔다. "줄곧 고통을 참으면서 앞서 내용을 되풀이하여 진술하는 데 불과했습니다 … 천생 독종입니다."[385]

사학토치령(邪學討治令)이 떨어졌을 때 배교하고 주요 천주교 지도자들을 밀고하였던 김순성(金順性)*은 공을 세우고 벼슬자리를 얻고자 앵베르 주교의 거처도 밀고하였다. 주교는 경기도 피신처로 거처를 옮겼으나 자신 때문에 교우들이 더 큰 피해를 입는 것을 원치 않았다. 그는 지방으로 보냈던 샤스탕 신부와 모방 신부에게 자현(自現)을 권하는 서한을 보내고 8월 11일 스스로 포졸 앞에 자신의 모습을 드러냈다.

앵베르 주교는 제2대 조선 대목구장으로서 1838년 말부터 정하상, 현경련, 현석문, 최영수 등의 도움을 받아 박해 사정과 순교자에 관한 기록을 정리해오고 있었고, 자수하기 며칠 전인 8월 7일까지도 수기로 기록을 남겼다. 그는 이 보고서를 샤스탕·모방 신부에게도 보냈다. 그리고 자신들

로랑 조제트 마리위스 앵베르(범세형, 43세), (파리외방전교회 소장 영인본)

---

* 조선시대 중앙군 조직의 최고위직인 오위장(五衛將) 당상 벼슬을 지낸 그는 이후 이하전(李夏銓) 사건에 연루되었다는 무고로 1862년 참수된다.

이후 다시 조선에 입국할 선교사를 위해 편지를 썼다. 이 서한은 이후 페레올 신부(Jean Joseph Ferréol, 1808~1853)가 온갖 고초를 겪으며 중국을 횡단하던 중 서만자에 도착하여 열어보게 된다. 그는 이후 1843년 12월 31일 앵베르 주교를 이어 제3대 조선대목구장으로 임명되는 인물이다. 페레올 신부는 애초에 조선을 향해 출발하던 때부터 순교자에 대한 남다른 존경심을 지니고 있었다.

자현하라는 앵베르 주교의 "슬기로운 판단"을 전달받은 샤스탕·모방 신부는 바티칸 포교성성 장관에게 조선교회 실정에 관해 알리는 마지막 보고 서한을 작성했다. 앵베르 주교가 보내온 조선 순교자 기록은 교우들에게 맡겼다. 그리고 프랑스에 있는 가족들에게 작별 서한을 보낸 다음, 파리외방전교회 모든 회원들에게 가엾은 조선 천주교인들을 잊지 말 것을 간절히 부탁하는 마지막 서한을 보냈다.

샤스탕(정아각백, 36세)과 모방(나백다록, 36세). 처형 소식을 들은 파리외방전교회 본부에서 이들 가족을 모델로 하여 남긴 초상화이다. 샤스탕은 그를 가장 닮은 사촌을, 모방은 그의 쌍둥이 자매를 모델로 하여 그렸다. 외딴 시골 마을 지극히 평범한 두 청년이 전사(戰士)가 되어 대륙과 바다를 건너와 조선 밤하늘의 별이 되었다. (파리외방전교회 소장 영인본)

"선교지를 향하여 길을 떠나기 전부터 … 어떤 고통스러운 일을 겪어야 할 것을 예상하고 있었습니다 … 제가 조선대목구에 들어온 바로 그때 5명의 신자가 고문받고 있었습니다. 그 이야기를 들었을 때 저는 마음이 아주 약해져 무서운 생각에 몸을 떨었습니다 … 고문을 꿋꿋하게 견디는 이들은 신자들과 비신자들의 감탄을 자아냈고 저희들의 마음을 놀랄 정도로 강하게 하였습니다 … 저의 작별인사를 받아주시기 바랍니다. 천주님께서 저를 돌보아주신 덕분으로 저는 금도 은도 없습니다 … 고통스러운 일이 아주 많은 이 복된 선교지로 저를 인도해 주신 천주님께 무한히 감사를 드립니다."(샤스탕)[386]

"다시 고아가 될 이곳의 신자들에게 도움을 꼭 주시기를 청합니다 … 이 신자들에게 뜨거운 사랑을 베풀어주시기를 여러분께 간절히 부탁드립니다."(샤스탕)[387]

"순교의 길로 나오라는 (앵베르) 주교님의 두 번째 요청을 받고 샤스탕 신부와 저는 시간적 여유가 없어 몇 자밖에 쓰지 못하고 지금 출발합니다. 기도와 미사 중에 저희들과 불쌍한 조선대목구를 위해 기도해 주시기를 부탁하는 것 이외 다른 어떤 것도 쓸 틈이 없습니다."(모방)[388]

1839년 9월 6일 두 신부는 충청도 홍주에서 스스로 모습을 드러내었다.

선교사들과 정하상, 현경련이 처형되자 살아남은 최영수와 현석문이 앵베르 주교의 순교자 기록 작업을 이어갔다. 모방 신부를 보좌했던 최방제의 형 최형, 앵베르 주교를 보좌했던 이승훈의 손자 이재의(李在誼)도 도왔다. 이들은 자료를 모우고, 여러 증인들의 진술을 거듭 확인하여 정보를 검증하고 또 검증했다. 1841년 최영수가 처형되자 남은 현석문 홀로 붓을 이어갔다. 그리하여 78인에 대한 기록, 〈기해일기(己亥日記)〉가 완성된다.

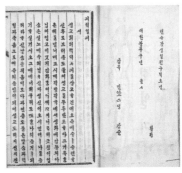

——— 〈기해일기〉는 한글로 작성되었다. 당시 천주교인들은 한자가 아닌 한글에서 미래를 보았다. 1795년 이전에 이미 한문을 모르는 이들을 위한 번역이 시작되었고, 전해지는 가장 오래된 한글 교리서로 최창현이 번역한 〈성경직해광익〉이 있다. 정약종은 한글 교리 해설서 〈주교요지〉를 저술하여 한글을 추상적이고 개념적인 사유를 담아 전달할 수 있는 언어로 완성하였다. 한글의 체계적인 정리와 천주교 전파는 서로의 발전에 밑거름이 되었다. 이후 흥선대원군은 병인박해 때 "언문(한글)을 잘하면 천주교인"이라 할 정도였다. 첫 한 장과 마지막 몇 장이 떨어져 나가 78번째 인물 손경서의 기록 중간에서 글이 끊어진다. 1904년 블랑 주교와 뮈텔 주교가 어렵게 필사본을 찾았다. 감준자로 나와 있는 '민아오스딩'은 뮈텔 주교의 이름이다. (국립한글박물관 소장)

"항상 군난지중(窘難之中)이나 진실히 믿고 굳게 바라고 뜨겁게 사랑하는 정(情)이 간절한지라."*

————————
* 〈기해일기〉에 수록된 유대철(劉大喆, 1826~1839)이 남긴 말이다. 유진길의 장남이다. 처형할 수 있는 나이보다 어린 나이였다. 태형 6백대, 치도곤 45대에 달하는 심한 형벌을 참아냈다. 어린 목숨을 처형하는 것에 대한 군중의 반발을 우려한 관헌들은

〈기해일기〉는 처형자 54명과 옥사·병사자 60명에 대해 이야기하고 있다. 〈헌종실록〉은 처형자 118명, 옥사 1명, 배교로 석방한 자 48명을 기록한다. 실제 희생자 수는 이보다 훨씬 많았을 것이다. 기해년 11월 조정에서 박해의 종식을 알린 후에도 이미 충청도, 전라도, 경상도, 강원도로 번져있던 피 바람은 단번에 멈추지 않았다. 충청도와 전라도에서만 100명 이상이 체포된 것[389]이 기록에서 확인된다.

국사범에 대한 독자적인 처형 권한을 지니고 있던 충청도 해미에서는 천주교인들을 심리절차 없이 처형했다. 법이나 자비심도 비켜 가는 천주교 사학죄인들은 참수되지 않고 옥에서 죽어도 마지막 숨이 하늘에 닿을 때까지 극한의 고통을 겪는 경우가 빈번했다.

1839년부터 마카오 대표부는 수년간 조선 천주교회와 소식이 끊어진 채 한없이 기다림의 시간을 보냈다. 재복과 양업은 아무것도 모르고 있었다. 모든 것이 불확실하고 어려운 환경 속에서 두 소년은 아랑곳하지 않고 학업에 정진하며 마음에 진리를 담아갔다. 그러는 동안 그들을 키워준 이들 한명 한명이 두 소년도 모르게 그들 마음 안에 담겨온 것이다. 아버지… 어머니… "예수, 마리아"를 울부짖으며 마지막 숨을 몰아쉰 교우촌 가족들… 지방 곳곳 쓰디쓴 산나물도 함께 나누던 이웃들… 겸손의 갑옷만을 입고 죽음의 물살을 뚫고 와 두 소년들을 마카오로 인도해 준 선교사들… 선한 눈망울 안에 하늘을 담고 있던 조선 천주교 지도자들.

"비록 박해가 지난해(1839)부터 공식적으로 끝났지만 1841년에도

10월 31일 옥 안에서 그의 목을 노끈으로 잡아매어 죽였다.

새 순교자를 여러 사람 보게 된다 … 이 불행한 나라의 신자들에게
는 평화가 결코 완전한 것도 아니고 오래 가는 것도 아니기 때문이
다."[390]

그렇게 세상을 떠난 이들은 재복이와 양업이가 가는 길에 행여
돌부리에라도 발을 다칠세라 두 손으로 소년들을 떠받쳐 주었을 것
이다. 1841년 11월경 재복과 양업은 마카오에서 철학 과정을 이수
하고 신학 과정으로 넘어간다.

고흐가 별을 그린 두 번째 그
림이다. 그는 먼저 이 그림의
스케치를 그려 친구인 외젠
보흐(Eugene Boch)에게 보냈
다. 고흐는 예술가들, 자신의
친구들이 세상을 떠나면 밤
하늘의 별이 된다 했다. "어
려운 일을 하는 것은 나에게
실제로 유익하다. 내가 이렇
게 말해도 될지 모르겠지만
그것은 영원에 대한 간절한
열망을 가로막지 않는다. 그
럴 때면 나는 밤에 밖으로 나가 별들을 그리면서 언제나 이 그림처럼 친구들의 모습
을 생생하게 담고 있는 그림을 꿈꾸지." (Starry Night over the Rhone, 1888년, Musée d'Orsay)

한편, 그보다 1년 반 전인 1840년 4월 11일. 페레올 신부가 중
국에 발을 딛는다. 그는 프랑스 보르도 항구를 떠나 아프리카 대륙
을 우회하여 약 9개월 넘는 항해 끝에 1월 23일 마카오에 도착했다.
조선에서는 아무런 소식이 없고, 모든 것이 불투명한 상태. 그러
나 페레올 신부는 망설이지 않고 3월 6일 마카오를 떠나 조선을 향

해 중국 대륙 종단을 시작했다. 해적에게 붙잡힐 고비를 여러 번 넘기고, 수개월의 고된 도보여행 끝에 몽골 서만자*에 이른 그는 조선 선교사들과 천주교인들의 소식을 애타게 찾기 시작했다. 여러 시도 끝에 중국인을 통해 조선 사신단 한 사람을 만나 왜 유 대인(劉 大人. 유진길)이 오지 않았는지 물을 수 있었다.

"그 사람한테 무슨 일이 생겼소."
"돈을 꾸어주었기에 그걸 달라 하려고요."
"당신 돈은 받기 다 틀렸소. 그 사람은 다른 많은 사람들과 같이 목이 잘렸소."391

불길한 징조였다. 페레올 신부는 서만자에 보관되어 있던 앵베르 주교의 편지를 열어보았다. 쇠약해질 대로 쇠약해진 몸을 가누어 자현하러 떠나기 전 앵베르 주교가 자신 다음으로 조선에 입국할 첫 선교사에게 보낸 바로 그 서한이었다. 인내심을 지닐 것과 해안을 통해 조선과 연락할 수 있는 방안을 모색해 달라는 부탁이었다.392 페레올 신부는 서만자에서 1달 반가량 머물며 여독을 풀고 세 명의 선교사들의 생사에 관한 정보를 더 찾아다녔으나 결국 의문을 완전히 풀지 못한 채 조선 입국로를 개척하기 위해 요동으로

---

* 페레올 신부는 앞선 선교사들과 마찬가지로 포르투갈 주교들의 관할 지역을 피하고 바티칸 포교성성 관할지의 대목구장들로부터 보호를 받으며 북상하고자 했다. 중간 기착지로는 만주와 조선 사이의 관문 역할을 하던 몽골 서만자를 택했다. 서만자는 오래전부터 파리외방전교회에 우호적이던 프랑스 라자로회가 활동하는 곳이었다. 그는 애초에 복건 → 호광 → 산서 → 서만자 경로를 구상하였으나 산서 대신 직예를 거쳐 7월 10일경 서만자에 도착했다.

향했다. 요동 지역에 조선 입국을 위한 전초기지를 형성하려 했던 것이다.

그러나 당시 중국 천주교회는 15세기 이후 포르투갈 국왕에게 위임되었던 '선교보호권'과 교황청 포교성성의 '전교지역 직할 방침'이 충돌하고 있었다. 포르투갈 선교사들이 장악하고 있던 북경교구와 남경교구는 포교성성이 파견한 선교사들의 활동을 방해했다. 포르투갈 선교사들의 영향력이 남아 있던 요동 지역에서 페레올 신부는 극심한 냉대와 괴롭힘을 받고 쫓겨났다. 어쩔 수 없이 길림성 소팔가자(小八家子)* 교우촌으로 거처를 옮긴 그는, 그곳에서 약 2년을 기다리며 추이를 지켜보고만 있어야 했다. 조선으로부터는 여전히 아무 소식이 없었다.

한편 조선에서 살아남은 천주교인들은 외부 교회와 연락을 복원하기 위해 애를 쓰고 있었다. 기해박해 이후 조선 천주교의 모습을 달레는 "참혹한 광경"이라 기록한다. "천주교인 집단은 송두리째 뒤엎어졌고", "거의 모든 신자가 곤궁에 빠졌다". 그러나 이들은 1801년 신유박해 이후 부모들이 했던 대로, 이번에는 그때보다 더 깊은 산속으로 숨어 들어가 산을 개간하기 시작하였다. 혹독한 기아에 시달리는 와중에도 비용을 모아 1840년 밀사들을 국경으로 보냈으나 이들 모두가 도중에 사망했다. 1841년 또 한 차례 밀사들을 보냈으나 이들은 국경까지 가서 중국인 밀사들을 만나지 못한 채

---

* 1796년부터 천주교 신앙이 전파되기 시작한 지역으로 길림성 장춘에서 서북쪽으로 약 75리 정도 떨어져 있다. 이후 이 지역의 교세가 점차 확대되어 교우촌이 형성되었고, 1838년 만주 대목구가 북경교구로부터 분리되면서 파리외방전교회에서 담당하게 된다. 초대 대목구장으로 베롤 주교(Verrolles, 1805～1878)가 임명되고, 이때부터 조선 선교사들에게 소팔가자는 조선 입국의 거점이 되었다.

돌아왔다.[393]

조선의 자유가 되어 동아시아를 가로지르다

재복과 양업이 신학 과정에 입문한 지 3개월 되던 1842년 2월 어느날. 프랑스 극동함대 세실(Cécille) 함장이 파리외방전교회 마카오 대표부를 찾아왔다. 당시 프랑스는 영국에 뒤이어 경쟁적으로 중국과 조선 연해에 출몰하고 있었다. 1842년 아편전쟁이 끝난 직후 프랑스 정부는 해군 중령 세실이 지휘하는 에리곤호(l'Érigone)와 해군 중령 빠즈(Page)가 지휘하는 파보리트호(la Favor-ite)를 서해로도 파견했는데, 이때 세실 함장은 사실상 조선 원정을 계획하고 있었다.

세실은 '조선 국왕에게 다른 나라는 제외하고 오직 프랑스와 교역하는 조건으로 조선을 중국과 일본으로부터 독립하도록 제의할 생각이며, 일본과 조선 사이에 있는 해역을 장악하기 위해 일본의 한 섬을 점령할 계획'[394]이 있음을 리브와 대표 신부에게 비밀리에 설명했다. 그리고 이 여정에 동행할 조선어 통역 한 명을 요청했다.

선교사들에게 이 요청은 수년간 연락이 끊긴 조선 상황을 확실하게 파악할 수 있는, 거절할 수 없는 기회였다. 비밀리에 선교사가 입국할 수 있을지도 모를 일이었다. 그러나 매우 위험하고 어려운 일이다. 리브와 신부는 세실 함장에게 조선어 통역에 더해 원활한 불어 의사소통을 위해 선교사 한 명도 동행할 것을 제안했다.

"메스트르 신부만이 그러한 시도를 할 수 있습니다."[395]

"가장 유능한 사람이 필요했습니다 … 문제를 숙고하였고 몇몇 현명한 사람들과도 상의한 후 메스트르 신부를 보내야 한다고 생각하게 되었습니다."[396]

메스트르 신부는 선교사들 사이에서 "현명하고 지식이 있고 영혼 지도에 경험이 있으며, 어려움 앞에서 절대 물러서지 않는 성격의 소유자"[397]로 회자되던 인물이었다. 애초에 마카오 대표부로 임명되었던 그는 "이처럼 중요한 (조선)원정을 위해 이를 단념해야 한다고 생각하여"[398] 조선 선교사 임명에 순명하였고, 자신을 동행할 신학생으로 재복을 지목했다. 섬세한 성격의 양업보다 대범한 성격의 재복이 이 여정에 더 적합하리라 판단했을지 모른다.

1842년 2월 15일 두 사람은 에리곤(l'Érigone) 호에 오른다.* 재복에게는 이날이 마카오에서의 마지막 날이었다. 5일 후 필요한 물품을 싣기 위해 에리곤 호가 마닐라에 정박했을 때 그는 스승 신부들에게 첫 서한을 보냈다.

"이 여행이 비록 험난한 줄 알지라도 하느님께서 우리를 무사하게 지켜 주시리라 희망하고 있습니다."[399]

만 스무살 재복은 마카오에서의 성장기를 거치며 시련을 두려워하지 않을 만큼의 강직한 정신을 키웠다. 그는 자신의 건강 상태에 대해 아무런 말을 하지 않는다. 하지만 메스트르 신부가 마닐라에

---

* 최양업은 이보다 5개월 후인 1842년 7월 17일 만주 선교사 브뤼니에르 (Maxime de la Bruniere, 1816~1846) 신부와 함께 프랑스 군함 파보리트호에 올라 마카오를 떠나게 된다.

서 전하는 재복의 몸 상태는 좋지 않다. "그의 건강은 여전히 허약합니다."[400] 재복은 에리곤 호 의사에게 계속 치료를 받았고, 덕분에 건강 상태가 크게 호전되기에 이른다.

그는 서한에 자신의 서명을 '김해(金海) 김 안드레아' 혹은 '조선인 안드레아'로 남겼다. 김재복은 조선을 위한 젊은이였고, 그에게 '가문(家門)'이란 '조선 순교자 집안'과 별반 다른 의미가 아니었다.

─────── 김재복의 첫 번째 서한 서명 Kimay kim(좌·상단), 네 번째 서한 서명 Andreas Kim Coreanus(우·상단), 다섯 번째 서한 서명 Andreas Kimaykim(좌·하단), 열 번째 서한 서명 Andreas Kimhai-Kim(우·하단). 그의 두 번째 서한은 유실되었고, 세 번째, 다섯 번째, 여섯 번째 서한 서명은 모두 "Andreas Kimay kim", 여덟 번째 서한 서명은 "Andreas Kima Kim", 친필 서한은 유실되었으나 프랑스어 번역본이 남아 있는 아홉 번째 서한 서명은 "Andreas Kimai Kim, Diacre Coreen", 열 번째, 열한 번째 서한 서명은 "Andreas Kimhai-Kim", 열두 번째 서한 서명은 "Andreas Kimhai kim", 열여 섯번째 서한 서명은 "Andreas Kim hai Kim"으로 남아 있다.(한국천주교순교자박물관 소장)

고단하고 불안정한 여정 위에서도 재복은 메스트르 신부에게서 신학 지도를 계속 받았다. 신부는 "저는 조선에 들어가 정착할 것으로 믿고 있기 때문에 제가 마카오에 두고 온 책들을 기회가 오는 대로 보내주시기 바랍니다"[401] 청할 정도로 조선 입국에 대한 강한 신념을 지니고 있었다. 그는 재복에게서 조선어 공부도 계속했다. 세실 함장은 예정보다 2개월이나 지체되어 마닐라에서 출항했고, 4월 20일 대만을 거쳐 5월 11일 주산도(舟山島)에 도착했다.

선교사들은 1차 아편전쟁(1839년 9월 4일~1842년 8월 29일)의 동아시아 정세를 주의 깊게 살피며 느끼고 있었다. 1842년 7월 21일 김가항(金家巷)에서 고틀랑 신부가 보낸 편지는 당시 상황을 전해준다.

"여기서는 전쟁에 대해 매우 두려워들 하고 있습니다. 상품들을 감추고 도망갑니다. 극히 사소한 일이 불쌍한 중국인들을 두렵게 하고 있습니다. 현 왕조가 끝나는 것이 아닌가 생각됩니다. 한편 영국인들은 아주 조심스럽게 서서히 전진하고 있습니다."[402]

영국군은 1842년 6월 16일 양자강(揚子江) 입구 오송(吳淞) 포대를 함락시키고 수일 후 남경(南京)으로 진격했다. 전선이 여기까지 이르자 중국은 영국과 강화를 맺을 수밖에 없었다. 정세가 급변하는 형국이다. 세실 함장은 에리곤 호의 여정을 순간 변경하여 영국 함선들을 따라가 6월 21일 오송구(吳淞口)에 정박했다. 대건은 자신이 본 오송구와 그 옆에 있는 보산(寶山)의 모습을 이렇게 전한다. "이 두 도시는 영국군들의 공격으로 주민들은 모두 피난하여 텅 비었고 전투 때문에 파괴되어 있었습니다."[403]

에리곤 호는 강을 거슬러 오르기에는 너무 큰 함선이다. 세실 제독은 부관 뒤프레, 프랑스 사절 쟝시니, 지리학자 한 명, 그리고 대건을 대동하여 상해에서 중국 배를 한 척 임대해 8월 13일경 남경으로 출발했다. 8월 29일, 이들 일행이 남경 시내에 도착한 날은 영국과 청나라 사이에 남경조약(南京條約)이 체결되는 날이었다. 중

하늘의 신발 – 18세기 조선 문명전환의 미시사

요한 자리인 만큼 동태를 파악하기 위해 세실은 일행과 함께 참관인으로 체결식에 참석했다. 이들은 조인한 중국 측 고관 4명도 모두 만났다. 남경과 상해에서 서양인들과 함께 다니는 한 젊은 동양인의 모습이 중국인들 눈에도 띄었다. 서양 문화 속에서 청소년기를 보낸 그는 이국적인 외양을 지녔다. 남경과 상해 일대에는 이후에도 재복의 얼굴을 알아보는 중국인들이 생긴다.

조선 왕조는 아편전쟁에 관하여 전쟁 발발 9개월 후인 1841년 3월 서장관 이회구의 보고를 통해 그 경과를 들었다. 영국인들이 통상을 허락하지 않는다는 구실로 정해현(定海縣)을 점령했으며 12월에는 호문에 침입하여 노략과 겁탈을 일삼아 황제가 광동으로 군대를 출동시켰다는 내용이다. 즉, 조선왕조는 1차 중영전쟁의 초기 전투상황에 대해 파악하고 있었던 것이다. 남경조약에 관해서는 체결 3개월 후인 1842년 12월에 알게 되었고, 조약의 내용은 3년이 지난 1845년에 이르러서야 대체적인 윤곽을 파악할 수 있었다.[404]

남경조약 체결식 현장에 있었던 조선 청년은 구체적인 조항들에 대해 알고 있었을 뿐만 아니라 중국인들의 여론도 살피고 있었다. "이 조약이 오래 지속되지 못하리라고 단정하는 중국인들이 많습니다."[405] 재복은 서한에서 전쟁이 남기고 간 참혹한 모습도 전한다. "전쟁으로도 파괴되고 강도들의 습격으로도 약탈되어 폐허가 된 시가지는 사방에서 악취가 났습니다 … 이 도시의 중국 고관은 영국군이 승리한 것을 보고 자기 집으로 돌아가 아내와 자녀들을 모아 놓고 집에 불을 질러 함께 타 죽었다고 합니다."[406] 그는 당시 조선인들 가운데 서양과 외부 세계에 대해 가장 많은 정보를 지닌 인물이었다.

애초에 리브와 대표 신부에게 비밀리 털어놓은 세실 함장의 구상을 살펴보면 그가 조선을 프랑스령으로 만들기 위해 먼저 조선과 청의 관계를 차단해야 한다고 생각했음을 알 수 있다. 세실은 자신이 직접 조선에 못 갈 경우 쟝시니(D. Jancigny)를 파보리트호(la Favorite) 편으로 조선에 인도할 계획이었다. 쟝시니는 동남아와 중국의 동태를 정치적 견지에서 검토하도록 프랑스 국왕 루이 필립에 의해 파견된 외교사절이었다.

그러나 남경조약 이후 동아시아 정세가 급변하자 세실은 자신의 계획을 무기한 보류한다.[407] 남경에서 돌아온 세실을 만나본 메스트르 신부는 그의 낯빛이 바뀌었음을 감지했다. "저는 그가 저를 통역으로밖에는 필요로 하지 않고 있으며, 필요하지 않게 되면 저를 즉시 돌려보낼 것임을 명백히 깨달았습니다."[408] 그의 예견대로 얼마 안 가 세실 제독은 마닐라로 회항한다는 통보를 해왔다.

재복이 남경에 다녀오는 사이 메스트르 신부와 대건이 마카오를 떠난 뒤 수개월 후 마카오에서 출발한 만주 선교사 브뤼니에르 신부와 양업, 그리고 중국인 신학생 범 요한이 에리곤호에서 기다리고 있던 메스트르 신부와 합류해 있다가 함선에서 내려 중국인 황세흥의 집에서 대기하고 있었다.

약 1개월 반 전 파즈 중령이 지휘하는 파보리트 호가 마카오에 정박해 왔다. 그는 요동 해안으로 갈 계획을 설명하며 선교사와 통역을 요청했고, 브뤼니에르 신부는 선교지인 만주로 가기 위해 이 제안을 거절할 수 없었다. 그를 동행할 양업은 만주에서 조선 입국을 시도하기로 했다. 그리하여 7월 17일 두 사람은 파보리트호에 오른다. 그런데 세실 함장이 정박하는 곳마다 능장을 부리며 항해해온 까닭에 5개월이나 늦게 출발한 파보리트호와 오송 항구에서 만난 것이다.

하늘의 신발 – 18세기 조선 문명전환의 미시사

그러나 파즈 중령도 세실 제독과 마찬가지 이유로 진로를 급선회했다. 브뤼니에르 신부는 긴급히 범 요한을 상해 베시(L.T. de Besi) 주교에게 보내 초조하게 지침을 기다리고 있었다. 재복은 뜻밖에 이들과 재회하게 되었다.

"기쁨과 괴로움을 한꺼번에 느꼈습니다. 우리가 모두 모였으니까 즐겁기는 하나 우리 사정이 더욱 곤란한 상태에 빠졌기 때문에 또한 서글펐습니다."[409]

갑작스런 회항 통보와 어찌할 수 없는 상황에서도 메스트르 신부는 섣불리 움직여 함선에서 내리지 않았다. 그는 내공이 깊은 선교사였다. 애초에 조선으로 가기 위한 섭리임을 알고 함선에 올랐다. 이제 에리곤호는 마닐라를 향해 출항하려 한다. 그 순간까지도 메스트르 신부는 베시 주교의 답을 기다리는 그 자리를 지키고 서 있었다. 그리고 함선이 막 움직이려는 순간. 범 요한이 헐레벌떡 달려왔다. 상해로 오라는 베시 주교의 지시였다.

"당신은 나를 속였으니 즉시 하선시켜 주시오."[410]

메스트르 신부는 세실에게 항의했다. 배가 멈추고, 신부와 재복은 5분여 만에 함선에서 내렸다. 9월 11일. 이들은 에리곤호가 "거만하게 강을 내려가는" 모습을 지켜보았다. 그리고는 브뤼니에르 신부 일행이 묵고 있던 중국인 황세흥의 집으로 발걸음을 옮겼다. 양손에 소지품 일체를 든 채 갑자기 나타난 두 사람을 보고 나머지 일행은 적지 않게 놀랐다. 모든 마음을 쏟아 떠나온 조선행. 그러나 이제 모든 것이 불투명해졌다.

이들은 "인간이 떠날수록, 인간이 우리를 버릴수록, 섭리가 가까이 오고 우리를 지탱한다"[411]며 서로를 위로했다. 마치 그 섭리처럼 브뤼니에르 신부 앞으로 베시 주교의 다음 서한이 도착한다. 이들이 상해로 올 수 있도록 주교가 영국 배를 보내온 것이다. 양업과 범 요한은 변장한 브뤼니에르 신부와 함께 먼저 떠났고, 메스트르 신부와 재복은 5일간 황세홍의 집에 머문 뒤 동일한 영국 배를 타고 베시 주교에게로 갔다. 이후 황세홍은 천주교인이 된다.

"이제 6개월이 지났으나 저는 아직 강남밖에 와 있지 못했습니다." 그러나 메스트르 신부는 이 모든 일을 겪으며 오히려 너무 인간적인 방법으로 조선에 들어가지 않게 된 것을 다행이라 여겼다.[412] 재복은 메스트르 신부 곁에서 이 모든 것을 끊임없이 배우고 마음에 담아나갔다.

이 면학심 넘치는 조선 청년은 이동 중에 매일 메스트르 신부에게서 신학 공부를 하고 있었거니와, 여행 중에 보고 듣고 겪는 모든 것을 공부 대상으로 흡수하며 움직였다. 선교사들이 가르친 적이 없음에도 재복은 지리학과 지도제작에 안목과 기술을 쌓았고, 배의 구조와 항해에 관해 상당 수준의 지식을 축적하여 이후 해로개척에 나선다. 선교사들이 그에게 프랑스어 학습을 금했으나* 재복은 에

---

* 선교사들이 대건에게 프랑스어 학습을 금한 정확한 이유는 알 수 없으나, 에리곤호에 머물 당시 대건이 세실 제독의 통역으로 소모되는 것을 방지하기 위함이었을지도 모른다. 대건 스스로도 에리곤호에서의 경험에 대해 "프랑스어 회화는 저에게 분명히 유익하지 않습니다"라고 인정한다. 그러나 그는 프랑스어 공부를 포기하고 싶지 않았다. 그는 선교사들에게 "프랑스어 독서는 저에게 무익하다고 보이지 않습니다. 그러므로 애써서 배운 프랑스어 독서를 전적으로 포기하지 않는 것이 바람직함"을 설명했다. 양업은 프랑스어 공부를 계속했다 (김대건이 르그레즈와 신부에게 요동(백가점)

리곤호에 머무는 동안 회화를 홀로 습득해 이후 영국인들과도 당시 공식 외교 언어였던 프랑스어로 의사소통을 시도한다.

모두 모인 이들 일행은 10월 12일 중국배로 상해를 떠나 22일 요동 반도 남단 항구도시 태장하(太莊河)에 도착했다. 상해에서 요동 반도는 얼마 되지 않는 거리이다. 그런데 항해 중 역풍으로 배가 두세 번이나 출항한 곳으로 되돌아가는 바람에 열흘이 걸렸다. 중국 배는 육체적으로도 상당히 고되었을 것이다. 이후 영국 배로 마카오, 홍콩섬, 단양, 상해까지 도달해, 재복과 양업 일행과 마찬가지로 중국배로 요동으로 가던 베르뇌 신부가 이렇게 알리니 말이다. "나는 일찍이 이처럼 육체적으로 고되고 마음에는 위로가 되는 항해를 한 적이 없습니다."[413] 재복과 일행들에게 이 정도는 지금까지의 역경에 비하면 아무것도 아니었을 것이다.

서양인들의 외양은 너무나 눈에 띈다. 태장하에 도착한 일행은 밤에 하선하고자 했다. 그러나 상황이 이를 허락하지 않았다. 어쩔 수 없이 낮에 내려야 했던 일행은 먼저 하선한 범 요한이 보낸 중국 현지 교우촌 회장 두(杜) 요셉과 만났다. 두 요셉과 양업이 세관 업무를 처리하는 동안 나머지 일행은 검문을 피해 슬그머니 강변으로 지나가려 했다. 그러나 물이 빠진 지 얼마 되지 않은 강변은 심하게 질퍽거렸고, 허둥거리는 두 서양인 선교사와 일행을 본 중국인들은 "한편에서는 신부님들을 영국인들이라고 소리 지르고, 다른 한편에서는 장정 20명가량이 고함을 치며 우리한테로 달려왔습니다."[414]

이들은 선교사들의 팔을 잡아당기며 상관에게 데려가려 하며 아우성이었다. 함께 걸어가던 선원들은 무서워 안색이 변한 채로 고

에서 보낸 1842년 12월 9일 서한).

개도 들지 못했다. 멀리서 이를 본 두 요셉과 양업은 일행들이 체포되어 끌려가는 줄 알고 겁에 질렸다.

그런데 직선적이고 정의감 강한 재복은 기지를 발휘해 몰려드는 중국인들을 호되게 꾸짖었다.

"재치와 열이 가득 찬 조선학생 김 안드레아가 우리를 에워싼 사람들에게 긴 연설을 늘어놓으며, 마치 도둑들에게 오듯 우리에게 달려와 우리 체면을 상하게 하였으며, 장사일로 강남 지방에서 온 이 무 해도 끼치지 않는 사람들을 공연히 못살게 군다는 등등, 비난을 퍼부었습니다. 그가 큰 소리로 외치는 바람에 그들이 주춤하고 있는데, 어떤 사람이 하인을 데리고 숨이 턱에 닿을 듯 달려왔습니다."[415]

숨 가쁘게 달려온 중국인은 지역 유지로, 두 요셉 회장의 친구였다. 그의 강한 말과 매서운 몸짓에 세관들은 잡았던 먹이를 놓아주었다. 이 소란으로 극도의 긴장에서 풀린 일행의 안내인들은 신체 기능이 거의 마비될 상태가 되어, 메스트르 신부는 이들이 "생각도 못하고 보지도 못하게" 된 것 같다고 쓴다. 재복은 그만큼 대범했다. 그는 위기 상황에서 자주 이런 역할을 도맡았다. 에리곤호에서 받은 치료로 그의 신체가 조금 더 건강해졌고, 그간의 여행은 그를 이 다음의 역경에 대비시켜주었다.

11월 3일 브뤼니에르 신부와 양업은 페레올 신부와 합류하기 위한 길목인 만주 대목구의 중심지 양관(陽關)으로 떠났다. 재복은 태장하에서 60리가량 떨어진 백가점(白家店)에 메스트르 신부와 함께 남아 신학 공부를 이어가며 조선 입국을 준비했다. 사흘 후 재복과 메스트르 신부는 국경에서 돌아온 중국인 연락원들을 만났다. 여전

하늘의 신발 – 18세기 조선 문명전환의 미시사

히 국경 부근에 나타나는 조선 천주교인이 아무도 없다. 그러나 '유진길과 서양인 두 명이 사학에 부패된 3백여 명과 처형되었다'는 소문이 있다 한다. 그 서양인은 '조선말, 중국말, 서양말과 글에 정통한 자'라 한다. 메스트르 신부는 곧바로 앵베르 주교를 떠올렸다.

조선에 밀입국하려면 압록강이 얼어붙어 있을 때를 이용해야 한다. 메스트르 신부와 재복은 거지로 변장하여 조선으로 출발할 준비를 했다. 이를 아는 사람들 모두가 두 사람의 계획을 반대했다. 중국인 연락원들은 이 일이 극히 무모하고 위험하다 단언했다. 그러나 두 사람은 조선에 들어갈 가능성이 있다면 그 어떤 위험이라도 감내할 기세였다. 메스트르 신부는 다만 본인의 서양인 외관 때문에 재복에게 어려움이 더해질 것이 마음에 걸렸다.

출발 준비를 모두 마쳤을 때 만주 관구장 베롤 주교가 찾아왔다. 그는 이 계획이 '현명(賢明)의 원칙'에 어긋나는 것임을 들어 금하였다. 결국 12월 23일, 학생 신분인 재복 홀로 두 명의 안내자와 함께 정확한 조선 사정을 파악하기 위해 국경으로 길을 나섰다. 변문*에 거의 다와 갈 무렵, 재복은 우연히 조선 연행사들이 지나가는 것을 보게 된다.

---

* 조선과 중국 사이의 국경을 이루는 관문으로 조선 의주 성문인 '변문(邊門)'이 있었고, 120리 떨어진 곳에 중국의 '책문(柵門, 조선 사람들은 이를 고려문이라고도 불렀다)'이 있었다. 변문은 중국으로 가는 조선 사신과 조선으로 가는 중국 사신이 반드시 거쳐야 하는 유일한 관문으로, 일종의 국경을 표시하는 역할을 했다. 책문은 봉황성 남단 작은 언덕 사이에 나무 울타리로 설치되어 있었고, 변문과 책문 사이는 무인 지대였으나 무역이 이루어지기도 했다.

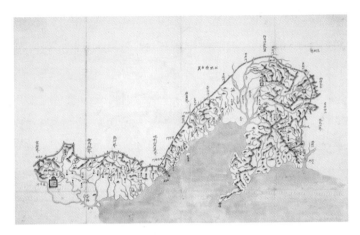

━━━ 여지도 의주북경사행로(輿地圖 義州北京使行路). 18세기부터 청나라를 오가던 사신들의 필요로 의주 맞은편 압록강변에서 심양을 거쳐 북경에 이르는 경로를 자세히 그린 지도이다. 구련성을 지나 봉황성에 이른 후 성경에서 서쪽으로 방향을 바꿔 산해관을 지나 북경에 이르는 길과 고을들이 붉은 선과 원으로 표시되어 있다. 사행길 중에서 의주 변문에서부터 책문 사이, 심양과 북경에서는 무역이 활발히 일어났다. 일확천금을 노리는 무역상인은 사행 일원으로 들어가기 위해 필사의 노력을 기울였다. 한양의 거상은 쉽게 역관과 연결될 수 있었으나 자본이 적은 상인은 마부 자리라도 얻기 위해 애를 썼고, 이들은 마치 과거 합격 방이 붙는 것마냥 마부 선발 여부에 따라 희비가 교차하는 진풍경을 낳았다. 1789년 윤유일도 사행 정식 관원에게 허용되는 사지마(私持馬) 자리를 은화 20냥에 사서 북경에 갔고, 1789년, 1799년 황심은 쇄마구인 자리를 얻어, 김유산은 금정역 역졸과 마부 자리를 얻어 북경으로 갔다. (규장각한국학연구원 소장)

가까이 다가간 재복은 무작위로 한 사람에게 이름이 어찌 되는지 물어보았다.

　　"김가(金可)요."

사내는 대답만 하고 가던 길을 따라 멀어져갔다. 재복은 그의 인상이 다른 사람들보다 선해서 조선 사정을 물어보아도 위험하지 않을 거라는 생각을 했다. 사내를 뒤쫓아 간 재복은 그에게 단도직 입적인 질문을 했다.

"댁은 천주교 교우이시오?"

재복을 깊은 눈으로 응시하던 사내가 답을 했다.

"예, 그렇소."

그의 세례명은 방지거(프란치스코)라 했다. 김 프란치스코. 그는 조선 교회의 밀사로 기해박해 이전부터 유진길, 정하상, 조신철 등 과 함께 사제 영입을 주도했던 인물이다. 기해박해 후 외부 교회와 연락을 취하기 위해 거의 매년 연행 일행으로 숨어 중국을 왕래하 던 중 세 번째 연행 때 재복을 만난 것이다.

재복은 김 프란치스코에게서 조선 소식을 들었다. 앵베르 주교 와 두 신부는 모두 참수되었다. 재복의 아버지도 참수되었고, 모 친 우술라는 일정한 처소 없이 구걸하며 살고 있어 교우들이 번갈 아 그녀를 거두어 주고 있다 한다. 표면적인 박해는 가라앉았으나 왕명이 철회된 것은 아니며, 살아남은 사람들은 밀고자들이 두려워 살얼음판을 걷듯 살고 있다. 아직 옥에 갇힌 이들도 다 석방되지 않 았다. 최양업의 부친과 모친 역시 모두 죽었다.

재복은 몹시 충격을 받았다. 그런 그를 붙잡고 김 프란치스코는 자신의 허리띠에 감추어 온 여러 문서를 전달했다. 앵베르 주교가 자수하기 전날까지 쓴 박해 보고와, 샤스탕·모방 신부가 남긴 마

지막 편지들, 그리고 새로운 사제 영입을 요청하는 조선 천주교인들의 서한이었다.[416]

재복은 김 프란치스코에게 지금 곧장 함께 변문(邊門)으로 가서 메스트르 신부와 입국 준비를 하자고 했다. 그러나 기해박해 이후 국경을 통과하기란 불가능할 정도로 어려워졌다. 게다가 사신 수행원 명단에 올라 있는 그가 종적을 감추는 것은 너무 위험한 일이다. 김 프란치스코는 재복의 두 손을 꼭 잡고 인내심을 가질 것과 신부 입국을 위해 다른 교우들과 만반의 준비를 다 갖추도록 전력을 쏟겠다고 약속했다. 더 길게 이야기를 나눌 수 없는 두 사람은 그렇게 헤어졌다.

재복은 변문으로 돌아왔다. 지금처럼 강이 얼어붙은 시기가 아니라면 또 다시 1년을 기다려야 한다. 그런데 도저히 그럴 수가 없었다. 그는 혼자 조선 입국을 감행하기로 마음먹는다. 자신이 입국해 만반의 준비를 해 놓고 2월경 다시 나와 메스트르 신부를 조선으로 인도할 생각이었다.

이튿날 밤 1시. 중국인 안내자들과도 작별한 재복은 혼자 길을 나섰다. 의주 성문에 이르자 군인과 세관들이 일일이 통행증을 확인하고 있다. 소를 몰고 가던 사람들 틈에 숨어 용케 군인들의 눈을 피한 재복은 먼저 조사받은 사람들의 무리를 슬그머니 따라가 세관원들도 통과하려고 했다. 이를 눈치 챈 세관원이 그를 연거푸 호령하자 재복은 이미 통행증을 주었다 답하고는 달아나 성밖 변두리를 밤새도록 걸었다. 너무 추워 몸을 녹이려고 주막으로 갔다가 그를 외국인으로 이해한 사람들에게서 쫓겨나고, 주막에서부터 그의 뒤를 밟아오던 정탐꾼을 따돌리느라 산속에 들어가 숨으면서 안내자

없이 한양까지 간다는 것은 불가능하다는 것을 뼈저리게 느꼈다. 돈을 가지고 있는 그가 이 상태에서 관에 잡히면 도둑으로 몰려 사형될 것이다.

백가점에 있는 메스트르 신부 곁으로 돌아가야 한다. 그는 국경으로 발길을 돌렸다. 낮에는 숨고, 어두울 때만 움직였다. 덤불을 헤치며 길이 없는 곳을 헤매고 걸었다. 이틀째 아무것도 먹지 못한 채로 걷다 결국 더이상 버티지 못한 그는 길 위에서 혼절해 눈 위에 쓰러져 잠들고 말았다.

"일어나 걸어라."[417]

이 소리에 눈을 뜬 재복은 어떤 그림자가 행길을 가리키는 것을 보고 그 방향대로 걸음을 재촉했다. 나중에 선교사들에게 이 이야기를 하며 그는 이렇게 말한다.

"저는 그 목소리와 그 헛것을 굶주림과 외딴 곳에서의 무서움으로 흥분한 제 상상력의 환상으로 생각했습니다. 그러나 섭리는 이로써 큰 도움을 주신 것이니, 그렇지 않았더라면 동사(凍死)하여 저 세상에 가서나 눈을 떴을 것입니다."[418]

해 뜰 무렵 압록강 변에 닿은 그는 서둘러 강 위를 건넜다. 몇 번이나 얼음이 꺼질 뻔 해 죽을 고비를 여러 번 넘겼다. 변문에 도착한 그는 굶주림과 추위와 피로로 만신창이가 되어 위험할 줄 알지만 어쩔 수 없이 주막을 찾았다. 혹독한 여정으로 상해버린 재복의 얼굴과 누더기 옷을 걸친 그의 몰골이 하도 괴상하여 사람들은

이 걸인을 관헌에 넘기려 했다. 왈가왈부 끝에 한 사람이 돈을 받고
자 이 중국 사람 같지도 조선 사람 같지도 않은 해괴한 걸인을 자신
의 주막에 묵게 했다.

1843년 1월 6일 재복은 무사히 백가점에 있는 메스트르 신부 곁
으로 귀환했다. 메스트르 신부는 재복이 자신의 말을 어기고 "열성
에 자극되어 숙고하지 않고 경솔하게 모험을 감행하였다"[419]했으나
그가 무사히 돌아온 것에 안도했다. 신부는 재복의 학업과 건강에
더 신경 썼다.

재복은 이렇게 7년 만에 심장이 터지도록 사랑하는 조선 땅을
잠시나마 밟았다. 그도 자신이 경유한 곳의 지명을 알지 못했다. 자
신의 목숨이 오가는 여정에서도 그는 걸식하고 벙어리 행세를 하며
조선 방언을 익혔다.[420]

재복은 선교사들이 단 한 명도 살아남지 못해 "목자 없는 양 떼
처럼 탄식하며 방황"[421]하고 있는 조선 사람들이 무척 마음 아팠다.
메스트르 신부도 "나는 어떤 피로와 곤경과 핍박과 위험을 당하게
될지를 압니다 … 내가 찾아온 것이 바로 이것"[422]이라 선언한 인물
이었다. 변문을 통한 입국이 불가능하다는 사실로 두 사람은 낙담
하지 않았다.

이들은 동북방 입국로에 주목했다. 이미 앵베르 주교가 처형되
기 전 변문보다 더 안전한 북방로와 해로를 탐색할 것을 요청한 바
있었고, 이 청을 페레올 신부도 마음 깊이 담고 있었다. 이들 눈에
경원(慶源)이 들어왔다. 2년마다 조선과 청간에 무역이 이루어지는
곳이었다.

하늘의 신발 – 18세기 조선 문명전환의 미시사

재복은 3월 다시 변문 근방으로 가 사신 행렬에 끼여 귀국하는 김 프란치스코를 찾았다. 두 사람은 동북방 입국로에 대한 의견을 교환했고, 재복은 메스트르 신부가 조선 천주교 신자들에게 보내는 서한을 전해주었다. 그리고 그해 9월, 자신이 다시 변문에 올 것임을 약속했다. 두 사람은 그렇게 헤어졌다.

그 사이 페레올 신부는 교황 그레고리오 6세의 칙서를 받고 자신이 제3대 조선 대목구장에 임명된 사실을 알게 되었다. 그는 교황에게 보내는 회답에서 "제게 맡겨진 포도밭이 더 버려진 땅이고 해야 할 일이 더 어려운 일이기에 한결 더 크게 감사하는 마음"을 전했다.[423] 페레올 주교는 만주에 있던 베르뇌(Siméon-François Ber-neux, 1814~1866) 신부를 부주교로 지명했다. 자신의 유고 사태에 대비해 두기 위함이었다.

페레올(Jean-Joseph-Jean-Baptiste Ferréol) 주교. 순교자들에 대한 특별한 공경심을 지니고 있었다. "소문으로는 그곳(조선)이 복음의 일꾼들을 잡아먹는 땅이랍니다. 그러니까 나는 십자가의 유산을 받는 데 있어 매우 유리한 처지에 있습니다. 그로 인하여 내 처지는 더 부러운 것이 될 수밖에 없습니다."[506] 그는 이후 기해년 순교자 73명과 병오년(1846) 재복을 포함한 9명의 순교자에 관한 공식 기록을 작성하여 유럽과 교황청에 전달한다. 이들 82명은 즉각 전세계 천주교회에서 가경자(可敬者)로 선포된다. 그림은 조선 대목구장으로 임명되기 전 중국 체류 당시 남겨진 그의 채색 전신상의 상반신 부분이다. (파리외방전교회 고문서고 소장·한국교회사연구소 사본)

메스트르 신부와 재복은 백가점에 더이상 머물 수 없게 되었다. 은신처의 주인이 두 사람을 집에 더 두지 않으려 했다. 변문에서 돌아온 재복은 페레올 주교가 머물던 만주 소팔가자로 가서 양업과 함께 신학 공부를 이어가며 조선 입국로 개척이라는 중대한 임무를 맡아 준비했다. 페레올 주교는 두 조선 청년들이 "그들 나라의 선구적인 사제"가 될 것임을 확신했고, 재복의 깊은 신심과 헌신, 대범함과 실행력을 각별히 여겼다. "저는 그를 아버지가 아들을 사랑하듯 사랑하였습니다."[424]

조선 입국을 위한 페레올 주교의 구상에는 그 이전 선교사들이 시도한 여러 길 이외에도 중국 강남 지역이 포함되어 있었다. 서해 해상에서 밀무역을 하는 조선 어민들과 강남 지방 어민들을 통해 연락망을 구축하고 해로를 개척하고자 한 것이다. 그래서 그는 강남 지역이 다른 수도회의 관할이 될까봐 불안해했고, 주교가 되기 이전부터 장상들에게 파리외방전교회가 이 지역을 위임받아야 함을 강조했다.[425]

재복과의 만남 후 조선으로 돌아온 김 프란치스코는 동료 천주교인들과 함께 메스트르 신부의 서한을 확인하고 크게 기뻐했다. 메스트르 신부가 자신이 조선으로 갈 준비가 되어 있다고 말했기 때문이다. 이들은 동북방 입국로를 조사했고, 2,000리 길이기 때문에 아주 고통스럽다는 사실을 확인했다. 그렇더라도 이 길을 가기로 했다.

그해 9월, 재복과 북경 사절단 속 김 프란치스코는 약속대로 책문에서 만났다. 그리고 동북방 길을 개척해 다가오는 겨울 메스트르 신부를 조선에 입국시킬 계획을 세웠다. 이듬해인 1844년 음력

정월(2월 18일)을 그날로 정했다.[426] 김 프란치스코 자신은 동지사 행렬을 따라 겨울에 다시 올 것이라 했다. 메스트르 신부는 희망에 부풀어 겨울을 기다리며 가을 내내 조선 입국을 준비했다.

정해진 날이 다가오자 조선 천주교인들은 20일을 걸어 동북방 국경 지역에 도착해 선교사를 기다렸다. 김 프란치스코도 약속대로 의주 국경 지대로 왔다. 이미 수차례 사절단 수행원으로 다닌지라 익히 주변 지리를 알고 있던 그가 1844년 1월 20일 조용히 심양으로 찾아왔다. 페레올 주교를 만나기 위해서였다. 그는 생각지도 못한 소식을 전해왔다. 조선 안 상황이 급격히 변했다. 급격히 악화되었다.

천주교인들 사이에 숨어있던 밀고자들이 관헌에 모든 사실을 폭로했다. 서양인들이 조선에 들어오려 하고 있음은 물론이거니와, 재복, 양업, 방제 세 소년의 신원이 모두 드러났으며, 그 중 한 명이 죽었다는 사실까지, "한마디로 이 비참한 박해 와중에 드러나지 않은 것이 아무것도 없습니다 … 변문에서 북경 사절 일행에 대한 감시도 아주 엄해졌습니다."[427] 새로운 박해가 일지 않을까 걱정이라는 김 프란치스코는 지금 선교사를 맞아들일 수 없다 하였다. 그는 이 사태가 아무 일 없이 지나간다면 1년 후에 선교사들을 인도하겠다 약속했다.

이번에는 드디어 조선에 입국할 수 있으리라 기대했던 페레올 주교와 메스트르 신부는 소식을 듣고 천근같은 발걸음을 옮겨 소팔가자로 돌아왔다. 이 상황에서 메스트르 신부는 동북방로를 단념하기 어려웠다. 조선에서 힘겨운 여정을 참아내고 온 천주교인들이 그곳에서 자신을 기다릴 터였다. 그런 그를 페레올 주교가 만류했다. 이미 중국인 신자들로부터 이 길이 상당한 위험을 감수해야 한다 전해들은 터였다. 주교는 동북방로의 중국 쪽 국경지대가 과연 사람이 통과할 수 있는 길일인지를 먼저 살펴야 한다고 판단했고, 이 위험하고 막중한 과제를 청년 재복에게 맡겼다. 남들이 불가능하다 단념하는 일도 재복은 늘 과감하게 추진했다. 병약하던 그의 신체와 기력도 그간의 여행을 통해 그의 대담한 마음만큼이나 튼튼해져 있었다.

1844년 2월 5일, 재복은 중국인 한 명을 대동하여 훈춘*을 향해 떠났다. 언제든 맹수의 습격을 받을 수 있는 어두운 산간벽지를 썰매를 타고 지나, 더이상 뚫고 들어갈 수 없는 산림 지대에 이르러서는 먼 길을 돌아가기도 하고, 얼어 있는 강 위를 지치며 걸어 두 사람은 만주 지역을 가로질렀다. 장춘(長春), 길림(吉林), 영고탑(寧古塔)을 거쳐 이들이 훈춘에 이른 날은 3월 8일. 두 사람이 도착하자마자 경원의 조선 관장이 다음 날 경원개시가 열린다는 공고를 훈춘으로 보내왔다.

두 사람은 동이 트자마자 말을 타고 서둘러 시장으로 갔다. 이미 읍내 어귀에서부터 사람들이 가득 차 있었다. 재복과 일행은 손에 흰 손수건을 들고 붉은 차 주머니를 채운 허리띠를 둘러맨 채 조선 밀사들을 기다렸다. 서로를 알아보기 위해 약속한 표시였다. 몇 시간을 찾아다녀도 밀사들이 보이지 않아 불안해하는 재복에게 누군가가 다가왔다. 재복이 중국어로 말을 걸었으나 그가 알아듣지 못했다. 조선말로 이어진 몇 마디 대화에 이들은 서로를 알아보았다.

---

* 훈춘은 경원개시(慶源開市)가 열리던 두만강 하류 함경도 경원(慶源)과 마주하는 중국 땅이다.

4명의 밀사들은 이미 한 달 넘게 선교사 일행을 기다리고 있었다. 재복은 이들을 보며 마음이 아팠다. "가엾은 교우들은 슬픔으로 낙담해 있는 것 같았습니다."[428] 이들은 감시하는 눈을 피하기 위해 소리 지르는 인파 속에 둘러싸여 장사하는 척했다.

　　"얼마 받겠소?"
　　"80냥이오."
　　"너무 비싸오. 자, 50냥 줄 터이니 주시오."
　　"80냥 이하는 절대로 안 되오."

　　그리고 정말로 하고 싶은 말은 몇 마디 나누지 못했다. 조선 밀사들은 동북방 입국로 보다 의주 변문 쪽이 덜 위험해 보인다 했다. 짧은 만남과 대화였다. 그러나 이들은 깊이, 아주 깊이 만났다. 손을 마주 잡고 하직 인사를 나누는 순간 조선에서 온 이들의 눈에서 굵은 눈물이 떨어졌다. 흐느껴 우는 조선 사람들을 그렇게 남겨두고 재복과 동행인은 소란스러운 군중들 속으로 자취를 감추었다.
　　두 사람이 훈춘으로 돌아가기 위해 말에 올라탔을 때 조선 밀사들이 그들에게로 오는 것이 보였다. 차마 작별할 수가 없어 다시 인사하러 온 것이었다. 그들을 본 재복의 동행인이 인사를 하려고 말에서 뛰어내렸다. 순간 재복의 눈에 자신들 주위에 있는 포졸들이 보였다. 포졸들이 이 모습을 보면 장사가 아닌 다른 일로 온 것이라 의심할 것을 재복은 직감했다. 동행인에게 다시 말에 오르라는 신호를 보낸 그는 마음속 기도만으로 이 마지막 순간을 대신하고, 조선 천주교회의 모든 순교자들과 성모(聖母)에게 하늘을 우러러 함께 기도해 줄 것을 간청하며 두만강을 건넜다.

두 사람은 그 누구도 감히 통과하려 하지 않는, 맹수들이 울부짖는 만주 땅의 무시무시한 골짜기를 다시 달렸다. 골짜기마다 조선을 안고 있는 재복의 마음이 하늘로 땅으로 울려 퍼졌을 것이다. 혹독한 여행길에서 다행히 이들이 잃은 것은 말 한 마리밖에 없었다.

4월 무사히 소팔가자로 돌아온 재복의 보고에 따라 페레올 주교는 동북방 입국로를 확실히 단념했다. 그리고 비슷한 시기 김 프란치스코가 소식을 보내왔다. 다가오는 겨울 다시 선교사 입국을 시도하겠다는 내용[429]이었다. 돌아온 재복은 양업과 함께 소팔가자에서 신학 공부를 계속 이어갔다. 12월이 되었고, 두 사람은 함께 부제품*을 받았다.

그는 훈춘 기행문 보고서를 한문으로 작성하였다. 그가 한문으로 남긴 유일한 기록이다. 동행한 중국인과 함께 그간의 기록들을 여러 문헌과 통로를 통해 다시 확인하고 검토하며 작성했을 것이다. 재복의 역사관에서 만주 지역은 조선 땅이 확장된 공간으로, 그만큼이나 중요한 곳이었다. 청년은 라틴어를 모르는 조선 국경 근방 중국인들에게도 기행문의 내용이 전해지고 공유되기를 바랐을 것이다.

재복의 보고서는 동북방로를 탐험할 무렵 스무 세살 청년이 지니고 있던 내면의 폭을 보여준다. 그간의 모든 난관과 경험이 그가 세상을 만나 관찰하고 교감하는 풍부한 접점이 되어주었다. 재복의 여

---

* 부제(副祭, Diaconus)는 천주교회에서 사제와 마찬가지로 성직이며 일부 준성사를 집행한다. 사제품을 받기 이전에 부제품을 받으며, 종신 부제로 남을 수도 있다. 종신 부제의 대표적인 인물로 이태리 아씨시의 프란치스코가 있다.

행기에서 가장 먼저 등장하는 것은 지리에 관한 내용이나, 또한 그 안에 살고 있는 사람들과 문화에 대한 기록도 상당 비중을 차지한다. 역사를 바라보는 그의 시선에도 조선을 넘어서는 세상을 다닌 청년만의 원숙한 결이 생겼다. 조선과 동북아에는 더 큰 자유가 와야 했다.

"장사꾼들은 도착하자 즉시 그들의 상품을 늘어놓을 권리가 없었고 신호를 기다려야 하였습니다. 해가 중천에 이르자 사람들이 깃발을 높이 올리고 북을 쳤습니다 … 조선인, 중국인, 만주인 모두가 뒤섞여 각기 자기 나라 말을 하며 머리가 띵할 정도로 소리소리 질렀습니다 … 그들은 4~5시간밖에는 장사를 못합니다. 그래서 사람들 간의 왕래, 싸움, 주먹질, 무장약탈 같은 것이 경원을 시장이 아니라 습격되어 약탈당하는 도시처럼 느껴지게 했습니다 … 무질서 속에 철거가 시작됩니다. 군인들은 그들의 무기로 낙오자들을 밀어냅니다. 우리는 그 혼잡 속에서 빠져나오는 데 무척 힘이 들었습니다."[430]

"이렇게 1년에 몇 시간의 장사가 중국인과 조선인 사이의 유일한 교류입니다."[431]

재복은 이를 "이상한 풍경(un spectacle curieux)"이라 표현한다. 자유로워야 할 시장과 교역 현장이 철저히 통제되는 모습이란 재복의 눈으로는 이해하기 어려운 것이다.

조선 안에서는 이미 정하상이 처형되기 전 우의정 이지연에게 보내는 '상재상서(上宰相書)'에서 "무릇 재물을 융통하는 것은 예로부터 나라를 다스리고 가정을 다스리는 사람에게는 하루라도 없어서는 안 될 일입니다 … 재물을 융통하는 법이 없으면 온 나라 안에서 생활할 사람이 몇이나 되겠습니까? 그러한데 이것을 좋지 못한 법이라 하여 도리어 금해야 될 일입니까?" 물었다. 그보다 더 이전에는 박제가가 〈북학의(北學議)〉에서 해로를 통한 해외통상과 국제교역까지 간언하였다.

박제가가 단지 조선의 빈곤 문제를 다스리기 위해 이러한 제안을 한 것이 아니었다. 수륙통로를 통한 무역·매매를 사대부들에게도 허락할 것을 청하며 신분제 개혁을 시도하였고, "그 기술을 배우고 그 나라 풍속을 탐방하여 백성들의 견문을 넓혀 주어서 천하가 큰 줄을 알게 하고 우물안 개구리가 부끄러운 줄 알게 되면 즉, 세상의 도를 삼는 것이니 또한 어찌 통상하는 이익만이 있으리요" 하였듯이 그의 해외통상안에는 조선의 사상적 폐쇄성을 극복하고 나라의 개방성을 확장하려는 강한 뜻이 담겨 있었다. 조선에서 이질적인 존재가 되어버린 박제가의 탄식이 재복에게 와서는 그 '개방성'에 또 다른 의미가 더해진다.

"슬프다! 이 백성들은 아직 외국인을 귀찮게 여기고 무서워하며 나라에서 내쫓아야 할 원수로밖에 여기지 않는 아주 비참한 야만 상태에 있구나"[432]

국경을 사이에 두고 적대감 가득한 동북아에서 재복은 탄식하며 조선 안과 밖에 있는 사람들 모두가 "인류 대가족"[433]이 되는 날을 꿈꾼다. 그에게는 이 화해와 평화의 상태가 문명이자 문화의 상태이다. 재복의 꿈은 반세기를 지나 더욱 강렬해진다. 재복이 서 있던 바로 그 자리는 이제 폭력과 지배, 전쟁과 미움이 낭자한 곳이 되어 있다. 그리고 "약한 것으로 강한 것을 제거하고, 인(仁)으로 악(惡)을 대적"[434]한다는 방법론으로 동양의 평화와 세계 평화를 바라던 청년 안응칠(안중근)에게서 재복의 꿈은 더욱 진해진다.

김 프란치스코가 알려준 대로 12월 중순이 지나 페레올 주교는 부제가 된 재복을 동반해 의주 변문으로 길을 나섰다. 지난 6년간의 혹독한 고난과, 언제까지 지속될지 모를 기다림과, 반복되는 입국 시도의 좌절로 낙담해 있던 주교는 심신이 지쳐 있었다. "안드레아와 저는 변문으로 향합니다. 이번에는 이전보다 운수가 더 좋을까요?"[435] 또 어떤 상상하지도 못한 난관이 앞을 가로막고 있을지 모른다. 변문으로 가는 길에 주교는 이제 다른 방법을 시도해야 할 때라 판단했다.

> "만일 제가 입국을 못하면 강남으로 가서 해로(海路)로 입국을 시도하겠습니다… 저는 어떠한 방법으로든지 반드시 제 포교지에 잠입해야 하기 때문입니다."[436]

변문에 이르자 이미 도착해 있는 조선 밀사들의 모습이 두 사람의 눈에 들어왔다. 재복의 심장이 기쁨으로 빠르게 뛰었다. 페레올 주교는 말할 것도 없었다. "저의 새 조국 … 약속된 땅의 문턱에 와 있었습니다. 저의 유배가 끝나는 것으로 생각하였습니다."[437]

그런데 애초에 7명의 밀사가 출발했으나 의주 변문을 통과한 이는 단 3명. 변문 근방의 긴 국경을 따라 군인 초소가 여기저기 위치해 있었고, 1839년 처형된 앵베르 주교, 샤스탕 신부, 모방 신부의 인상서가 사방에 널려 있었다. 국경과 온나라 안에서 외국인 잠입을 막기 위해 모든 경계가 강화되었다.

현석문, 이재의를 포함한 4명은 오던 길에 군인들의 의심을 사끈질긴 질문을 받으며 왔던 길로 되돌아갈 수밖에 없었다. 그들이 페레올 주교의 변장 복장과 말을 가지고 있었다. 주교가 변문을 무사히 통과하는 것은 불가능했다.[438] 처형된 세명의 선교사들을 지척에서 보좌한 현석문, 최형, 이재의는 여러 번 밀고당한 상태로, 포도청에서도 이들을 찾는 중[439]이었다.

조선 대목구를 눈앞에 두고 이 이야기를 듣던 대목구장 페레올 주교는 낙담하여 온몸이 떨렸다. 재복은 주교에게서 마지막 지시를 받았다. 육로가 막힌다면 해로를 개척해내야 한다. 주교는 이제 마카오로 돌아갈 것이고, 재복은 조선에 잠입하여 배를 마련하여 조선 신자들과 함께 서해를 건너 상해로 주교를 데리러 온다는 계획이었다.[440]

재복의 어깨 위에 무거운 임무가, 조선 안에 새 질서를 세우고자 목숨까지 바친 수많은 사람들의 꿈이 지워졌다. 주교는 생사를 오가는 위험을 감수해야 할 재복을 천주(天主)의 보호에 맡긴 다음 소팔가자로 어렵게 발걸음을 돌렸다. 마침 자신 앞을 지나가던 조선 사신 행렬을 그는 황망한 눈으로 바라보았다.

재복과 밀사 3명은 밤을 틈타 의주 읍내를 향해 떠났다. 누구의 눈에도 띄어서는 안 된다. 이미 재복과 양업의 신원을 파악하고 있던 조정에서는 이들이 조선에서 발견되는 대로 처형토록 엄포를 놓은 터였다. 밀사들은 낮에 의주 읍내에서 처리할 일이 있었다. 세 사람과 재복은 밤에 만날 약속장소를 정하고 잠시 헤어졌다. 눈이 사방에 깊이 쌓여 있었다. 재복은 20리 떨어진 숲속 어둡고 가려진 곳에 몸을 숨기고 해가 지기를 기다리며 수없이 거듭 기도했다.

어둠이 찾아오고, 약속 시간이 다가왔다. 그는 발자국 소리마저

하늘의 신발 – 18세기 조선 문명전환의 미시사

나지 않게 하려고 신발을 벗고 눈 위를 걷고, 물가를 건너고, 길이
아닌 험한 땅을 달렸다. 그렇게 해서 다다른 약속장소. 그러나 밀사
들이 보이지 않았다. 이들을 찾아 읍내에도 두 번이나 들어가 사방
으로 찾아보았지만 아무도 보이지 않았다. 다시 약속 장소로 돌아
왔다. 여전히 칠흑 같은 어둠만 가득했다.

'잡힌 게 틀림없다!' 재복은 몹시 심란했다. 혼자 서울로 갈 수도
없고, 옷도 여비도 없는 상태이니 중국으로 돌아가는 것도 불가능
하다. 무엇보다 이제 조선에 사제가 들어올 길이 여기서 이렇게 영
영 끊어진다는 생각이 그를 억눌렀다. 추위와 굶주림과 피로에 기
진맥진한 그는 사람들 눈에 띄지 않을 곳을 찾아 거름더미 옆으로
갔다. 그리고는 거기서 실신해 버렸다.

쓰러져있는 그를 세 밀사가 발견했다. 그들도 재복이 약속장소
에 보이지 않자 밤새 찾아다니다 포기하고 절망감에 휩싸여 돌아가
려던 순간 이 청년을 발견한 것이었다. 이들 모두가 극도의 긴장감
에 사로잡혀 있었다. 서로의 부재에 땅이 꺼지듯 놀라 잠시도 기다
리지 못하고 즉각 반응하며 헤맨 것이다.

해가 뜨자 밀사 두 명은 처리할 일이 있어 뒤에 남고, 재복과 남
은 한 명만이 의주로 향했다. 재복은 아픈 두 다리를 질질 끌며 30
리를 겨우 더 걸었다. 이들은 인근 주막에서 하루를 쉬었다. 이튿날
말 두 필을 세내어 올라탄 채 닷새 만에 평양에 도착한 일행은 그곳
에서 말 두 필을 마련해놓고 기다리던 현석문, 이재의와 상봉했다.
이들은 모두 함께 이틀을 더 달려 서울에 마련되어 있던 은거지 돌
우물골(현 소공동 조선호텔 근방) 초가집에 도착했다.[441] 1845년 1월 15
일이었다.

한편, 페레올 주교는 "육로가 지긋지긋해져서 조선으로 그를 데리고 갈 배를 찾기 위해" 마카오로 떠났다.[442] 주교는 지칠 대로 지쳤다.

> "페레올 주교가 토마스(최양업)에게 반감을 품었습니다. 주교와 얼마동안 같이 지내는 사람에게는 누구에게나 아주 쉽게 일어나는 일입니다 … 저는 벌써 이 문제에 대해 그에게 몇 번 지적하였습니다 … 그가 지금까지 겪은 많은 모순들이 그의 성격을 많이 까다롭게 만들었습니다. 시간이 흐르면 모든 것이 진정될 것입니다."

상상을 초월하는 고초를 겪으며 그가 마카오에서 몽골 지방까지 가는데 5개월 반이 소요되었다. 다시 마카오로 돌아가는 데 걸린 시간은 단 보름. 전쟁 이후 영국인들의 잦은 이동으로 배편과 교통 사정이 완전히 달라져 있었다. 여전히 동북방로를 단념하지 못한 메스트르 신부는 양업과 대륙에 남아 "안드레아(재복)의 원정을 매우 염려"[443]했다. 마카오에 도착한 페레올 주교도 재복의 소식을 애타게 기다렸다. "그가 무사히 도착했을까요?"[444]

"완전한 자유를 가지고 싶소"

돌우물골에 온지 며칠 되지 않아 재복은 보름 넘게 앓아누웠다. 조선으로 들어온 그는 상당한 정신적 고뇌에 시달렸다. 그의 두 손에 너무나 중요한 역사가 놓여 있는데 조선의 모든 상황은 너무나 열악하다.

하늘의 신발 - 18세기 조선 문명전환의 미시사

"알 수 없는 여러 가지 근심 걱정이 저를 괴롭히더니 마침내 병에
걸렸습니다. 마치 오장육부가 끊어져버리는 듯이 가슴과 배와 허리
가 참을 수 없을 만큼 지독히 아팠습니다."[445]

의원들이 주는 여러 약을 먹고 병이 나은 후에도 그는 몸이 허
약하여 글씨를 쓸 수도, 일을 원하는 대로 처리할 수도 없는 상태에
놓였다. 여기에 눈병까지 겹쳐 그를 고통스럽게 했다.

재복은 직접 접촉하는 몇 명 이외 그 누구에게도 - 그의 모친
에게마저 - 자신의 입국 사실을 알리지 말 것을 엄중 당부했다. 중
요한 일을 이루어내야 했다. 신자들과 배반자들과 밀고자들이 섞여
유언비어들이 난무하고 있던 천주교인 공동체 안에서 순식간에 말
이 번질 터였다. 그는 "외교인들과 포졸들까지도 동정할 정도"인 천
주교인들의 비참한 상황[446]을 더 가까이서 들으며 지냈다.

재복은 서울에서 1845년 3월 27일자로 첫 서한을 썼다. 성치 않
은 몸으로 마카오 리브와 대표 신부에게 글을 쓰며 자신의 계획을
분명히 밝혔다.

"중국 강남성(江南省)으로 가는 길을 개척할 참입니다."

그는 주교와 신부가 숨어 지낼 곳을 마련하기 위해 현석문을 충
청도로 보내 해안가에 집을 마련하고자 했으나 성공하지 못했다.
대신 서울에서 집 한 채를 마련했고 배 한 척을 샀다. 여기에 은화
146냥이 들었다. 수년만에 한번씩 조선대목구 부정기 예산으로 은
화 200냥이 지급되곤 했다. 이를 감안 한다면 은화 146냥*은 큰 금

---

* 오늘날 쌀값을 기준으로 비교·계산할 경우 약 3천만원 가량의 금액으로, 대략 당시

액이다. 이들은 배의 이름을 '라파엘(Raphael)'이라 붙였다.

재복은 "나침반과 연필, 세계지도, 특히 중국 황해안과 조선 해안을 자세히 그린 지도, 눈을 보호하는 녹색안경"을 보내 달라고 요청했다. 그동안 본인과 선교사들이 보아온 유럽의 조선지도가 탐탁지 않아 스스로 지도를 제작할 기세이다. 종래 유럽인들은 약 일백년간 중국 주재 예수회 신부들이 1700년대에 수집한 지리 정보에 기반하여 제작한 불완전한 조선지도를 참조하고 있었다. 18세기에서 19세기 중반 유럽인들의 지노 안에서 조선은 주로 중국 혹은 일본 지도에 포함된 형태로 구현되어 있을 뿐이었다.

1737년 프랑스 왕실 수석 지리학자 당빌(J.B.B d'Anville)이 제작한 "신중국지도첩: 중국, 달단과 서장 신지도집(Nouvel atlas de la Chine, de la Tartarie Chinoise, et du Thibet)" 내 조선왕국전도. 강희제가 예수회 선교사들에게 의뢰하여 제작한 〈황여전람도〉의 〈조선도〉를 번역한 것으로, 출간 후 백여년간 조선 지도의 표준이 된다. (대한민국역사박물관 소장)

1752년 당빌이 제작한 "아시아 지도(La carte d'Asie: contenant la Chine, et partie de la Tartarie, l'Inde au dela du Gange, les isles Sumatra, Java, Borneo, Moluques, Philippine et du Japon)". 예수회에서 수집한 지리 정보에 기반하여 제작되었다. 조선은 지도에 표현되어 있으나 제목에는 빠져 있고, 조선 지명들은 모두 중국식으로 표기되어 있다. (하버드대학교 소장)

서울에서 방 3칸 내외의 기와집 3~4채를 구매할 수 있는 금액으로 추정된다.

하늘의 신발 – 18세기 조선 문명전환의 미시사

1794년 영국 지도제작자 로버트 세이어(Robert Sayer)의 "일본제국(The Empire of Japan: divided into 7 principal parts and subdivided into 66 kingdoms: with the Kingdom of Corea, from Kempfer and the Portuguese)" 당빌의 지도와 유사한 형태이다. (David Rumsey Collection, 하버드대학교 소장)

1808년 영국 롱맨(Longman & Co.)에서 제작한 "중국(China)" 지도. 조선 지명은 중국식으로 표시되어 있다. (하버드대학교 소장)

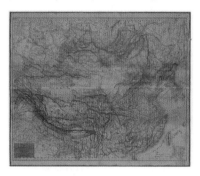

1833년 독일 지도제작자 카를 리터가 제작한 "북부 아시아 지도(Karte von Hoch-Asien)". 예수회 선교사 페르비스트의 북경에서 지린까지의 탐험길과 알렉산더 훔볼트의 탐험길이 표시되어 있다. (하버드대학교 소장)

1840년 영국 지리학자 제임스 와일드(James Wyld)의 "중국 지도(Map of China)". 조선 지명은 중국식으로 표기되어 있다. (하버드대학교 소장)

　　조선 안에 더 정확한 지도와 풍부한 지리 정보들이 있었다. 이를 수집한 재복은 9일 후인 4월 7일자 서한을 보내며 리브와 신부에게 직접 그린 조선지도를 한 장을 보냈다. 이후에도 재복은 계속 지도를 그렸다.

정상기의 〈동국대지도〉
1755~1757년 제작, 147cm x 272cm
(국립중앙박물관 소장)

〈팔도지도첩〉 수록 〈팔도지도〉
18세기 전반 제작, 61.5cm x 98.3cm
(영남대학교 박물관 소장)

〈좌해여지도〉 수록 〈조선전도〉
18세기 중반 제작, 59.3cm x 105.4cm
(국립중앙도서관 소장)

〈아동여지도〉 수록 〈조선전도〉
18세기 후반 제작, 55.5cm x 98.5cm
(국립중앙도서관 소장)

〈조선팔도지도〉 수록 〈조선전도〉
18세기 말 제작, 93.8cm x 169cm
(규장각한국학연구원 소장)

〈여지도〉 수록 〈아국총도〉
1789~1795년 제작, 15.8cm x 82cm
(규장학한국학연구원 소장)

────── 정상기(1678~1752)의 동국대지도(東國大地圖)는 당시까지 제작된 조선전도 중 가장 큰 지도였으며, 조선 내 있던 지리 정보에 세계지도의 영향을 받은 백리척(百里尺. 약 1:42만)을 적용하여 한반도의 전체적인 윤곽과 군현의 위치·거리·방향을 보다 정확하게 반영하였다. 국토 윤곽이 실제와 매우 비슷하다. 성호 이익이 극찬했고 영조가 직접 홍문관과 비변사에 비치하도록 했다. 현전하는 정상기 동국지도 유형 대전도 사본이 9종이 있으며, 국립중앙박물관 소장 동국대지도(상단·좌)가 원본에 가장 가까운 것으로 알려진다. 조선 후기 민간에서 지도 이용이 증가함에 따라 휴대하기 수월한 소형 전도도 제작되었고, 현재 30종이 전해진다. 여지도(輿地圖) 수록 아국총도(我國總圖)(하단·우)에는 400여개 도서 정보가 반영되어 있다. 영남대학교 박물관 소장 팔도지도첩(八道地圖帖) 수록 팔도전도(八道全圖)(상단·중앙)는 이후 김재복이 남기는 조선전도(Carte de la Corée)에 가장 가까운 모본으로 확인된다.

재복은 한가지 청을 더 했다. "조선에서 어린 아기들 대부분이 반점으로 얼굴이 흉해지는 병(천연두)으로 죽어 가는데, 그 병을 퇴치할 수 있는 처방을 저에게 명확히 적어 보내주시기를 스승님께 청합니다." 41년 뒤인 1886년 제중원(濟衆院, 조선 최초 서양식 병원) 1차년도 보고서에서 4세 미만 영아의 40~50%가 천연두로 사망했음을 알리고 있으니 재복이 조선에 왔을 무렵에는 더 심각했을 것이다. 그가 서한을 쓰기 2년 전인 1843년(헌종9) 천연두와 홍역을 포함한 전염병이 전국에 번져 사망한 이가 9백여 명이고 실제 수는 헤아릴 수도 없는 상황[447]이었다. 이 천연두는 몇 년 후에도 말끔히 사라지지 않고 실록에 계속 등장한다.[448] 허준과 정약용의 눈이 천연두를 다른 전염병과 명확히 구별해낸 것처럼 재복의 눈도 이를 대번에 알아보았다.

"북방의 길을 열고" "강남으로 출발할 일"을 위해 준비해야 할 것이 산더미인데 병으로 무능하게 주저앉아 있는 몸이다. 재복은 "마음은 간절하지만 한 일이 미미하다" 탄식하면서도 첫째 서한을 보낸 지 10일 후인 4월 7일 세번째 서한에서 조선지도를 동봉하고, 그 사이 14세 된 학생 두 명을 가르치고, 또 다른 두 명을 지명해 두고, 현석문의 도움으로 조선 순교자에 관한 보고서를 작성했다.

천주교인들은 위험하더라도 그해 겨울 또다시 북방으로 향할 준비를 했다. 메스트르 신부와 양업의 입국을 위해서였다. 그리고 4월 30일, 재복은 현석문, 이재의, 최형(崔炯), 임치화(林致化), 노언익(盧彦益), 임성실(林聖實), 김인원(金仁元) 등 11명을 대동하고 라파엘호에 올라 제물포를 출발했다. 11명 중 7명은 바다를 보는 것 자체가 난생 처음인 이들이었다.

바다를 건너기 위해서는 상당한 준비가 필요하다. 17세기 제주도에 표착한 네덜란드 동인도회사 하멜 일행이 조선을 탈출하는 과정에서도, 한 해 전 어부에게서 배 한척을 구하고, 그 배를 타고 근방의 섬들을 오가보고, 식량과 물품들을 몰래 배에 비축하고, 항해를 할 줄 아는 동료와 세밀하게 상의하며 준비에 준비를 거듭해나갔다.[449] 그러나 모든 것을 비밀리에 시간에 쫓기며 추진한 재복의 일행은 유능한 사공도, 반드시 있어야 하는 물품들도 구비하지 못한 채 땅에서 두 발을 떼고 서해 바다에 미래를 내맡겼다.

다행히 바다는 이들을 순풍으로 맞아주었다. 그러나 그것도 첫날에 그쳤다. 이어 사흘간 큰 폭풍우가 일었다. 넓은 바다로는 나가본 적이 없는 볼품 없는 작은 배는 무섭게 흔들리며 파도에 따라 이리저리 내던져졌다. 침몰할 지경에 이르자 재복은 종선(從船)도 끊어버리게 했고, 식량도 바다에 던져버리고 두 돛대까지 다 베어버렸다. 가라앉는 것은 모면했지만 여전히 배는 폭풍에 휩쓸려 사방으로 던져졌다.

사흘간 먹지도 못한 일행들은 극도로 쇠약해져 다들 절망에 빠졌다. 자신도 허약한 몸이나 젊은 재복은 뛰어다니며 일행들을 격려하고 용기를 북돋았다. 이 혼란 중에 한 사공에게는 교리를 가르치고 세례를 주었다. 일행 모두가 두려움에 빠져 헤어나지 못하자 재복은 성화(聖畵)를 높이 들어 올려 보이며 두려워하지 말 것을 외쳤다. 어느 순간 배의 키까지 부러져나갔다. 항해하기 위한 수단을 모두 잃은 것이다. 인간의 힘으로는 이제 그 무엇도 할 수 없는 지점에 놓인 이 조선 사람들은 마음을 모아 기도한 다음 폭풍 속에서 잠을 청했다.

그리고 이들이 눈을 떴을 때. 기적처럼 비도 바람도 그쳐있었다. 일행은 배에 남아 있던 나무들을 모두 거두어 돛대와 키를 만들고 항해를 계속했다. 저 멀리 중국 강남땅과 산이 보이기 시작했다. 지나가는 중국 어선들에게 구조 신호를 보냈으나 모두가 귀신같은 몰골의 일행과 배의 상태를 보고는 겁을 먹고 피해갔다. 그러다 나타난 산동(山東) 배 한 척이 중국 돈으로 1천 원을 받고 배를 상해까지 끌고 가주기로 했다. 역풍 때문에 육지까지 8일이나 걸렸다. 가던 중 또다시 폭풍우를 만났고, 이들을 약탈하려는 해적선이 나타났다가 준비해 온 총을 장전하고 "그들을 폭파하라"는 재복의 단호함에 물러서기도 한다.

5월 28일. 약 한달간의 항해 끝에 난파선 상태의 조선 배가 오송구(吳淞口)에 닿았다. "그들의 배는 구조가 중국 것과 매우 다르고, 그들의 옷은 중국인에게는 유럽인의 옷 못지않게 생소"[450]했다. 지금까지 조선 사람들이 서해를 건너 중국 해안에 온 적이 없었다. 불가능한 일이고, 처형될 죄목이다. 마치 21세기 자유와 보호를 찾아 망망대해에 보트 하나를 띄워 탈출하고 있는 난민의 형상이다. 마른하늘에서 날벼락 떨어지듯 나타난 기이한 배와 해괴한 몰골의 조선인들에게 중국 관원들과 주민들이 밀물처럼 몰려와 무수한 질문을 쏟아냈다.

"김 안드레아는 관리들에게까지 위협할 정도로 대담합니다… 오송 관장은 이 젊은이의 단호함에 놀라 그를 우대하고 상해로의 여행을 조금도 괴롭히지 않았습니다."[451]

이 조선 청년은 호기심에 몰려드는 중국인들을 몽둥이로 물러가게 하고 중국 관원들을 꾸짖었다. 중국 관리들이 이들을 북경으로 압송해 조선으로 돌려보내려 하자 재복은 영국 주둔군 장교들에게 도움을 청하여 상해 영국 영사관의 보호를 요청했다. 프랑스어를 구사하며 '온전한 자유'를 원한다 설명하는 조선 사람의 존재에 영국인들은 깜짝 놀랐다. 그리고 영국인들과 교섭하고 있는 조선인을 본 중국 관리들은 더욱 놀랐다.

6월 4일. 영국 배의 인도로 라파엘호는 상해에 정박했다. 일행을 배에 남겨둔 채 재복은 영국 영사관으로 가 직접 영사를 만나 보호를 요청했다. 상해 주민들은 영국인들과 함께 다니는 재복을 '쿠쿠애(古怪, 진기하거나 이상한 존재)'라 불렀다. 재복이 찾아올 것을 이미 알고 있던 영사는 크게 환영했다. 페레올 주교가 요동에서 마카오로 돌아가던 길에 영국 영사에게 기별해 놓은 터였다.[452]

영사와의 면담 후 라파엘호로 돌아온 재복은 자신이 없는 사이 중국 관리들이 쌀과 고기 뇌물을 보내온 것을 보고 이를 모두 돌려보냈다. 페레올 주교, 리브와 신부, 예수회 고틀랑 신부(Claude Gotteland, 1803~1856)에게 서한을 보내 자신의 도착을 알린 그는 일행들과 함께 영국 영사가 안내해준 중국인 천주교인 집에 머물며 기다렸다.

소식을 들은 고틀랑 신부가 한걸음에 달려왔다. 1773년 해산되었던 예수회는 41년 후인 1814년 부활했고, 당시 중국에 파견된 예수회원들의 장상이자 강남교구의 총대리이던 고틀랑 신부는 재복을 마카오 시절부터 알고 있던 인물이다.

"그것은 정말로 너절한 엉터리 배였습니다. 그것은 바다를 위해 만들어진 것이 아니고 내지의 강을 위해 만들어진 것입니다."

신부는 조선에서 온 "착한 사람들"을 만나보고 말로 표현할 수 없는 깊은 감명을 받았다. 이들 대부분이 가족들이 처형된 사람들로 아직 자신은 목숨을 부지하고 있지만 관에 고발되어 있으니 언제든 세상과 하직할 수 있는 사람들이었다. 풍랑에 휩쓸려 바다를 건너오면서 이들은 품에 '1845년 3월과 4월에 쓴 조선 순교사와 순교자들에 관한 보고서'를 간직하고 왔다.

고틀랑 신부는 확신에 가득 차 파리외방전교회 신부들에게 이들을 위한 특별한 기도를 부탁하며, "그들은 그러한 관심의 대상이 될 만합니다"[453]고 했다. 현석문, 이재의, 최형 등 조선 사람들은 앵베르 주교와 샤스탕·모방 신부가 처형된 후 6년 만에 다시 사제를 만났다. 위험천만하고 말도 안 되는 항해를 거쳐야만 그들이 누리고 싶어 하는 자유를 이렇게 미약하게 누릴 수 있었다.

재복 일행을 유숙시킨 중국인 교인과 그 가족들은 겁에 질려있었다. 신원 모를 조선인들을 잠시 받아들인 것을 나중에 관헌에서 죄로 몰지 않을까 노심초사하고 있었던 것이다. 이를 이해한 고틀랑 신부는 재복 일행에게 580원의 여비를 마련해 주며 다시 라파엘호로 가도록 했다. 고틀랑 신부 자신도 직접 함께 갔다. 전쟁 후 민심이 각박해질 대로 각박해진 도시 근처 조그마한 조선 배 위에서 이들은 오랜 준비 끝에 미사를 드렸다. 중국 관리들은 괜한 일로 관직을 잃게 될까 봐 재복 일행이 그저 빨리 떠나주기를 바라고 있었다. 1845년의 7월이 이렇게 지나갔다.

8월 17일 상해 연안 김가항(金家巷) 성당. 페레올 주교에 의해 재복이 사제직에 올랐다. 김 안드레아 신부는 8월 24일 상해 근방 횡당(橫堂) 성당에서 첫 미사를 올렸다. 파리외방전교회 다블뤼(Marie-Nicolas-Antoine Daveluy, 1818~1866) 신부가 그의 첫 미사에서 복사를 섰다. 당시 27세이던 다블뤼 신부는 이후 조선교구 제5대 교구장에 오르는 인물이다. 한국명 안돈이(安敦伊). 그는 조선으로 가기 위해 마카오를 떠나면서 가족들에게 이런 서한을 남기고 출발했다.

"제가 얼마나 행복한지 상상하실 수 없겠지요. 저는 이렇게도 아름답고, 위로가 되고, 이토록 기쁜 희망을 주는 이 포교지[조선]를 감히 바라지도 못했습니다. 제가 두려워하는 것은 한가지 뿐, 주위 사정으로 제 입국에 방해가 오지 않을까 하는 것뿐입니다 … 저는 행복합니다. 그 어느 때보다 더 행복합니다."[454]

그리고 8월 31일. 이들 모두가 함께 "포교지로 가기 위해 너절한 그 배에 올랐다."[455] 페레올 주교는 처음 이 조선 배를 보았을 때 "공포심"을 느꼈다. 그는 이 빈약한 배로 어떻게 바다를 항해할 수 있을지 자문하지 않을 수 없었다.[456] 조선의 착한 사람들은 자신들의 주교는 물론이거니와 사제 한 명(다블뤼 신부)이 더 조선 땅으로 함께 간다는 사실에 그저 기쁨에 가득 차 무시무시한 항해도 이제 상관없었다.

"조선인들은 모두 즐거워하였고 바다와 파도를 무릅쓸 각오가 되어 있었습니다. 그들의 신앙은 정말로 훌륭하였습니다. 그들은 그들의 주교를 만났고, 그들의 재난을 잊었습니다 … 주교와 함께 있으므로 이후 모든 위험을 면할 것으로 믿고 있습니다. 하느님께서 이 순진함을 축복하시기를!"[457]

끊임없이 감시하는 관헌들의 눈과 중국 정부 배를 피해 라파엘

하늘의 신발 – 18세기 조선 문명전환의 미시사

호는 어둠 속에서 천천히 움직였다. 중국인 신자들의 배의 도움을 받아 아무에게도 들키지 않고 항해를 시작할 수 있었다. 굵은 밧줄로 중국 배에 연결되어 산동 방향으로 출발했으나 폭우와 바람 때문에 포구로 세 번을 되돌아왔다. 마침내 다시 두 돛을 펼치고 출발에 성공했으나 곧 어마어마한 파도들이 배를 삼킬 듯 돌격해 왔다.

풍랑에 휩쓸린 라파엘 호는 둘째날 이미 키가 부러져 나가고 돛이 찢겨 나갔다. 일행은 끊임없이 선창의 물을 퍼냈다. 견디기 쉽지 않은 생활이 지속되었다. "쥐들과 바닷게들과 함께 살았는데, 그보다도 더 곤란한 것은 해충이었습니다." 선창에서는 악취가 났다.[458]

성난 바다는 잠잠해질 기미가 보이지 않았고, 갑판 한쪽이 무너져 페레올 주교와 다블뤼 신부가 깔릴 뻔하였다. 선교사들이 위험하다 판단한 재복은 그들에게 중국배를 타고 돌아갈 것을 설득했다. 두 선교사들은 조선 사람들을 이렇게 버리는 것이 괴로워도 이 상황에서 그들의 의견을 받아들여야 한다 생각했다.

김 안드레아 신부는 신호를 보내 중국배를 끌어와 두 선교사가 옮겨 타도록 했다. 그런데 중국배에 붙들어 매었던 밧줄이 성난 파도에 풀려 배는 밀려갔다. 다시 시도했으나 이번에는 밧줄이 끊어졌다. 바람에 밀려 멀리 떨어져 나간 중국배가 겨우 다시 돌아와 밧줄을 던져 주었으나 라파엘호에 있던 그 누구도 이를 붙잡지 못했다. 중국배는 자신이 물에 잠길 상황이 되자 라파엘호를 아주 떠나버렸다. 물이 가득 찬 라파엘호 안에서는 이제 돛대도 끊어버려야 할 상황이 되었다.

"도끼질이 내게 얼마나 처참하게 보였는지 모릅니다. 돛대는 넘어지면서 우리 가냘픈 뱃전의 일부분을 부수었습니다."[459]

바다에 버린 돛대들이 파도에 밀려와 연거푸 배를 세게 후려쳤다. 배의 옆구리를 뚫지 않을까 염려하며 밤을 보낸 일행은 다음날에서야 폭풍우가 가라앉자 기운을 차렸다. 매일 늘 10~15척의 중국 배들이 지나갔고, 라파엘 호는 계속 조난 깃발을 올렸지만 아무도 구하러 오지 않았다. 이런 중국인들을 두고 페레올 주교는, "돈벌이를 할 가능성이 없으면 그들은 구할 수 있는 사람이 죽어가는 것을 보송보송한 눈으로 바라볼 것"[460]이라 했다. 이들을 해류가 자신들을 어디로 몰고 온 것인지, 어디 즈음 와 있는지 알 수가 없었다. 눈앞에는 망망대해가 펼쳐져 있을 뿐.

그러다 이들의 시야에 여러 섬들이 들어왔다! 안드레아 신부는 그 섬들을 알아볼 수 있을 것 같다며, 곧 서울로 가는 강어귀가 나올 것이라 했다.

"우리가 얼마나 기뻤겠는가 생각해 보십시오."[461]

일행은 이제 살았다고 믿었다. 그런데 이들이 도착한 곳은 아니나 다를까, 제주도였다.

모두가 절망감에 빠졌다. 마치 불행이 자신들을 쫓고 있는 듯했다. 물이 새 들어와 바다에 겨우 떠 있는 배를 타고 알 수 없는 섬들 사이를 빠져나가야 하는 고통스럽고 비참한 뱃길이 아직도 남았다. 낙담한 일행은 서울을 향해 제주도를 출발했지만, 서울까지 가는 것은 불가능해 보였다.

이들은 도중에 계획을 수정하여 강경(江景)을 향했다. 해류는 급하고 암초는 수도 없이 많았다. 배는 줄곧 역풍을 맞고 여러 번 바

위에 부딪혀 모래에 걸리며 15일을 힘겹게 항해했다. 드디어 10월 12일. 저녁 8시경 라파엘호가 강경 포구에서 약간 떨어진 외딴 곳에 닻을 내렸다.

섭리였을지도 모른다. 이들이 원래 계획대로 서울로 향했다면 분명 체포되었을 것이다. 조선에서는 그사이 지난 6월에 있었던 영국 군함 사마랑(Samarang)호 사건으로 서울로 가는 포구에 감시가 매우 심해져 있었다. 이미 강경 부근에서조차 해안 경계가 강화되고 오가작통제가 재정비되어 있었다. 서해에 출몰하는 이양선과 조선 선박의 접촉은 물론 이들과 연계된 인적 · 물적 교역이나 상륙은 엄중히 봉쇄하고 있었다.[462]

19세기 접어들어 조선 연안에 러시아, 영국, 프랑스, 미국 이양선들이 계속해서 출몰하고 있었다. 재복 일행이 중국 강남으로 가기 위해 제물포에서 출발한 뒤 얼마 되지 않아 영국 해군 대령 벨처(Edward Belcher)가 이끄는 사마랑(Samarang)호와 3척의 군함이 조선 해안을 불법측량하고 퇴거[463]했다. 이들 일행 200여 명은 조선 연해에 상륙하여 아무런 제지 없이 돌아다녔다. 영국과 청 사이의 교전에 대해 알게 된 다음의 일이었기에 조정은 크게 놀랐다.[464] 일반 백성들 사이에서는 처형된 서양인 세 명을 위한 보복으로 프랑스 군함이 나타났으며, 곧 전쟁이 일어나 나라가 큰 재앙을 입을 것이라는 소문이 낭자해 있었다.[465]

밤을 틈타 한 사람이 어렵게 하선하여 근방 천주교인들 집을 찾아가 선교사들을 맞을 준비를 했다. 페레올 주교와 다블뤼 신부는 그들이 '선녀의 망토(manteau de fée)'[466]라 부르던 상복(喪服)으로 변장했다. 조선 시대 상장례 예법상 상주(喪主)는 얼굴을 가리고 다니며,

말을 걸어도 답할 필요가 없었다. 상복은 서양인 외관을 가릴 수 있는 가장 안전한 변장복이었다.

준비를 마친 일행은 배에서 비밀스럽게 내려 순교자들의 땅에 발을 디뎠다. 페레올 주교는 서 있기도 힘든 작고 초라한 초가집에서 은거하며 밤에만 숨을 쉬러 밖으로 나왔다. 하지만 이 모든 어려움이 조선의 순교자들에 비하면 아무것도 아니라 했다. 다블뤼 신부는 한글을 배우기 위해 이튿날 근방의 작은 교우촌으로 떠났다.

> "생명의 위협을 무릅쓰고 그(다블뤼 신부)를 받아들인 착한 사람들은 서울 근처의 신자들로, 박해에 쫓겨 미개척지로 와서 담배농사를 지으며 가난하게 살고 있었다."[467]

주교는 마음속으로 기원했다. "조선 사람들의 행복을 위해 하느님이 그의 목숨을 오래 보전하여 주시기를." 다블뤼 신부는 1866년 3월 30일 처형될 때까지 조선에서 22년을 살게 된다. 19세기 조선에 들어온 서양인들 중 가장 오랜 기간 살아 활동하였다. 대다수의 파리외방전교회 선교사들이 무산계층(無産階層) 출신이었던 반면 다블뤼 신부는 부르주아 집안 출신으로 7세에 라틴어를 배웠다. 이후 그는 조선 사람들보다도 한글을 더 잘 아는 서양인이 된다.

조선 천주교인들은 1801년 신유박해 이전부터 '서양의 큰 배'를 간절히 청했다. 이들에게 '배'란 기존의 육로로 가던 길과는 다른, 자유로운 새 세상을 열 수 있는 길이었다. 1811년 교황에게 편지를 보내면서도 '서양의 큰 배'에 대한 요청은 끊임없이 이루어졌다. "하루빨리 서양 배가 와서 이런 사정들을 해결해 주시기만을 간절히 바라고 있나이다." 1839년 처형된 정하상과 유진길 등도 선교사들이 중국을 거치지 않고 서양에서 직접 '큰 배'를 타고 조선으로 올 날을 꿈꾸었다. 이들의 오랜 염원이 이제 역사 속에서 하나의 매듭이 지어졌다. '서양의 큰 배'가 아닌 '조선의 작은 배'로. 김재복이 등장하기 전까지 반세기 동안 그 누구도 조선 배로 이 일을 해낸다는 발상을 하지도 못했고, 실천으로 옮기지도 못했다.

안드레아 신부는 강경에 있던 구순오(具順五)의 집에서 은거했다. 현재 강경읍 홍교리 101번지*이다. 이곳은 강경 시장의 넓은 장터를 지척에 두고 있는 번화가였다. 조력자의 도움으로 사람의 움직임이 많은 곳에 은신한 것이다. 환전객주로 상업을 통해 집안이 제법 풍족했던 구순오는 재복이 처음 서울에 들어와 해로 개척을 위한 준비작업을 하던 시기에도 금전적 지원을 포함하여 많은 도움을 준 인물이다. 김 안드레아 사제도 이제 모국에서 성사를 거행할 수 있었다. 그에게 강경에서부터의 시간은 하늘이 조선 땅 위로 내려와 입맞춤하는 시간의 시작이었다.

"우리 사랑하온 제형들아, 알지어다"

안드레아 신부가 돌아온 19세기 중엽 조선은 대내외적으로 혼란에 휩싸여 있었다. 나라 안에서는 왕조 질서에 변동을 요청하는 움직임들이 등장했고, 밖으로는 이양선들이 나타나 서면으로 문호개방과 통상요청을 해 오고 있었다. 서세동점의 위기 앞에 놓인 조

---

* 이 부지는 훗날 대정 원년(1911년)에 홍교리 101−1번지, 102−1번지, 103−1번지로 분할되었다.

선은 중·영 전쟁 전후 중국이 겪은 충격적인 사건들을 접하며 서양의 무력, 아편, 천주교가 하나의 세력이라는 인식을 굳히고 있었다.[468] 나라 안은 뒤숭숭했다. 아편전쟁 소식을 들은 일부 양반들은 재산을 팔아 산속으로 숨어 들어가기도 했다.

안드레아 신부는 약 1개월 뒤인 1845년 11월 상경했다. 페레올 주교는 12월 자신의 '선녀의 망토'를 입고 서울에 도착했다. 석정동은 이들의 활동 중심지였다. 이때 재복을 가장 측근에서 도운 이는 이의창(李宜昌)이었고, 그의 주선으로 임정백(林政伯)과 그의 아들 임성룡(林成龍)과의 만남이 이루어졌다. 이들은 서해에 선교사들의 조선입국로를 구축해 놓기 위해 엽전 400냥*으로 배를 마련하였고 임성룡이 선주(船主)가 되어 100냥으로 도매 장사를 하기 시작했다.[469] 이들은 상해에서 가지고 온 서양 포목을 조선에서 2배에 팔 수 있었고, 중국 은괴를 녹여 조선 은전으로 만들기도 했다.[470] 강경에 사는 구순오가 600냥을 지원해 주었다.[471]

안드레아 신부는 자신이 돌보아야 할 조선 사람들과 뜨겁게 만났고 이들을 깊이 사랑했다. 그가 거처하고 있던 석정동 돌우물골에는 그저 묵묵히 일상을 살아가던 평범한 조선인들, 그러나 새로운 세계를 갈망하고 있던 그 평범한 사람들의 발길이 꾸준히 이어졌다.

"한 사람은 백동(栢洞) 사는 사람으로 성은 이(李)이나 이름은 기억하지 못하는데 나이 40세쯤 되었고, 또 한 사람은 남대문 안에 사는

---

* 1840년대 은화 1냥은 엽전 4냥 수준으로, 라파엘 호가 은화 146냥(엽전 584냥)이었음을 감안한다면 그보다 약간 작은 배였을 것으로 추측된다.

남경문(南景文)으로 나이 45세쯤 되는데 구레나룻이 길었고, 또 한 사람은 서강(西江) 수철막(水鐵幕) 사는 심사민(沈士民)으로 나이는 37~38세 즈음 되었고, 또 한 사람은 충청도 덕산 사는 김순여(金順汝)로 나이는 44~45세쯤 되었고, 그 나머지 2명은 연세가 가장 많았는데 성명을 말하지 않았으므로 제가 물어보지 못했습니다."[472]

안드레아는 하늘의 신발이 되어 석정동 이외에도 서울 서대문 미나리골, 서강 무쇠막, 서빙고, 남대문 쪽우물골 등지를 누비며 끊임없이 조선의 평범한 사람들을 만났고, 기쁘고 활기차게 노동했다. 그리고는 경기도 용인으로 내려가 고향 골배마실에서 모친과 상봉하였다. 이 시기 안드레아를 만난 여러 사람들이 이후 1883년에서 1887년까지 서울에서 진행된 기해박해·병오박해 시복 첫 재판에서 그에 대해 증언한다.

"조선에 돌아온 후 김 신부는 서울 교우들에게 성사를 집전하였다. 그는 또 용인과 그 인근 지방 교우들에게도 성사를 집전하였다. 모든 교우들이 신부를 많이 사랑하였으며 그들은 오로지 신부를 칭찬할 뿐이었다."(김 프란치스코의 증언)

"나는 김 신부로부터 남대문 밖 쪽우물골 羅(모방) 신부 댁에서 성사를 받을 때 신부를 보았다. 그는 28세 즈음 되어 보였고, 튼튼한 체격에 키가 컸다. 그리고 성사 집전에 엄격하였다."(박 글라라의 증언)

"…거기(미나리골)서 나는 김 신부를 만나고 직접 영세와 견진을 받았다. 신부는 그때 25세였고, 키가 컸으며, 튼튼한 체격에 발랄한 성

격으로 품격이 있는 얼굴이었다."(원 마리아의 증언)

"(성사 집전 때 나는 한번 신부를 보았다) 그는 교리를 설명하고 교우들을 가르치는 데 기쁨과 열성을 다하였고, 또한 큰 열성으로 성사를 집전하였다."(이 베드로의 증언)

안드레아는 서울과 경기도 용인의 은이와 터골, 이천의 동산밑 등지를 다니며 조선 사람들을 마음껏 사랑했다. 한번의 만남이 늘 처음이자 마지막이 될 수 있었다. 이 시기 안드레아 신부가 직접 남긴 기록은 없으나, 새로운 세계를 마음에 품은 채 숨어 살던 조선 사람들에게는 시간이 멈춰서는 순간들이었을 것이다. 다블뤼 주교와 베르뇌 주교(Siméon François Berneux, 1814~1866)가 교우촌에서 남긴 기록들보다 더 맹렬한 감격의 순간들이 많았으리라.

"몹시 가난하고 몹시 비참한, 그러나 어떻든 착한 뜻을 가지고 있는 것으로 믿어지는 7백명 가량의 신자들 … 거기 있는 것은 남편이 망나니의 칼 아래 죽는 것을 본 과부, 또 저기 있는 것은 아버지 어머니가 순교한 고아들입니다. 오늘은 오빠들의 형벌 이야기를 하는 처녀이고, 내일은 아이들을 하늘로 먼저 보낸 어머니입니다 … 그들은 나를 무척 위하고, 가장 가난한 사람들도 그들의 조그마한 선물을 가져옵니다. 밤에 내 초막에 빽빽이 들어찬 20~30명과 이야기를 나누고 있노라면 가끔 나는 이야기를 끝낼 용기가 없어 아주 늦게까지 연장하게 됩니다 … 헤어질 때가 오면 서로 헤어져야 하는 가족 같아서 울고불고 야단입니다. 어쩌면 … 신부를 다시는 볼 날이 없을지도 모릅니다 … 나는 이 어려운 순간, 이 위험한 감정 표시를 피하기 위하여 몰래 도망치다시피 한 것이 여러 번이었습니다 … 외교인이라도 나타나면 온 포교지를 위태롭게 할 것이기 때문입니다."[473]

"어린 아이는 이름 모를 꽃 한 송이 따가지고 와서 살짝 놓고 가고, 어른들도 조금이라도 신부가 눈길을 주는 것이 있으면 좋아하는 줄 알고 즉시 갖다 놓는 겁니다. 신부가 다음 교우촌을 향해서 출발하면 교우들은 '안녕히 가십시오' 하는 말도 못하고 몰려서 하염없이 바라보다가 모습이 사라질 때 즈음 거기 모였던 모든 교우들이 소리 높여 울기 시작하지요. 갑작스런 그들의 울음소리에 가슴이 아파서 되돌아가면 신부를 붙잡고 '우리가 살아가는 데 도움이 될 말씀 한마디만 남기고 가시라'고 합니다. 그래서 한 마디 하고 가면 또 따라와서, '더 오지 마십시오' 하면 거기에 그냥 서 있지요. 깊은 산 속에서 말입니다. 신부가 모퉁이를 돌아갈 때가 되면 또 웁니다."[474]

이듬해인 1846년 봄. 모친 우르술라는 무언가가 다가옴을 느꼈을까. 지금껏 아들을 하늘에 온전히 내맡기던 그녀가 떠나려는 안드레아 신부를 붙잡고 좀더 머물다 갈 것을 부탁하였다.

"김 신부는 은이 마을 위쪽(골배마실)의 어머니 집에 와 있었다. 신부가 곧 떠나야 한다고 말하자 신부의 어머니는 적어도 부활첨례(復活瞻禮)까지 기다려 달라고 청하였다. 부활이 지나자 신부는 월요일에 떠나 서울로 갔다."(임 루시아의 증언)

서울로 떠나는 안드레아의 뒷모습이 아들의 마지막 모습이었다. 서해 해로 개척과 해로도 제작에 계속 심혈을 기울이고 있던 안드레아 신부는 임성룡과 함께 배에 올라 5월 14일 마포를 출발하여 29일 백령도에 도착했다. 강을 타고 이동하면서 안드레아 신부는 쉬지 않고 해로도(海路圖)를 그렸으나, 강화도 앞바다에서 바람이 이를 날려버렸다. 그는 다시 강화도에서부터 해로도를 그렸다. 6월 1일 중국 어선과 접촉하여 선교사들에게 보내는 서한 6통과 조선지도 2장을 전달한 일행은 6월 5일 서울로 돌아오던 뱃길에서 등산진에 이르러 지체하게 된다. 해변에 내려놓은 생선들이 마르지를 않아서였다.

기다리는 시간이 길어지자 불안해진 이의창*과 사공 노언익은 안드레아의 허락을 구해 하선하여 먼저 한양으로 올라갔다. 그리고 잠시 후 포구 주변에 관원이 나타났다. 중국 배를 내쫓기 위해 안드레아 신부 일행의 배를 사용해야 하니 압류해 가겠다는 것이다.

이 배는 조선의 자유를 위한 배다! 잠자코 있을 안드레아가 아니다. 그는 이의창이 설명해 준 대로 이런 경우 조선에서 양반들이 대응하는 방식**을 연기했다. 이의창의 말대로라면 이런 상황에서

---

* 신유박해 때 단천으로 유배되어 사망한 복암 이기양(1744~1802)의 손자이자, 내포 지방의 사도 이존창(당시 21세)과 함께 1776년부터 권철신 밑에서 글을 함께 배우며 천주교 초기 모임에 참여한 이총억(당시 13세)의 아들.

** 선교사들은 이동 중에 감시의 눈을 피하려 부득이하게 조선 사회의 구조적 모순을 활용하여 양반 행세를 했다. "뱃사공은 비에, 진흙에, 조수에 겁을 먹고서 갈 수가 없다는 거야. 힘을 사용할 수밖에 없었지. 다행히 내게는 수행원들이 많았어. 이들이 소리치고 협박을 했어. 아무런 효과가 없자 뱃사공 하나를 잡고는 때리기 시작하는 거야. 그때서야 뱃사공들은 우리를 건너게 해 주겠다고 했지 … 우리는 기품을 하나도 잃지 않고 어디든지 양반 행세를 하며 다녔어. 그날부터 우리는 우리가 가는 주막마다 방을 차지하고 있던 사람들을 몰아내었지. 그러면 어떤 때는 그 가엾은 사람들은 추위에 몹시 떨어야 했어. 아이들을 데리고 밖에서 자야 하니까. 난 마음속으로 그들을 불쌍하게 여겼지. 어쩌겠어, 이렇게 하는 것이 불행한 만남을 피하고 우리를

잠자코 배를 양보하게 되면 조선에서는 양반으로서 체면을 잃기 때문에 이후 원정도 어렵게 될 터이다. 황해 감사 김정집이 올린 장계(狀啓)는 당시 상황을 이렇게 기록한다.

"문득 한 명이 배 위로 뛰어 올라와 서울 양반이라고 하며 진장(鎭將)을 공갈하면서 네가·내가 하는 욕을 하기에 이르렀는데, 말하는 것을 듣고 얼굴 모양을 보니 아주 수상한 것이 우리나라 사람과는 현저히 달랐습니다.[475]

수상하게 여긴 관장은 사공 두 명을 끌고 가 배 위로 뛰어 오르던 그 서울 양반에 대해 물었다. 그리고는 다시 배에 들이닥쳐 안드레아 신부와 임성룡, 사공 엄수를 체포했다. 해변에 내던져진 세 사람은 밧줄에 묶인 채 머리카락이 뽑히고 주먹질과 발길질을 당했다. 배 안에 있던 나머지 사공 셋은 숨어있다 야음을 타 달아났다. 칼과 수갑이 채워진 안드레아 신부는 6월 10일 해주 감영으로 끌려와 취조받았다.[476]

"성명은 김대건(金大建)이요."

조선 시대 양반에게 관명(冠名)은 호적에 오르는 정식 이름으로 과거에 통과해 교지를 받을 때나 관직에 오를 때 사용한 이름이다. 임금이나 스승, 부모만이 부를 수 있었고 평생을 두고 소중히 여겨

알아보지 못하게 하는 유일한 방법인 걸 … 엄한 말투로 말하고 가끔은 협박도 하고, 조선의 양반들이 평소에 하는 대로 했어."(샤를 샤옹 저, 정현명 역, 〈다블뤼 주교의 생애〉, 대전가톨릭대출판부, 2006, 279쪽).

함부로 사용하지 않았다. 김대건이 자신의 이름을 김대건이라 한 것은 이때부터이다. 죽음의 길이 열리고 십자가 수난이 시작되는 순간. 영원(永遠)의 힘으로 그간의 폭풍우를 뚫고 온 그에게 이제부터 다른 차원의 시간이, 조선을 크게 세우는 대건(大建)의 때가 열리는 것이다.

"이제 25세로, 본래 중국 광동 사람이고, 평소에 천주교를 봉행하였으며, 갑진년(1844년) 11월에 의주에서 강을 건너 이리저리 하여 서울에 도착하였고, 금년 4월 18일에 한강 마포에서 임성룡의 배를 함께 타고 이곳에 이르렀다고 하였습니다."

김대건은 자신이 천주교인임은 한치도 숨기지 않았으나 중국인 행세를 하며 신원을 숨겼다. 자신이 조선 사람이라는 것이 알려지면 고향과 교우촌에 있는 사람들이 위험해진다.

외국인 김대건에 대한 장계(將啓)가 조정까지 올라왔다. 이들은 깜짝 놀랐다. 기해년(1839) 천주교 무리를 소탕한 것이 오래되지 않았는데 또다시 외국인이 몰래 넘어왔다니, 사악한 무리가 제멋대로 흉계를 꾸미는 큰 변괴이다. 포졸들은 숨어있는 천주교 사학죄인들을 이 잡듯이 물색하여 들이닥쳤다.

김대건의 체포 소식을 들은 현석문은 곧장 석정동으로 가 신부의 물건들을 치우고 여성 신자들을 장동(壯洞, 현 종로구 효자동·창성동·통의동)으로 피신시킨 다음 자신은 사포서동(司圃署洞, 현 종로구 통인동)에 숨었다. 그러나 7월 15일 이간난, 우술임, 김임이, 정철염 등과 함께 체포되었다. 현석문은 그간 조석에 달린 목숨을 부지하기 위해 이름을 이재영으로 변개하여 살고 있었다. 포졸들은 이재의*와 구순오를 찾아내기 위해 사방으로 흩어졌다.

외국인 김대건은 해주에서 계속해서 심문을 받았다. 혹독한 고문이 동반되었으나 그는 서한에서 자신의 고통에 대해서는 말을 아낀다. 세상의 '임자'의 섭리 안에서 고문을 받게 해 준 관장에게 감사하며 '내 천주께서 당신을 더 높은 벼슬에 오르게 하여 그 은혜를 갚아 주시기를' 진심으로 기원했다.[477] 손과 발은 쇠사슬에 묶이고 목에는 칼이 채워졌다. 군인 4명이 늘 그를 감시했다. 대건의 옷이 벗겨졌고, 마카오에서 병을 앓을 때 치료받다 가슴에 남은 일곱 상처를 두고 군인들은 북두칠성이라며 희롱하고 놀려댔다.

김대건을 포함하여 체포된 사학죄인들은 6월 21일 서울 포도청으로 이송되었다. 머리에 검정 천을 쓰고 양손은 붉은 끈으로 포박된 채 죄인들이 길을 걸어가자 군중들이 몰려와 이들을 괴롭혔다. 엄중한 해방법(海防法)을 어기고 백령도에서 중국 배편으로 보낸 편지 6통과 조선지도는 이미 포도청에 압수되어 있었다. 두 번째, 세 번째, 네 번째, 다섯 번째 진술이 이어졌다. 대건이 말하는 것을 관찰하던 포도청 사람들은 대건을 조선 사람이라 의심하기 시작했다.

여섯 번째 진술. 김대건은 자신의 신원을 밝혔다. 얼마나 그리워했던 조선이며, 얼마나 뿌리 끝까지 알고 또 알던 자신의 조선 태생이던가.

"저는 본래 외국인이 아니고 조선의 용인(龍仁) 땅 태생으로, 성은 김(金)이고, 이름은 재복(再福)입니다. 저의 부친께서는 천주교를 조금 이해하셨으며, 서양에서 나온 나(羅, 모방) 신부께서 제자로 저를

---

* 만천 이승훈의 손자이자 이신규의 아들.

데려가고자 한다 하셨습니다…"[478]

'용인 태생으로 서양인을 따라 중국으로 갔다' – 조정에서는 그가 참수된 사학죄인 김제준의 아들임을 바로 알아챘다. 포졸들은 지칠 때까지 경기도와 충청도에서 사학죄인들을 잡으러 다녔고, 은이 마을에도 들이닥쳐 한이형을 체포해 갔다. 대건의 심문은 의금부에서 이어졌다. "본국으로 돌아올 마음이 화살 같아서 억누르기 어려워" 수차례 국경에서 입국 시도를 한 대건의 마음과 고국으로 돌아오기 위해 겪은 갖은 고난들을 들으며 일부 관원들은 그를 심정적으로 동정하기 시작했다.[479]

사학죄인 김대건의 외국어 능력과 지도 제작 기술을 알게 된 조정에서는 그에게 세계지도를 2벌 번역하라 명했고, 옥에서 지리 개설서 작업을 하도록 했다.[480] '나라 밖으로 나감으로 죽어 마땅한 죄를 지었으나 다시 돌아옴으로 죄를 기워 갚았습니다.' 대건이 번역한 세계지도를 본 조정 대신들은 그의 기술력과 재주가 만족스러웠다.[481] 조정에서는 "상황을 보아가며 법을 사용하는 것도 늦지 않다"며 대건을 살리고자 하는 여론이 조금씩 일기 시작했다.[482]

그러던 어느 날. 8월 9일이었다. 세실 함장이 조선에 나타났다. 4년 전 자신의 조선 원정을 위해 마카오에서 메스트르 신부와 대건을 탑승시켜 항해하다 정세가 급변하자 원정 계획을 변경했던 그가 이번에 군함 3척을 몰고 충청도 외연도(外煙島)에 나타난 것이다. 프랑스 함대 사령관이자 해군 소장으로 승진한 그는 프랑스가 중국과 맺은 수준의 조약을 조선과도 체결하여 천주교인들의 처우를 개선해 보겠다 하기도 했다. 일부 선교사들과 페레올 주교는 천주교인들이 흥건히 피를 흘리는 상황을 바꾸기 위해서라면 힘에 의한 위협까지 가해야 한다 믿었다.

"그들[프랑스인들]이 양심의 자유를 요구해야 하고, 또 그것을 손에 칼을 쥐고 요구하면 얻을 것입니다."[483]

19세기 유럽 문명권의 세계 팽창은 문명권 충돌의 역사상 가장 폭력적이었다. 목표를 향한 끊임없는 활동과 무한한 발전을 추구하던 유럽인들은 식민지 개척과 무역 이익을 위해 언제나 폭력을 사용했다.[484] "지난날의 이용후생 기술이 성시(城市)와 인민을 도륙하는 기계로 변했고, 강력하고 혹독한 폭탄이 거듭된 연구로 갈수록 신기해졌으며 날마다 먼지가 자욱한 전장은 원한의 피바다가 되었다."* 유럽은 근대화론에 취해 세계를 침략하고 무한 질주했다.

프랑스는 1789년 대혁명을 계기로 국가와 교회의 관계가 근본적으로 분리되고, 이후 정치 변동에 따라 교회가 국교의 지위로 다시 올랐다가 또다시 국가에 예속되는 등의 변동을 계속 거쳤다. 그러나 해외 식민지에서만은 공화제 프랑스이든 왕정 프랑스이든 국가 전통으로서 '종교보호정책'은 계속 유지하려 했다.

아편전쟁 후 1844년 10월 프랑스는 황포조약(黃埔條約)으로 통상과 외교적 이권뿐만 아니라 종교보호정책도 완전무결하게 실행하고자 했고, 이로써 프랑스 선교사들뿐만 아니라 중국인 천주교인들까지도 자신들의 종교보호정책 아래 둘 수 있었다.[485] 프랑스는 이

---

* 중국 사회에 서양을 새로이 읽는 방법을 일러주고자 영국인 이제마태가 쓴 〈태서신사 남요〉을 읽고 조선 유학자 권상규(1874~1961)가 한 말이다.

제 살해된 3명의 선교사를 빌미로 조선에서도 이를 관철하고자 했다. 세실이 조선에 나타나 포함외교(砲艦外交)*를 시작한 것이다.

김대건은 선교사들과 유럽인들의 이러한 접근 방식에 늘 분명히 회의적이었다. 그의 모태는 조선의 교우촌. '덕이', '절벽이', '재복이' 등 평범한 조선 사람들이 어떤 기적이나 신비 체험 없이 말과 정신으로 새로운 사상을 흡수해 삶으로 구현해 놓은 곳이었다. 잔혹한 국제정세 안에서 조선에 사랑과 구원의 질서를 세우는 일, 조선을 자유의 세계질서 안으로 편입시키는 일에 무력을 활용하고 정치 · 경제적 이권을 엮는 것은 결국 이 모든 것을 불가능하게 만들 것이다.

> "중국 교우 중에서 혹간 '이제 이 천주교가 중국은 말할 것도 없이 모든 나라에서 대부분 금하지 않는데, 오직 조선만이 한결같이 엄금하니, 배 몇 척에 책을 싣고 나가 기어이 전교하겠다'고 하는 사람이 있으므로 제가 이를 막으며 말하기를, '비록 나온다고 해도 교를 전할 수 없을 뿐만 아니라 반드시 큰 해를 입을 것이다'고 하여 깨우쳐서 만류하였습니다"[486]

> "대영국과 프랑스 나라 사람들이 많이 광동(廣東)에 사는데, 조선과 통상을 하고 아울러 교를 싣고 나가려고 하였으므로 제가 극력 만류한 것입니다."[487]

> "영국 사람은 언제나 말하기를 '중국처럼 큰 나라도 우리에게 항

---

* 외교협상에서 군함 등의 군사력을 동반한 위협을 사용하여 상대측에게 심리적 압력을 가하여 협상을 유리하게 진행하는 정책. 1년 후 프랑스 군함은 어김없이 다시 조선해안에 나타난다.

하늘의 신발 – 18세기 조선 문명전환의 미시사

거하지 못했는데, 조선같이 작은 나라가 끝내 교를 금지할 수 있을 것인가? 장차 3~4척 배를 조선에 보내겠다' 하므로 제가 나가는 것이 불리하다는 말을 누차 이야기하며 이해시켰습니다."[488]

밖으로 중국인, 영국인, 프랑스인에게 누차 설명하던 대건은 또한 조선 내부 사정도 이해하고 있었기에, 칼을 쥐고 위협하는 행위의 현실적인 위험도 직시하고 있었다.

"서양 배들이 조선에 자주 드나드는 것은 신자들에 대한 외교인들의 증오심을 일으키게 합니다. 왜냐하면 그들은 교우들의 안내와 연락으로 서양인들이 온다고 믿고 있기 때문입니다."[489]

세실 함장의 등장으로 대신들은 서양의 무력 위협이 사학 전파와 직결되어 있다는 점을 확인하였다. 세실은 애초에 조선 대신들과 면담을 계획하고 왔으나, 서한만 남기고 갔다. 섬과 반도가 많은 서해안을 항해하기 어려웠고, 한강 입구를 찾지 못해 면담을 포기한 것이다. 외연도 도민들에게 서한 전달을 요청했으나 거절당하자 그는 서한이 들어 있는 상자를 외연도에 두고 떠나버렸다.

세실은 7년 전 학살된 선교사 3인에 대한 해명을 요구하며 해명이 없을 경우 대재앙을 피하지 못할 것이라 위협했다. 그리고 답서를 받기 위해 다시 오겠다고 하고는 다음 날 회항(回航)했다.[490] 프랑스 오랑캐의 등장에 조정은 술렁였다. 함선 두 척이 먼저 떠나고 아직 한 척이 조선 바다에 남아 있을 때 대신들은 이 이양선들이 온 이유를 대건에게 물었다. 대역죄인 신분이나 대건은 조선 안에서 서양에 관하여 가장 많은 경험과 지식을 지닌 인물이다.

그는 포도청 옥에서 페레올 주교에게 마지막 편지를 쓰고 있었다. 자신의 사형이 집행된 이후에도 주교와 다블뤼 신부가 숨어있을 것을 당부했고, 모친 우르술라를 주교에게 부탁했다.

"천국에서 다시 뵙겠습니다."[491]

자신의 죽음을 눈앞에 보고 있던 청년의 기억 속에는 동아시아를 누비는 동안 목도했던 서양의 침범과 폭력의 구체적인 모습들이 떠올랐을 것이다. 그럼에도 청년은 조정의 대신들 앞에서 조선이 서양(프랑스)을 두려움의 대상이 아닌 교류와 대화의 상대로 인식할 수 있도록 설명하려 애를 썼다. 자유로운 조선이 되기 위해서는 더욱 열린 나라가 되어야 하고, 조선과 서양의 관계도 전쟁과 지배가 아닌 공생관계가 되어야 한다.

페레올 주교에게 보낼 마지막 서한을 완성한 지 5일 후 옥 안으로 들려오는 소식을 들으며 대건은 추신을 달았다.

"프랑스 배들이 조선에 왔다는 확신을 오늘 얻었습니다. 그들은 우리를 쉽게 석방시킬 수 있을 것입니다. 그러나 그들이 위협만 하고 그대로 돌아가 버린다면 포교지에 큰 해를 끼치고 또한 저는 죽기 전에 무서운 형벌에 처하게 될 것입니다. 주님! 모든 일을 좋은 결과로 이끌어 주소서!"[492]

어쩌면 오래지 않아 석방될 수도 있으리라 솟구치는 희망을 품었으나, 상황은 대건이 우려하던 쪽으로 전개되었다. 페레올 주교 역시 세실 함장의 도착 소식을 듣고 곧장 편지를 보냈지만, 편지는 배가 떠난 다음에야 외연도에 도착했다. 프랑스 오랑캐의 서한을 돌려본 조정에서는 영의정 권돈인이 일전에 올라와 보류 상태에 있던 '김대건에 대한 즉시 처분 전교'를 어전회의 안건으로 다시 올렸다. "나라를 배반한 역적이자 사술(邪術)의 수괴"이며 "저 오랑캐와 함께 간과 위를 서로 잇고 있는" 김대건을 즉시 처분할 것을 원하는 권돈인이지만 일부 다른 여론을 의식한 그는 모든 대신들과 재상들에게 물어 처리할 것을 왕에게 제의하였다.

"한번 서양에 들어갔으니 그 죄는 이미 죽임을 용서받지 못할 것이라. 이를 만일 살려 두면 반드시 잇달아 들어가는 자가 있게 될 것이다."[493]

국왕의 우려하는 목소리에 대신과 재상들은 목소리를 높였다.

"이같이 흉악하고 완악한 놈을 이제까지 잠시라도 숨쉬게 한 것조차 크게 형률을 잃은 것이니, 속히 처단하시어 국법을 엄히 하는 것이 가하지 않을까 합니다."(좌참찬 김흥근(金興根))

"우리나라 사람으로 본국을 배반하고 외국 오랑캐를 따른 지 10년 만에 귀국하였으니 이는 나라를 배반한 역적입니다. 이를 법을 시행하여 죽이지 않는다면, 나라에 법이 있다고 할 수 있겠습니까?"(우의정 박회수(朴晦壽))

"대건의 범죄를 지금까지 용서한 것은 실로 국체(國體, 나라의 체면)와 경법에 어긋납니다."(수원 유수 이약우(李若愚))

중론이 모아지자 권돈인은 대역부도(大逆不道)의 죄인이니 군문으로 내보내는 예(禮)에 따라 그를 처리할 것을 국왕에게 간언했다. 왕은 명한다.

"…命, 死學罪人金大建 梟首警衆"[494]
사학죄인 김대건의 머리를 베어 백성들이 경계토록 하라

포도청에 갇혀 있던 대건은 어영청(御營廳)*으로 이송되었다.

1846(병오)년 9월 16일(음력 7월 26일). 서소문에서부터 강가 모래터 처형지(새남터)**까지 긴 행렬이 지나갔다. 이들은 당고개에서 한 번 멈춰 섰다. 두 다리는 막대기에 묶이고 두 손은 등 뒤로 묶인 죄수는 땀을 많이 흘리며 들것 위 조잡한 의자에 앉아 있었다.[495] 머리카락은 길게 풀린 채 의자에 묶여 있었다.

행렬이 새남터에 도착했다. 군인들 한 중대가 어깨에 총을 메고 줄지어 나왔다. 잠시 후 사격과 나팔 소리와 함께 사형을 집행할 군관이 도착했고, 처형될 죄수가 결박된 채로 끌려 나왔다.

꼭대기에 깃발이 펄럭이는 긴 창이 모래사장 위에 꽂히고, 군인들이 그 주위로 원을 그리며 둘러섰다. 이들이 한쪽을 텄고, 죄수가 원 안으로 들어왔다. 관장이 사형 선고문을 크게 읽었다. 가장 큰 죄목은 외국 오랑캐와 교섭했다는 것. 죽음 앞에 이제 마지

---

* 현 인의동에 있던 군영으로 군문효수형을 시행할 때 어영청 군사들을 자주 이용하였다.

** 천주교 사학죄인들은 보통 서소문 밖에서 처형되었다. 새남터는 군사훈련 장소로, 사학의 문제를 넘어서 서양 세력과 연결된 반역자들을 처형하던 곳이다.

막 한 풀의 숨만큼 거리를 두고 서 있는 대건은 자신의 진실을 크게 소리쳤다.

"나는 이제 마지막 시간을 맞이하였으니 여러분은 내 말을 똑똑히 들으십시오. 내가 외국인들과 교섭한 것은 내 종교를 위해서였고 내 천주를 위해서였습니다. 나는 천주를 위하여 죽습니다. 영원한 생명이 내게 시작되려고 합니다…"[496]

대건의 옷이 절반 즈음 벗겨졌다. 양쪽 귀는 화살에 뚫렸고, 두 구멍으로 화살이 꽂혀 매달렸다. 얼굴에 물이 뿌려졌고 그 위에 회 한 줌이 뿌려졌다. 결박된 그의 양쪽 겨드랑이 밑으로 기다란 몽둥이가 꿰어 들어왔고, 두 장정이 이를 어깨에 메고 원둘레를 세 번 돌았다. 구경하러 몰려온 사람들은 사학에 물들거나 오랑캐와 통교할 경우 어떻게 되는지 두 눈으로 똑똑히 보았다. 그리고 대건의 안색에 슬픈 기색이 전혀 없음을, 원둘레를 돌면서는 즐거워하는 듯한 표정도 함께 보았다.

다시 창이 꽂혀 있던 자리로 돌아온 이들은 대건의 무릎을 꿇려 앉히고 머리채를 새끼줄로 묶어 창에 뚫려 있는 구멍에 꿰어 잡아당겼다. 죄수의 머리가 하늘을 볼 수 있도록 들리게 되었다. 칼을 든 12명의 장정들이 공포감을 조성하려 대건을 위협하며 주위를 빙빙 돌았다. 그런 조선 사람들을 증오심 없이 온순히 바라보던 대건은 그들이 일을 제대로 할 수 있도록 배려해주고 싶었다.

"이렇게 하면 마음대로 칠 수가 있겠소?"
"아니. 몸을 조금 돌리시오. 이제 됐소."[497]

대건의 목을 겨냥하던 첫 번째 칼날은 그의 어깨를 내려찍고 가버렸다. 두 번째, 세 번째, 네 번째 칼질이 이어졌다. 하늘을 바라보던 영혼은 여덟 번째 칼을 맞고서야 고통에서 벗어나 온전히 자유로워질 수 있었다. 25세였고, 사제로서 산 시간은 1년, 조선에서 활동 기간은 단 6개월. 그러나 영원의 시간을 살았다. 목이 땅에 떨어지자 포졸 하나가 이를 소반에 올려 관장에게 보여주었다. 관장은 형 집행 보고를 위해 곧장 자리를 떴다.

"御營廳 以金大建梟首警衆 啓"[498]
어영청에서 김대건을 효수 경중하였다고 아룀

김대건의 시신은 형장에 그대로 묻혔고, 아무도 가지고 가지 못하도록 군인들이 감시했다. 여러 천주교인들이 시신을 거두기 위해 애를 썼다. 40여일이 지난 어느 칠흑 같던 가을밤, 몇 명이 모래를 파고 유해를 찾아올 수 있었다. 임시로 왜고개 산에 매장된 유해는 사태가 좀 더 진정된 후 양지의 미리내로 옮겨졌다.

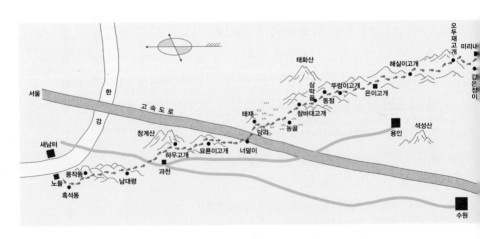

김대건의 시신을 메고 새남터에서 미리내까지 발자국

하늘의 신발 – 18세기 조선 문명전환의 미시사

"교우들 보아라.

우리 벗아! 생각하고 생각할지어다.

천주께서 무시지시(無始之時)로부터 천지 만물을 배설(配設)하시고, 그중에 우리 사람을 당신 모상(摸象)과 같이 내어 세상에 두신 위자(爲者, 창조주)와 그 뜻을 생각할지어다.

온갖 세상일을 가만히 생각하면 가련하고 슬픈 일이 많다. 이 같은 험하고 가련한 세상에 한번 나서 우리를 내신 임자를 알지 못하면 난 보람이 없고, 있어 쓸데없고 …

우리 사랑하온 제형들아, 알지어다.

우리 주 예수께서 세상에 내려 친히 무수한 고난을 받으시고 괴로운 가운데로조차 성교회를 세우시고 고난 중에 자라나게 하신지라. 세상 풍속이 아무리 치고 싸우나 능히 이기지 못할지니 …

부디 서로 우애를 잊지 말고 돕고, 아울러 주 우리를 불쌍히 여기사 환난을 앗기까지 기다리라 … 모든 신자들은 천국에 만나 영원히 누리기를 간절히 바란다. 내 입으로 너희 입에 대어 사랑을 친구(親口)하노라 …

부디 설워 말고 큰 사랑을 이뤄, 한 몸같이 주를 섬기다가 사후에 한가지로 영원히 천주 대전에 만나 길이 누리기를 천만 천만 바란다. 잘 있거라."

─김대건의 옥중 마지막 서한(조선 천주교인들에게 한글로 보낸 회유문)

—— 김대건의 마지막 서한은 그의 당부대로 옥에서 나와 필사되어 널리 읽혔다. 선주 임성실의 차제 이 데레사기 필사본을 보관하고 있다가 1884년 3월 17일 교황청 목격 증인 진술 때 제출하였다. 이후 이 편지는 로베르 신부에 의해 다시 정서되어, 해당 정서본이 국내 소장되어 있고, 이 데레사가 제출한 필사본은 현재 교황청 예부성성에 보관되어 있을 것으로 추측된다. 교우들은 대건의 마지막 서한을 마음에 새기며 읽은 듯하다. 1884년 교황청 증인 진술 시 38년이 지난 시점에도 서한 속 구절을 외우고 있는 이들이 있었다. (한국천주교순교자박물관 소장)

대건이 호명한 조선 '교우들'은 초대 그리스도교인들의 생활을 방불케 하며 살고 있었다. "재물을 합하여 한집안 사람 같고, 직분이 다르되 한 몸 같은 생활을" 실천하였으며, 예수의 청빈과 형제적 애찬(agape)을 함께 나누는 것 외에는 세상에서 아무것도 바라지 않았다. 이 교우들은 사도행전에서 약속하던 지상천국을 이루고 있었다. 교우촌은 '광양세계(光揚世界)', '광양천지(光揚天地)', '광명지경(光明地境)'으로 표현되는, 현세에서 미리 참여할 수 있는 천국이었다.

당시 '광양'이란 '자유'의 의미와 동일하게 사용되고 있었다.[499] 천국의 또 다른 이름이던 광양세계란 곧 자유가 충만한 나라였다. 백정 출신이든 상놈 출신이든 신분 차별이 없는 평등한 곳. 조선 천주교인들은 새로운 인간관을 전적으로 수용하고 이에 희열을 느끼고 있었다. 교우 관계는 세상의 형제보다도 더욱 간절하고 가까운,

하늘의 신발 – 18세기 조선 문명전환의 미시사

그리스도교 신비체의 일부를 이루는 긴밀한 관계였다. 교우촌에서 태어난 대건이 마지막 인사를 나누는 이들도, 그래서 교우들이다.

페레올 주교는 큰 충격에 빠졌다. "그를 잃은 것은 엄청나고 거의 회복할 수 없는 불행입니다."[500] 대건에게는 어떤 일이라도 맡길 수 있다며 그를 전적으로 신뢰하고 지원해온 주교였다. "그가 조선에서 태어났다는 것을 거의 알아차리지 못할 지경이었습니다." 대건에 대해 평가하면서 부지불식간 조선에 대한 편견을 내비치기도 하는 주교는, 그간 무력을 사용해서라도 조선의 문을 열어야 한다 믿어왔다.

그런데 조정에서 한때나마 김대건의 재능을 눈여겨보며 그를 통해 프랑스와 교섭을 추진하려 했다가[501] 세실 함장의 성급한 회항으로 논의가 급변하게 되고, 결국 자신의 아들이 처형되기에 이르는 일련의 과정을 겪으며, 페레올 주교는 제국주의 무력에 의한 조선 개방과 복음화 방안을 포기하고 평화적 교섭을 통한 선교를 주창하기에 이른다. 조선 밖에 있던 동료 선교사들보다 훨씬 앞서 인식을 전환한 것이다.[502]

가까운 해안이나 강가 위를 다니는 조선의 평범한 고기잡이배가 용감무쌍하게 서해를 건너 중국을 다녀왔다는 사실은 하늘만이 알 뿐 조정에서는 아무도 알지 못했다. 관변기록 그 어디에도 이 사건에 대한 기록은 없다. 심문받던 이들도, 처형되던 이들도 모두 굳게 함구했다. 조선 청년의 상상력과 영원의 속도로 사랑하는 행동력이 일구어낸 '조선 자유의 배'의 존재를 조정은 물론 대부분의 조선 사람들은 생각조차 하지 못했을 것이다.

지도제작자 김대건은 조선에 있는 동안 시종일관 조선 땅과 강과 바다를 바라보고, 자료를 찾고, 이해하고, 이를 종이에 옮기고 또 옮겼다. 조선 안과 밖에 있는 정보들을 국제적 표준으로 재해석하여 조선을 세계 지리 공간 안에서 구체적으로 표현해 자리매김시켜 놓은 것이다.

그가 프랑스어로 제작한 조선 전도는 유럽이 조선 수도의 이름 조차 명확히 알지 못하고 있던 시기 한양 또는 서울의 이름을 밝히고, 조선 해안의 형태, 강과 지명, 수많은 도시명과 위치를 명기함은 물론 이 모든 한글 발음을 로마자화했다. 김대건의 조선전도가 유럽에 전파되는 시점을 전후하여 유럽 각국에서 제작되는 지도에 한글 발음이 반영되기 시작한다.[503] 최양업은 대건의 지도가 '현대의 원칙에 따라 제작된 조선 왕국의 첫 번째 권위 있는 지도'[504]라며 천국의 품 안에 있는 동료의 작품을 아꼈다.

하늘의 신발 − 18세기 조선 문명전환의 미시사

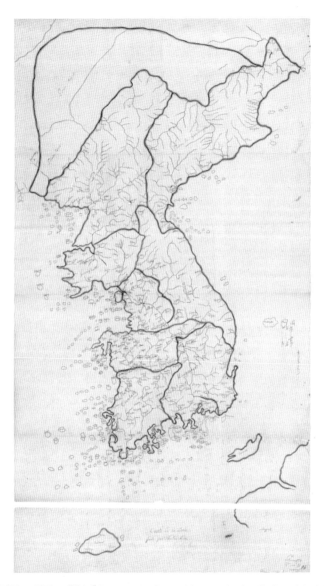

김대건의 조선전도 원본. "Carte de la Corée faite par André Kim(안드레아 김이 그린 조선 지도)" 라 적혀 있다. 김대건 친필 편지와 필적 감정을 통해 확실한 그의 작품으로 판정이 이루어졌다. 총 400 개의 지명이 로마자로 표기되어 있다. 114개의 자연 지명 중 104개가 섬 명칭이며, 286개의 인문 지명 중 259개(약 65%)가 군현 명칭[507]이다. 해로를 통한 이동 루트 파악이 주목적임을 알 수 있다. 당시 조선 에 있던 정상기 동국지도 계열에 있는 군사 관련 지명, 사찰, 고읍(군사 관련 업무를 맡아보던 관청이 있던 곳) 등 의 인문지리 정보는 포함되어 있지 않다. 한강(hansou fl.)은 상류와 하류에 이름이 2회 적혀있다. 프랑스 아카데미 회원이기도 한 쥐리앙 드 라 그라비에(Jurien de La Graviere) 프랑스 해군 제독이 기증하였다. (프 랑스국립도서관 소장)

김대건의 조선 전도는 1846년 2월 그가 서울과 경기도 일대에서 맹렬히 사제로서 활동하고 있을 때 북방로 개척을 시도하고 있던 조선 밀사들이 국경에서 메스트르 신부와 최양업을 만나 다른 물건들을 넘겨주면서 함께 전달하였다. 메스트르 신부는 이를 상해로 가지고 가 리브와 신부에게 전달하였다. 김대건 사후(死後) 1848년 백령도로 가던 길에 조선 전도가 필요하다 생각한 메스트르 신부는 리브와 신부에게 자신이 전해준 대건의 지도 사본을 요청하여 받았고,[505] 그는 이 사본을 상해 주재 프랑스 총영사 몽티니(Montigny)에게도 넘겨주었다. 프랑스에 귀국한 몽티니는 지도를 국립도서관에 기증하였고, 1855년 프랑스 지리학회지에 대건의 지도가 소개되기에 이른다. 그리고 김대건의 조선 전도는 펠란의 조선전도(1868년)와 같이 이후 한반도를 표현하는 서양 지도의 모본이 된다.

　　대건의 조선 전도는 단순한 지리 지식의 집약본이 아니라, 조선의 '광양세계(光揚世界)'가 한반도 밖으로 뻗어나가는, 자유 문명으로서의 조선의 문을 열기 위한 지도이다. 조선의 광양세계가 밖으로 확장하고, 조선 밖의 광양 세계가 안으로 오기 위한 새로운 길 — 삼면으로 나 있는 바다 — 을 이 청년은 자신이 할 수 있는 최대한으로 자세히 표현해 놓았다. '자유', '평등', '평화', '박애', '번영'의 역사를 계승하여 한반도에서 이루고, 이를 후대에게도 영원히 물려주고자 했던 그의 꿈이 붓끝을 움직인 것이다.

　　독일 사학자 코젤렉이 말한 "미래의 과거" — 대건에게 주어져 있던 그의 과거 경험공간 한반도 안에 미래에 대한 그의 기대의 지평이 철필을 따라 펼쳐져 있다. 무한한 광양(光陽)의 한반도에 대한 기대의 지평. 조선 청년 김대건은 지금도 하염없이 이 일에 몰두하고 있으리라.

맺음말

Almond Blossoms, 1890, Van Gogh Museum

1890년 1월 테오에게서 아들이 태어났고, 이름을 빈센트라 했다. 고흐는 조카를 위해 아기 침실에 걸 수 있는 그림을 그리기 시작했다. 오직 희망으로 가득 찬 파란 하늘 안에 하얀 아몬드꽃이 만발한 그림이다. 고흐 스스로 '내 그림 가운데 가장 공들여 그린 그림'이며 '아주 차분한 상태에서 그 어느 때보다 확고한 터치로' 그렸다 했다. 그런데 작업을 시작한 다음 날 고흐는 완전히 뻗고 말았다. 그리고는 병을 앓았다. 겨우 기운을 차려 작품을 완성하러 나왔을 때 꽃은 이미 지고 없었다. 우리가 지금 보는 그림에는 사실 더 많은 아몬드 꽃들이 담겨 있을 것이었다.

새로운 탄생을 기념하기 위해 화가가 그린 그림을 책의 끝머리에 걸어두고 싶었다. 조선 후기, 가슴에 광양세계를 품다 처형되거나 옥사한 이들 중 이름이 남아 있는 이들은 천 명이 조금 더 된다. 이름은 파악되지 않으나 기록이 남아 있는 이들이 또 다른 천여 명. 기록조차 남겨지지 않은 채 죽었을 이들을 포함한다면 새로운 조선을 꿈꾸던 이들의 실재 수는 얼마가 될지 모른다. 꽃들이 사라지고 그 자리에 꿈처럼 파란 하늘만이 가득 남아 있듯 자신의 존재와 이름까지 자유의 나라로 가지고 간 무명(無名)의 사람들. 달레의 기록에 의한다면 8천여 명이 되고, 일부 연구자들은 3천여 명을 예측한다.

우주 전체가 모든 힘을 가해 공격해도 절대 깨지거나 변형되지 않는 인간 내면의 힘이 드러난 역사이다. 외부세계 전체의 힘보다도 더 강렬하게 자신의 내부로, 내면 안으로, 양심 안으로, 내적인 삶으로 견인하는 강한 힘에 이끌려, 그 진실 안에서 이들 모두가 강력하고 높은 새로운 삶이 자신 안으로 뚫고 들어오는 경험을 했다. 이들에게 하늘(天)이란 인간 안에 거하는 실체이자, 인간 자신의 생명과 영혼이 일치하여 확장된 실체였다. 책에서는 일부 인물만을 소개하고 있을 뿐이나 이 사람들이 그 하늘의 신발이 되어 만들어 낸 조선은 한국 역사를 이해하고, 한국 역사의 변화와 진보를 이해하고, 한국인이 누구인지를 이해하는 데 주목할 부분 중 하나이다.

그리고 한국의 미래를 구상하는 데에도 중요한 대목이다. 하이데거의 말처럼 유래는 계속 미래로 남는다.

처형된 사학죄인들 중 여기 글로 옮겨 놓은 7인은, 그들의 격렬한 노동 안에 우리의 미래와 우리가 희망할 수 있는 것들이 진하게 담겨 있어 보여 선택했다. 소리 나지 않는 많은 대화를 나눌 수 있는 인물들이다. 필자의 경우 이들과 처음 만나던 당시 국내에서 세계화 업무를 마치고 긴 휴식이 필요하던 때였다. 한국이 우리 안의 세계화를 이룰 만큼 내적으로 커지고 깊어지는 문제의 복잡성을 살갗에 닿도록 대면했던 필자에게 이 인물들은 자신들 내부의 힘으로 외부 세계와 만나 어떻게 역사 발전을 자극하였는지 보여주는 사람들로 다가왔다.

이 사람들을 세상에 소개하고 싶다는 단순한 생각에 2015년 봄 글쓰기가 시작되었다. 얼마 되지 않아 미국 동부로 이동했고, 여러 도시들로 다시 이동하며 격무를 이어가던 중 글쓰기 작업은 중단되고 방해받기 일쑤였으나 펜을 내려놓지는 않고 있었다. 그리고 2017년 가을 어느 날, 여느 때와 같이 파일함을 열었는데 작성 중이던 원고 파일이 증발하듯 흔적도 없이 사라져버려 있었다. 다른 모든 1·2차 자료들과 파일들은 아주 그대로 있는데 말이다. 파일 복구 소프트웨어도 사용해 보았지만 찾아지지 않았다. 귀신에 홀린 기분으로 이게 대체 무슨 일인가 생각했고, 아직 필자가 이런 글을 감당할 동량이 안 되니 지금 당장 해야 하는 일에만 집중하라는 신호로 받아들였다. 작업은 그렇게 해서 완전히 단념했다.

그리고 2018년 여름, 미국에서 아프리카로 넘어가기 전 서울에 들르는 동안 옛 노트북에 저장된 아주 초기 글을 보게 되었다. 생각이 곰곰이 이어졌다. 그리고 지난 1년간 마치 누군가에게 한 대 맞은 것처럼 움츠러들어 침울하게 서 있는 필자의 모습이 눈에 들어왔다. 글을 쓸 동량이 안 된다는 생각은 실체도 없는 방해물일 뿐이었다. 더 강한 확신으로 글쓰기 작업을 처음부터 다시 시작했다. 한국에 잠깐씩 들를 때마다 사료들만 찾아다니고 수집했다. "네가 하는 수많은 일들 중에 언제나 너에게 더 소중하게 느껴지고 네가 더 많은 것을 쏟아부은 것이 있다는 것이다. 그런 것들은 무슨 수를 써서라도 지키고 싶어지지." 마치 고흐가 아를에서 홍수로 잃은 습작들을 처음부터 다시 그린 것처럼 말이다.

각 인물마다 남아 있는 사료의 종류나 분량이 다르고, 이들을 글로 옮길 때 필자가 머물고 있던 지리적 공간도, 당시 필자 주위에 있던 사람들도 다 달랐다. 그래서 각 글이 길고 짧으며, 어느 지점에서는 문체도 달라져 있는데, 이 모든 과정이 자연스러웠기에 있는 그대로 두기로 했다. 여러 군데 보완할 부분들도 있고 좀 더 생각해 보고 싶은 부분들도 있지만 이제 그만 이 인물들을 세상 속으로 떠나보내야 할 것 같다. 더 훌륭하게 끝맺고 싶다는 생각이 사실은 앞으로 한 걸음 나아가는 것을 불가능하게 만든다는 고흐의 말이 맞는 것 같다. 언젠가 기회가 된다면 김재복에 이어서 최양업(崔良業, 1821~1861)과 남종삼(南鍾三, 1817~1866)에 대해서도 좀 더 가까이 가서 보고 싶다.

조선 산간벽지 곳곳을 다니던 최양업의 여정을 좇아가면 19세기 중반 조선 사회의 구조적 모순이 곪을 대로 곪아 일반 사람들에게 더이상 나라가 그 역할을 하지 못하는 시대를 적나라하게 보게 된다. 격분하는 양업의 숨 가쁜 발걸음을 따라 같이 다니면 무엇을 보게 될까? 남종삼은 흥선대원군과 대면하던 정삼품 관료로, 한반도로 내려오던 러시아를 견제하기 위해 영국 및 프랑스와 교섭할 것을 주장하며 '이이제이(以夷制夷) 방아책(防俄策)'을 주장한 인물이다. '개방'과 '쇄국'의 위태로운 갈림길에서 조선은 쇄국의 길로 접어들고 그는 서소문에서 처형된다. 남종삼에 관한 지금까지의 기술들은 그의 이이제이(以夷制夷) 외교전략이 프랑스 선교사들에게서 온 생각이라 하고 있으나, 필자의 눈에는 남종삼 고유의 생각이다.

책을 미완성으로 탈고하나 미완성이기에 더 오래 머물 수 있는 글이 되면 좋겠다. 아몬드꽃 그림이 사실상 미완의 작품임에도 마치 고흐에게서 풍성한 꽃다발을 받는 듯한 느낌을 주는 것처럼, 이 글도 읽는 분들에게 선물이 되면 좋겠다. 힘들게 노동하며 창조하고, 지키고, 고치고, 싸우고, 개선해내는 모든 분들에게. 언젠가 고흐가 "머리에는 태양을, 가슴에는 폭풍우를 품고 살았다" 표현한 들라크루아*에 대해 미소를 머금고 이런 말을 한 적이 있다. "그는 전사에서 성인으로, 성인에서 연인으로, 연인에서 호랑이로, 호랑이에서 꽃으로 옮겨갔다." 우리 과거 안에 이렇게 꽃으로 옮겨간 인물들이 이미 모든 것을 다 해 놓았기에, 필자는 가서 보고 글로 옮겨 꽃다발을 만들기만 하면 되었다.

오베르 쉬르 우아즈의 자연 속에서, 아무런 예술적 우월감이나 편견 없이 마치 소박한 신발 만드는 사람처럼 묵묵히 그림에 매달리던 시기에도 고흐에게 연달아 발작이 찾아왔다. 발작이 일어나도

---

* 외젠 들라크루아(Eugène Delacroix, 1798~1863) 19세기 낭만주의의 대표자. 가장 유명한 작품으로 1830년 파리 혁명을 기념하기 위해 그린 〈민중을 이끄는 자유의 여신〉이 있다.

그는 그리고 있던 그림을 완성해 내곤 했고, 작품을 마치고 나면 며칠간 앓아누워 아무것도 먹지 못한 채 용기도 희망도 없는 괴로운 상태에 빠지곤 했다. 테오마저 그림을 그리지 말고 휴식을 취할 것을 강하게 요청했으나, 고흐는 자신의 온 힘을 다해 그림에 스스로를 내던지는 것이 최선의 치료책이라 했다. 마음의 평화를 다시 얻을 수 있는 길은 오직 그림을 더 잘 그리는 것뿐이라며.

화가는 초라한 작업을 흔들림 없이 유지해야 한다던 고흐가 그렇게 해서 남겨 놓고 간 그림들은 홀로 매달려있는 글쓰기 공간 안에서 필자에게도 응원이 되었다. '이렇게밖에 표현이 안 되는구나', '이것밖에 써지지 않는구나' 매번 스스로의 한계를 느끼던 지난 수년간의 초라한 글쓰기 작업과, 인물들의 흔적을 찾아 애걸복걸 뛰고 걷던 발걸음들과, 더 치러내야 한다 해도 기꺼이 치를 고단함의 시간들도 이제는 모두 대양(大洋) 안으로 사라지는 물방울 같다. 그런데 단 하나의 염원만은 남겨두고 싶다.

이 글이 우리와 세상을 변화시키는 점(點) 하나가 되기를.

2021년 8월

1   박제가, 〈정유각집〉 1책, 돌베개, 2010, 519쪽.

2   정약용, 〈여유당전서〉 1권, 경인문화사, 1969, 2면(민족문화추진회 편, 〈다산시문집〉 1, 1994, 13쪽).

3   정약용, 〈여유당전서〉 제1집, "벗 이덕조에 대한 만사"(민족문화추진회 편, 〈다산시문집〉 1, 1994, 102-103쪽).

4   주재용, 〈한국가톨릭사의 옹위(擁衛)〉, 한국천주교중앙협의회, 1970, 40-41쪽 재인용.

5   샤를 달레 저, 안응렬 · 최석우 역(a), 〈한국천주교회사〉 상, 왜관: 분도출판사, 1979, 299쪽.

6   샤를 달레 저, 안응렬 · 최석우 역, op.cit., 299-300쪽.

7   김종혁, "18세기 광주 실학의 지리환경", 〈한국실학연구〉 제8호, 한국실학회, 2004; 최완기, "남한산성의 역사 지리적 고찰과 천주교 신앙의 전파", 〈교회사학〉, 창간호, 수원교회사연구소, 2004.

8   차기진, "권철신, 이벽, 이승훈의 가문과 천주교 수용", 〈한국 천주교회 창설주역의 천주신앙 I〉, 천주교수원교구, 2011, 37쪽.

9   Ibid., 37-39쪽.

10   안정복, 〈순암선생문집〉 권6; 차기진, 〈조선 후기의 서학과 척사론 연구〉, 서울: 한국교회사연구소, 71쪽 재인용.

11   안정복, 〈순암선생문집〉 권6; Ibid., 71-72쪽 재인용.

12   서종태, "성호학파의 양명학 수용: 복암 이기양을 중심으로", 〈한국사연구〉 제66호, 1989, 86-90쪽.

13   안정복, 〈순암선생문집〉 권17, '잡저(雜著)', '천학고(天學考)'.

14 정약용, 〈여유당전서〉 제1집 권9.

15 다블뤼, 〈조선 순교사 비망기〉, 5–17, 26–27쪽.

16 샤를 달레 저, 안응렬 최석우 역, op. cit., 300쪽.

17 〈이재난고(頤齋亂藁)〉 권27, 무술 (1778, 정조2), 11월 26일자(국학진흥연구사업추진위원회, 〈이재난고〉 제5책, 한국정신문화연구원, 1999, 346쪽),

18 최석우 역, "이승훈이 북당의 선교사들에게 보낸 1789년 말의 서한", 〈교회사연구〉 제8집, 1992, 172쪽.

19 정약용, 〈여유당전서(與猶堂全書)〉 제1집, "端午日陪二兄游天眞庵"(다산시문집 제3권), 338쪽.

20 A. Daveluy, Notes pour l'Historie de Martyrs de Coree(전사본), 한국교회사연구소 소장, f. 6; 정약용, 〈여유당전서〉 제1집 15권.

21 차기진, "한국 양명학과 실학 및 천주교와의 사상적 연결성에 관한 연구", 한국학중앙연구원 박사학위 논문, 1993.

22 다블뤼, 〈조선 순교사 비망기, 1859~1860년〉, 5–17, 26–27쪽.

23 〈여유당전서〉 I–15, 선중씨 묘지명, 녹암 권철신 묘지명.

24 서종태, "이벽의 수표교 집터에 대한 연구", 〈이벽, 새벽을 열다〉, 천주교서울대교구 순교자현양위원회 심포지엄, 2015.

25 〈여유당전서〉 I–15, 녹암 권철신 묘지명.

26 정약용, 〈여유당전서〉, 한국문집총간 281집, 336쪽.

27 정민(a), 〈정민의 다산독본 파란(波瀾)〉 1, 서울: 천년의 상상, 2019, 155–156쪽.

28 〈황사영백서〉 43행.

29 〈황사영백서〉 45행.

30 다블뤼, 〈Notes Pour L'histoire Des Martyrs de Corée (조선 순교사 비망기)〉, 1860, 41쪽.

31 샤를 달레 저, 안응렬 · 최석우 역, op. cit., 307쪽.

32 최석우 역, op. cit., 172쪽.

33 〈황사영백서〉 48행.

34 샤를 달레 저, 안응렬 · 최석우 역, op. cit., 310쪽.

35 정약용, 〈전서〉 I-15, 정헌(貞軒)의 묘지명(墓誌銘), (다산시문집 제15권).

36 정약용, 〈전서〉 I-15, 녹암 권철신 묘지명(墓誌銘), (다산시문집 제15권).

37 안정복, 〈순암선생문집〉 권6.

38 Loc. cit.

39 안정복, 〈복부고〉 권10.

40 〈추안급국안〉 사학죄인 이가환 등 추안, 2월 11일, 권철신 공초.

41 차기진, 〈조선 후기의 서학과 척사론 연구〉, 한국교회사연구소, 2002, 143쪽.

42 〈순암선생문집〉 권6.

43 Loc. cit.

44 이승훈이 1790(정조14)년 북경 선교사들에게 보낸 편지.

45 이기경, 〈벽위편〉, "을사추조적발" 조.

46 이만채, 〈벽위편〉, "을사추조적발" 조.

47 이원정, "金範禹家 論考", 〈한국가톨릭문화활동과 교회사〉, 서울: 한국교회
    사연구소, 1991, 462 – 467쪽.

48 마백락, 〈경상도 교회와 순교자들〉, 태백: 대건출판사, 1989.

49 이기경, op. cit., "을사추조적발" 조.

50 정약용, 〈전서〉 I-15, 정헌(貞軒) 묘지명(墓誌銘), (다산시문집 제15권).

51 조선왕조실록 47권, 1801년, 374면.

52 샤를 달레, 안응렬 · 최석우 역, op. cit., 320 – 321쪽.

53 김옥희, 〈한국천주교사상사 I - 광암 이벽의 서학사상〉, 서울: 가톨릭출판
    사 1979, 27쪽.

54 정약용, 〈여유당전서〉 제1집 권15, 자찬묘지명(집중본); 〈여유당전서〉 제2
    집 권4, 중용강의보.

55 김옥희, op. cit., 48쪽.

56 샤바냐 저, 유은희 역, 〈진도자증(眞道自證)〉, 서울: 도서출판순교의맥,
    2014, 67쪽.

57 Ibid., 67-68쪽.

58 박제가, 〈정유각집(貞蕤閣集)〉 2집, 4명을 애도하는 시.

59 정약용, 〈韓簧〉 281, 7면, "憶李兄".

60 〈황사영백서〉 43행.

61 정약용, 〈전서〉 I-15, '선중씨 묘지명' 및 I-16, '자찬 묘지명'.

62 이헌경, 〈간옹집(艮翁集)〉, 만천권후제(蔓川卷後題).

63 정약용, 〈다산시문집〉 제15권, 서(書), '선중씨묘지명(先仲氏墓誌銘)'.

64 정약용, 〈다산시문집〉 제16권, 묘지명(墓誌銘), '자찬묘시녕(自撰墓誌銘)'.

65 정약용, 〈다산시문집〉 제19권, 서(書), '정헌묘지명(貞軒墓誌銘)'.

66 이가환, 〈금대전책(錦帶殿策)〉, 천문책(天文策) 15.

67 〈번암선생문집(樊巖先生文集)〉 33:12a, 〈송인지연경서(送人之燕京序)〉; 원재연, "이승훈의 연보", 〈교회사연구〉 제8권, 1992, 246쪽 재인용.

68 채제공, 〈번암집〉 33권, 送人之燕京序.

69 박성순, 〈조선후기 서학의 수용과 북학론의 형성: 조선유학과 서양과학의 만남〉, 서울: 고즈윈, 2005, 89-100쪽.

70 노대환, "정조대의 서기수용 논의 – '중국원류설'을 중심으로", 〈한국학보〉 94, 일지사, 1999, 161-163쪽.

71 정약용, 〈여유당전서〉 권13, 서(序), "送李參判(基讓)使燕京序 (사신으로 연경에 가는 참판 이기양을 전송하는 서)"

72 〈정조실록〉 권33, 정조 15년 11월 (甲申) 13일.

73 〈승정원일기〉 정조 7년 10월 24일, 〈일성록〉 동일자, 〈황사영백서〉 43-44행.

74 황사영 백서 44행.

75 홍대용, 소재영 외 주해, 〈주해 을병연행록〉, 태학사, 1997, 184쪽.

76 박성순, op. cit., 130-131쪽.

77 〈정조실록〉 권 33, 정조 15년 11월.

78 Andreas Choi, L'Erection du Premier Vicariat Apostolique et les Origines du Catholicisme en Coree, Suisse, 1961, 88쪽; 차기진, 〈조선 후기의 서학과 척사론 연구〉, 서울: 한국교회사연구소, 2002, 155쪽 재인용.

79 이승훈이 북당 선교사들에게 보낸 1789년 말 서한(교황청 인류복음화성 소장 고문서 SOCP 67, pp. 456–457); 최석우 역, "이승훈 관계 서한 자료", 〈교회사연구〉, 서울: 한국교회사연구소, 1992, 171–174쪽.

80 Memoires de la Congregation de la Mission en Chine, t. 2, Paris, 1912, pp. 195 – 196.

81 1784년 11월 25일자 서한 (Nouvelles Lettres Edigiantes, t. 2, Paris, 1818, 20쪽); 샤를 달레 저, 안응렬 · 최석우 역(a), op. cit., 306쪽.

82 그랑몽 신부의 1790년 6월 23일자 서한(파리외방전교회 고문서실 소장).

83 〈간옹선생문집(艮翁先生文集)〉 권(卷)23, 잡저(雜著), 만천권후제(蔓川卷後題); 원재연, "이승훈 베드로의 교회 활동과 신앙고백", 〈한국천주교회 창설주역의 천주신앙II〉, 2009년 3차 학술대회 총서, 2011, 30–31쪽.

84 〈황사영백서〉 44행.

85 윤민구 역주, "마카오 주재 교황청 대표부 대표 마르키니 신부가 포교성 정관에게 보낸 1790년 12월 24일자 편지 발췌문" (SOCP 67, 336–344).

86 구베아 주교가 북경에서 교황청 포교성성 장관 안토넬리 추기경에게 보낸 1790년 10월 6일 서한 (최석우, "이승훈 관계 서한 번역문", 〈교회사연구〉 제8권, 서울: 한국교회사연구소, 1992, 178쪽).

87 〈정조실록〉, 〈승정원일기〉, 〈일성록〉 3월 29일.

88 이승훈이 북당 선교사들에게 보낸 1789년 말 서한.

89 차기진, 〈조선 후기의 서학과 척사론 연구〉, 한국교회사연구소, 2002, 155–161쪽.

90 이승훈이 북당 선교사들에게 보낸 1789년 말 서한.

91 이기경, 〈벽위편〉 권2, "을사추조적발" 조.

92 〈정조실록〉 정조 15년 11월 8일 이승훈 공초.

93 Loc. cit.

94 이기경, 〈벽위편〉 권1.

95 〈성경직해〉 (1938년 활자본) 2권, 241면, 강림 후 제23주일 '의해지덕(義行之德)' 주제 '망덕(望德)', 곧 "바라는 덕이라".

96 〈정조실록〉 정조 15년 11월 8일 이승훈 공초.

97 〈정조실록〉 15년 11월 8일 기묘조; 〈추안급국안〉 이가환 등 추안, 2월 9일, 이승훈 공초.

98 이승훈이 북당 선교사들에게 보낸 1789년 말 서한.

99 다블뤼, 〈Notes Pour L'histoire Des Martyrs de Corée (조선 순교사 비망기)〉, 1860, 45 – 49쪽.

100 〈추안급국안〉 사학죄인 이가환 등 추안, 2월 9일 및 2월 11일, 이승훈 공초.

101 〈추안급국안〉 사학죄인 이가환 등 추안, 2월 13일, 정약용 공초, 최창현 공초.

102 이승훈이 북당 선교사들에게 보낸 1789년 말 서한.

103 마카오 주재 교황청 포교성성 대표부 대표 마르키니 (G.B. Marchini) 신부가 포교성성 장관에게 보낸 1790년 12월 24일자 서한.

104 〈정조실록〉 권33, 15년 11월 13일, 이기경 상소.

105 〈정조실록〉 권33, 15년 11월 13일 상소; 이기경, 〈벽위편〉 권1; 이만채, 〈벽위편〉 권2, 초토신 이기경 상소, 11월 13일.

106 Loc. cit.

107 판지 수사, 1790년 11월 11일 서한 (최석우 역, "이승훈 관계 서한 번역문", 〈교회사연구〉 제8권, 서울: 한국교회사연구소, 1992, 179쪽).

108 로오 신부, 1790년 11월 12일자 서한(Ibid., 180–181쪽).

109 Loc. cit.

110 이승훈이 북경 서교사들에게 보낸 1790년의 답신(교황청 인류복음화성 소장 고문서 SOCP 67, p.458; 윤민구, op. cit., 107–111쪽).

111 〈황사영백서〉 45행.

112 〈정조실록〉 36권, 정조 16년 11월.

113 이승훈이 북경 선교사들에게 보낸 1790년의 답신 (교황청 인류복음화성 소장 고문서 SOCP 67, p.458; 윤민구, op. cit., 107–111쪽).

114 샤를 달레 저, 안응렬 · 최석우 역, op. cit., 330쪽.

115 구베아 주교가 포교성성 장관 안토넬리(Antonelli) 추기경에게 보낸 10월 6일자 서한.

116 〈정조실록〉 권30 14년 5월.

117 〈정조실록〉권30 14년 4월.

118 허태용, "정조대 후반 탕평정국과 진산사건의 성격", 〈민족문화〉35, 한국
     고전번역원, 2010년 7월, 250-252쪽.

119 〈정조실록〉권30 14년 5월.

120 정민(b), 〈정민의 다산독본 파란(波瀾)〉2, 서울: 천년의 상상, 2019,
     30-31쪽.

121 Ibid., 53-54쪽.

122 Ibid., 34-35쪽.

123 다블뤼, op. cit., 45쪽.

124 〈황사영백서〉46행.

125 〈승정원일기〉1696冊, 정조 15년 11월 7일.

126 안재순, "정조의 서학관", 〈동양철학연구〉27, 2001, 75-76쪽.

127 〈추안급국안〉사학죄인 이가환 등 추안, 2월 9일, 이승훈 공초.

128 〈일성록〉정조 임자년 3월 14일, 평택 안핵어사 김희채의 보고; 차기진,
     "이승훈 관계 한문 자료", 〈교회사연구〉제8권, 서울: 한국교회사연구소,
     1992, 144쪽.; 최석우, "한국 교회의 창설과 초창기 이승훈의 교회 활동", 〈
     교회사연구〉제8권, 서울: 한국교회사연구소, 1992, 28쪽.

129 〈사학징의〉권1, 정법죄인질(正法罪人秩), 홍익만.

130 상목재서(上木齋書), 〈한총(韓叢)〉, 281, 406면; 김봉남, "다산과 천주교 관
     련 인물들과의 관계 고찰", 〈대동한문학〉, 제41권, 199-200쪽 재인용.

131 정약용, 〈여유당전서〉제1집 제12권, 시문집 서(序) 〈상례사전서(喪禮四箋
     序)〉.

132 〈제겸제원절목기(題兼濟院節目記)〉; 박석무, 〈다산 정약용 평전〉, 서울: 민
     음사, 2014, 238-239쪽 재인용.

133 조광, "신유교란과 이승훈", 〈교회사연구〉, 제8권, 서울: 한국천주교회사연
     구소, 1992, 80쪽.

134 샤를 달레 저, 안응렬·최석우 역, op. cit., 448-449쪽.

135 정약용, 민족문화추진회 편, 〈다산시문집〉제3권, 32-34쪽("月夜憶李兄",
     "月夜又憶李兄").

136 〈황사영백서〉 46행.

137 〈승정원일기〉 제1833책, 순조 원년 신유 2월 18일조, 2월 13일조; 조광, "신유교란과 이승훈", 〈교회사연구〉 제8권, 한국교회사연구소, 1992, 63-64쪽.

138 〈황사영백서〉 12행.

139 〈추안급국안〉 사학죄인 이가환 등 추안, 가경 6년(신유 2월 11일), 권철신 공초.

140 김봉남, op. cit., 221쪽.

141 〈순조실록〉 원년 신유 2월 갑자 조.

142 〈추안급국안〉 사학죄인 이가환 등 추안, 가경 6년(신유 2월 9일).

143 〈승정원일기〉 제1833책, 순조 원년 신유 2월 25일 조.

144 이재기, 〈눌암기략〉; 윤춘호, 〈다산, 자네에게 믿는 일이란 무엇인가〉, 서울: 푸른역사, 2019, 203쪽.

145 〈승정원일기〉 제1833책, 순조 원년 신유 2월 25일조; 조광, op. cit, 73-74쪽.

146 〈추안급국안〉 사학죄인 이가환 등 추안, 2월 11일, 이승훈 공초.

147 〈추안급국안〉 사학죄인 이가환 등 추안, 2월 11일, 이가환 등 심문결과 보고.

148 〈추안급국안〉 사학죄인 이가환 등 추안, 2월 14일, 이승훈 공초.

149 〈추안급국안〉 사학죄인 이가환 등 추안, 2월 10일, 이승훈 공초.

150 Loc. cit.

151 〈추안급국안〉 사학죄인 이가환 등 추안, 2월 13일, 이승훈 공초 및 최창현과 대질심문.

152 Loc. cit.

153 〈추안급국안〉 사학죄인 이가환 등 추안, 2월 17일, 정약용 공초.

154 〈추안급국안〉 사학죄인 이가환 등 추안, 2월 11일, 정약용 공초.

155 샤를 달레 저, 안응렬 · 최석우 역, op. cit., 449쪽.

156 다블뤼, op. cit., 109쪽.

157 "Letter to Monsieur Pierard", 〈The Complete Letters of Vincent Van Gogh〉, Boston: New York Graphic Society, 1981, 1:226.

158 Loti, Pierre, 〈An Iceland Fisherman〉, New York: P.F. Collier and Con, 1902.

159 〈황사영백서〉 51행.

160 〈추안급국안(推案及鞫案)〉 "사학죄인 황사영 등 추안(黃嗣永等推案), 10월 11일, 황사영 조.

161 조광, "신유교난과 이승훈", 〈교회사연구〉 제8권, 서울: 한국교회사연구소, 1992, 61쪽.

162 〈승정원일기〉 제1748책, 정조 을묘(乙卯) 19년 7월 7일 조.

163 〈승정원일기〉 제1833책, 순조 원년 신유 2월 25일 조.

164 조광, 〈조선후기 천주교사 연구〉, 서울: 고려대학교민족문화연구소, 1990년, 30쪽.

165 〈황사영백서〉 21행.

166 하성래, "내포지역 천주교회 사적지와 그 의미", 〈백제문화〉 제29권, 2000, 190쪽.

167 차기진, "병인박해와 충청남도 순교자에 대한 연구", 〈병인박해연구학술강연회〉, 천주교 수원교구, 2016, 141 – 142쪽.

168 〈황사영백서〉 67행.

169 〈황사영백서〉 66행.

170 〈황사영백서〉 68행.

171 샤를 달레 저, 안응렬 · 최석우 역(a), 〈한국천주교회사〉 상, 왜관: 분도출판사, 1979, 382 – 383쪽.

172 박종악 저, 신익철 외 역, "신해년 12월 2일", 〈수기(隨記) : 정조의 물음에 답하는 박종악의 서신〉, 한국학중앙연구원출판부, 2016, 83쪽.

173 Ibid., 99쪽, "임자년 정월3일".

174 〈황사영백서〉 66행.

175 샤를 달레 저, 안응렬 · 최석우 역(a), op. cit., 382 – 383쪽.

176 Loc. cit.

177 박종악, 신익철 외 역, op. cit., 95쪽, "신해년 12월 20일".

178 〈황사영백서〉 67행.

179 〈동국교우상교황서(東國敎友上敎皇書)〉 강완숙 골롬바 사실 (10-12장).

180 〈사학징의〉 권1, 강완숙의 포도청 진술, 95-98쪽.

181 〈사학징의〉 권1, 윤운혜 공술.

182 〈사학징의〉 권1, 정광수 공술, 강완숙 공술.

183 〈사학징의〉 권1, 홍필주 공술.

184 〈사학징의〉 권1, 홍필주 공술.

185 〈사학징의〉 권1, 홍필주 공술.

186 조광, "주문모의 조선 입국과 그 활동", 〈교회사연구〉 제10집, 57-58쪽.

187 Ibid., 59쪽.

188 구베아 주교의 셋째 서한(1797년 8월 15일자), 〈교회사연구〉 제8집, 197쪽.

189 조광, op. cit., 59-60쪽.

190 구베아 주교의 셋째 서한(1797년 8월 15일자), op. cit., 197쪽

191 정민(b), op.cit., 138-140쪽.

192 정약용, 〈다산시문집〉 제16권, 묘지명(墓誌銘), '자찬묘지명(自撰墓誌銘)'.

193 〈추안급국안〉 "사학죄인 이가환 등 추안(邪學罪人李家煥等推案)", 가경 6년 신유(1801)년 2월 18일, 이승훈 공초.

194 구베아 주교의 셋째 서한(1797년 8월 15일자), op. cit., 198쪽.

195 〈추안급국안〉, "사학죄인 이가환 등 추안(邪學罪人李家煥等推案)", 가경 6년 신유(1801)년 2월 18일, 이승훈 공초.

196 구베아 주교의 셋째 서한(1797년 8월 15일자), op. cit., 198쪽.

197 신미년(1811) 조선 천주교 신자들이 북경 주교에게 보낸 편지; 윤민구 엮음, op. cit., 231-232쪽.

198 정민(b), op. cit., 149쪽.

199 Ibid., 193-194쪽.

200 〈추안급국안〉, "사학죄인 김여 등 공초", 신유 4월 2일, 주문모 공초.

201 〈사학징의〉 권1, 강완숙의 조.

202 〈황사영백서〉 21행, 69행; 샤를 달레 저, 안응렬 · 최석우 역(a), op. cit., 392-393쪽.

203 샤를 달레 저, 안응렬 · 최석우 역(a), op. cit., 393쪽.

204 조광, "신유박해의 분석적 고찰", 〈교회사연구〉1, 서울: 한국교회사연구소, 1977, 44쪽.

205 〈사학징의〉 권1, 130, 145, 178, 213, 214, 276, 326쪽.

206 〈사학징의〉 권1, 93쪽.

207 이배용, 〈한국 역사 속의 여성들〉, 2005, 서울: 어진이, 93-94쪽.

208 "신미년(1811) 조선 천주교 신자들이 북경 주교에게 보낸 편지", 윤민구 엮음, 〈교황청 자료 모음집〉, 서울: 가톨릭출판사, 2000, 234쪽.

209 Ibid., 228-229쪽.

210 Ibid., 235쪽.

211 〈사학징의〉 권1, 170-172, 178-180, 204-205쪽.

212 Ibid., 170-171쪽.

213 〈황사영백서〉 70행.

214 샤를 달레 저, 안응렬 · 최석우 역(a), op. cit., 501쪽.

215 〈동국교우상교황서(東國敎友上敎皇書)〉, 11장.

216 샤를 달레 저, 안응렬 · 최석우 역(a), op. cit., 500쪽.

217 〈황사영백서〉 69행.

218 "신미년(1811) 조선 천주교 신자들이 북경 주교에게 보낸 편지", 윤민구 엮음, op. cit., 236쪽.

219 〈황사영백서〉 83행.

220 오페르트, 〈조선기행〉, 1867; 봐르텍 〈조선기행〉 1903; 홀버트 홈 〈대한제국 멸망사〉 (신복룡 역, 1984); 그리프 윌레임 〈은자의 나라 한국〉 (신복룡 역, 1985); 알렌 호라센 〈조선견문기〉 (신복룡 역, 1999); 이사볼라 비숍 〈조선과 그 이웃 나라들〉 1903 등.

221 정조 〈홍재전서〉; 이배용, 〈우리 여성의 역사〉, 2000, 서울: 청년사, 2000에서 재인용.

222 김정숙, "조선 후기 서학수용과 여성관의 변화", 〈한국사상사학〉, 2003, 20쪽.

223 김정숙, "강완숙의 천주교 활동 배경에 관한 연구", 〈조선여인 강완숙, 역사를 위해 일어서다〉, 서울:가톨릭출판사, 2012, 173-174쪽.

224 〈사학징의〉 권1, 한신애 조, 173쪽.

225 〈사학징의〉 권1, 문영인 조, 181쪽.

226 "신미년(1811) 조선 천주교 신자들이 북경 주교에게 보낸 편지", 윤민구 엮음, op. cit., 234쪽.

227 Ibid., 230-231쪽.

228 Loc. cit.

229 조광 (역주), 〈사학징의 1〉, 2001년.

230 〈사학징의〉 권1, 홍필주 조, 190쪽.

231 〈순조실록〉 3권 1년 5월 22일(정유) 사학죄인 결안

232 〈추안급국안〉 사학죄인 황사영 등 추안, 가경 6년(1801, 순조1) 10월 9일.

233 〈승정원일기〉 순조1년 2월 12일, 무오.

234 〈사학징의〉 수록; 이장우, "신유박해와 황사영 백서 사건", 〈한국천주교회사〉 2, 한국교회사연구소, 2010, 61쪽.

235 〈추안급국안〉 사학죄인 이기양 등 추안, 3월 15일, 주문모 공초.

236 샤를 달레 저, 안응렬 · 최석우 역(a), 〈한국천주교회사〉 상, 왜관: 분도출판사, 1979, 570-571쪽.

237 순조실록 3권 1년 11월 8일 (신사) 황사영 체포 유공자 포상. "대왕대비가 황사영을 붙잡아 들인 포교(捕校)에게 좋은 곳의 변장(邊將)을 제수하라고 명하였다".

238 〈추안급국안〉 사학죄인 황사영 등 추안, 가경 6년 (1801, 순조1) 10월 11일.

239 정옥자, "17세기 사상계의 재편과 예론", 〈한국문화〉 10, 1990, 230쪽; 조광, "조선후기 사상계의 전환기적 특성", 〈한국사 전환기의 문제들〉, 1993. 155쪽.

240 최완기, "황사영백서 작성의 사상적 배경", 〈신유박해연구논문집 3: 신유박해와 황사영백서사건〉, 한국순교자현양위원회, 2003.

241 〈승정원일기〉 35책, 영조 3년(1727) 11월 5일자.

242 〈영조실록〉, 〈정조실록〉; 〈영조실록〉 권70, 25년 12월 무인조; 39년 4월 갑신조.

243 조광, "황사영백서의 사회사상적 배경", 〈신유박해연구논문집 3: 신유박해와 황사영백서사건〉, 한국순교자현양위원회, 2003, 260쪽.

244 Ibid., 262-263쪽.

245 〈사학징의〉下 45, 유관검 조(條).

246 "신미년 조선 천주교 신자들이 북경 주교에게 보낸 편지", 윤민구 역주, 〈한국 초기 교회에 관한 교황청 자료 모음집〉, 2000, 서울: 가톨릭출판사, 247-248쪽.

247 이재기, 〈눌암기략(訥菴記略)〉; 최현식, "영성신학의 입장에서 조명한 황사영의 신앙과 성덕", 〈황사영의 신앙과 영성〉 심포지엄 자료집, 2013, 24쪽 재인용.

248 "亦矢身爲洋學者爲十一年", 〈추안급국안〉 사학죄인 황사영 등 추안, 1801년 10월 10일.

249 이상백, 〈한국사: 근세 후기편 I〉, 진단학회, 1965, 152쪽.

250 "신미년 조선 천주교 신자들이 북경 주교에게 보낸 편지", 윤민구 엮음, 〈한국 초기 교회에 관한 교황청 자료 모음집〉, 서울: 가톨릭출판사, 2000, 248쪽.

251 여진천, 〈황사영 백서 연구 - 원본과 이본 비교 검토〉, 서울: 한국교회사연구소, 2009 참조.

252 〈추안급국안〉 사학죄인 황사영 등 추안, 가경 6년(1801, 순조1) 10월 9일.

253 김한규, "사학징의(邪學懲義)를 통해서 본 초기 한국 천주교회의 몇 가지 문제", 〈교회사연구〉 제2집, 서울: 한국교회사연구소, 1979, 70에서도 이들 신진 양반들의 활약이 우리가 지금까지 알고 있던 상식 이상으로 눈부셨다 평가한다.

254 〈사학징의〉 김세귀(金世貴)공초, 한신애(韓新愛) 공초; 이장우, "황사영과 조선 후기의 사회변화", 〈교회사연구〉 제31집, 서울: 한국교회사연구소, 2008, 85쪽 재인용.

255 〈추안급국안〉 사학죄인 이가환 등 추안, 2월 13일, 정약종 공초.

256 최현식, "영성신학 입장에서 조명한 황사영의 신앙과 성덕", 〈황사영의 신앙과 영성〉, 서울: 한국천주교주교회의, 2013, 65-66쪽.

257 〈성경직해〉 (1938년 활자본) 1권, 156명, 삼왕래조 후 제3주일 의행지덕, 주제 '궁천신덕', 곧 "몸소 신덕을 밟아 행함이라".

258 〈추안급국안〉 사학죄인 황사영 등 추안, 가경 6년(1801, 순조1) 10월 9일.

259 〈추안급국안〉 사학죄인 황사영 등 추안, 가경 6년(1801, 순조1) 10월 10일.

260 샤를 달레 저, 안응렬·최석우 역(b), 〈한국천주교회사〉 중, 왜관: 분도출판사, 148쪽.

261 샤를 딜레 저, 안응녈·최석우 역(a), op. cit., 474쪽.

262 조광, "천주학장이들이 사는 세상", 〈조선의 멋진 신세계〉, 파주: 서해문집, 2017.

263 〈추안급국안〉, 사학죄인 황사영 등 추안, 가경 6년(1801, 순조1) 10월 9일 공초.

264 〈추안급국안〉 사학죄인 황사영 등 추안, 가경 6년(1801, 순조1) 10월 11일 공초.

265 〈추안급국안〉 사학죄인 황사영 등 추안, 가경 6년(1801, 순조1) 10월 10일 공초.

266 박광용, "황사영 백서의 종교적 본질과 사회적 비판", 〈황사영의 신앙과 영성〉, 서울: 한국천주교주교회의, 2013.

267 〈추안급국안〉 사학죄인 황사영 등 추안, 가경 6년(1801, 순조1) 10월 9일.

268 〈추안급국안〉 사학죄인 유항검 등 추안, 신유 4월 20일.

269 조광, "황사영백서의 사회사상적 배경", 〈신유박해연구논문집 3: 신유박해와 황사영백서사건〉, 한국순교자현양위원회, 2003, 276-283쪽.

270 오수창, 〈조선 정치사상〉, 청년사, 1990, 74-75쪽.

271 〈추안급국안〉 사학죄인 이기양 등 추안(1801 순조1) 3월 15일 주문모 공초.

272 전재성, 〈정치는 도덕적인가: 라인홀드 니버의 초월적 국제정치사상〉, 서울: 한길사, 2012, 246-247.

273 최현식, "영성신학의 입장에서 조명한 황사영의 신앙과 성덕", 〈황사영의 신앙과 영성〉, 서울: 한국천주교주교회, 2013, 95-96쪽.

274 〈추안급국안〉 사학죄인 황사영 등 추안, 가경 6년(1801, 순조1) 10월 11일.

275 공진성, "토마스 아퀴나스 - 신의 창조 안에서 정치의 자율성을 옹호한 사상가", 〈서양 고대, 중세 정치사상가: 아테네 민주주의에서 르네상스까지〉, 서울: 책세상, 2011, 362-364쪽.

276 김용구, 〈세계관 충돌과 한말 외교사, 1866~1882〉, 서울: 일조각, 2004, 64-67쪽.

277 남궁곤, "동아시아 전통적 국제질서의 구성주의적 이해", 〈국제정치논총〉 43(4), 2003, 11-13쪽.

278 山口正之, 〈黃嗣永 帛書の 研究〉, 全國書房, 1946; 이민원 역, "황사영 백서의 연구", 〈황사영 백서 논문 선집〉, 서울: 기쁜소식, 1994, 60-61쪽.

279 황사영 저, 김영수 역, 〈황사영 백서〉, 서울: 황석두루가서원, 1998, 68-175쪽.

280 山口正之, op. cit., 69-77쪽.

281 〈추안급국안〉 사학모반 죄인 양놈 유진길 등 안, 1839년 8월 13일, 유진길 조.

282 〈추안급국안〉 사학모반 죄인 양놈 유진길 등 안, 1839년 8월 13일, 정하상 조.

283 여진천, 〈황사영 백서와 이본〉, 서울: 국학자료원, 2003, 13-27쪽.

284 〈추안급국안〉 사학죄인 황사영 등 추안, 10월 9일, 황사영 공초.

285 정약용, 〈녹암 권철신 묘지명〉 (민족문화추진회 편, 〈다산시문집〉 7, 1985, 서울: 솔출판사, 76쪽).

286 〈동국교우상교황서(東國敎友上敎皇書)〉, 이순이 조항.

287 한국천주교주교회의 시복시성주교특별위 편찬, 〈시복자료집〉 3, 2006, 323쪽.

288 판토하 저, 박유리 역, 〈칠극〉, 서울: 일조각, 1998, 330-331쪽.

289 판지 수사 1790년 11월 11일 서한; 최석우, "이승훈 관계 서한 자료", 〈교회사연구〉 제8집, 1992, 180쪽.

290 〈승정원일기〉 1801년 10월 15일 조.

291 판토하 저, 박유리 역, op. cit., 372쪽.

292 Ibid., 361쪽.

293 정병설, 〈죽음을 넘어서: 순교자 이순이의 옥중편지〉, 민음사, 2014, 117쪽.

294 정병설, op. cit., 100-103쪽.

295 판토하, op. cit., 150-151쪽.

296 Ibid., 159쪽.

297 Ibid., 171쪽.

298 Ibid., 186쪽.

299 김진소 편저, 양희찬, 변주승 역, "이경언 바오로가 쓴 심문기", 〈이순이 루갈다 남매 옥중편지〉, 전주: 호남교회사연구소, 2002, 76쪽.

300 정약용 저, 〈다산시문집〉 7, 서울: 민족문화추진회, 1985, 77쪽.

301 이태영 · 유종국 역, "이경언 바오로가 쓴 옥중 기록", 〈이순이 루갈다 옥중편지〉, 신아출판사, 2011, 80쪽.

302 정약용, 다산연구회 역주, 〈목민심서〉 5, 창작과비평사, 1985, 64쪽.

303 Loc. cit.

304 샤를 달레 저, 안응렬 · 최석우 역, op. cit., 111쪽.

305 〈동국교우상교황서(東國敎友上敎皇書)〉, 이순이 조항.

306 〈추안급국안〉 사학모반 죄인 양놈 · 유진길 등 안, 헌종 5년 8월 13일, 김제준 조.

307 샤를 달레 저, 안응렬 · 최석우 역(b), 〈한국천주교회사〉 중, 왜관: 분도출판사, 1980, 11쪽.

308 이장우, "신유박해와 황사영 백서 사건", 〈한국천주교회사〉, 서울: 한국교회사연구소, 92-107쪽.

309 신미년 조선 천주교 신자들이 교황에게 보낸 서한(SC Cina 3, 837-838).

310 구베아 주교가 포교성 장관에게 보낸 1802년 8월 2일자 편지(SOCP 70, 323-324).

311 샤를 달레 저, 안응렬 · 최석우 역(b), op. cit., 10쪽.

312 신미년 조선 천주교 신자들이 교황에게 보낸 서한(SC Cina 3, 837-838).

313 〈승정원일기〉 제1833책, 순조 1년 2월 5일.

314 〈사학징의〉 권1, 대왕대비의 지시와 대왕대비에 대한 보고, 2월 5일.

315 심재우, "1801년 천주교인 유배 조치의 양상과 유배인의 삶 - 〈사학징의(邪

學懲義)〉 분석을 중심으로", 〈국내 학술 심포지움 – 배교·유배·증언〉, 2019년 5월 18일, 36쪽.

316 다블뤼, 〈조선 순교자 약전〉, 285쪽.

317 〈승정원일기〉 제1836책, 순조 1년 4월 17일.

318 〈승정원일기〉, 제1833책, 순조 1년 2월 25일.

319 〈승정원일기〉, 제1834책, 순조 1년 3월 19일.

320 〈승정원일기〉, 제1834책, 순조 1년 3월 10일.

321 〈사학징의〉 권1.

322 심재우, op. cit, 51쪽.

323 심재우, op. cit., 53쪽.

324 박 라우렌시오의 여섯 번째 심문 중 관장의 말; 샤를 달레 저, 안응렬·최석우 역(a), 〈한국천주교회사〉 상, 왜관: 분도출판사, 1979, 97쪽.

325 이도기 저, 김윤선 역, 〈정산일기〉, 흐름, 2019, 43쪽.

326 신미년 조선 천주교 신자들이 교황에게 보낸 서한(SC Cina 3, 837-838).

327 샤를 달레 저, 안응렬·최석우 역(a), op. cit., 619쪽.

328 샤를 달레 저, 안응렬·최석우 역(b), op. cit., 11-12쪽.

329 Loc. cit.

330 Ibid., 93쪽. 다블뤼 신부 1846년 10월 26일 서한 (AME: Cause 1866, HB 13-14)

331 조현범, "조선 대목구 설정과 선교사의 입국, 〈한국천주교회사〉 2, 서울: 한국교회사연구소, 291쪽.

332 샤를 달레(b), op. cit., 74쪽.

333 Ibid., 14쪽.

334 Ibid., 505쪽.

335 Loc.cit.

336 Albert Deshayes, 〈Lettre du Mokhpo: Lettre de 1896 a 1903〉, 143쪽; 드예 신부는 이 사목보고에서 흑산도로 유배간 정약전을 정약종으로 잘못 기입하고 있다.

337 움피에레스 신부가 포교성성 장관에게 보낸 1827년 2월 7일 서한(S.C. Cine Regni adiacenti).

338 〈일성록〉 534, 순조 27년 윤 5월 2일.

339 브뤼기에르 신부가 방콕에서 파리외방전교회 본부 지도 신부들에게 보낸 1829년 5월 19일자 서한.

340 브뤼기에르 주교가 산서에서 부모에게 보낸 1834년 6월 6일자 서한.

341 브뤼기에르 주교가 서만자에서 파리외방전교회 총장 랑글루아 신부에게 보낸 1835년 10월 2일자 서한.

342 파리외방전교회 고문서고 소장 한국 관계 문서철 제578권, f.91.

343 브뤼기에르 주교가 서만자에서 마카오 주재 파리외방전교회 르그레즈와 신부에게 보낸 1835년 10월 6일자 서한.

344 조현범, "브뤼기에르 주교와 모방 신부의 관계에 대한 고찰", 〈교회사연구〉 47, 한국교회사연구소, 2015, 35-36쪽.

345 모방 신부가 조선에서 보낸 첫 번째 서한, 1836년 4월 4일(AME vol. 1260, ff.77-92).

346 Loc. cit.

347 〈추안급국안〉 사학모반 죄인 양놈 유진길 등 안, 기해년(1839, 헌종5) 8월 13일, 김제준 공초.

348 차기진, "김대건 신부의 활동과 업적", 〈교회사연구〉 제12집, 1997, 104쪽.

349 모방 신부 1836년 4월 4일 서한(AME vol. 1260, ff.77-92).

350 Loc. cit.; 〈추안급국안〉 사학모반 죄인 양놈 유진길 등 안, 1839년 8월 13일, 김제준 공초; 〈일성록〉 헌종 기해 8월 7일, 정하상 공초.

351 모방 신부가 르그레즈와 신부에게 보낸 1836년 12월 3일 서한(AME vol. 1260, ff.105-107)

352 Loc. cit.

353 차기진, "최양업 신부의 행적에 대한 재검토 - 유학로와 선종지를 중심으로", 〈교회사학〉 제7호, 11-16쪽.

354 바랑탱 (Barrentin) 신부 1837년 6월 13일 서한(AME vol. 303, ff.965-967).

355 알레니 저, 김귀성 역, 〈서학범·직방외기〉, 도서출판 미원사, 2001, 20-44쪽.

356 칼레리 신부가 트송 신부에게 보낸 1837년 10월 6일자 서한(AME vol. 303, ff.727-730).

357 샤를 달레 저, 안응렬·최석우 역(b), op. cit, 335-336쪽.

358 칼레리 신부가 트송 신부에게 보낸 1837년 10월 6일자 서한(AME vol. 303, ff.727-730).

359 칼레리 신부가 파리 지도자 뒤브와(Dubois) 신부에게 보낸 서한 (〈전교회지〉 11권, 1838-1839).

360 〈헌종실록〉 6권, 헌종 5년 4월 12일 정축 1번째 기사.

361 Loc. cit.

362 조광, 〈조선후기 사회와 천주교〉, 경인문화사, 2010, 159쪽.

363 샤를 달레 저, 안응렬·최석우 역(b), op. cit., 29-30쪽.

364 Loc. cit.

365 리브와 신부 1839년 5월 3일 서한(AME vol. 304, ff.91-94).

366 〈추안급국안〉 사학모반 죄인 양놈 유진길 등 안, 1839년 8월 13일, 김제준 공초.

367 리브와 신부가 르그레즈와 신부에게 보낸 1839년 8월 11일 서한 (AME vol. 324, ff. 23-28).

368 리브와 신부가 르그레즈와 신부에게 보낸 1839년 8월 11일 서한.

369 리브와 신부 1839년 5월 16일 서한(AME vol. 304, ff.95-98).

370 리브와 신부가 르그레즈와 신부에게 보낸 1839년 6월 9일 서한 (AME vol. 324, ff.131-136).

371 한국교회사연구소 편, 〈성 김대건 안드레아 신부의 서한〉, 1996년, 16쪽.

372 리브와 신부 1839년 5월 28일 서한(AME vol. 304, ff. 99-101).

373 리브와 신부 1839년 6월 23일 서한(AME vol. 324, ff. 145-149).

374 〈헌종실록〉 6, 헌종 5년 8월 19일.

375 김용구, 〈외교사란 무엇인가〉, 서울: 도서출판 원, 2002, 86-99쪽.

376 〈헌종실록〉 6, 헌종 5년 8월 19일.

377 〈추안급국안〉 사학모반 죄인 양놈·유진길 등 안, 헌종 5년 8월 13일, 김제
준 조.

378 〈추안급국안〉 사학모반 죄인 양놈·유진길 등 안, 헌종 5년 8월 14일, 김제
준 조.

379 〈기해일기〉 "이 마리아 최 프란치스코의 아내요, 최 신부의 모친".

380 〈추안급국안〉 사학모반 죄인 양놈·유진길 등 안, 1839년 8월 13일, 조신
철 조.

381 〈추안급국인〉 사학모반 죄인 양놈·유진길 등 안, 유진길 등을 다시 엄히
매질해 심문하기를 요청하다[28:326].

382 〈추안급국안〉 사학모반 죄인 양놈·유진길 등 안, 1839년 8월 7일, 범세형 조.

383 〈추안급국안〉 사학모반 죄인 양놈·유진길 등 안, 1839년 8월 7일, 정 아각
백 조.

384 〈추안급국안〉 사학모반 죄인 양놈·유진길 등 안, 1839년 8월 7일, 나 백다
록 조.

385 〈추안급국안〉 사학모반 죄인 양놈·유진길 등 안, 범세형 등을 다시 엄히
매질해 심문하게 하다[28:279].

386 샤스탕 신부 "부모, 형제, 자매, 친척과 친구들에게 보낸 서한" 1839년 9월
1일(A-MEP, Vol. 1256, ff.117-120).

387 샤스탕 신부 "파리외방전교회 소속 주교들과 신부들에게 보낸 서한" 1839
년 9월 6일(A-MEP, Vol. 1256, ff.125-126).

388 모방 신부 "파리외방전교회 소속 주교들과 신부들, 친척과 친구들에게 마지
막으로 보낸 서한"(A-MEP, Vol. 1256, f.123).

389 최선혜, "기해박해", 〈한국천주교회사〉, 서울: 한국교회사연구소, 1980, 48쪽.

390 샤를 달레 저, 안응렬·최석우 역(c), op. cit., 17쪽.

391 샤를 달레 저, 안응렬·최석우 역(c), op. cit., 10쪽.

392 Ibid., 13쪽.

393 샤를 달레 저, 안응렬·최석우 역(c), op. cit., 13-14쪽.

394 리브와 신부가 파리 본부 지도자들에게 보낸 1842년 2월 12일 서한(AME

vol. 304, ff. 663 – 668).

395 리브와 신부가 르그레즈와 신부에게 보낸 1842년 2월 11일 서한(AME vol. 304, ff. 659 – 661).

396 리브와 신부가 파리 본부 지도자들에게 보낸 1842년 2월 12일 서한(AME vol. 304, ff. 663 – 668).

397 리브와 신부가 대목구장들에게 보낸 1842년 7월 2일 (추정) 서한(AME vol. 324, ff. 332 – 352).

398 Loc. cit.

399 김대건이 마닐라에서 르그레즈와 신부에게 보낸 1842년 2월 28일자 서한.

400 메스트르 신부가 마닐라에서 르그레즈와 신부에게 보낸 1842년 3월 8일 서한 (AME vol. 577, f.719).

401 매스트르 신부가 리브와 신부에게 보내는 1842년 4월 19일자 서한(AME vol. 579, ff. 169 – 171).

402 고틀랑(Gotteland) 신부가 리브와 신부에게 보내는 1842년 7월 21일 서한 (AME vol. 308, ff. 702 – 705).

403 김대건이 르그레즈와 신부에게 요동(백가점)에서 보낸 1842년 12월 9일 서한.

404 〈일성록〉, 헌종 8년 12월 4일조; 조광, op. cit., 171-172쪽 재인용.

405 김대건이 리브와 신부에게 상해에서 보낸 1842년 9월 서한.

406 김대건이 르그레즈와 신부에게 요동(백가점)에서 보낸 1842년 12월 9일 서한.

407 조광, "조선후기 서세동점과 조선천주교회", 〈조선후기 사회와 천주교〉, 경인문화사, 2010, 178쪽.

408 메스트르 신부가 알브랑 신부에게 보낸 1842년 10월 2일 서한(AME vol. 577, ff. 723 – 725).

409 김대건이 르그레즈와 신부에게 요동(백가점)에서 보낸 1842년 12월 9일 서한.

410 Loc. cit.

411 메스트르 신부가 알브랑 신부에게 보낸 1842년 10월 2일 서한(AME vol. 577, ff. 723 – 725).

412 Loc. cit.

413 샤를 달레 저, 안응렬 · 최석우 역(c), op. cit., 223쪽.

414 Loc. cit.

415 샤를 달레 저, 안응렬 · 최석우 역(c), op. cit., 34쪽.

416 샤를 달레 저, 안응렬 · 최석우 역(c), op. cit., 36−37쪽.

417 샤를 달레 저, 안응렬 · 최석우 역(b), op. cit., 39쪽.

418 페레올 주교의 1846년 11월 3일 서한 (AME Vol. 557, f.967−968).

419 메스트르 신부가 르그레즈와 신부에게 보낸 1843년 3월 1일자 서한(AME Vol. 579, ff. 185−187).

420 〈일성록〉 병오 5월 26일조; 〈해서문첩록〉 병오 5월 20일.

421 김대건이 르그레즈와 신부에게 보낸 1843년 1월 15일자 서한.

422 샤를 달레 저, 안응렬 · 최석우 역(c), op. cit., 43쪽.

423 페레올 주교가 포교성성 장관에게 보낸 1844년 1월 23일 서한(APF XXIII, f. 447−448).

424 샤를 달레 저, 안응렬 · 최석우 역(c), op. cit, 121쪽.

425 페레올 신부가 르그레즈와 신부에게 보낸 1843년 2월 20일자 서한, 〈페레올 문서〉, 한국교회사연구소, 1997, 36쪽.

426 메스트르 신부가 리브와 신부에게 요동에서 보낸 1843년 11월 21일 서한 (AME vol. 579, ff.191−193).

427 페레올 주교가 르그레즈와 신부에게 봉천에서 보낸 1844년 1월 20일 서한 (AME vol. 577, ff.741−743).

428 김대건이 페레올 주교에게 소팔가자에서 보낸 1844년 12월 15일 서한.

429 페레올 주교가 심양에서 르그레즈와 신부에게 보낸 1844년 1월 20일 서한 (AME vol. 577, ff.741−743).

430 페레올 주교가 심양에서 르그레즈와 신부에게 보낸 1844년 1월 20일 서한 (AME vol. 577, ff.741−743).

431 Loc. cit.

432 Loc. cit.

433 Loc. cit.

434 안중근전 하편 52(안중근, 〈안응칠 역사〉, 독도, 2020).

435 페레올 주교가 심양에서 리브와 신부에게 보낸 1844년 12월 10일 서한 (AME vol. 579, ff.196 – 198).

436 Loc. cit.

437 페레올 주교가 마카오에서 리용과 파리의 전교회 본부에 보낸 1845년 5월 25일 서한.

438 샤를 달레 저, 안응렬 · 최석우 역(c), op. cit., 61 – 62쪽.

439 Ibid., 14쪽.

440 고틀랑 신부가 강남에서 예수회 장상에게 보낸 1845년 7월 8일 서한.

441 김대건이 서울에서 리브와 신부에게 보낸 1845년 3월 27일 서한.

442 메스트르 신부가 몽고에서 알브랑 신부에게 보내느 1845년 5월 25일 서한 (AME vol. 577, ff. 811 – 812).

443 메스트르 신부가 팔가자에서 리브와 신부에게 보낸 1845년 5월 25일 서한 (AME vol. 579, ff. 199 – 200).

444 페레올 주교가 마카오에서 리용과 파리의 전교회 본부에 보낸 1845년 5월 25일 서한.

445 Loc. cit.

446 김대건이 서울에서 리브와 신부에게 보낸 1845년 4월 6일 서한.

447 〈헌종실록〉 14권, 헌종 9년 4월 28일 병신 1번째 기사.

448 〈헌종실록〉 27권, 헌종 15년 2월 9일 계묘 2번째 기사.

449 헨드릭 하멜 저, 유동익 역, 〈하멜보고서〉, 서울: 명지대국제한국학연구소, 2003.

450 고틀랑 신부가 강남에서 예수회 장상에게 보낸 1845년 7월 8일 서한.

451 Loc. cit.

452 Loc. cit.

453 Loc. cit.

454 샤를 달레 저, 안응렬 · 최석우 역(c), op. cit., 80쪽.

455 Loc. cit.

456 페레올 주교가 상해에서 리브와 신부에게 보낸 1845년 8월 28일(AME vol.679, ff.201 - 204).

457 Loc. cit.

458 페레올 주교가 강경에서 바랑 신부에게 보낸 1845년 10월 29일 서한.

459 Loc. cit.

460 Loc. cit.

461 Loc. cit.

462 차기진, "성 김대건 안드레아 신부 일행의 1845년 입국장수와 강경 유숙지 연구", 〈교회사학〉 11, 2014.

463 〈헌종실록〉 12권, 헌종 11년 6월 29일 기미 2번째 기사.

464 조광, "19세기 중엽 서세동점과 조선", 〈교회사연구〉 12, 1997, 36쪽.

465 김대건이 서울에서 리브와 신부에게 보낸 1845년 4월 7일 서한.

466 다블뤼 신부의 1846년 2월말 서한, AME: Cause 1866, HB 13 - 14.

467 샤를 달레 저, 안응렬 · 최석우 역(c), op. cit., 91쪽.

468 조광, 〈조선후기 사회와 천주교〉, 경인문화사, 2010, 181쪽.

469 〈일성록〉 헌종 병오 5월 26일, 차기진, "김대건 신부의 활동과 업적", 〈교회사연구〉 제12집, 1997, 122쪽 재인용.

470 페레올 주교가 리브와 신부에게 보낸 1845년 11월 2일 서한(AME vol. 579, f.205).

471 〈해서문첩록〉 임성룡의 세 번째 문초.

472 Loc. cit.

473 샤를 달레 저, 안응렬 · 최석우 역(c), op. cit., 95-96쪽.

474 베르뇌 주교가 파리외방전교회에 보낸 서한.

475 〈일성록〉 병오 5월 20일.

476 Loc. cit.

477 김대건이 감옥에서 페레올 주교에게 보낸 1846년 8월 26일 서한.

478 〈일성록〉 병오 5월 30일, 以邪學罪人金大建等供招.

479 김대건이 감옥에서 페레올 주교에게 보낸 1846년 8월 26일 서한.

480 〈일성록〉 헌종 병오 윤 5월 7일, 8일조; 김대건이 감옥에서 페레올 주교에게 보낸 1846년 8월 26일 서한.

481 샤를 달레 저, 안응렬·최석우 역(b), op. cit., 118쪽.

482 〈승정원일기〉 병오 7월 25일.

483 페레올 주교가 서울에서 리브와 신부에게 보낸 1847년 11월 25일자 서한 (AME vol. 579, ff.222-225).

484 김용구, 〈세계관 충돌과 한말 외교사, 1866-1882〉, 서울: 문학과지성사, 2001, 54-62쪽.

485 최석우, "파리외방전교회의 한국진출의 의의: 한국진출을 전후한 시기의 국가와 교회의 관계를 중심으로", 〈교회사연구〉 5권, 1987, 16-22쪽.

486 〈일성록〉 병오 윤5월 3일, 2차 문초의 첫 번째 진술(포도청에서 열두 번째 진술).

487 〈일성록〉 병오 윤5월 3일, 2차 문초의 일곱 번째 진술(포도청에서 열여덟 번째 진술).

488 〈일성록〉 병오 윤5월 3일, 3차 문초의 열두 번째 진술(포도청에서의 서른한 번째 진술).

489 김대건이 서울에서 리브와 신부에게 보낸 1845년 11월 20일 서한.

490 조광, "19세기 중엽 서세동점과 조선" 〈교회사연구〉 12, 한국교회사연구소, 1997, 12, 46쪽.

491 김대건이 감옥에서 페레올 주교에게 보낸 1846년 8월 26일 서한.

492 Loc. cit.

493 〈일성록〉 병오 7월 25일.

494 〈헌종실록〉 13권, 12년 7월 25일 무신 1번째 기사.

495 〈기해박해·병오박해 시복재판 증언기록〉 1883~1887년 서울, 33번 박 베드로의 증언, 36번 박 글라라의 증언.

496 샤를 달레 저, 안응렬·최석우 역(c), op. cit., 119쪽.

497 Ibid., 120쪽.

498 〈일성록〉 병오 7월 26일.

499 조광, "천주학장이들이 사는 세상", 〈조선의 멋진 신세계〉, 서해문집, 2017, 72-73쪽.

500 샤를 달레 저, 안응렬·최석우 역(c), op. cit., 121쪽.

501 페레올 주교가 서울에서 리브와 신부에게 보낸 1847년 11월 25일 서한 (AME vol. 579, ff. 222 - 225).

502 원재연, "페레올 주교의 조선 입국 후 사목 활동 - 김대건 신부 현양 및 양반중심 교회운영을 중심으로", 〈교회사학〉 제5호, 2008.

503 박경, "근대 유럽 시노에 나타난 우리나라 지명 표기의 변천에 대한 연구", 〈한국지도학회지〉 제15권 2호, 2015, 35쪽.

504 페레올 주교가 충청도 수리치골에서 바랑 신부에게 보낸 1846년 11월 3일 서한 "기해·병오박해 순교자들의 행적"(현계흠 등이 수집한 기해박해 순교자 행적과 페레올 주교가 수집한 병오박해 순교자들의 행적을 최양업 및 메스트르 신부가 라틴어로 번역한 보고서) (AME vol. 577, ff. 961 - 971).

505 메스트르 신부가 상해에서 리브와 신부에게 보낸 1848년 9월 8일자 서한 (AME vol. 579, ff. 230 - 231) 및 1849년 5월 15일자 서한 (AME vol. 579, ff. 237 - 240).

506 페레올 주교의 1843년 3월 5일자 서한(A-MEP: Vol. 577, ff.729-732); 샤를 달레, 안응렬·최석우 역(c), 〈한국천주교회사〉 하, 왜관: 분도출판사, 1980, 41-43쪽.

507 김종근, "프랑스 국립도서관 소장 조선전도 연구", 〈한국고지도연구〉, 제12권 1호, 2020 참조.

참고자료

◆ 1차 자료

관변 사료

『영조실록(英祖實錄)』, 『정조실록(正祖實錄)』, 『순조실록(純祖實錄)』, 『헌종실록(憲宗實錄)』

『일성록(日省錄)』

　「正祖」, 「純祖」, 「憲宗」

『승정원일기(承政院日記)』

　「正祖」, 「純祖」, 「憲宗」

『추안급국안(推案及鞫案)』

　「사학죄인 이가환 등 추안(邪學罪人李家煥等推案)」, 「사학죄인 이기양 등 추안(邪學罪人李基讓等推案)」, 「사학죄인 강이천 등 추안(邪學罪人等姜彝天等推案)」, 「사학죄인 김여 등 추안(邪學罪人等金鑢等推案)」, 「사학죄인 황사영 등 추안(邪學罪人等黃嗣永等推案)」, 「사학모반죄인 양놈 · 유진길 등 추안(邪學謀叛罪人洋漢 · 劉進吉等推案)」

『사학징의(邪學懲義)』

『해서문첩록(海西文牒錄)』

문집 · 시집 · 연행록 · 서한

안정복. 『순암선생문집(順菴先生文集)』

이가환. 『금대전책(錦帶殿策)』

이기경. 1978. 『벽위편(闢衛編)』. 서울: 서광사.

이만채 저. 김시준 역. 1985. 『벽위편(闢衛編)』. 서울: 삼경당.

이헌경. 1795.『간옹집(艮翁集)』. 서울: 한국고전번역원.

박제가. 정민 외 역. 2010.『정유각집(貞蕤閣集)』. 서울: 돌베개.

박종악 저. 신익철 외 역해. 2016.『수기(隨記)』. 성남: 한국학중앙연구원출판부.

정약용. 1982-.『다산시문집(茶山詩文集)』. 서울: 민족문화추진회.

_____. 다산연구회 역. 1985.『목민심서(牧民心書)』. 서울: 창작과비평사.

_____. 2001-.『여유당전서(與猶堂全書)』. 서울: 민족문화추진회.

채제공.『번암선생문집(樊巖先生文集)』

홍대용 저. 소재영 외 역. 1997.『을병연행록(乙丙燕行錄)』. 파주: 태학사.

황윤석 저. 국학진흥연구사업추진위원회 편역. 1999.『이재난고(頤齋亂藁)』 제5책. 성남: 한국학중앙연구원.

한역 서학서

디아스(Diaz) 1636.『성경직해(聖經直解)』(1938년 활자본) 1·2·3권

마테오 리치(Ricci, Mateo) 저. 송영배 외 역. 2006.『천주실의(天主實義)』. 서울: 서울대학교출판부.

샤바냑(Chavagnac, E'mericus de) 저. 유은희 역. 2014.『진도자증(眞道自證)』. 서울: 도서출판 순교의맥.

알레니(Aleni, Giulio) 저. 김귀성 역. 2001.『서학범(西學凡)·직방외기(職方外記)』. 서울: 도서출판 미원사.

판토하(Pantoja, Diace de) 저. 박유리 역. 1998.『칠극(七克, De septem victoriis)』. 서울: 일조각.

천주교 사료

『기해일기(己亥日記)』

『기해·병오박해 순교자 증언록』(한국교회사연구소 영인본)

『동국교우상교황서(東國敎友上敎皇書)』

『신미년 조선 천주교 신자들이 교황에게 보낸 서한』(SC Cina 3, 837-838)

『신미년 조선 천주교 신자들이 북경 주교에게 보낸 서한』(SC Cina 4, 336-354)

『황사영백서(黃嗣永帛書)』

다블뤼(Daveluy, M. N. Antoine). 1859~1860. 『Notes Pour L'histoire Des
      Martyrs de Corée (조선 순교사 비망기)』(한국교회사연구소 소장 전사본).

브뤼기에르(Bruguiére, Barthélemy) 저. 정양모 역. 2007. 『브뤼기에르 주교 여
      행기』. 서울: 가톨릭출판사.

샤스탕(Chastan, Jacques Honor) 저. 수원교회사연구소 역. 2019. 『샤스탕 신부
      서한』. 수원교회사연구소.

신태보 저. 유소연 역. 2016. 『신태보 옥중수기(申太甫 獄中手記)』. 전주: 흐름.

이경도 · 이순이 · 이경언 저. 김진소 편저. 2010. 『이순이 루갈다 남매 옥
      중편지(원문 영인 포함)』. 전주: 호남교회사연구소.

이도기 저. 김윤선 역. 2019. 『정산일기(定山日記)』. 전주: 흐름.

한국교회사연구소. 2021. 『성 김대건 안드레아 신부의 서한』. 서울: 분도출
      판사.

◆ 2차 자료

제1장

경기문화재단 실학박물관 편. 2013. 『다산 사상과 서학』. 서울: 경인문화원.

김옥희. 1979. 『한국천주교사상사 I – 광암 이벽의 서학사상』. 서울: 가톨
      릭출판사.

김종혁. 2004. "18세기 광주 실학의 지리환경". 『한국실학연구』 8권. 13-65.

샤를 달레 저. 안응렬 · 최석우 역. 1979. 『한국천주교회사』 상. 왜관: 분도
      출판사.

서종태. 1989. "성호학파의 양명학 연구 – 복암 이기양을 중심으로". 『한국실학연구』 제66호. 75-102.

_____. 2015. "이벽의 수표교 집터에 대한 연구". 『이벽, 새벽을 열다』 (천주교서울대교구 심포지엄 발표문집).

송석준. 1992. "한국 양명학과 실학 및 천주교와의 사상적 관련성에 관한 연구". 성균관대학교 박사학위논문.

_____. 2004. "조선조 양명학의 수용과 연구 현황". 『양명학』 제12호. 5-44.

원재연. 2007. "순암 안정복과 광암 이벽의 서학 인식". 『교회사학』 제4호. 5-28.

_____. 2013. "이기경의 벽위편 역주 작업을 시작하면서". 『상우교서』 38호. 13-20.

유흥렬. 1962. 『한국교회사』. 서울: 가톨릭출판사.

이원정. 1991. "김범우가(金範禹家) 논고(論考)". 『한국가톨릭 문화활동과 교회사』. 서울: 한국교회사연구소. 464-467.

정호훈. 2004. 『조선후기 정치사상 연구 – 17세기 북인계 남인을 중심으로』. 서울: 혜안.

주재용. 1970. 『한국 가톨릭사의 옹위』. 서울: 한국천주교중앙협의회.

차기진. 1995. "성호학파의 서학 인식과 척사론에 대한 연구". 한국정신문화연구원 박사학위 논문.

_____. 2002. 『조선 후기의 서학과 척사론 연구』. 서울: 한국교회사연구소.

최석우. 1992. "이승훈이 북당의 선교사들에게 보낸 1789년 말의 서한". 『교회사연구』 제8집.

최완기. 2004. "남한산성의 역사 지리적 고찰과 천주교 신앙의 전파". 『교회사학』. 창간호. 17-60.

홍이섭. 1959. "소위 "벽위편"의 형성에 대해서 – 일종 양수사본을 중심으로". 『인문과학』 4권. 193-216.

제2장

규장각한국학연구원. 2012. 『세상 사람의 조선 여행』. 서울: 글항아리.

김봉남. 2014. "다산과 천주교 관련 인물들과의 관계 고찰". 『대동한문학』 제41권. 185-26.

노대환. 1999. "정조대의 서기수용 논의 - '중국원류설'을 중심으로". 『한국학보』 25권 1호. 126-167.

박성순. 2005. 『조선후기 서학의 수용과 북학론의 형성: 조선 유학과 서양 과학의 만남』. 서울: 고스원.

박 훈. 2014. 『메이지유신은 어떻게 가능했는가』. 서울: 민음사.

샤를 달레 저. 안응렬 · 최석우 역. 1979. 『한국천주교회사』 상. 왜관: 분도출판사.

신익철. 2013. "18세기 연행사와 서양 선교사의 만남". 『한국한문학회』 제51권. 445-486.

안재순. 2001. "정조의 서학관". 『동양철학연구』 27. 59-86.

원재연. 1992. "이승훈의 연보". 『교회사연구』 제8권. 245-258.

_____. 2009. "17-19세기 연행사의 북경 내 활동 공간 연구". 『동북아역사논총』 제26호. 205-262.

_____. 2010. "18세기 후반 북경 천주당을 통한 천주교 서적의 조선 전래와 신앙공동체의 성립 - 이승훈의 역할을 중심으로". 『동양한문학연구』 제30권. 53-81.

임혜련. 2019. "정조의 천주교 인식 배경과 진산사건의 정치적 함의". 『사총』 96. 45-78.

장경남. 2009. "조선후기 연행록의 천주당 견문기와 서학 인식". 『우리문학연구』 제26집. 77-117.

정호훈. 2020. "「누판고(鏤板考)」의 지식 세계와 조선 학술". 『한국문화』 제89권. 119-164.

조 광. 1992. "신유교란과 이승훈". 『교회사연구』. 제8권. 59-85.

조현범. 2015. "조선후기 유학자들의 서학 인식: 종교/과학 구분론에 대한 재검토".『한국사상사학』제50권. 97-145.

차기진. 1992. "이승훈 관계 한문 자료".『교회사연구』제8권. 127-158.

최석우. 1992. "한국 교회의 창설과 초창기 이승훈의 교회 활동".『교회사연구』제8권. 7-31.

_____. 1992. "이승훈 관계 서한 번역문".『교회사연구』제8권. 159-204.

최성환. 2017. "영·정조대 채제공의 정치 생애와 정치 의리".『한국실학연구』33. 187-228.

최우혁. 2019. "정조-순조대 근기남인의 분화와 정치 명분 확립".『조선시대사학보』제90권. 273-308.

허태용. 2010. "정조대 후반 탕평정국과 진산사건의 성격".『민족문화』제35집. 235-268.

제3장

김정숙. 2003. "조선시대 사상에 나타난 여성관: 조선 후기 서학수용과 여성관의 변화".『한국사상사학』. 제30호. 35-82.

_____. 2007. "강완숙의 천주교 활동 배경에 관한 연구".『조선 여인 강완숙, 역사를 위해 일어서다』. 서울: 가톨릭출판사. 153-189.

박광용. 1995. "주문모 신부 선교 활동의 배경".『교회사연구』제10집. 19-44.

방상근. 2002. "병인박해기 천주교 여성 신자들의 존재 형태와 역할".『교회사연구』제19집. 61-88.

샤를 달레 저. 안응렬·최석우 역. 1979.『한국천주교회사』상. 왜관: 분도출판사.

신익철. 2014. "18~19세기 연행사절의 북경 천주당 방문 양상과 의미".『교회사연구』제44집. 143-183.

윤민구 엮음. 2000.『한국 초기 교회에 관한 교황청 자료 모음집』. 서울:

가톨릭출판사.

이배용. 2005.『한국 역사 속의 여성들』. 서울: 어진이.

정 민. 2019.『정민의 다산독본 파란』. 서울: 천년의 상상.

조 광. 1977. "신유박해의 분석적 고찰".『교회사연구』제1집. 41-74.

_____. 1990.『조선후기 천주교사 연구』. 고려대학교 민족문화연구소.

_____. 2007. "한국사 사료가 전하는 강완숙".『조선 여인 강완숙, 역사를 위해 일어서다』. 서울: 가톨릭출판사. 15-123.

최석우. 1979. "사학징의를 통해서 본 초기천주교회".『교회사연구』제2집. 3-47.

한국여성연구소 편. 1999.『우리 여성의 역사』. 서울: 청년사.

제4장

김영수 편저. 1998.『황사영 백서』. 서울: 황석두루가서원.

공진성. 2011. "토마스 아퀴나스 - 신의 창조 안에서 정치의 자율성을 옹호한 사상가".『서양 고대 · 중세 정치사상사: 아테네 민주주의에서 르네상스까지』. 서울: 책세상. 348-380.

김신회. 2020. "조선후기 정감록 예언의 역사적 변천: 기억에서 기록으로". 서울대학교 국사학과 박사학위논문.

김원모. 2004. "19세기 한영 항해 문호 교류와 조선의 해금 정책".『문화사학』제21호. 947-993.

남궁곤. 2003. "동아시아 전통적 국제질서의 구성주의적 이해".『국제정치논총』43(4), 2003.12, 7-31.

노길명. 2008. "개벽사상의 전개와 성격".『한국학연구』28. 181-204.

박광용. 2013. "황사영 백서의 종교적 본질과 사회적 비판".『황사영의 신앙과 영성』심포지엄 자료집. 197-226.

_____. 2000. "정조대 천주교회와 중암 강이천의 사상".『민족사와 교회사』. 서울: 한국교회사연구소.

하늘의 신발 - 18세기 조선 문명전환의 미시사

박맹수 외. 2017.『조선의 멋진 신세계』. 파주: 서해문집.

박의경. 2011. "아우구스티누스 - 기독교와 정치 질서 그리고 평화".『서양 고대 · 중세 정치사상사: 아테네 민주주의에서 르네상스까지』. 서울: 책세상. 311-347.

변주승. 2003. "신유박해의 정치적 배경에 관한 연구".『신유박해와 황사영 백서 사건』. 서울: 순교자현양위원회. 35-54.

여진천. 2003.『황사영 백서와 이본』. 서울: 국학자료원.

_____. 2009.『황사영 백서 연구 - 원본과 이본 비교 검토』. 서울: 한국교회사연구소.

이상백. 1965.『한국사: 근세후기편 I』. 서울: 진단학회.

이장우. 2010. "신유박해와 황사영 백서 사건".『한국천주교회사』 2권. 서울: 한국교회사연구소. 15-117.

_____. 2008. "황사영과 조선후기의 사회변화".『교회사연구』 제31집. 79-108.

오수창. 1990.『조선 정치사』상. 파주: 청년사.

윤 비. 2019. "중세 제국: 보편권력과 선민의식, 그리고 인민주권".『정치사상사 속 제국』. 서울: 서울대학교출판문화원.

장종철. 2003. "라인홀드 니버와 국제정치에서의 권력의 사용에 대한 소고".『신학과세계』 46. 114-136.

전재성. 2012.『정치는 도덕적인가: 라인홀드 니버의 초월적 국제정치사상』. 서울: 한길사.

정 민. 2006.『다산어록청상(茶山語錄淸賞)』. 서울: 푸르메.

정옥자. 1990. "17세기 사상계의 재편과 예론".『한국문화』 10. 211-239.

정호훈. 2017. "조선후기 새로운 국가구상의 전통과 경세유표(經世遺表) - 반계수록 이래 남인(南人)의 전제론(田制論)과 결부하여".『동방학지』 제180집. 1-37.

조 광. 2010.『조선후기 사상계의 전환기적 특성』. 서울: 경인문화사.

_____. 2003. "황사영 백서의 사회사상적 배경". 『신유박해와 황사영백서
　　　사건』. 서울: 한국순교자현양위원회. 257-293.

최석우. 1992. "구베아 주교 1797년 8월 15일자 서한". 『교회사연구』 제8
　　　집. 188-204.

최완기. 2003. "황사영백서 작성의 사상적 배경". 『신유박해연구논문집 3:
　　　신유박해와 황사영백서사건』. 한국순교자현양위원회. 77-102.

최현식. 2013. "영성신학 입장에서 조명한 황사영의 신앙과 성덕". 『황사
　　　영의 신앙과 영성』. 한국천주교주교회 심포지엄 자료집. 19-101.

한승훈. 2018. "開闢과 改闢: 조선후기 묵시종말적 개벽 개념의 18세기적
　　　기원". 『종교화 문화』 제34호. 203-243.

山ロ正之. 1946. 『黃嗣永 帛書の 研究』. 全國書房(이민원 역. 여진천 엮음.
　　　1994. "황사영 백서의 연구". 『황사영 백서 논문 선집』. 서울: 기쁜소식).

Baker, Don. 2017. 『Catholics and Anti-Catholicism in Choson Korea』.
　　　Honolulu: University of Hawai Press.

제5장

김성봉. 2012. 『초남이 동정부부』. 서울: 가톨릭출판사.

김윤성. 2003. "조선 후기 천주교 성인 공경에 나타난 몸의 영성". 서울대
　　　학교 박사학위논문.

김진소. 1984. "유항검 적몰 전토 환추사(柳恒儉 籍沒 田土 還推事)". 『교회와
　　　역사』 103. 17-18.

심재우. 2011. 『네 죄를 고하여라 - 법률과 형벌로 읽는 조선』. 서울: 산
　　　처럼.

윤민구 엮음. 2000. 『한국 초기 교회에 관한 교황청 자료 모음집』. 서울:
　　　가톨릭출판사.

이유진. 2012. "이순이 루갈다 옥중편지 현전 필사본의 자료적 가치와 해
　　　독의 문제". 『교회사연구』 제40집. 61-88.

이태영·유종국 역, 2011.『이순이 루갈다 옥중편지』. 전주: 신아출판사.

정병설. 2014.『죽음을 넘어서: 순교자 이순이의 옥중편지』. 서울: 민음사.

하성래. 2014. "거제로 유배된 유항검의 딸 섬이의 삶".『교회와 역사』467
    호. 26-33.

제6장

김용구. 2001.『세계관 충돌과 한말 외교사, 1866-1882』. 서울: 문학과지
    성사.

_____. 2002.『외교사란 무엇인가』. 서울: 도서출판 원.

김종근. 2020. "프랑스 국립도서관 소장 조선전도 연구".『한국고지도연
    구』제12권 1호. 133-162.

류강 저. 이재훈 역. 2011.『고지도의 비밀: 중국 고지도의 경이로운 이야
    기와 세계사의 재발견』. 파주: 글항아리.

박 경. 2015. "근대 유럽 지도에 나타난 우리나라 지명 표기의 변천에 대
    한 연구".『한국지도학회지』제15권 2호. 25-37.

샤를 달레 저. 안응렬·최석우 역. 1980.『한국천주교회사』중. 왜관: 분도
    출판사.

_____. 1982.『한국천주교회사』하. 왜관: 분도
    출판사.

샤를 샤몽 저. 정현명 역. 2006.『다블뤼 주교의 생애』. 대전가톨릭대출판
    부.

서종태·변주승. 2017. "1845년 김대건 신부 일행의 상륙 장소에 관한 연
    구".『대구사학』제127호. 189-223.

서태열. 2017. "알레니의 세례지리서 직방외기(職方外紀)의 지리 지식의 구
    성 및 기술".『한국지리학회지』6권 3호. 305-318.

송호근. 2011.『인민의 탄생: 공론장의 구조 변동』. 서울: 민음사.

심재우. 2019. "1801년 천주교 유배인의 현황과 유배지에서의 삶: 사학징

의(邪學懲義) 분석을 중심으로". 『한국문화』 87, 273-307.

안재원. 2014. "「바티칸 문서」와 「기해-병오 박해 순교자 증언록」은 어떤 관계인가?". 『교회사학』 11호. 35-94.

안중근. 2020. 『안응칠 역사 비판정본』. 서울: 독도.

염정삼. 2018. "중국에 소개된 서양철학입문 - 17세기 예수회 선교사들의 저작 및 번역에서". 『교회사학』 15호. 55-96.

원재연. 2008. "페레올 주교의 조선 입국 후 사목 활동 - 김대건 신부 현 양 및 양반중심 교회운영을 중심으로". 『교회사학』 제5호. 113-167.

이철성. "19세기 강경의 공간적 특징과 생활상". 『조선시대사학보』 75. 167-201.

장인성. 2020. 『동아시아 국제사회와 동아시아 상상: 한국 국제정치사상 연구』. 서울: 서울대학교출판문화원.

조 광. 1997. "19세기 중엽 서세동점과 조선". 『교회사연구』 제12집. 27-65.

_____. 2010. 『조선후기 사회와 천주교』. 파주: 경인문화사.

조현범. 2008. 『조선의 선교사, 선교사의 조선』. 서울: 한국교회사연구소.

_____. 2008. "중국 체류 시기 페레올 주교의 행적과 활동". 『교회사학』 제5호. 47-111.

_____. 2014. "브뤼기에르 주교와 포르투갈 선교사들의 갈등". 『교회사연 구』 제44집. 185-215.

주경철. 2008. 『대항해시대 - 해상 팽창과 근대세계의 형성』. 서울: 서울 대학교출판문화원.

차기진. 1997. "김대건 신부의 활동과 업적". 『교회사연구』 제12집. 99-126.

최석우. 1987. "파리외방전교회의 한국진출의 의의: 한국진출을 전후한 시기의 국가와 교회의 관계를 중심으로". 『교회사연구』 제5집. 9-31.

최선혜. 1980. "기해박해". 『한국천주교회사』 2권. 서울: 한국교회사연구
소. 15-103.

하멜 헨드릭 저. 유동익 역. 2003. 『하멜보고서』. 서울: 명지대국제한국학
연구소.

하영선. 2019. 『사랑의 세계정치: 전쟁과 평화』. 파주: 한울아카데미.

저자소개

설지인

국제 개발금융 및 정책 전문가이다. 가장 최근 아프리카개발은행에 몸담았고, 직전에 세계은행 및 주요 국제기구 본부에서 핵심 의제를 설정하고 전사 전략을 관리했다. 동시에 아시아와 아프리카 약 15개국 현장에서 직접 경제·사회발전 사업을 추진하며 변화를 이끌어 왔다. 서울대학교 국가미래전략원 객원이다.

서른 살, 한국의 세계화 및 기후변화 의제를 확장하는 작업에 대통령비서실 행정관으로 참여했다. 이십 대 시절, 경영전략 컨설턴트로서 기업 경영진의 의사결정을 지원하던 시기에는 미지의 세계 지도제작자이자 나침반 역할을 하는 느낌이 좋았다.

창원에서 평범한 초·중·고등학생 시절을 보냈다. 서울대 졸업 후 영국 옥스퍼드대학교에서 Clarendon Scholar로 국제개발학을 공부하였고, 미국 하버드 케네디스쿨에서 Business and Government Policy로 MPA 학위를 받았다. 연세대학교에서 강의 중이다.

하늘의 신발: 18세기 조선 문명전환의 미시사

초판 발행	2021년 12월 24일
초판2쇄 발행	2022년 10월 15일

지은이	설지인
펴낸이	안종만·안상준

편 집	탁종민
기획/마케팅	김한유
표지디자인	이영경
제 작	고철민·조영환

펴낸곳	㈜ **박영사**
	서울특별시 금천구 가산디지털2로 53, 210호(가산동, 한라시그마밸리)
	등록 1959.3.11. 제300-1959-1호(倫)
전 화	02)733-6771
f a x	02)736-4818
e-mail	pys@pybook.co.kr
homepage	www.pybook.co.kr
ISBN	979-11-303-1457-0 93910

copyright©설지인, 2021, Printed in Korea

*파본은 구입하신 곳에서 교환해드립니다. 본서의 무단복제행위를 금합니다.
*저자와 협의하여 인지첩부를 생략합니다.

정 가 27,000원